Ausgewählte Fragen der Mitbestimmungsgestaltung bei grenzüberschreitenden Verschmelzungen

Europäische Hochschulschriften

European University Studies

Publications Universitaires Européennes

Reihe II	**Rechtswissenschaft**
Series II	Law
Série II	Droit

Band/Volume **5839**

Eva J. Trost

Ausgewählte Fragen der Mitbestimmungsgestaltung bei grenzüberschreitenden Verschmelzungen

PL ACADEMIC RESEARCH

Bibliografische Information der Deutschen Nationalbibliothek
Die Deutsche Nationalbibliothek verzeichnet diese Publikation in der Deutschen Nationalbibliografie; detaillierte bibliografische Daten sind im Internet über http://dnb.d-nb.de abrufbar.

Zugl.: Köln, Univ., Diss., 2015

D 38
ISSN 0531-7312
ISBN 978-3-631-67190-0 (Print)
E-ISBN 978-3-653-06674-6 (E-Book)
DOI 10.3726/978-3-653-06674-6

PL Academic Research ist ein Imprint der Peter Lang GmbH.
Peter Lang – Frankfurt am Main · Bern · Bruxelles · New York · Oxford · Warszawa · Wien

Diese Publikation wurde begutachtet.

www.peterlang.com

Für meinen Vater.

Vorwort

Die vorliegende Arbeit wurde im Wintersemester 2014/2015 von der Rechtswissenschaftlichen Fakultät der Universität zu Köln als Dissertation angenommen. Das Manuskript wurde im Mai 2014 abgeschlossen. Spätere Entwicklungen wurden bis einschließlich Dezember 2015 nur noch punktuell nachgetragen.

Mein Dank gilt all jenen, die mich bei der Arbeit an dieser Dissertation in jeglicher Hinsicht unterstützt haben.

Mein besonderer Dank gilt meinem Doktorvater Herrn Prof. Dr. Dr. hc. Ulrich Preis, der die Fertigstellung der Arbeit in vielfältiger Weise gefördert hat. Bedanken möchte ich mich auch bei Herrn Prof. Dr. Martin Henssler für die zügige Erstellung des Zweitgutachtens. Mein besonderer Dank gilt ebenfalls Herrn Dr. Adam Sagan, der mich stets durch konstruktive Anregungen und Gesprächsbereitschaft unterstützt hat.

Ganz besonderer Dank gilt meiner Familie, insbesondere meiner Mutter und meinem Freund, die diese Arbeit in allen Phasen mit jeder möglichen Unterstützung bedacht haben.

Danken möchte ich ebenfalls meinen Kollegen bei ARQIS, die mir den Rücken freigehalten und mich immer unterstützt haben, diese Arbeit neben meiner Berufstätigkeit fertig zu stellen.

Düsseldorf, Januar 2016 Eva Trost

Inhaltsverzeichnis

A. Einleitung 15

I. Internationale Mobilität von Gesellschaften 15

II. Das deutsche Mitbestimmungsrecht im europäischen Binnenmarkt 16

III. Gestaltungsoptionen 17

IV. Ziele der Arbeit 18

V. Ausblick: Zukunft der deutschen Unternehmensmitbestimmung 19

B. Grundlagen der Unternehmensmitbestimmung und Gestaltungsoptionen 21

I. Unternehmensmitbestimmung in Deutschland und Europa 21

II. Grundlagen der deutschen Unternehmensmitbestimmung 22

1. Mitbestimmungsgesetz 1976 (MitbestG) 23
2. Drittelbeteiligungsgesetz (DrittelbG) 25
3. Montanmitbestimmungsgesetz (Montan-MitbestG) 25
4. Mitbestimmung im Konzern 26
5. Rechte und Pflichten des Aufsichtsrates 28
6. Das Territorialitätsprinzip in der deutschen Unternehmensmitbestimmung 29

III. Traditionelle Mitbestimmungsgestaltungsoptionen 30

1. Motive für Umwandlungen von Gesellschaften 30
2. Umstrukturierungen zur Mitbestimmungsgestaltung 31

a) Holdinggesellschaft im Ausland 32

b) Unselbständige Niederlassung einer ausländischen Kapitalgesellschaft 33

c) Einsatz von Personengesellschaften 33

(1) GmbH & Co. KG 33

(2) Ausländische juristische Person & Co. KG 34
d) Weitere traditionelle Gestaltungsoptionen 34
3. Zusammenfassung 36

C. Grenzüberschreitende Umstrukturierungen und ihre Auswirkungen auf die Mitbestimmung 37

I. Mitbestimmungsgestaltung durch grenzüberschreitende Umstrukturierungen 37

II. Grundlagen der Niederlassungsfreiheit 37

III. Niederlassungsfreiheit und Internationales Gesellschaftsrecht 38
1. Grundlagen 38
2. Maßgebliches Gesellschaftsstatut 39

IV. Rechtsprechung des EuGH zur Niederlassungsfreiheit bei grenzüberschreitenden Umstrukturierungen 40
1. „Daily Mail and General Trust" (1988) 41
2. „Centros" (1999) 43
3. „Überseering" (2002) 45
4. „Inspire Art" (2003) 47
a) Zuzugsbeschränkungen 48
b) Auswirkungen auf das deutsche Recht 48
c) Mitbestimmungsrechtliche Konsequenzen 50
5. „Lasteyrie du Saillant" (2004) 52
6. „Sevic" (2005) 54
7. „Cadbury Schweppes" (2006) 56
8. „Cartesio" (2008) 58
a) Wegzugsbeschränkungen 60
b) Auswirkungen auf das deutsche Recht 63
c) Mitbestimmungsrechtliche Konsequenzen 65
9. „Vale" (2012) 68
10. Verlegung des Satzungssitzes 71
11. Zusammenfassung 72
12. Konsequenzen für die Mitbestimmung bei grenzüberschreitenden Verschmelzungen 73

a) Allgemeine Anforderungen der Niederlassungsfreiheit 73
b) Konkretisierung durch den EuGH 74
c) Analyse 75
(1) Mitbestimmungslosigkeit der aus der grenzüberschreitenden Verschmelzung hervorgehenden Gesellschaft? 75
(2) Weitere Gestaltungsmöglichkeiten und ihre Vereinbarkeit mit der Niederlassungsfreiheit 76
13. Ergebnis 79

D. Rechtsgrundlagen des MgVG 81

I. Entstehungsgeschichte und Rechtsgrundlagen der Europäischen Aktiengesellschaft (SE) 81

II. Verschmelzungsrichtlinie 83
1. Entstehungsgeschichte und Ziele der Verschmelzungsrichtlinie 83
2. Regelungssystem und -inhalte der Verschmelzungsrichtlinie 85

III. Umsetzung der Regelungen der Verschmelzungsrichtlinie 87

IV. Verhältnis von Niederlassungsfreiheit, Verschmelzungsrichtlinie und MgVG 88
1. Anwendungsvorrang des Sekundärrechts 88
a) Unionsrechtliche Harmonisierung 91
b) Harmonisierungsintensität der Verschmelzungsrichtlinie 92
c) Primärrechtskonformität der Verschmelzungsrichtlinie 94
(1) Ermessensspielraum des Unionsgesetzgebers 94
(2) Vereinbarkeit der Regelungen der Verschmelzungsrichtlinie zur Arbeitnehmermitbestimmung mit den Anforderungen der Niederlassungsfreiheit 95
(a) Prüfungsmaßstab 95
(b) Konzeption aus Verhandlungslösung, Sitzstaatprinzip und gesetzlicher Auffangregelung 96
(c) Perpetuierungsklausel (Art. 16 Abs. 7) 99
(3) Zwischenergebnis 100

2. Auslegung der Regelungen des MgVG im Lichte der Niederlassungsfreiheit? ... 101
3. Vorrang der richtlinienkonformen Auslegung ... 102
4. Ergebnis ... 102

E. Regelungsinhalte des MgVG ... 105

I. Anwendbarkeit des MgVG ... 105
1. Verhältnis der Tatbestandsalternativen des § 5 MgVG zueinander ... 106
a) Stellungnahme ... 107
b) Auswirkungen auf die Mitbestimmung ... 110
2. Ermittlung des Schwellenwertes ... 111
a) Stellungnahme ... 112
b) Auswirkungen auf die Mitbestimmung ... 114
3. „Bestehen eines Systems der Mitbestimmung" ... 115
4. Vorher-Nachher-Vergleich (§ 5 Nr. 2 MgVG) ... 117
a) Vergleich der Mitbestimmungssysteme ... 117
b) Berücksichtigung von Arbeitnehmervertretern in Leitungsgremien ... 118
5. Diskriminierungsschutz (§ 5 Nr. 3 MgVG) ... 119
a) Stellungnahme ... 122
b) Auswirkungen auf die Mitbestimmung ... 127

II. Das Arbeitnehmerbeteiligungsverfahren nach dem MgVG ... 128
1. Bildung und Besetzung des BVG ... 128
2. Verhandlungslösung ... 129
a) Beschlussfassung im BVG ... 130
(1) Grundsätze der Beschlussfassung ... 130
(2) Berücksichtigung konzernangehöriger Arbeitnehmer bei der Minderung der Mitbestimmung ... 131
(a) Problematik ... 131
(b) Stellungnahme ... 133
b) Vereinbarung ... 135
3. Gesetzliche Auffangregelung (§§ 23 ff. MgVG) ... 136

a) Voraussetzungen für die Anwendbarkeit der gesetzlichen Auffangregelung 136
(1) Erforderliches Quorum gem. § 23 Abs. 1 S. 2 MgVG 137
(2) Rechtsfolge bei Nichterreichen des Quorums und Fehlen eines Beschlusses des BVG 138
b) Ausgestaltung der Mitbestimmung im Rahmen der gesetzlichen Auffangregelung 140
(1) Anwendbares Mitbestimmungsmodell 142
(2) Bestellung der Arbeitnehmervertreter (§ 25 MgVG) 142
(3) Möglichkeit der Begrenzung des Anteils der Arbeitnehmervertreter im Verwaltungsorgan 143
4. Verzicht auf Verhandlungen (§ 23 Abs. 1 S. 1 Nr. 3 MgVG) 145
a) Erforderlichkeit der Bildung eines BVG 146
b) Erforderliches Quorum (§ 23 Abs. 1 S. 2 MgVG) 148
c) Verhältnis zum Beschluss durch das BVG gem. § 18 MgVG 150
III. Umgehungsschutz bei nachfolgenden Verschmelzungen 152
1. Sicherungsvorkehrungen bei der SE 152
2. Sicherungsvorkehrungen bei grenzüberschreitenden Verschmelzungen 152
3. Vereinbarkeit des § 30 MgVG mit den Vorgaben der Verschmelzungsrichtlinie 153
a) Stellungnahme 154
b) Richtlinienkonforme Auslegung und -rechtsfortbildung des § 30 MgVG 157
(1) Grundsätze der richtlinienkonformen Auslegung 157
(2) Übertragung der Grundsätze auf die richtlinienkonforme Auslegung des § 30 MgVG 158
IV. Rechtsfolgen der Richtlinienwidrigkeit des § 30 MgVG 160
1. Unmittelbare Anwendbarkeit der Bestimmungen der Verschmelzungsrichtlinie? 160
2. Unanwendbarkeit des § 30 MgVG? 161
a) Verstoß des § 30 MgVG gegen die Niederlassungsfreiheit? 162

(1) Verhältnis von Grundfreiheiten und sekundärem Unionsrecht 163
(a) „Inspire Art“ 163
(b) „Kommission/Deutschland“ (Urteil v. 14. April 2005) 164
(c) „Laval“ 166
(d) Zwischenergebnis 168
(2) Verhältnis von allgemeinen Rechtsgrundsätzen und sekundärem Unionsrecht 168
(a) Entscheidungen des EuGH in den Rechtssachen „Mangold“ und „Kücükdeveci“ 168
(b) Reaktionen im Schrifttum 170
(3) Dogmatische Schlussfolgerungen 171
(4) Zwischenergebnis 175
b) Negative Ausschlusswirkung der Verschmelzungsrichtlinie? 175
c) Ergebnis 178
3. Ausblick 178
4. Konsequenzen für die Mitbestimmung 179
5. Verfassungsmäßigkeit des § 30 MgVG 180

F. Fazit 185

I. Gestaltungsoptionen durch das MgVG: Ergebnisse 185
1. Vorteile des europäischen Mitbestimmungskonzeptes 185
2. Einschränkungen für die Arbeitgeberseite 187

II. Abschließende Stellungnahme 188

III. Ausblick 190

Literaturverzeichnis 191

A. Einleitung

Die Verwirklichung des Binnenmarktes ist ausweislich des Art. 26 AEUV eines der erklärten Ziele der Union. Gem. Art. 26 Abs. 2 AEUV umfasst der Binnenmarkt einen Raum ohne Binnengrenzen, in dem der freie Verkehr von Waren, Personen, Dienstleistungen und Kapital gemäß den Bestimmungen der Verträge gewährleistet ist. Das Binnenmarktziel wird vorrangig durch die Konzeption der Grundfreiheiten und damit u.a. durch die Niederlassungsfreiheit getragen[1]. Das Ziel der Niederlassungsfreiheit besteht darin, es jedem Unternehmen zu ermöglichen, seinen Standort nach rein ökonomischen Kriterien zu wählen[2].

I. Internationale Mobilität von Gesellschaften

Die Niederlassungsfreiheit fordert und fördert die internationale Mobilität von Gesellschaften. Reichweite und Grenzen der Niederlassungsfreiheit hat der EuGH in verschiedenen Entscheidungen konkretisiert.

Die internationale Mobilität von Gesellschaften wurde zudem mit der Einführung der Europäischen Aktiengesellschaft („Societas Europaea", *SE*) im Jahr 2000 voran getrieben. In einem weiteren Schritt entschied der EuGH in der Rechtssache *Sevic*[3], dass die generelle Nichtzulassung von grenzüberschreitenden Fusionen im deutschen Umwandlungsrecht gegen die Niederlassungsfreiheit verstößt. In diesem Zusammenhang wurde die Richtlinie über die Verschmelzung von Kapitalgesellschaften aus verschiedenen Mitgliedstaaten (*Verschmelzungsrichtlinie*)[4] erlassen, die primär die Erleichterung grenzüberschreitender Verschmelzungen von Kapitalgesellschaften bezweckt.

Der Einführung der Europäischen Aktiengesellschaft war ein langwieriger Prozess vorangegangen. Eine Einigung scheiterte immer wieder an der Ausgestaltung der Mitbestimmung der Arbeitnehmer auf Unternehmensebene. Im Fokus stand das deutsche Mitbestimmungsrecht, das im internationalen Vergleich eine sehr starke Arbeitnehmerbeteiligung vorsieht[5].

---

1 *Terhechte* in: Grabitz/Hilf/Nettesheim, EUV/AEUV, Art. 3 EUV, Rn. 40.
2 *Schwarz,* Europäisches Gesellschaftsrecht, Rn. 193.
3 EuGH v. 13.12.2005, Rs. C-411/03, Slg. 2005, I-10825 („*Sevic*").
4 Richtlinie 2005/56/EG des europäischen Parlaments und des Rates vom 26. Oktober 2005.
5 Vgl. *Henssler* in: Ulmer/Habersack/Henssler, Mitbestimmungsrecht, Einl. SEBG, Rn. 13 f.

II. Das deutsche Mitbestimmungsrecht im europäischen Binnenmarkt

Die fundierten Ziele der deutschen Unternehmensmitbestimmung sind sozialethischer, sozialpolitischer und gesellschaftspolitischer Natur[6]. So liegen dem deutschen Mitbestimmungsmodell unter anderem die Gedanken der Selbstbestimmung, die Achtung vor der Würde des Menschen und der Ausgleich oder der Abbau einseitiger Machtstellungen durch Kooperation der Beteiligten zugrunde[7], d.h. die *„gleichberechtigte und gleichgewichtige Teilhabe von Anteilseignern und Arbeitnehmern an den Entscheidungsprozessen im Unternehmen"*[8]. Auch die Sicherung von Demokratie und sozialem Frieden[9] sowie eine überwiegend inländische, interessenhomogene Arbeitnehmerschaft, die ihr gesamtes Arbeitsleben an ein Unternehmen gebunden ist[10], waren Grundgedanken des deutschen Mitbestimmungsrechts. Die Mitbestimmung soll helfen, die Abhängigkeit auszugleichen oder zumindest abzumildern, in die sich jeder begibt, der Arbeit innerhalb einer fremdbestimmten Organisation leistet[11]. Sie soll grundsätzlich gewährleisten, dass bei den unternehmerischen Planungen und Entscheidungen nicht nur die Interessen der Anteilseigner, sondern auch die Belange der Arbeitnehmer berücksichtigt werden[12].

Viele Anteilseigner empfinden die Arbeitnehmermitbestimmung als belastend[13]. Sie bemängeln, dass durch die Arbeitnehmerbeteiligung ihre Rechte beschnitten und die Effizienz der Unternehmen nachhaltig geschmälert würden[14].

Die Ziele und Inhalte der deutschen Unternehmensmitbestimmung kontrastieren das Binnenmarktziel und den Gewährleistungsbereich der Niederlassungsfreiheit, so dass ein Spannungsverhältnis zwischen beiden besteht. Denn die gleichberechtigte Teilhabe von Arbeitnehmern an Entscheidungsprozessen im Unternehmen bringt zwangsläufig langwierige Entscheidungsprozesse und damit Einschränkungen für die internationale Mobilität von Gesellschaften mit sich. Im Zuge der fortschreitenden internationalen Mobilität von Gesellschaften wird dieses Spannungsverhältnis durch die vielen unterschiedlichen Mitbestimmungssysteme in den verschiedenen Mitgliedstaaten verschärft. So kennen einige Unionsstaaten gar keine Unternehmensmitbestimmung, während wieder andere Staaten wesentlich

---

6 *Ulmer/Habersack* in: Ulmer/Habersack/Henssler, Mitbestimmungsrecht, Einl. MitbestG, Rn. 1 ff.; WWKK/*Wißmann*, Mitbestimmungsrecht, Vorbem., Rn. 3.

7 BT-Drucks. 6/334, S. 65; vgl. auch ErfK/*Koch*, § 1 BetrVG, Rn. 1; *Ulmer/Habersack* in: Ulmer/Habersack/Henssler, Mitbestimmungsrecht, Einl. MitbestG, Rn. 2 f.; WWKK/*Wißmann*, Mitbestimmungsrecht, Vorbem., Rn. 3.

8 Begründung des RegE des MitbestG 1976, BT-Drucks. 7/2172, S. 17.

9 Vgl. nur *Rieble* in: Rieble, Zukunft der Unternehmensmitbestimmung, § 1, Rn. 1.

10 *Lubitz*, S. 14.

11 ErfK/*Koch*, § 1 BetrVG, Rn. 1.

12 S. WWKK/*Wißmann*, Mitbestimmungsrecht, Vorbem., Rn. 2.

13 Vgl. *Zange* in: Arens/Düwell/Wichert, Umstrukturierung, § 14, Rn. 5.

14 *Köster*, S. 20.

schwächere Mitbestimmungssysteme vorsehen, als sie im deutschen Recht implementiert sind.

Hinzu kommt, dass die Anforderungen, die sich aus der Niederlassungfreiheit an die Ausgestaltung der Arbeitnehmermitbestimmung auf europäischer Ebene ergeben, bislang sehr vage sind. Eine Entscheidung des EuGH ist hierzu bislang nicht ergangen. Die Ausgestaltung der Unternehmensmitbestimmung auf europäischer Ebene im allgemeinen und bei grenzüberschreitenden Verschmelzungen im Besonderen sieht sich vor diesem Hintergrund mit den Schwierigkeiten fragmentierten Rechts und einem komplexen Gefüge aus Unionsrecht und mitgliedstaatlichem Recht konfrontiert.

III. Gestaltungsoptionen

In Anbetracht des Spannungsverhältnisses zwischen der deutschen Unternehmensmitbestimmung und der europäischen Niederlassungsfreiheit haben sich im Laufe der Zeit Strategien etabliert, mittels derer Gesellschaften der (deutschen) Arbeitnehmermitbestimmung ausweichen können, indem sie etwa deren Intensität verringern. Zu diesen traditionellen Strategien der Mitbestimmungsgestaltung zählen u.a. die Errichtung einer Holdinggesellschaft im Ausland, die Gründung unselbständiger Niederlassungen ausländischer Kapitalgesellschaften oder der Einsatz von Personengesellschaften.

Auch die Gründung einer SE oder die Durchführung einer grenzüberschreitenden Verschmelzung eröffnen Mitbestimmungsgestaltungsoptionen für die beteiligten Gesellschaften. So wurde die Mitbestimmungsproblematik bei der Einführung der SE durch ein komplexes System gelöst, das den erheblichen Unterschieden der Mitbestimmungssysteme in den verschiedenen Mitgliedstaaten Rechnung trägt. Diese Lösung hat der Unionsgesetzgeber im Grundsatz auf die Ausgestaltung der Mitbestimmung bei einer grenzüberschreitenden Verschmelzung übertragen. Sowohl die Gründung einer SE als auch die Durchführung einer grenzüberschreitenden Verschmelzung eröffnen Gesellschaften demnach die Möglichkeit, im Wege der Durchführung von Verhandlungen eine für das jeweilige Unternehmen maßgeschneiderte Form der Mitbestimmung zu wählen. Mit der Richtlinie 2001/86/EG zur Beteiligung der Arbeitnehmer in der Europäischen Aktiengesellschaft (*SE-Richtlinie*) und mit dem deutschen Umsetzungsgesetz über die Beteiligung der Arbeitnehmer in einer Europäischen Gesellschaft vom 22. Dezember 2004 (SEBG) wurde dafür der Grundstein gelegt, der in Art. 16 der Verschmelzungsrichtlinie auf die grenzüberschreitende Verschmelzung übertragen wurde. Nach der Konzeption der Verschmelzungsrichtlinie gelangt im Regelfall ein europäisches Mitbestimmungssystem zur Anwendung, nach dem die beteiligten Gesellschaften gehalten sind, eine Vereinbarung über die künftige Mitbestimmung in der hervorgehenden Gesellschaft zu verhandeln. Sind die Voraussetzungen für das Eingreifen des europäischen Mitbestimmungskonzeptes nicht erfüllt, greift das Sitzstaatprinzip. Dieses sieht die Anwendung des Rechts desjenigen Mitgliedstaates vor, in dem die aus der grenzüberschreitenden Verschmelzung hervorgegangene Gesellschaft ihren Sitz hat.

In Deutschland wurde der gesellschaftsrechtliche Teil der Verschmelzungsrichtlinie in den §§ 122a – 122l UmwG umgesetzt, während die mitbestimmungsrechtlichen Regelungen in dem Gesetz über die Mitbestimmung der Arbeitnehmer bei einer grenzüberschreitenden Verschmelzung vom 21. Dezember 2006 (MgVG) enthalten sind. Da sich das Mitbestimmungskonzept der Verschmelzungsrichtlinie an dem der SE-Richtlinie orientiert, entsprechen viele Regelungen des MgVG denen des SEBG. Bei einer grenzüberschreitenden Verschmelzung ist die aufnehmende Gesellschaft jedoch anders als die SE eine Gesellschaft nationalen Rechts. Diese Unterscheidung ist Grundlage für einige wesentliche Abweichungen der Mitbestimmungsregelungen der Verschmelzungsrichtlinie bzw. des MgVG von denen der SE-Richtlinie bzw. des SEBG[15].

IV. Ziele der Arbeit

Ziel dieser Arbeit ist es, die Regelungen des MgVG unter dem Aspekt zu beleuchten, inwieweit sich daraus für Gesellschaften neue bzw. weitere Optionen ergeben, die Arbeitnehmermitbestimmung zu gestalten. Die Analyse konzentriert sich auf ausgewählte Aspekte der Mitbestimmungsgestaltung, die sich aus dem Spannungsverhältnis zwischen Niederlassungsfreiheit und Arbeitnehmermitbestimmung ergeben. Auf die Verhandlungslösung und insbesondere auf die Gestaltung der Mitbestimmung durch Vereinbarung wird daher nur kursorisch eingegangen. Im ersten Teil werden unter anderem einige der „traditionellen“ Wege zur Gestaltung der Mitbestimmung im Überblick dargestellt. Sodann wird die Entwicklung auf europäischer Ebene durch die Rechtsprechung des EuGH zu grenzüberschreitenden Umstrukturierungen erläutert, insbesondere zu Verwaltungssitzverlegung und grenzüberschreitenden Verschmelzungen. Im Fokus stehen dabei die Vereinbarkeit der jeweiligen Umstrukturierungsmaßnahme mit der Niederlassungsfreiheit sowie die jeweiligen Auswirkungen auf die Arbeitnehmermitbestimmung. Denn die gesetzliche Implementierung der SE und der grenzüberschreitenden Verschmelzung sind im Kontext der Entwicklungen auf europäischer Ebene zu betrachten. So ist insbesondere die *Sevic*-Entscheidung des EuGH zur Zulässigkeit grenzüberschreitender Verschmelzungen in das europäische Gesamtkonzept einzuordnen. Im Anschluss werden die Anforderungen herausgearbeitet, die sich aus der Niederlassungsfreiheit an die Ausgestaltung der Mitbestimmung bei grenzüberschreitenden Verschmelzungen ergeben. Die Regelungen der Verschmelzungsrichtlinie werden sodann an diesen Vorgaben gemessen.

Im weiteren Verlauf widmet sich die Arbeit ausgewählten Regelungen und Einzelproblemen des MgVG. Die Mitbestimmung in der SE wird dabei nur in Grundzügen und nur in dem Maße behandelt, wie sie für die vorliegende Arbeit relevant ist, insbesondere, um Gemeinsamkeiten und wesentliche Unterschiede der Richtlinien

15 Vgl. diesbezüglich im Überblick statt vieler: Düwell/*Sick*, Betriebsverfassungsgesetz, SE und grenzüberschreitende Verschmelzung, Rn. 42 ff.

und Umsetzungsgesetze aufzuzeigen. Auch eine Auseinandersetzung mit den Mitbestimmungssystemen und Umsetzungsgesetzen in anderen europäischen Staaten erfolgt nur am Rande und nur soweit, wie es für die Bearbeitung weiterführend ist.

Ein wesentlicher Aspekt bei der Erörterung der Regelungen des MgVG ist deren Zusammenwirken mit den unionsrechtlichen Vorgaben. Denn zwischen Niederlassungsfreiheit, Verschmelzungsrichtlinie und MgVG besteht ein kompliziertes Gefüge, das Auswirkungen auf die Auslegung der Normen des MgVG hat. So wird insbesondere im Zusammenhang mit dem Bestandsschutz des § 30 MgVG zu erörtern sein, ob die Regelung den unionsrechtlichen Vorgaben entspricht und welche Rechtsfolgen eine mögliche Unionsrechtswidrigkeit der Vorschrift nach sich zieht. In diesem Zusammenhang bilden der Vorrang des Unionsrechts sowie die unmittelbare Anwendbarkeit von Richtlinienbestimmungen Schwerpunkte der Analyse. So wird insbesondere zu untersuchen sein, ob ein möglicher Verstoß des § 30 MgVG gegen die Richtlinienvorgaben die Unanwendbarkeit der Norm zur Folge hat; dabei kommt dem Zusammenspiel von Grundfreiheiten und sekundärem Unionsrecht eine zentrale Rolle zu.

V. Ausblick: Zukunft der deutschen Unternehmensmitbestimmung

Die deutsche Unternehmensmitbestimmung nimmt aufgrund ihrer starken Ausgestaltung eine Sonderrolle im europäischen Binnenmarkt ein. Dennoch ist es bisher – trotz mehrfacher Versuche – nicht gelungen, das deutsche Mitbestimmungsrecht zu reformieren und damit wettbewerbsfähiger zu machen, so dass nach wie vor Vermeidungsstrategien angewendet werden.

Vor diesem Hintergrund stellt sich die Frage, wie zukunftsfähig das System der deutschen Unternehmensmitbestimmung ist. In Anbetracht der Rechtsprechung des EuGH zur Niederlassungsfreiheit sowie der Ausgestaltung der Mitbestimmung in den anderen Unionsstaaten ist zu erwarten, dass sich das deutsche Mitbestimmungsrecht künftig kaum wird durchsetzen können. Der deutsche Gesetzgeber ist vielmehr gefordert, das deutsche Mitbestimmungsrecht wettbewerbsfähig zu machen und es an die europäischen Vorgaben, insbesondere an die Anforderungen der Niederlassungsfreiheit, anzupassen. Oder er läuft Gefahr, dass durch die Fortentwicklung der internationalen Mobilität von Gesellschaften immer weitere Möglichkeiten entstehen werden, die deutsche Unternehmensmitbestimmung zu vermeiden.

B. Grundlagen der Unternehmensmitbestimmung und Gestaltungsoptionen

I. Unternehmensmitbestimmung in Deutschland und Europa

In der Europäischen Union besteht eine Vielfalt von Formen der Arbeitnehmerbeteiligung in unterschiedlicher Intensität. Kein anderer Mitgliedstaat der Europäischen Union sieht jedoch eine derart starke Arbeitnehmerbeteiligung vor wie das deutsche Mitbestimmungsrecht. Zwar sind die Schwellenwerte für die Implementierung eines Mitbestimmungssystems in anderen europäischen Staaten meist wesentlich niedriger als in Deutschland, dafür kennen die anderen europäischen Staaten keine paritätische Mitbestimmung[16]. Als Besonderheiten des deutschen Rechts kommen die Aufsichtsrats-Mitgliedschaft von Gewerkschaftsvertretern sowie die Kumulation von Einflussmöglichkeiten aufgrund des BetrVG und des MitbestG hinzu[17].

Die Unternehmensmitbestimmung in anderen ausgewählten Mitgliedstaaten der Europäischen Union gestaltet sich wie folgt[18]: In mehreren Mitgliedstaaten, z.B. in Belgien, Griechenland, Großbritannien, Irland, Italien, Portugal und Spanien, existiert gar keine Form der Unternehmensmitbestimmung[19]. In anderen Mitgliedstaaten stehen Gewerkschaften bzw. Arbeitnehmern einzelne Rechte zu. So existiert z.B. in Rumänien keine Unternehmensmitbestimmung, gewählte Vertreter der repräsentativen Gewerkschaften können jedoch zu Sitzungen des Leitungsorgans eingeladen werden[20]. Auf Malta ist die Unternehmensmitbestimmung nicht gesetzlich geregelt, es gibt sie derzeit nur noch in einigen wenigen Unternehmen, die Eigentum der Gewerkschaft oder der Labour Party Maltas sind[21]. Andere Mitgliedstaaten haben dagegen unterschiedlich ausgestaltete Systeme der Unternehmensmitbestimmung

---

16 WWKK/*Wißmann*, Mitbestimmungsrecht, Vorbem. MitbestG, Rn. 60a.

17 Vgl. WWKK/*Wißmann*, Mitbestimmungsrecht, Vorbem. MitbestG, Rn. 59, 60a m.w.N.; zu Gewerkschaftsvertretern im Aufsichtsrat und damit einhergehenden Konflikten vgl. eingehend *Hanau/Wackerbarth*, Unternehmensmitbestimmung und Koalitionsfreiheit.

18 Vgl. die teils überblicksartigen Darstellungen einzelner Systeme bei *Audretsch*, S. 230 ff.; *Funk*, S. 64 ff.; *Heyde*, S. 99; *Koberski*, FS Wissmann, 474 (479 f.); *Lange*, Die Mitbestimmung bei der europäischen Aktiengesellschaft, S. 105 ff.; vgl.auch im Einzelnen die Länderübersicht unter http://de.worker-participation.eu/Nationale-Arbeitsbeziehungen/Laender.

19 *Bormann/Böttcher*, NZG 2011, 411 (412).

20 S. http://de.worker-participation.eu/Nationale-Arbeitsbeziehungen/Laender/Rumaenien/Unternehmensmitbestimmung.

21 S. http://de.worker-participation.eu/Nationale-Arbeitsbeziehungen/Laender/Malta/Unternehmensmitbestimmung.

mit abweichenden Schwellenwerten für die Arbeitnehmerbeteiligung. In Dänemark können die Arbeitnehmer in Unternehmen mit mindestens 35 Arbeitnehmern z.B. ein Drittel der Mitglieder des Leitungsorgans des Unternehmens bestimmen[22]. In den Niederlanden und in Österreich können die Betriebsräte in größeren Unternehmen bis zu ein Drittel der Aufsichtsratsmitglieder vorschlagen[23].

Darüber hinaus existieren in den Mitgliedstaaten der Europäischen Union Unterschiede in der Corporate Governance, d.h. in den Führungsgrundsätzen, die sich an Gesellschaftsorgane und damit auch an den Aufsichtsrat wenden[24]. Zum einen gibt es das *dualistische System*. Im dualistischen System gibt es ein Leitungs- und ein Überwachungsorgan, wie z.B. im deutschen Recht Vorstand und Aufsichtsrat[25]. Vom dualistischen ist das *monistische System* zu unterscheiden, bei dem die strategische Unternehmensführung in einem Organ (dem Verwaltungsrat) gebündelt wird, wie z.B. im angelsächsischen Board-System[26]. Der Verwaltungsrat übt sowohl die Funktion der Leitung als auch der Überwachung aus[27]. Auch im monistischen System ist es jedoch üblich, dass zwischen geschäftsführenden und nichtgeschäftsführenden Mitgliedern des Verwaltungsrates unterschieden und eine Aufgabenteilung vorgenommen wird[28]. Typischerweise werden z.B. die Geschäftsführung auf einzelne Personen und die Wahrnehmung der Überwachungsaufgabe auf die nichtgeschäftsführenden Mitglieder delegiert[29].

II. Grundlagen der deutschen Unternehmensmitbestimmung

Das deutsche Recht kennt zwei unterschiedliche Formen der Arbeitnehmerbeteiligung: Die betriebliche Mitbestimmung nach dem BetrVG und die Unternehmensmitbestimmung, die die Beteiligung der Arbeitnehmer im Aufsichts- oder Verwaltungsorgan nach den deutschen Mitbestimmungsgesetzen bezeichnet[30]. Bei der betrieblichen Mitbestimmung können die Arbeitnehmer durch den Betriebsrat als kollektive Interessenvertretung[31] auf den täglichen Arbeitsablauf und die

---

22 S. http://de.worker-participation.eu/Nationale-Arbeitsbeziehungen/Laender/Daenemark/Unternehmensmitbestimmung.

23 S. http://de.worker-participation.eu/Nationale-Arbeitsbeziehungen/Laender/Niederlande/Unternehmensmitbestimmung; http://de.worker-participation.eu/Nationale-Arbeitsbeziehungen/Laender/Oesterreich/Unternehmensmitbestimmung.

24 *Hüffer*, AktG, § 76, Rn. 37.

25 *Eberspächer* in: Spindler/Stilz, AktG, Bd. 2, SE-VO Art. 38, Rn. 3.

26 Henssler/Strohn/*Servatius*, Kommentar zum Gesellschaftsrecht, Internationales Gesellschaftsrecht, Rn. 284.

27 *Eberspächer* in: Spindler/Stilz, AktG, Bd. 2, SE-VO Art. 38, Rn. 4.

28 Vgl. *Steinberg*, S. 37 m.w.N.

29 *Eberspächer* in: Spindler/Stilz, AktG, Bd. 2, SE-VO Art. 38, Rn. 4.

30 *Rebhahn* in: Rieble, Zukunft der Unternehmensmitbestimmung, § 2, Rn. 1.

31 ErfK/*Koch*, § 1 BetrVG, Rn. 1.

Zusammensetzung der Belegschaft Einfluss nehmen[32]. Die Beteiligungsrechte des Betriebsrates lassen in unterschiedlicher Intensität die Mitgestaltung materieller sowie technisch-organisatorischer Arbeitsbedingungen zu[33]. Dahinter steht der Gedanke einer gleichberechtigten Teilhabe bzw. der Schaffung eines Ausgleichs zwischen den divergierenden Interessen der verschiedenen Arbeitnehmer und deren Geltendmachung gegenüber dem Arbeitgeber[34]. Die unternehmerische Mitbestimmung betrifft dagegen die Gesamtbelange eines Unternehmens. Nach den Regelungen der deutschen Mitbestimmungsgesetze können die Arbeitnehmer Einfluss auf die Zusammensetzung eines leitenden Organs der Gesellschaft nehmen und damit in die gesellschaftsrechtlichen Strukturen einer größeren Wirtschaftseinheit sowie komplexe wirtschaftliche Zusammenhänge eingreifen[35]. Eine strenge Trennung zwischen betrieblicher und unternehmerischer Mitbestimmung ist indes nicht immer möglich, weil die Übergänge fließend sind und beide Formen der Mitbestimmung nebeneinander bestehen[36].

Die Unternehmensmitbestimmung ist in Deutschland durch Mitbestimmungsgesetz, Drittelbeteiligungsgesetz und Montanmitbestimmungsgesetz geregelt. Damit ist die Implementierung eines Mitbestimmungssystems in einem Unternehmen gesetzlich vorgegeben, soweit eine bestimmte Anzahl an Arbeitnehmern erreicht ist.

1. Mitbestimmungsgesetz 1976 (MitbestG)

Das Mitbestimmungsgesetz 1976 sieht in Unternehmen, die in der Regel mehr als 2.000 Arbeitnehmer beschäftigen, eine paritätische Mitbestimmung vor (vgl. § 1 Abs. 1 Nr. 2 MitbestG). Dieser hohe Schwellenwert soll Problemen der Anonymisierung und Fremdbestimmung der Arbeitnehmer gerade in Großunternehmen entgegenwirken, während in kleinen und mittleren Unternehmen besser überschaubare Kommunikationsstrukturen herrschen, so dass die Einführung eines komplexen Mitbestimmungsmodells in solchen Unternehmen unverhältnismäßig sein könnte[37]. Paritätische Mitbestimmung bedeutet, dass der Aufsichtsrat eines dem MitbestG unterfallenden Unternehmens zu gleichen Teilen aus Anteilseignern und Arbeitnehmern besteht. Das BVerfG hat die paritätische Mitbestimmung nach dem MitbestG für verfassungsgemäß erklärt[38].

---

32 *Edenfeld*, Recht der Arbeitnehmermitbestimmung, Rn. 335.

33 HWK/*Gaul*, Vorb. BetrVG, Rn. 1.

34 ErfK/*Koch*, § 1 BetrVG, Rn. 1.

35 *Edenfeld*, Recht der Arbeitnehmermitbestimmung, Rn. 335; *Rebhahn* in: Rieble, Zukunft der Unternehmensmitbestimmung, § 2, Rn. 1.

36 *Edenfeld*, Recht der Arbeitnehmermitbestimmung, Rn. 335.

37 *Lubitz*, S. 43; *Ulmer/Habersack* in: Ulmer/Habersack/Henssler, Mitbestimmungsrecht, Einl. MitbestG, Rn. 9.

38 BVerfGE 50, 293.

Das MitbestG beschränkt sich aufgrund des Territorialitätsprinzips grundsätzlich auf inländische Unternehmen[39]. Darüber hinaus gilt das MitbestG gem. § 1 Abs. 1 Nr. 1 nur für Unternehmen in der Rechtsform einer Kapitalgesellschaft. In Personengesellschaften gibt es damit keine Unternehmensmitbestimmung. Dies beruht insbesondere auf der verschuldensunabhängigen persönlichen Haftung der Gesellschafter und der den Gesellschaftern kraft Gesetzes (s. §§ 114, 164 HGB) obliegenden Geschäftsführerstellung[40]. Die Nichteinbeziehung der Personengesellschaften in die Unternehmensmitbestimmung wird im Schrifttum kontrovers diskutiert[41].

Inhaltlich vollzieht sich die Mitbestimmung im Aufsichtsrat eines Unternehmens (vgl. § 6 MitbestG), nicht dagegen im Leitungsorgan, wie beispielsweise auf der Ebene des Vorstandes oder der Geschäftsführung[42]. Soweit ein Aufsichtsrat nicht bereits besteht, wird er in den betroffenen Unternehmen neu gebildet (vgl. §§ 1, 6 Abs. 1 MitbestG). Die Besetzung des Aufsichtsrats orientiert sich gem. § 7 Abs. 1 MitbestG an der Größe der Belegschaft und ist paritätisch mit Vertretern der Anteilseigner und mit Vertretern der Arbeitnehmer besetzt. Die paritätische Besetzung des Aufsichtsrates bedeutet aber nicht gleichzeitig eine „volle" Parität in der Sache. So steht dem Aufsichtsratsvorsitzenden nach Maßgabe der §§ 29 Abs. 2, 31 Abs. 4 MitbestG ein Letztentscheidungsrecht zu. Der Aufsichtsratsvorsitz ist gem. § 27 Abs. 1 u. 2 MitbestG in der Regel einem Vertreter der Anteilseigner-Seite vorbehalten.

Durch eine Reihe von Vorschriften wird zudem den im Unternehmen vertretenen Gewerkschaften Einfluss auf die Bildung und die Zusammensetzung des Aufsichtsrates gewährt (vgl. z.B. §§ 7 Abs. 2, 16, 22 Abs. 2, 23 Abs. 1 S. 2 Nr. 3 MitbestG). So bestimmt z.B. § 7 Abs. 2 MitbestG, dass dem Aufsichtsrat der mitbestimmten Unternehmen Vertreter der Gewerkschaften angehören müssen[43]. Durch eine bestimmte Anzahl von Gewerkschaftsvertretern im Aufsichtsrat und die damit einhergehende Einbringung des vorhandenen Sachverstandes bei Mitgliedern der Gewerkschaften soll sichergestellt werden, dass die Beteiligung der Arbeitnehmervertreter im Aufsichtsrat gefördert wird[44]. Die wichtigsten gewerkschaftlichen Befugnisse sind

---

39 ErfK/*Oetker*, § 1 MitbestG, Rn. 3 m.w.N.; MünchKommAktG/*Gach*, Bd. 2, § 1 MitbestG, Rn. 14. m.w.N.; hierzu näher u., B.II.6; *Döring* in: Grobys/Panzer, SWK-ArbR, Unternehmensmitbestimmung, Rn. 19.

40 *Ulmer/Habersack* in: Ulmer/Habersack/Henssler, Mitbestimmungsrecht, § 1 MitbestG, Rn. 32; WWKK/*Koberski*, Mitbestimmungsrecht, § 1 MitbestG, Rn. 12 m.w.N.

41 Vgl. statt vieler: *Duden,* FS Schilling 1973, S. 325 ff.; *Joost,* ZGR 1998, 334 (342 f.); *Martens,* ZGR 1979, 493 (502 ff.); *Raiser/Veil,* MitbestG und DrittelbG, § 1 MitbestG, Rn. 4; *Ulmer/Habersack* in: Ulmer/Habersack/Henssler, Mitbestimmungsrecht, § 1 MitbestG, Rn. 32.

42 Vgl. *Ulmer/Habersack* in: Ulmer/Habersack/Henssler, Mitbestimmungsrecht, Einl. MitbestG, Rn. 11.

43 Diese Regelung hat das BVerfG für rechtmäßig erklärt, vgl. BVerfGE 50, 290.

44 *Ulmer/Habersack* in: Ulmer/Habersack/Henssler, Mitbestimmungsrecht, Einl. MitbestG, Rn. 12; vgl. ausführlich *Velten,* S. 17 ff.

das Vorschlagsrecht für die Wahl der Gewerkschaftsvertreter im Aufsichtsrat gem. § 16 Abs. 2 MitbestG, das Recht zum Vorschlag von mindestens zwei Arbeitnehmervertretern zur Wahl in den Aufsichtsrat sowie das Recht des Antrags auf gerichtliche Entscheidung gem. § 98 Abs. 2 Nr. 10 AktG i.V.m. § 6 Abs. 2 MitbestG[45].

2. Drittelbeteiligungsgesetz (DrittelbG)

Das seit dem 1. Juli 2004 geltende DrittelbG[46] bildet die schwächste Form der unternehmerischen Mitbestimmung im deutschen Rechtssystem. Das DrittelbG findet im Unterschied zum MitbestG gem. seinem § 1 bereits in Unternehmen Anwendung, in denen mehr als 500 Arbeitnehmer beschäftigt sind. Das DrittelbG findet – ebenso wie das MitbestG – nur auf Kapitalgesellschaften Anwendung (vgl. § 1 DrittelbG). Gem. § 1 DrittelbG wird – ebenso wie bei der Mitbestimmung nach dem MitbestG – in den betroffenen Unternehmen ein Aufsichtsrat gebildet, der mit Vertretern der Anteilseigner und der Arbeitnehmer besetzt ist. Im Unterschied zum MitbestG besteht der nach dem DrittelbG zu bildende Aufsichtsrat jedoch nur zu einem Drittel aus Vertretern von Arbeitnehmern und Gewerkschaften (vgl. § 4 Abs. 1 DrittelbG). Anders als das MitbestG sieht das DrittelbG keine Arbeitnehmerrepräsentation durch externe Gewerkschaftsvertreter vor[47].

3. Montanmitbestimmungsgesetz (Montan-MitbestG)

Das Montan-MitbestG regelt die Mitbestimmung der Arbeitnehmer in Unternehmen der Bergbau- und Stahlindustrie (vgl. § 1 Montan-MitbestG). Anlass der Entstehung des Montan-MitbestG war die in der Eisen- und Stahlindustrie bereits praktizierte Unternehmensmitbestimmung, die 1947 in der Montanindustrie zunächst ohne gesetzliche Grundlage im Einvernehmen zwischen Besatzungsbehörden, Gewerkschaften und Eigentümern eingeführt worden war[48]. Gem. § 1 des Gesetzes werden Unternehmen in der Rechtsform einer AG oder einer GmbH erfasst, soweit sie mehr als 1.000 Arbeitnehmer beschäftigen und in einer der aufgezählten Branchen tätig sind oder soweit sie „Einheitsgesellschaften" sind (vgl. § 1 Abs. 2 Montan-MitbestG)[49].

---

45 *Hanau/Wackerbarth,* Unternehmensmitbestimmung und Koalitionsfreiheit, S. 27.

46 Das DrittelbG setzt den vor seiner Einführung in den §§ 76 - 87a BetrVG 1952 geregelten Rechtszustand ohne große Veränderung fort, vgl. HWK/*Seibt*, Vorb. DrittelbG, Rn. 1.

47 *Rieble,* BB 2006, 2018.

48 WWKK/*Wißmann*, Mitbestimmungsrecht, Vorbem. MitbestG, Rn. 12 m.w.N.

49 Bei einer sog. „Einheitsgesellschaft" hält die KG die Anteile an der Komplementärin mehrheitlich oder alleine, vgl. HWK/*Seibt*, § 4 MitbestG, Rn. 6; vgl. zu den Unterschieden zwischen MitbestG und Montan-MitbestG im Einzelnen *Ulmer/Habersack* in: Ulmer/Habersack/Henssler, Mitbestimmungsrecht, § 1 MitbestG, Rn. 10.

Ergänzend zum Montan-MitbestG erfasst das MitbestErgG Unternehmen in der Rechtsform einer AG oder GmbH, die ein dem Montan-MitbestG unterliegendes Unternehmen beherrschen (vgl. § 2 MitbestErgG)[50].

4. Mitbestimmung im Konzern

Sind mehrere Unternehmen zu einem Konzern verbunden, werden grundlegende Entscheidungsprozesse in der Regel auf andere Konzernunternehmen und deren Organe verlagert[51]. Daraus folgt, dass in einem Unterordnungskonzern gem. § 18 Abs. 1 AktG, bei dem ein rechtlich selbständiges Unternehmen an der Spitze eines hierarchischen Unternehmensverbundes steht[52], die rechtliche Selbständigkeit der abhängigen Unternehmen zu Gunsten der Einfluss- und Kontrollmöglichkeiten der Konzernspitze verringert wird[53]. Um den Mitbestimmungsrechten der Arbeitnehmer aller Konzernunternehmen gerecht zu werden, sehen MitbestG und DrittelbG Regelungen vor, wonach die Arbeitnehmer abhängiger Konzernunternehmen gleichzeitig als Arbeitnehmer der Konzernspitze gelten und ihnen demgemäß ein aktives und passives Wahlrecht zum Aufsichtsrat der Konzernspitze eingeräumt wird. Unterfällt das abhängige Unternehmen ebenfalls den deutschen Mitbestimmungsgesetzen, so besteht sowohl im abhängigen als auch im herrschenden Unternehmen ein Aufsichtsrat, und die Arbeitnehmer haben ein doppeltes Wahlrecht[54]. Für die Mitbestimmung im Konzern gelten im DrittelbG und im MitbestG unterschiedliche Regelungen.

Das DrittelbG differenziert zwischen der Wahlberechtigung der Arbeitnehmer und deren Zurechnung zur Konzernspitze. So wird den Arbeitnehmern der Konzernunternehmen das aktive und passive Wahlrecht gem. § 2 Abs. 1 DrittelbG eingeräumt, soweit ein Konzernverhältnis i.S.d. § 18 AktG besteht. Durch den ausdrücklichen Verweis auf § 18 Abs. 1 AktG ist das Vorliegen eines Unterordnungskonzerns und damit die einheitliche Leitung eines herrschenden Unternehmens über ein oder mehrere abhängige Unternehmen Voraussetzung für das Wahlrecht der Arbeitnehmer, wohingegen ein Gleichordnungskonzern i.S.d. § 18 Abs. 2 AktG den Anforderungen nicht genügt[55]. Das Bestehen eines Beherrschungsvertrages i.S.d. § 291 Abs. 1 S. 1 AktG oder die Eingliederung i.S.d. § 319 AktG bilden unwiderlegliche Vermutungen für das Vorliegen eines Unterordnungskonzerns (sog.

---

50 S. im Einzelnen *Ulmer/Habersack* in: Ulmer/Habersack/Henssler, Mitbestimmungsrecht, § 1 MitbestG, Rn. 12; WWKK/*Wißmann*, Mitbestimmungsrecht, § 1 MitbestG, Rn. 12.

51 *Ulmer/Habersack* in: Ulmer/Habersack/Henssler, Mitbestimmungsrecht, § 5 MitbestErgG, Rn. 1.

52 *Schall* in: Spindler/Stilz, AktG, Bd. 1, § 18, Rn. 24.

53 WWKK/*Koberski*, Mitbestimmungsrecht, § 5 MitbestG, Rn. 2.

54 ErfK/*Oetker*, § 5 MitbestG, Rn. 7.

55 Vgl. *Götze/Winzer/Arnold*, ZIP 2009, 245 (246); sowie ausführlich *Habersack* in: Ulmer/Habersack/Henssler, Mitbestimmungsrecht, § 2 DrittelbG, Rn. 5 ff.

„Konzernvermutung“, vgl. § 18 Abs. 1 S. 2 AktG), sie sind aber keine zwingenden Voraussetzungen. So bildet auch ein faktischer Konzern eine – widerlegliche – Vermutung für das Vorliegen eines Unterordnungskonzerns (vgl. § 18 Abs. 1 S. 3 AktG). Die widerlegliche Vermutung nach § 18 Abs. 1 S. 3 AktG beruht auf der Erwartung, dass eingerichtete Leitungsmöglichkeiten tatsächlich genutzt werden[56]. Die Zurechnung der Arbeitnehmer zur Konzernspitze (sog. „Konzernzurechnung“) setzt dagegen voraus, dass zwischen den Konzernunternehmen ein Beherrschungsvertrag besteht oder das abhängige Unternehmen in das herrschende Unternehmen eingegliedert ist (s. § 2 Abs. 2 DrittelbG). Die Voraussetzungen für die Zurechnung der Arbeitnehmer zur Konzernspitze sind damit höher als die Voraussetzungen für die Wahlberechtigung der Arbeitnehmer. Da aber die Arbeitnehmer nur wahlberechtigt sein können, wenn bei dem herrschenden Unternehmen ein Aufsichtsrat zu bilden ist und dessen Bildung wiederum von der Anzahl der Arbeitnehmer abhängt, ist die Konzernzurechnung des § 2 Abs. 2 DrittelbG indirekt auch für die Wahlberechtigung der Arbeitnehmer maßgeblich[57].

Im MitbestG hingegen sind Wahlrecht und Zurechnung der Arbeitnehmer nicht separat geregelt. Mit der diesbezüglichen Regelung im MitbestG geht einher, dass die Hürden für eine Zurechnung der Arbeitnehmer zur Konzernmutter nach dem MitbestG weniger hoch sind als nach dem DrittelbG. So erfolgt nach § 5 Abs. 1 MitbestG eine Konzernzurechnung bereits dann, wenn die Voraussetzungen eines Unterordnungskonzerns nach § 18 Abs. 1 AktG vorliegen. Ist eine Zurechnung zur Konzernspitze nach § 5 Abs. 1 bzw. Abs. 2 AktG nicht möglich, so bestimmt § 5 Abs. 3 MitbestG, dass das Unternehmen als das herrschende gilt, das der Konzernleitung am nächsten steht. Die Arbeitnehmer werden dann diesem Unternehmen zugerechnet. Dies ist z.B. der Fall, wenn das herrschende Unternehmen aufgrund seiner Rechtsform nicht dem MitbestG unterfällt oder seinen Sitz im Ausland hat[58]. Voraussetzung für das Eingreifen des § 5 Abs. 3 MitbestG ist jedoch, dass ein mehrstufiger Konzern vorliegt, dem mindestens ein herrschendes Unternehmen, ein von diesem Unternehmen unmittelbar abhängiges Unternehmen und ein Unternehmen, das über das abhängige Unternehmen beherrscht wird, angehören[59]. Zudem muss ein Unternehmen, das sich nicht auf der untersten Konzernebene befindet, mitbestimmungsfähig sein[60]. Die Konzernunternehmen müssen „über“ ein weiteres Unternehmen von der Konzernleitung beherrscht werden (vgl. § 5 Abs. 3 MitbestG). Für die Leitungsmacht ist i.d.R., aber nicht zwingend die Kapitalverflechtung maßgeblich, wie das folgende Beispiel verdeutlicht[61]: Hält ein ausländisches Unternehmen das Kapital von drei untereinander nicht kapitalmäßig

56 *Schall* in: Spindler/Stilz, AktG, Bd. 1, § 18, Rn. 27.
57 Vgl. *Habersack* in: Ulmer/Habersack/Henssler, Mitbestimmungsrecht, § 2 DrittelbG, Rn. 3.
58 S. WWKK/*Koberski*, Mitbestimmungsrecht, § 5 MitbestG, Rn. 52 m.w.N.
59 WWKK/*Koberski*, Mitbestimmungsrecht, § 5 MitbestG, Rn. 57.
60 Wie vor.
61 WWKK/*Koberski*, Mitbestimmungsrecht, § 5 MitbestG, Rn. 58.

verflochtenen Tochtergesellschaften (A, B und C) und ist A die „deutsche Zentrale“, über die B und C von der Konzernspitze beherrscht werden, so wird A als Teilkonzernspitze fingiert. Dies hat zur Folge, dass die Arbeitnehmer von A, B und C gemeinsam den Aufsichtsrat von A wählen.

5. Rechte und Pflichten des Aufsichtsrates

Aus § 25 MitbestG geht hervor, welche Vorschriften für die Rechte und Pflichten der Mitglieder des Aufsichtsrates gelten. So richtet sich der Inhalt des Mitbestimmungsrechts gem. § 25 Abs. 1 S. 1 Nr. 1 MitbestG für AG und KGaA nach dem AktG. Dabei bildet § 111 AktG die zentrale Norm. Weitere Aufgaben und Befugnisse des Aufsichtsrates sind an anderer Stelle, z.B. in § 84 AktG, geregelt. Bei der Auslegung der einzelnen Bestimmungen kommt es immer wieder zu Konflikten zwischen Mitbestimmungs- und Gesellschaftsrecht und der Frage, welchem Rechtsgebiet der Vorrang gebührt[62].

Gem. § 111 Abs. 1 AktG besteht die Aufgabe des Aufsichtsrates insbesondere in der Überwachung des Geschäftsführungsorgans des Unternehmens, während die Geschäftsführung selbst gem. § 76 Abs. 1 AktG dem Vorstand des Unternehmens obliegt. Grundsätzlich gilt damit das Prinzip der Trennung von Geschäftsführung und Kontrolle (vgl. auch § 111 Abs. 4 S. 1 AktG)[63]. Dieses Prinzip wird jedoch nicht strikt durchgeführt, da der Aufsichtsrat auch Einfluss auf die Arbeitsweise des Vorstandes nimmt und bei bestimmten Geschäftsführungsmaßnahmen mitwirkt[64]. Die Überwachung der Geschäftsführung durch den Aufsichtsrat konzentriert sich auf die Leitung der Gesellschaft durch den Vorstand und beinhaltet weniger einzelne Maßnahmen der Geschäftsführung als die Entwicklung der Geschäfte in ihrer Gesamtheit[65]. Der Überwachungskompetenz dienen insbesondere das Einsichts- und Prüfungsrecht nach § 111 Abs. 2 AktG sowie die Einführung von Zustimmungsvorbehalten gem. § 111 Abs. 4 S. 2 AktG. Gem. § 90 AktG ist der Vorstand zudem verpflichtet, dem Aufsichtsrat u. a. über die beabsichtigte Geschäftspolitik sowie über andere grundsätzliche Fragen der Unternehmensplanung und den Gang der Geschäfte Bericht zu erstatten. Daraus ergibt sich, dass die Überwachung des Aufsichtsrates sich nicht lediglich auf eine nachträgliche Kontrolle der Geschäftsführung beschränkt, sondern der Aufsichtsrat durch die aufgeführten Rechte und Pflichten eine präventive Kontrollfunktion wahrnimmt[66]. Gem. § 111 Abs. 3 AktG hat der Aufsichtsrat zudem eine Hauptversammlung einzuberufen, wenn das Wohl der Gesellschaft dies erfordert. § 111 Abs. 5 AktG sieht schließlich vor, dass die

---

62 WWKK/*Koberski*, Mitbestimmungsrecht, § 25 MitbestG, Rn. 7 f. m.w.N.; aufgrund der diesbezüglich nur überblicksartigen Darstellung wird auf diese Diskussion vorliegend nicht eingegangen.

63 WWKK/*Koberski*, Mitbestimmungsrecht, § 25 MitbestG, Rn. 44 m.w.N.

64 Wie vor.

65 MünchKommAktG/*Habersack*, Bd. 2, § 111 AktG, Rn. 19 f.

66 MünchKommAktG/*Habersack*, Bd. 2, § 111 AktG, Rn. 12.

Aufsichtsratsmitglieder ihr Amt höchstpersönlich wahrnehmen müssen. Neben der Überwachung der Geschäftsführung steht dem Aufsichtsrat die in § 84 AktG geregelte Personalkompetenz zu. Danach ist der Aufsichtsrat für die Bestellung und Abberufung von Vorstandsmitgliedern sowie zum Abschluss und zur Beendigung der Anstellungsverträge zuständig. Darüber hinaus sieht § 112 AktG vor, dass der Aufsichtsrat die Gesellschaft Vorstandsmitgliedern gegenüber gerichtlich und außergerichtlich vertritt.

Eine zentrale Rolle für die Rechte und Pflichten des Aufsichtsrates spielt neben dem AktG auch der „Deutsche Corporate Governance Kodex" (*DCGK*)[67] vom 26. Mai 2010, dessen Ziffer 3 Bestimmungen für das Zusammenwirken von Vorstand und Aufsichtsrat enthält und der in Ziffer 5.1.1 auf die nach dem AktG bestehende Beratungs- und Überwachungsaufgabe des Aufsichtsrates verweist.

Die Position des Aufsichtsrates kann indes teilweise durch die Satzungsgewalt der Hauptversammlung (vgl. §§ 2, 119 Abs. 1 Nr. 5, 179 AktG) gestaltet werden[68]. So kann die Hauptversammlung beispielsweise maßgeblichen Einfluss auf die innere Ordnung des Aufsichtsrates nehmen, die gem. § 107 AktG durch Satzung bestimmt wird[69].

6. Das Territorialitätsprinzip in der deutschen Unternehmensmitbestimmung

Der deutschen Unternehmensmitbestimmung liegt das sog. Territorialitätsprinzip zugrunde[70]. Arbeitnehmer ausländischer Konzernunternehmen sind danach weder bei der Mitbestimmung nach dem DrittelbG noch bei der Mitbestimmung nach dem MitbestG zu berücksichtigen, sie nehmen also weder an den Wahlen zum Aufsichtsrat teil noch sind sie bei der Ermittlung der Schwellenwerte einzubeziehen[71]. Unerheblich sind dagegen die Staatsangehörigkeit und der Wohnsitz der Arbeitnehmer in den deutschen Betrieben, so dass ausländische Arbeitnehmer bzw. Arbeitnehmer mit Wohnsitz im Ausland, die in inländischen Betrieben beschäftigt sind (sog. „Grenzgänger"), in die deutsche Mitbestimmung einzubeziehen sind[72].

Zur Begründung der Nichtberücksichtigung im Ausland beschäftigter Arbeitnehmer wird u.a. angeführt, dass eine Einbeziehung der Arbeitnehmer sowohl ausländische Betriebe deutscher Unternehmen als auch ausländische Betriebe ausländischer Tochtergesellschaften eines deutschen Unternehmens erfassen müsse und damit

---

67 Vgl. auch § 161 AktG.

68 WWKK/*Koberski*, Mitbestimmungsrecht, § 25 MitbestG, Rn. 45.

69 Wie vor.

70 Vgl. dazu WWKK/*Koberski*, Mitbestimmungsrecht, § 3 MitbestG, Rn. 27 ff.; *Henssler*, RdA 2005, 330 (331); ausführlich *Latzel*, Rn. 330 ff.; *Schubert*, RdA 2007, 9 (11).

71 WWKK/*Koberski*, Mitbestimmungsrecht, § 3 MitbestG, Rn. 27 f, 32; *Döring* in: Grobys/Panzer, SWK-ArbR, Unternehmensmitbestimmung, Rn. 21; aA LG Frankfurt v. 16.2.2015 – 3/16 O 1/14, DStR 2015, 1065 (1067).

72 WWKK/*Koberski*, Mitbestimmungsrecht, § 3 MitbestG, Rn. 34.

Probleme aufwerfe[73]. So stelle sich z.B. die Frage, wie deutsche Arbeitgeber die Ordnungsmäßigkeit der in einer ausländischen Tochtergesellschaft durchgeführten Aufsichtsratswahl kontrollieren könnten[74]. Zudem wird in der Literatur diskutiert, dass bei einer Beteiligung der Arbeitnehmer ausländischer Konzernunternehmen wegen der unterschiedlichen Rechtsordnungen und der unterschiedlichen Weltanschauungen Konfliktpotential bestehe[75]. Dieser Einwand scheint indes mittlerweile überholt zu sein, insbesondere, weil internationale Konzerne heutzutage zunehmend im Ausland ansässige Arbeitnehmer beschäftigen[76]. Wegen der Ausklammerung der im Ausland Beschäftigten wird die Vereinbarkeit der deutschen Mitbestimmungsgesetze mit dem Unionsrecht im Schrifttum häufig in Frage gestellt[77]. Insgesamt wird das deutsche System vielfach kritisiert[78].

III. Traditionelle Mitbestimmungsgestaltungsoptionen

1. Motive für Umwandlungen von Gesellschaften

Der Vergleich der Mitbestimmungssysteme in Deutschland und Europa verdeutlicht, dass insbesondere deutsche Unternehmen oft ein Interesse daran haben, die Einführung zumindest der paritätischen Mitbestimmung zu verhindern. Dies belegt z.B. die Existenz der Mitbestimmungsbeibehaltungsregelung des § 325 Abs. 1 UmwG – diese Vorschrift wäre nicht erforderlich, wenn die Unternehmen selbst ein Interesse an der Einführung mitbestimmungsrechtlicher Strukturen hätten[79]. Viele Unternehmen wenden sich auch gegen die im MitbestG vorgesehene zwangsweise Arbeitnehmerrepräsentation durch externe Gewerkschaftsvertreter[80]. Darüber hinaus sind die finanziellen Auswirkungen der Mitbestimmung sowie die u.U. aufgrund seiner Größe mangelnde Funktionsfähigkeit des Aufsichtsrates Faktoren, die aus Unternehmenssicht die Mitbestimmung weniger attraktiv erscheinen lassen[81].

Vor diesem Hintergrund bilden Gestaltungsoptionen, mithilfe derer die bestehende Mitbestimmung reduziert oder die Implementierung eines Mitbestimmungssystems

---

73 WWKK/*Koberski*, Mitbestimmungsrecht, § 3 MitbestG, Rn. 30 m.w.N.

74 Wie vor.

75 Vgl. etwa *Lutter*, FS Zweigert, 251 (258 f., 263), der auf S. 263 die folgende Frage aufwirft: „Mitbestimmung in der inländischen Konzernobergesellschaft durch Arbeitnehmer aus Brasilien und Kanada, Japan und Neuseeland?“; vgl. auch *Nienerza*, S. 73 ff.

76 Vgl. zum Stand der Diskussion *Latzel*, Rn. 371; *Nienerza*, S. 73 ff.

77 ErfK/*Oetker*, Einleitung MitbestG, Rn. 6 m.w.N.; WWKK/*Koberski*, Mitbestimmungsrecht, § 3 MitbestG, Rn. 31a; *Henssler*, RdA 2005, 330 (331); *Hellwig/Behme*, AG 2009, 261 (264 ff.); *Latzel*, Rn. 338 ff.; diese Frage soll vorliegend nicht erörtert werden, da sie den Rahmen der Arbeit sprengen würde.

78 *Zange* in: Arens/Düwell/Wichert, Umstrukturierung, § 14, Rn. 5 f m.w.N.

79 *Rieble*, BB 2006, 2018; ähnlich *Lubitz*, S. 42.

80 *Rieble*, BB 2006, 2018.

81 Vgl. im Überblick *Lubitz*, S 41 f.

verhindert werden kann, eines der Ziele von Unternehmensumstrukturierungen. Nicht in jedem Fall wird jedoch die völlige Mitbestimmungsfreiheit gerade originär mitbestimmter Unternehmen angestrebt, denn neben aller Kritik an der Mitbestimmung herrschte gerade in Deutschland lange Zeit sowohl aus Arbeitnehmer- als auch aus Unternehmenssicht die Auffassung, die Unternehmensmitbestimmung habe sich bewährt[82]. So gelangen auch einige ökonomische Analysen zu dem Ergebnis, dass ein *„positiver Zusammenhang zwischen Mitbestimmung und Produktivität sowie eine tendenziell positive Auswirkung der Mitbestimmung auf die Innovationskraft mitbestimmter Unternehmen ermittelt werde“*[83].

2. Umstrukturierungen zur Mitbestimmungsgestaltung

Vor dem erläuterten Hintergrund haben sich im deutschen Recht im Laufe der Zeit Strategien und Gestaltungsmöglichkeiten entwickelt, um die unternehmerische Mitbestimmung zu vermeiden oder zumindest inhaltlich auszuhöhlen[84]. Mehr und mehr deutsche Unternehmen wählen deshalb – weitgehend unbemerkt von der Öffentlichkeit – eine dieser vielfältigen Gestaltungsoptionen[85]. Derartige Gestaltungsmöglichkeiten ergeben sich insbesondere durch die Veränderung einer der drei mitbestimmungsrelevanten Faktoren (Rechtsform, Anzahl der Mitarbeiter bzw. Unterschreitung der gesetzlich vorgesehenen Arbeitnehmer-Schwellenwerte[86], Unternehmenszweck)[87]. Die Entwicklung dieser Strukturen wurde ermöglicht, weil der deutsche Gesetzgeber keinen Rechtsformenzwang beabsichtigt und deshalb keine umfassenden Vorkehrungen gegen eine nachträgliche Veränderung mitbestimmungsrelevanter Umstände getroffen hat, so dass ein Bestandsschutz für eine einmal eingetretene Mitbestimmung im deutschen Recht nicht existiert[88]. Grundsätzlich kann die Mitbestimmung nach dem DrittelbG leichter vermieden werden als die paritätische Mitbestimmung nach dem MitbestG[89]. Dies ergibt sich z.B. daraus, dass die Konzernzurechnung nach dem DrittelbG strengeren Voraussetzungen unterliegt als die Konzernzurechnung nach dem MitbestG[90].

---

82 Vgl. WWKK/*Wißmann*, Mitbestimmungsrecht, Vorbem. MitbestG, Rn 58 m.w.N.; *Hexel*, Magazin Mitbestimmung, Ausgabe 1+2/2005.

83 *Thannisch*, AuR 2006, 81 (86).

84 Eidenmüller/*Rehberg*, Ausländische Kapitalgesellschaften im deutschen Recht, § 6, Rn. 148 ff.

85 *Henssler*, RdA 2005, 330.

86 Vgl. den tabellarischen Überblick über Bestimmungen des Arbeitsrechts, welche ab einer bestimmten Betriebsgröße Rechtsfolgen vorsehen in *Pulte*, BB 2005, 549 ff.

87 *Zange* in: Arens/Düwell/Wichert, Umstrukturierung, § 14, Rn. 10.

88 Eidenmüller/*Rehberg*, Ausländische Kapitalgesellschaften im deutschen Recht, § 6, Rn. 156.

89 *Nikoleyczik/Führ*, DStR 2010, 1743 (1747); *Rieble*, BB 2006, 2018.

90 Vgl. o., B.II.4.

Im Folgenden werden einige der „traditionellen" Gestaltungsoptionen in einem Überblick skizziert.

a) *Holdinggesellschaft im Ausland*

Eine Möglichkeit der Verhinderung eines paritätisch besetzten Aufsichtsrates besteht in der Verlagerung der Konzernspitze ins Ausland[91]. Denn gem. §§ 5 MitbestG, 2 Abs. 2 DrittelbG ist für die Konzernzurechnung eine inländische Konzernleitung erforderlich[92]. Auf diese Weise lässt sich jedoch nur die Mitbestimmung in der Konzernspitze vermeiden. Die deutschen Tochterunternehmen sind dagegen nur mitbestimmungsfrei, soweit sie jeweils selbst nicht mehr als 500 Arbeitnehmer beschäftigen. Für die Drittelmitbestimmung hat die Verlagerung der Holding ins Ausland dagegen wegen der ohnehin strengeren Voraussetzungen für eine Konzernzurechnung in der Regel keine praktische Relevanz[93].

Im Regelfall gelangt bei der Verlagerung der Holdinggesellschaft ins Ausland jedoch § 5 Abs. 3 MitbestG zur Anwendung, wonach grundsätzlich eine Zurechnung der Arbeitnehmer zu der nächstunteren Konzernebene erfolgt und auf dieser Ebene ein Aufsichtsrat gebildet wird[94]. In der Praxis hat sich zur Verhinderung der Zurechnung zur deutschen Zwischenholding gem. § 5 Abs. 3 MitbestG daher die folgende Strategie entwickelt: Die ausländische Holdinggesellschaft schließt unmittelbar Beherrschungsverträge mit den deutschen Enkelgesellschaften ab und wird damit zur herrschenden Gesellschaft i.S.d. § 18 AktG[95]. Dies hat zur Folge, dass die deutsche Zwischenholding ihre Stellung als beherrschendes Unternehmen verliert und eine Zurechnung der Arbeitnehmer nicht mehr erfolgen kann[96]. Unklar ist jedoch, ob eine kapitalmäßige Beteiligung an den Konzernunternehmen für die Anwendung des § 5 Abs. 3 MitbestG ausreicht[97] oder ob die inländische Zwischengesellschaft zumindest ein Minimum an Leitungsbefugnissen gegenüber den Untergesellschaften ausüben muss[98]. Aus diesem Grund wird eine derartige Umstrukturierungsmaßnahme regelmäßig nur ein erster von weiteren Schritten zur Vermeidung bzw. Reduzierung der Mitbestimmung sein[99].

---

91 *Zange* in: Arens/Düwell/Wichert, Umstrukturierung, § 14, Rn. 90 f.; Eidenmüller/*Rehberg*, Ausländische Kapitalgesellschaften im deutschen Recht, § 6, Rn. 149; *Henssler*, RdA 2005, 330 (332); *Nikoleyczik/Führ*, DStR 2010, 1743 (1747); *Rieble,* BB 2006, 2018 (2019).

92 Vgl. o., B.II.4.

93 *Götze/Winzer/Arnold*, ZIP 2009, 245 (247).

94 Vgl. o., B.II.4.

95 *Henssler*, RdA 2005, 330 (332); *Wisskirchen/Bissels/Dannhorn,* DB 2007, 2258 (2261).

96 Wie vor.

97 So OLGR Düsseldorf 2007, 54 (Leitsätze 1–3).

98 *Götze/Winzer/Arnold*, ZIP 2009, 245 (247).

99 *Nikoleyczik/Führ*, DStR 2010, 1743 (1747).

b) Unselbständige Niederlassung einer ausländischen Kapitalgesellschaft

Eine Vermeidung der deutschen Mitbestimmungsstrukturen kann auch erreicht werden, indem ein ausländischer Konzern in Deutschland eine unselbständige Niederlassung gründet bzw. bereits bestehende inländische, der unternehmerischen Mitbestimmung unterliegende Konzerntöchter in Zweigniederlassungen umwandelt[100]. Denn unselbständige Niederlassungen ausländischer Kapitalgesellschaften unterliegen nicht der deutschen Mitbestimmung[101], selbst wenn sie in Deutschland mehr als 2.000 Arbeitnehmer beschäftigen[102].

c) Einsatz von Personengesellschaften

Gestaltungsmöglichkeiten werden auch dadurch eröffnet, dass MitbestG und DrittelbG nur auf Kapitalgesellschaften, nicht aber auf Personengesellschaften Anwendung finden[103]. Insbesondere kommt die Gründung einer GmbH & Co. KG in Betracht.

(1) GmbH & Co. KG

Eine GmbH § Co. KG ist eine KG i.S.d. § 161 Abs. 1 HGB, deren persönlich haftender Gesellschafter (Komplementär) eine GmbH ist[104]. Da die KG als Personengesellschaft nicht vom Anwendungsbereich der Mitbestimmungsgesetze erfasst ist, kann es nur über eine Zurechnung der Arbeitnehmer der KG zur Komplementär-GmbH zu der Errichtung eines Aufsichtsrates kommen[105]. § 4 Abs. 1 S. 1 MitbestG sieht vor, dass eine Zurechnung der Arbeitnehmer der KG zur Komplementärgesellschaft erfolgt, soweit der Mehrheit der Kommanditisten, berechnet nach Anteilen oder Stimmen, auch die Mehrheit in der Komplementärgesellschaft zusteht[106]. Beschränkt sich dagegen der Komplementär auf das Führen der Geschäfte der KG, scheidet nach Ansicht der Rechtsprechung eine Zurechnung der Arbeitnehmer aus[107]. Da eine entsprechende Vorschrift im DrittelbG fehlt, erfolgt eine Zurechnung der Arbeitnehmer der KG zu der Komplementär-GmbH in der Regel erst, wenn das Unternehmen insgesamt über 2.000 Arbeitnehmer beschäftigt und in den Anwendungsbereich des

---

100 Eidenmüller/*Rehberg*, Ausländische Kapitalgesellschaften im deutschen Recht, § 6, Rn. 148.

101 Eidenmüller/*Rehberg*, Ausländische Kapitalgesellschaften im deutschen Recht, § 6, Rn. 148; *Götze/Winzer/Arnold*, ZIP 2009, 245 (247); *Henssler*, RdA 2005, 330 (331).

102 *Wisskirchen/Bissels/Dannhorn*, DB 2007, 2258 (2259).

103 *Götze/Winzer/Arnold*, ZIP 2009, 245 (246); s. auch o., B.II.1.

104 Baumbach/Hopt/*Hopt*, Handelsgesetzbuch, Anhang nach § 177a, Rn. 1.

105 *Wisskirchen/Bissels/Dannhorn*, DB 2007, 2258 (2260).

106 *Ulmer/Habersack* in: Ulmer/Habersack/Henssler, Mitbestimmungsrecht, § 4 MitbestG, Rn. 12.

107 OLG Celle, OLGZ 1980, 136–142 (2. Leitsatz); OLG Bremen v. 30.4.1980, 1 W 3/80 (c), GmbHR 1981, 41 (1. Leitsatz).

MitbestG fällt[108]. Die Implementierung eines Aufsichtsrates bei der Komplementär-GmbH kann demnach verhindert werden, wenn die Komplementär-GmbH selbst weniger als 500 Arbeitnehmer und die KG insgesamt nicht mehr als 2.000 Arbeitnehmer beschäftigt[109]. In Anbetracht der regelmäßig anspruchsvollen Strukturen[110] ist es allerdings fragwürdig, ob diese Gestaltungsmöglichkeit praktikabel ist.

(2) Ausländische juristische Person & Co. KG

Eine weitere Möglichkeit für Unternehmen, mitbestimmungspflichtige Strukturen zu vermeiden, liegt in der Gründung einer ausländischen juristischen Person & Co. KG. Diese hat ihren Registersitz im Ausland und bedient sich einer deutschen Kommanditgesellschaft, an der eine juristische Person ausländischen Rechts als (nicht notwendig einziger) persönlich haftender Gesellschafter beteiligt ist[111]. Da die KG als Personengesellschaft nicht den deutschen Mitbestimmungsgesetzen unterfällt, bleibt die Gesellschaft mitbestimmungsfrei. Eine Zurechnung nach § 4 MitbestG kommt nicht in Betracht, weil die persönlich haftende Komplementärgesellschaft als ausländische Gesellschaft selbst nicht vom MitbestG erfasst wird[112]. Die Arbeitnehmer bleiben damit Beschäftigte einer nicht mitbestimmungspflichtigen deutschen Personengesellschaft[113]. Nach wie vor erfolgt jedoch in Konzernstrukturen eine Zurechnung zur Ebene unterhalb der Konzernleitung[114]. Der Vorteil einer solchen Gestaltung besteht indes darin, dass sich der Einsatz einer ausländischen Komplementärin insbesondere dann nicht nachteilig im Rechtsverkehr auswirkt, wenn diese eine identische Bezeichnung wie die inländische Gesellschaft trägt[115].

d) Weitere traditionelle Gestaltungsoptionen

Die Konzernzurechnung gem. § 5 Abs. 1 MitbestG kann ebenfalls vermieden werden, wenn ein Unternehmen nachweist, dass keine einheitliche Leitung i.S.v. § 18 Abs. 1 AktG vorliegt[116]. Die Konzernvermutung des § 18 Abs. 1 AktG kann beispielsweise durch die Gründung einer reinen Vermögensholdung widerlegt werden, die keine Leitungsaufgaben in den nachgeordneten Gesellschaften wahrnimmt und deren Tätigkeit sich auf die reine Verwaltung ihrer eigenen unternehmerischen

---

108 *Wisskirchen/Bissels/Dannhorn,* DB 2007, 2258 (2260).
109 Wie vor.
110 *Götze/Winzer/Arnold,* ZIP 2009, 245 (246).
111 *Lubitz,* S. 57; *Wisskirchen/Bissels/Dannhorn,* DB 2007, 2258 (2260).
112 *Henssler,* RdA 2005, 330 (332) m.w.N.; *Raiser/Veil,* MitbestG und DrittelbG, § 4 MitbestG, Rn. 5b; *Ulmer/Habersack* in: Ulmer/Habersack/Henssler, Mitbestimmungsrecht, § 4 MitbestG, Rn. 11.
113 *Henssler,* RdA 2005, 330 (332).
114 Vgl. o., B.II.4.
115 Vgl. *Wisskirchen/Bissels/Dannhorn,* DB 2007, 2258 (2260).
116 *Wisskirchen/Bissels/Dannhorn,* DB 2007, 2258 (2259).

Beteiligungen beschränkt[117]. Die Vermutung der einheitlichen Leitung kann ebenfalls durch den Abschluss von Entherrschungsverträgen zwischen dem herrschenden und den abhängigen Unternehmen widerlegt werden[118]. Des Weiteren erfolgt keine Zurechnung in einem Gleichordnungskonzern gem. § 18 Abs. 2 AktG[119].

Da für das Mitbestimmungsstatut nach deutschem Recht nur die inländische Belegschaft zählt, ergeben sich weitere Gestaltungsoptionen durch die Verlagerung künftigen Personalwachstums ins Ausland[120]. Es ist jedoch unter anderem aus Kostengründen nicht immer praktikabel, wenn ein Unternehmen ausschließlich im Ausland wächst und im Inland von weiteren Expansionen ausgeschlossen ist[121]. Hinzu kommt, dass diese Gestaltungsoption sich eher für Produktionsbetriebe eignen wird, bei denen es nicht darauf ankommt, wo die Fertigung erfolgt, als für Vertriebsunternehmen, bei denen in der Regel die Präsenz der Mitarbeiter vor Ort erforderlich ist[122].

Die Bildung eines Aufsichtsrates kann auch durch die Begrenzung der Anzahl der Mitarbeiter unterhalb der jeweiligen mitbestimmungsrelevanten Schwellenwerte verhindert werden[123]. Dies kann z.B. durch Outsourcing geschehen[124]. Dennoch wird dies für viele Unternehmen keine dauerhafte Lösung sein[125]. So muss insbesondere die bereits oben erwähnte Zurechnung der Arbeitnehmer eines Konzernunternehmens zur Konzernleitung beachtet werden. Die Drittelmitbestimmung, die wegen der strengeren Voraussetzungen an die Konzernzurechnung leichter vermieden werden kann als die paritätische Mitbestimmung nach dem MitbestG[126], kann zudem vermieden werden, indem die Arbeitnehmer eines Konzerns auf verschiedene Konzerngesellschaften verteilt werden, die jeweils nicht mehr als 500 Arbeitnehmer beschäftigen[127].

In Betracht kommt zudem der Einsatz von Stiftungen bzw. Tendenzunternehmen. Diese Gestaltungsmöglichkeiten spielen jedoch in der Praxis keine große Rolle. So unterliegt die Stiftung der staatlichen Aufsicht, und die Genehmigung zu rein wirtschaftlichen Zwecken ist zweifelhaft[128]. Tendenzunternehmen wie auch Religionsgemeinschaften sowie deren karitative und erzieherische Einrichtungen

---

117 HWK/*Seibt*, § 5 MitbestG, Rn. 7; *Wisskirchen/Bissels/Dannhorn*, DB 2007, 2258 (2259).

118 Wie vor.

119 Vgl.o., B.II.4.

120 *Nikoleyczik/Führ*, DStR 2010, 1743 (1747).

121 *Götze/Winzer/Arnold*, ZIP 2009, 245 (247); *Nikoleyczik/Führ*, DStR 2010, 1743 (1747).

122 *Wisskirchen/Bissels/Dannhorn*, DB 2007, 2258 (2260).

123 *Götze/Winzer/Arnold*, ZIP 2009, 245 (246).

124 *Zange* in: Arens/Düwell/Wichert, Umstrukturierung, § 14, Rn. 111 f.

125 *Nikoleyczik/Führ*, DStR 2010, 1743 (1747).

126 S.o., B.II.4.

127 *Nikoleyczik/Führ*, DStR 2010, 1743 (1747).

128 *Götze/Winzer/Arnold*, ZIP 2009, 245 (247); *Wisskirchen/Bissels/Dannhorn*, DB 2007, 2258 (2259).

sind vom Anwendungsbereich der Mitbestimmung nur ausgenommen, soweit sie unmittelbar und überwiegend verfassungsrechtlich geschützten Zielen dienen (vgl. §§ 1 Abs. 4 MitbestG, 1 Abs. 2 Nr. 2 DrittelbG).

3. Zusammenfassung

Die vorstehend aufgezeigten Gestaltungsmöglichkeiten zur Vermeidung der Mitbestimmung bzw. zur Verringerung ihrer Intensität sind vielfach mit nicht unerheblichen Nachteilen für eine Gesellschaft verbunden[129]. Auch stößt die Verwendung ausländischer Rechtsformen durch deutsche Unternehmen als sog. Scheingesellschaft (wie z.B. die englische Limited) oft nach wie vor auf erhebliche Akzeptanzprobleme[130]. Zudem ist vielen der vorstehend skizzierten Gestaltungsmöglichkeiten gemeinsam, dass sie sehr anspruchsvoll strukturiert sind und nicht den gewünschten „Erfolg", d.h. die Vermeidung der deutschen Mitbestimmung, herbeiführen.

Vor diesem Hintergrund ist zu untersuchen, ob und inwieweit grenzüberschreitende Umstrukturierungen, insbesondere grenzüberschreitende Verschmelzungen, Gesellschaften Möglichkeiten eröffnen, eine andere Art der Mitbestimmung als die nach deutschen Gesetzen vorgesehene zu wählen. In diesem Zusammenhang ist zu analysieren, welche Vorgaben sich aus der Niederlassungsfreiheit für die Ausgestaltung der Mitbestimmung auf europäischer Ebene im Zuge einer grenzüberschreitenden Umstrukturierung ergeben. Zunächst ist dabei die Entwicklung grenzüberschreitender Umstrukturierungen im europäischen Kontext zu betrachten. Denn jede grenzüberschreitende Umstrukturierung von Gesellschaften, wie etwa die grenzüberschreitende Verschmelzung, muss auf ihre Vereinbarkeit mit der Niederlassungsfreiheit untersucht werden. Der EuGH hat sich in der Vergangenheit in mehreren Entscheidungen mit der Niederlassungsfreiheit von Gesellschaften auseinandergesetzt, angefangen mit der Verwaltungssitzverlegung über die grenzüberschreitende Verschmelzung bis hin zum rechtsformwechselnden Zuzug in der neuesten Rechtssache „*Vale*"[131]. Erst in der „*Sevic*"-Entscheidung[132] hat er die Zulässigkeit grenzüberschreitender Verschmelzungen überhaupt anerkannt.

Im weiteren Verlauf der Arbeit ist insbesondere der Zusammenhang der Regelungen des MgVG mit den unionsrechtlichen Vorgaben der Verschmelzungsrichtlinie und der Niederlassungsfreiheit von zentraler Bedeutung. Verschmelzungsrichtlinie, MgVG und die sich daraus ergebenden Gestaltungsoptionen können demnach nicht ohne eine Erläuterung der Entwicklungen auf europäischer Ebene und der sich daraus ergebenden mitbestimmungsrechtlichen Konsequenzen erörtert werden, die Gegenstand des folgenden Kapitels sind.

---

129 *Nikoleyczik/Führ*, DStR 2010, 1743 (1747).

130 *Bormann/Böttcher*, NZG 2011, 411 (415).

131 EuGH v. 12.7.2012, Rs. C-378/10, NZG 2012, 871 („*Vale*").

132 EuGH v. 13.12.2005, Rs. C-411/03, Slg. 2005, I-10825 („*Sevic*").

C. Grenzüberschreitende Umstrukturierungen und ihre Auswirkungen auf die Mitbestimmung

I. Mitbestimmungsgestaltung durch grenzüberschreitende Umstrukturierungen

Gestaltungsoptionen in Form grenzüberschreitender Umstrukturierungen, wie z.B. die Verlegung des Verwaltungssitzes einer Gesellschaft in einen anderen Mitgliedstaat, haben in der Praxis eine große Bedeutung, weil dadurch in bestimmten Konstellationen eine Vermeidung der deutschen Unternehmensmitbestimmung erreicht werden kann. Bei jeder grenzüberschreitenden Umstrukturierung sind indes die Vorgaben der Niederlassungsfreiheit gem. Art. 49 AEUV (ehemals Art. 43 EG) zu beachten. Dabei stellt sich insbesondere die Frage, inwieweit geltende Beschränkungen in einzelnen Mitgliedstaaten im Hinblick auf die grenzüberschreitende Umstrukturierungen von Gesellschaften mit der Niederlassungsfreiheit zu vereinbaren sind.

Im Folgenden werden die Grundlagen der Niederlassungsfreiheit sowie die Rechtsprechung des EuGH zur Niederlassungsfreiheit bei grenzüberschreitenden Umstrukturierungen analysiert.

II. Grundlagen der Niederlassungsfreiheit

Im Unterschied zu der Arbeitnehmerfreizügigkeit (Artt. 45 – 48 AEUV), deren Schutzbereich Personen in abhängiger Beschäftigung erfasst, betrifft die Niederlassungsfreiheit das Recht der Selbstständigen, in einem anderen Mitgliedstaat einer dauerhaften Erwerbstätigkeit nachzugehen[133]. Das Ziel der Niederlassungsfreiheit besteht darin, es jedem Unternehmen zu ermöglichen, seinen Standort nach rein ökonomischen Kriterien zu wählen[134].

Der räumliche Anwendungsbereich der Niederlassungsfreiheit erstreckt sich auf die in Art. 52 Abs. 1 EUV aufgeführten Mitgliedstaaten[135]. Der sachliche Anwendungsbereich der Niederlassungsfreiheit ist nur eröffnet, wenn ein Sachverhalt betroffen ist, der einen grenzüberschreitenden Bezug aufweist[136]. So definiert der EuGH den Begriff der Niederlassung als die *„tatsächliche Ausübung einer wirtschaftlichen Tätigkeit mittels*

---

133 MünchKommAktG/*Altmeppen/Ego*, Europäische Niederlassungsfreiheit, Rn. 1.

134 *Schwarz*, Europäisches Gesellschaftsrecht, Rn. 193.

135 Vgl. zum erweiterten Anwendungsbereich MünchKommAktG/*Altmeppen/Ego*, Europäische Niederlassungsfreiheit, Rn. 15 f.

136 EuGH v. 16.1.1997, Rs. C-134/95, Slg. 1997, I-195–212, Leitsatz („*USSL N 47 Di Biella*“).

einer festen Einrichtung in einem anderen Mitgliedstaat auf unbestimmte Zeit"[137]. Dabei besteht ein Unterschied zwischen der *primären* und der *sekundären* Niederlassung[138]. Die primäre Niederlassung zeichnet sich dadurch aus, dass der Schwerpunkt der selbständigen Tätigkeit in einen anderen Mitgliedstaat verlagert wird[139], während unter einer sekundären Niederlassung die Errichtung von Tochtergesellschaften, Agenturen oder Zweigniederlassungen zu verstehen ist[140].

Gem. Art. 54 AEUV (vormals Art. 48 EG) finden die Vorschriften über die Niederlassungsfreiheit unter bestimmten Voraussetzungen auch auf Gesellschaften Anwendung. Der persönliche Anwendungsbereich der Niederlassungsfreiheit ist für Kapitalgesellschaften eröffnet, wenn eine Gesellschaft nach den Rechtsvorschriften eines Mitgliedstaates gegründet worden ist und ihren satzungsmäßigen Sitz, ihre Hauptverwaltung oder ihre Hauptniederlassung innerhalb der Union hat[141]. Entscheidend ist, dass die Gesellschaft nach dem Recht ihres Gründungsstaates fortbesteht, während die Staatsangehörigkeit der Gesellschafter irrelevant ist[142]. Da der sachliche Anwendungsbereich der Niederlassungsfreiheit überhaupt erst bei einem grenzüberschreitenden Bezug eröffnet ist, muss eine Gesellschaft zunächst ihre Niederlassung verlagern, um überhaupt dem Anwendungsbereich der Niederlassungsfreiheit zu unterfallen.

Art. 54 AEUV bewirkt im Hinblick auf die Niederlassungsfreiheit eine Gleichstellung von natürlichen und juristischen Personen[143]. Trotz dieser Gleichstellung bestehen jedoch gewichtige Unterschiede zwischen natürlichen und juristischen Personen: Während die Existenz bzw. die Anerkennung als Person mit fremder Staatsangehörigkeit bei natürlichen Personen nicht durch die Verlagerung ihrer Niederlassung in einen anderen Mitgliedstaat als solche in Frage gestellt wird, kann dies – abhängig vom jeweiligen nationalen Gesellschaftskollisionsrecht – bei Gesellschaften anders sein[144].

III. Niederlassungsfreiheit und Internationales Gesellschaftsrecht

1. Grundlagen

Verlegt eine Gesellschaft ihren Sitz in einen anderen Mitgliedstaat, ist grundsätzlich die Niederlassungsfreiheit betroffen. Es bestehen jedoch Unterschiede zwischen der Verlegung des Verwaltungssitzes und der Verlegung des Satzungssitzes. Sitz einer

---

137 EuGH v. 25.7.1991, Rs. C-221/89, Slg. 1991, I-03905, Rn. 20 („*Factortame u.a.*").

138 Calliess/Ruffert/*Bröhmer*, EUV/AEUV, Art. 49 AEUV, Rn. 17.

139 *Frenzel*, S. 31; MünchKommAktG/*Altmeppen/Ego*, Europäische Niederlassungsfreiheit, Rn. 45.

140 Calliess/Ruffert/*Bröhmer*, EUV/AEUV, Art. 49 AEUV, Rn. 17.

141 Vgl. auch MünchKommAktG/*Altmeppen/Ego*, Europäische Niederlassungsfreiheit, Rn. 17.

142 MünchKommAktG/*Altmeppen/Ego*, Europäische Niederlassungsfreiheit, Rn. 21, 24.

143 Calliess/Ruffert/*Bröhmer*, EUV/AEUV, Art. 54 AEUV, Rn. 8.

144 Calliess/Ruffert/*Bröhmer*, EUV/AEUV, Art. 54 AEUV, Rn. 8; *Kleinhenz*, S. 132.

Gesellschaft i.S.d. § 4a GmbHG ist der Satzungssitz, d.h. der gesellschaftsvertraglich bestimmte Sitz, wohingegen der Verwaltungssitz den Ort der Hauptverwaltung der Gesellschaft bezeichnet, d.h. den Tätigkeitsort der Geschäftsführung[145]. Da sich sowohl der EuGH als auch die Praxis vorwiegend mit der Verlegung des Verwaltungssitzes von Gesellschaften beschäftigt haben, beziehen sich die nachfolgenden Ausführungen auf die Verwaltungssitzverlegung[146].

Bei der Verlegung des Verwaltungssitzes einer Gesellschaft in einen anderen Mitgliedstaat können aufgrund des grenzüberschreitenden Elementes die Rechtsvorschriften mehrerer Mitgliedstaaten zur Anwendung gelangen. Die Anwendung der geltenden Rechtsordnung wird durch das Internationale Privatrecht i.e.S., also durch das Gesellschaftskollisionsrecht, bestimmt[147]. Das Internationale Gesellschaftsrecht bestimmt das anwendbare Gesellschaftsstatut[148]. Das Gesellschaftsstatut legt wiederum fest, nach welcher Rechtsordnung gesellschaftsrechtliche Sachverhalte mit Auslandsberührung zu lösen sind[149].

Im Folgenden werden zunächst die kollisionsrechtlichen Grundlagen des Internationalen Gesellschaftsrechts und sodann deren Vereinbarkeit mit der Niederlassungsfreiheit aufgezeigt.

2. Maßgebliches Gesellschaftsstatut

Im Internationalen Gesellschaftsrecht werden zur Bestimmung der anwendbaren Rechtsordnung zwei Theorien vertreten. Nach der aus dem anglo-amerikanischen Rechtskreis stammenden *Gründungstheorie* bestimmt sich das Gesellschaftsstatut nach dem Gründungsort der Gesellschaft. In Anwendung der *Sitztheorie* bestimmt sich das Gesellschaftsstatut dagegen nach dem Recht des Staates, in dem sich der Verwaltungssitz einer Gesellschaft befindet[150]. In Deutschland wurde ursprünglich die Sitztheorie zur Bestimmung der anwendbaren Rechtsordnung angewandt. Dies wurde vorrangig mit dem Schutz Dritter begründet. So hat der BGH ausgeführt, dass die Sitztheorie den Schutz der Interessen dritter Personen und des Sitzstaates gewährleiste und derartige Bestimmungen nicht – wie unter Anwendung der Gründungstheorie – durch eine Gründung im Ausland umgangen werden könnten[151]. Ferner führte der BGH aus:

---

145 Michalski/*Funke*, GmbHG, § 4a, Rn. 2.
146 Zur Satzungssitzverlegung s.u., C.IV.10.
147 *Schwarz*, Europäisches Gesellschaftsrecht, Rn. 155 f.
148 *Schwarz*, Europäisches Gesellschaftsrecht, Rn. 157.
149 *Fuchs/Marhold*, Europäisches Arbeitsrecht, S. 356.
150 BGH v. 30.3.2000, VII ZR 370/98, NZG 2000, 926; *Fuchs/Marhold*, Europäisches Arbeitsrecht, S. 357.
151 BGH v. 30.3.2000, VII ZR 370/98, NZG 2000, 926 (927); kritisch zur Sitztheorie *Meilicke*, Beilage zu BB 31/1995, 1 ff.

„Wenn eine derart einfache Umgehungsmöglichkeit bestünde, liefen den Gründern unangenehme Schutzvorschriften im Ergebnis leer. Es ist zu befürchten, dass sich im dergestalt eröffneten „Wettbewerb der Rechtsordnungen" gerade die Rechtsordnung mit dem schwächsten Schutz dritter Interessen durchsetzen würde („race to the bottom")[152]*."*

Die Sitztheorie hat zur Folge, dass eine im Ausland wirksam gegründete Gesellschaft, die ihren Verwaltungssitz in einen Sitztheoriestaat verlegt, grundsätzlich ihre Rechtsfähigkeit verliert. Um als Kapitalgesellschaft im Zuzugsstaat anerkannt zu werden, muss sie das Gründungsverfahren des Zuzugsstaates durchlaufen[153]. Das bedeutet, dass im Anwendungsbereich der Sitztheorie die Wahrnehmung der primären Niederlassungsfreiheit grundsätzlich nicht möglich ist, sondern dass es der Auflösung der wegziehenden Gesellschaft und der Neugründung einer Gesellschaft im Zuzugsstaat bedarf[154]. Die Gründungstheorie hat dagegen zur Folge, dass die Verlegung des Verwaltungssitzes einer Gesellschaft in einen anderen Mitgliedstaat keine Auswirkungen auf das anzuwendende Recht hat[155]. Auch in Mitgliedstaaten, in denen die Gründungstheorie Anwendung findet, kann die Niederlassungsfreiheit aber z.B. durch inländische Schutznormen beschränkt werden[156].

Demnach erkennen Mitgliedstaaten, in denen die Sitztheorie gilt, ausländische Gesellschaften, bei denen das Gründungsrecht und der Verwaltungssitz auseinanderfallen, grundsätzlich nicht an[157]. Die Konsequenz ist ein Spannungsverhältnis zwischen Sitztheorie und Niederlassungsfreiheit. Daraus ergibt sich die Frage, inwieweit Beschränkungen der Mitgliedstaaten bzgl. grenzüberschreitender Verlegungen des Verwaltungssitzes mit der Niederlassungsfreiheit vereinbar sind. Mit dieser Frage hat sich der EuGH mehrfach befasst.

IV. Rechtsprechung des EuGH zur Niederlassungsfreiheit bei grenzüberschreitenden Umstrukturierungen

Neben dem Spannungsverhältnis zwischen Sitztheorie und Niederlassungsfreiheit ergeben sich Probleme daraus, dass die Unionsstaaten mit der Sitz- bzw. Gründungstheorie zwei entgegengesetzten Ansätzen folgten und teilweise immer noch folgen[158]. Dies stand und steht der Mobilität von Gesellschaften im Wege. Nachdem die gesetzgeberischen Arbeiten an einer Sitzverlegungsrichtlinie, die ihren Anfang

---

152 BGH v. 30.3.2000, VII ZR 370/98, NZG 2000, 926 (927).

153 BGH v. 30.3.2000, VII ZR 370/98, NZG 2000, 926; *Hirte* in: Hirte/Bücker, Grenzüberschreitende Gesellschaften, § 1, Rn. 2.

154 Calliess/Ruffert/*Bröhmer,* EUV/AEUV, Art. 54 AEUV, Rn. 8.

155 *Fuchs/Marhold,* Europäisches Arbeitsrecht, S. 357.

156 Calliess/Ruffert/*Bröhmer,* EUV/AEUV, Art. 54 AEUV, Rn. 8; *Meilicke,* Beilage zu BB 31/1995, 1 (18).

157 *Schwarz,* Europäisches Gesellschaftsrecht, Rn. 176.

158 *Lutter/Bayer/Schmidt,* Europäisches Unternehmens- und Kapitalmarktrecht, § 6, Rn. 1.

in den 1990er Jahren fanden, bis zum heutigen Tag nicht abgeschlossen werden konnten[159], gelang es dem EuGH in zahlreichen Urteilen, den Gesellschaften der Mitgliedstaaten zur Mobilität zu verhelfen. Zwar sind immer noch viele Fragen ungeklärt, der Rechtsprechung des EuGH können aber viele grundlegende Prinzipien für grenzüberschreitende Umstrukturierungen von Gesellschaften entnommen werden. Im Folgenden werden die richtungsweisenden Entscheidungen dargestellt und die Konsequenzen für die Unternehmensmitbestimmung aufgezeigt.

1. „Daily Mail and General Trust" (1988)

Die EuGH-Rechtsprechung zur Niederlassungsfreiheit von Gesellschaften beginnt mit der Entscheidung in der Rechtssache *Daily Mail*[160]. Der zugrunde liegende Sachverhalt stellte sich wie folgt dar. Die nach britischem Recht gegründete Gesellschaft Daily Mail and General Trust PLC (*Daily Mail plc*) beabsichtigte, den Sitz der Geschäftsleitung in die Niederlande zu verlegen, um in den Genuss vorteilhafterer steuerlicher Regelungen zu gelangen. Das britische Gesellschaftsrecht gestattete Gesellschaften, die nach britischem Recht gegründet waren und ihren satzungsmäßigen Sitz in Großbritannien hatten, ihre Gesellschaft in einem anderen Mitgliedstaat einzurichten und gleichzeitig eine Gesellschaft britischen Rechts zu bleiben. Da aber nach britischem Steuerrecht nur solche Gesellschaften der britischen Körperschaftssteuer unterlagen, deren Geschäftsleitung sich im Vereinigten Königreich befand (definiert als der steuerliche Sitz einer Gesellschaft), statuierte das britische Einkommens- und Körperschaftssteuergesetz 1970 ein Verbot, den steuerlichen Sitz im Vereinigten Königreich ohne Zustimmung des Finanzministeriums aufzugeben. Mit einer Klage zum High Court of Justice machte Daily Mail plc geltend, die Artt. 52, 58 des vormaligen EWG-Vertrags gäben ihr das Recht, den Sitz ihrer Geschäftsleitung ohne vorherige Zustimmung des Finanzministeriums in einen anderen Mitgliedstaat zu übertragen oder eine solche Zustimmung ohne Bedingung zu erhalten.

In Beantwortung der Vorlagefrage stellte der EuGH in seinem vielzitierten Urteil fest, dass der vormalige EWG-Vertrag einer nach dem nationalen Recht eines Mitgliedstaates gegründeten Gesellschaft nicht das Recht gewähre, den Sitz ihrer Geschäftsleitung unter Bewahrung ihrer Eigenschaft als Gesellschaft des Mitgliedstaates ihrer Gründung in einen anderen Mitgliedstaat zu verlegen[161]. Er führte aus, dass Gesellschaften

159 Vgl. im Einzelnen *Lutter/Bayer/Schmidt,* Europäisches Unternehmens- und Kapitalmarktrecht, § 6, Rn. 11.

160 EuGH v. 27.9.1988, Rs. C-81/87, Slg. 1988, 5505 („*Daily Mail*").

161 EuGH v. 27.9.1988, Rs. C-81/87, Slg. 1988, 5505, Rn. 25 („*Daily Mail*"); vgl. auch *Koch,* FD-MA 2008, 260995.

„[...] *im Gegensatz zu natürlichen Personen* [...] *auf Grund einer Rechtsordnung, beim gegenwärtigen Stand des Gemeinschaftsrechts auf Grund einer nationalen Rechtsordnung, gegründet* [werden]. *Jenseits der jeweiligen nationalen Rechtsordnung, die ihre Gründung und ihre Existenz regelt, haben sie keine Realität.*“[162]

Die Entscheidung des EuGH in der Rechtssache *Daily* Mail bildet den Ausgangspunkt der Rechtsprechung des EuGH zur grenzüberschreitenden Sitzverlegung. Der Entscheidung lag die Konstellation einer aus einem Mitgliedstaat *wegziehenden* Gesellschaft zugrunde. Dass die Entscheidung in der Rechtssache *Daily Mail* letztlich nur Wegzugskonstellationen betreffen sollte und der EuGH eine Unterscheidung zwischen Weg- und Zuzugsfällen vornehmen würde, wurde jedoch erst durch die nachfolgenden Entscheidungen deutlich[163]. In seinem Urteil stellte der EuGH zunächst die grundsätzliche unionsrechtliche Zulässigkeit von Wegzugsbeschränkungen klar[164]. Seiner diesbezüglichen Begründung, dass Gesellschaften sozusagen Schöpfungen ihrer nationalen Rechtsordnung seien – in weiten Teilen der Literatur wird dies als „Geschöpftheorie“ bezeichnet[165] – kommt dabei grundlegende Bedeutung zu[166].

Weite Teile der Literatur und z.T. auch die Rechtsprechung[167] schlussfolgerten aus dem *Daily Mail*-Urteil, dass die Sitztheorie mit der Niederlassungsfreiheit vereinbar sei[168], denn bis zu diesem Urteil wurde die Anwendung der Sitztheorie auch auf Gesellschaften von der Rechtsprechung und der h.L. befürwortet[169]. Teilweise wurde allerdings angemerkt, dass der EuGH eigentlich keine Veranlassung gehabt habe, sich zur Vereinbarkeit der Sitztheorie mit der Niederlassungsfreiheit zu äußern, weil sowohl der Weg- als auch der Zuzugsstaat in der *Daily Mail*-Entscheidung der Gründungstheorie folgten[170].

Damit blieb es vorerst bei der von der herrschenden Meinung – infolge der zu diesem Zeitpunkt geltenden Sitztheorie – vertretenen Auffassung, dass die Verlegung des Verwaltungssitzes einer deutschen Gesellschaft ins Ausland nicht gestattet sei,

---

162 EuGH v. 27.9.1988, Rs. C-81/87, Slg. 1988, 5505, Rn. 19 („*Daily Mail*“).

163 Vgl. *Fuchs/Marhold*, Europäisches Arbeitsrecht, S. 358.

164 Vgl. statt vieler *Kleinhenz*, S. 141; *Triebel/v.Hase*, BB 2003, 2409 (2410).

165 Vgl. nur *Bayer/Schmidt*, ZIP 2012, 1481; *Engert* in: Langenbucher, Europäisches Privat- und Wirtschaftsrecht, § 5, Rn. 12.

166 *Lutter/Bayer/Schmidt*, Europäisches Unternehmens- und Kapitalmarktrecht, § 6, Rn. 16 m.w.N.

167 BayObLGZ 1992, 113 ff. (Rn. 18); BayObLGZ 1998, 195 lehnte aus diesem Grund die Vorlage an den EuGH zur Vorabentscheidung über die Vereinbarkeit der Sitztheorie mit der Niederlassungsfreiheit ab.

168 *Ebenroth/Eyles*, DB 1989, 413 (414, 417); *Klinke*, ZGR 1993, 1 (7); *Sandrock*, BB 1999, 1337; *Schwarz*, Europäisches Gesellschaftsrecht, Rn. 179 m.w.N.

169 Vgl. Nachweise bei *Bayer*, BB 2003, 2357 (2360).

170 *Bayer*, BB 2003, 2357 (2360); *Ebenroth/Eyles*, DB 1989, 413 (414); *Schwarz*, Europäisches Gesellschaftsrecht, Rn. 178.

sondern deren Auflösung zur Folge habe[171]. Das bedeutete gleichzeitig, dass sich für Unternehmen zu diesem Zeitpunkt nicht die Möglichkeit eröffnete, die deutsche Unternehmensmitbestimmung durch die Verlegung des Verwaltungssitzes in einen anderen Mitgliedstaat zu vermeiden. Vielmehr war aufgrund der geltenden Sitztheorie auf alle Gesellschaften, die ihren Verwaltungssitz im Inland hatten, deutsches Recht anzuwenden, einschließlich der Vorschriften zur Unternehmensmitbestimmung[172].

2. „Centros" (1999)

In dem der Entscheidung *Centros*[173] zugrunde liegenden Fall beantragten die Eigentümer der in Großbritannien eingetragenen private limited company Centros (*Centros Ltd.*) die Eintragung einer Zweigniederlassung in Dänemark. Da das britische Recht die Einzahlung eines Mindestgesellschaftskapitals für Gesellschaften mit beschränkter Haftung nicht vorschrieb, verzichteten die Gründer von Centros auf eine entsprechende Einzahlung. Die Gesellschaft hatte seit ihrer Errichtung keinerlei Geschäftstätigkeiten im Vereinigten Königreich entfaltet. Die dänische Zentralverwaltung lehnte die Eintragung einer Zweigniederlassung mit der Begründung ab, die Centros Ltd. beabsichtige unter Umgehung der nationalen Vorschriften, insbesondere über die Einzahlung eines Mindestkapitals, in Dänemark nicht nur eine Zweigniederlassung, sondern in Wirklichkeit einen Hauptsitz zu errichten. Die Anteilseigner der Centros Ltd. erhoben Klage gegen den ablehnenden Bescheid. Das angerufene Gericht setzte das Verfahren aus und legte es dem EuGH zur Vorabentscheidung vor.

Der EuGH befand die Ablehnung der Eintragung der Zweigniederlassung für nicht mit der Niederlassungsfreiheit vereinbar. Beabsichtige eine in einem Mitgliedstaat rechtmäßig gegründete Gesellschaft, eine Zweigniederlassung in einem anderen Mitgliedstaat zu errichten und ihre gesamte Geschäftstätigkeit in dem Mitgliedstaat der Zweigniederlassung auszuüben, so dürfe die Eintragung der Zweigniederlassung nicht verweigert werden[174]. Weiter führte der EuGH aus, dass ein Mitgliedstaat zwar berechtigt sei, Maßnahmen zur Verhinderung von Missbräuchen zu treffen, es aber keine missbräuchliche Ausnutzung des Niederlassungsrechts darstelle, wenn ein Staatsangehöriger eines Mitgliedstaats, der eine Gesellschaft gründen möchte, diese in einem Mitgliedstaat errichte, dessen gesellschaftsrechtliche Vorschriften ihm die größte Freiheit ließen, und in anderen Mitgliedstaaten Zweigniederlassungen gründe[175].

---

171 Vgl. statt vieler: *Bartenbach/Eisenbeis*, FS 25 Jahre DAV, 741 (754); MünchKommGmbHG/*J. Mayer*, § 4a, Rn. 67 m.w.N.; *Wisskirchen/Bissels/Dannhorn*, DB 2007, 2258 (Fußnote 51); a.A. *Schmidtbleicher*, BB 2007, 613 (615 f.).

172 *Sagan* in: *Oetker/Preis*, EAS, Rn. 74; WWKK/*Koberski*, Mitbestimmungsrecht, § 1 MitbestG, Rn. 18 m.w.N.

173 EuGH v. 9.3.1999, Rs. C-212/97, Slg. 1999, I-1459 („*Centros*").

174 EuGH v. 9.3.1999, Rs. C-212/97, Slg. 1999, I-1459, Leitsatz („*Centros*").

175 EuGH v. 9.3.1999, Rs. C-212/97, Slg. 1999, I-1459, Rn. 24, 27 („*Centros*").

Darüber hinaus verwies der EuGH auf seine Entscheidungen in den Rechtssachen *Kraus*[176] und *Gebhard*[177], wonach eine die Niederlassungsfreiheit einschränkende Regelung gerechtfertigt ist, wenn sie die folgenden vier Voraussetzungen erfüllt: Die Regelungen müssen in nichtdiskriminierender Weise angewandt werden, sie müssen aus zwingenden Gründen des Allgemeininteresses gerechtfertigt sein, sie müssen geeignet sein, die Verwirklichung des mit ihnen verfolgten Zieles zu gewährleisten, und sie dürfen nicht über das hinausgehen, was zur Erreichung dieses Zieles erforderlich ist[178].

Der Entscheidung in der Rechtssache *Centros* lag im Unterschied zur Entscheidung *Daily Mail* eine Zuzugskonstellation zugrunde. Dies mag der Grund dafür sein, weshalb der EuGH sich mit dem *Daily Mail* – Urteil nicht auseinandergesetzt hat. Die *Centros*-Entscheidung bewirkte in der Literatur eine intensive Diskussion darüber, ob die Sitztheorie mit der Niederlassungsfreiheit vereinbar sei[179], teilweise wurde die Entscheidung sogar als „Kehrtwende" zu *Daily Mail* bezeichnet[180]. Die Diskussion im Schrifttum war kontrovers. Das Meinungsspektrum reichte von der Annahme, die Entscheidung sei für die Frage des Fortbestands der Sitztheorie ohne Bedeutung[181], über die Auffassung, die Entscheidung beanspruche nur Geltung für die sekundäre Niederlassungsfreiheit und schränke die Sitztheorie jedenfalls ein[182], bis hin zu der Meinung, der EuGH habe sich in dieser Entscheidung für die Anwendung der Gründungstheorie ausgesprochen[183]. Während der österreichische OGH im Nachgang zu *Centros* entschied, dass die Sitztheorie zu der sekundären Niederlassungsfreiheit im Widerspruch stehe[184], wandten die deutschen Gerichte die Sitztheorie zunächst weiterhin an[185]. So entschied der BGH im Falle einer nach dem Recht der Kanalinsel Jersey gegründeten Gesellschaft, die ihren Verwaltungssitz nach Deutschland verlegt hatte, dass die Sitztheorie Anwendung finde, die Gesellschaft aber nach deutschem Recht als rechtsfähige Personengesellschaft

---

176 EuGH v. 31.3.1993, Rs. C-19/92, Slg. 1993, I-1663 („*Kraus*").

177 EuGH v. 30.11.1995, Rs. C-55/94, Slg. 1995, I-04165 („*Gebhard*").

178 EuGH v. 9.3.1999, Rs. C-212/97, Slg. 1999, I-1459, Rn. 34 („*Centros*").

179 Vgl. Nachweise bei *Fuchs/Marhold,* Europäisches Arbeitsrecht, S. 359; *Kleinhenz,* S. 143.

180 *Bayer,* BB 2003, 2357; vgl. auch die Nachweise bei *Triebel/v.Hase,* BB 2003, 2409 (2410).

181 *Kindler,* NJW 1999, 1993 (1997); *Roth,* ZGR 2000, 311 (312 f., 327); wohl auch *Schwarz,* Europäisches Gesellschaftsrecht, Rn. 180.

182 *Bungert,* DB 1999, 1841 (1843); *Leible,* NZG 1999, 300 (301).

183 *Bayer,* BB 2003, 2357 (2360); *Kleinhenz,* S. 143 m.w.N.; *Meilicke,* DB 1999, 627 ist der Auffassung, der Sitztheorie werde *„der Garaus"* gemacht; *Sandrock,* BB 1999, 1337 (1341) bezeichnet die Sitztheorie als *„Rechtsgeschichte"*; *Sedemund/Hausmann,* BB 1999, 809 (810) sind der Auffassung, der EuGH habe der Sitztheorie eine *„klare Absage"* erteilt.

184 OGH v. 15.7.1999, IPRax 2000, 418 ff.

185 LG München I v. 22.7.1999, 5 HKO 7187/99, ZIP 1999, 1680; LG Potsdam v. 30.9.1999, 31 O 134/98, ZIP 1999, 2021 (2022).

anzuerkennen sei, die vor den deutschen Gerichten aktiv und passiv parteifähig ist[186]. Diese Rechtsprechung wird in der Literatur vielfach als sogenannte „Wechselbalgtheorie“ bezeichnet[187].

Im Zusammenhang mit den Folgeentscheidungen des EuGH wird deutlich, dass der EuGH in *Centros* Grundsatzaussagen getroffen hat, die er in seinen weiteren Entscheidungen bestätigt, fortgeführt und ausgebaut hat[188].

3. „Überseering“ (2002)

In der Entscheidung *Überseering*[189] hatte der EuGH über den folgenden Sachverhalt zu befinden. Die in das Handelsregister von Amsterdam und Haarlem eingetragene Gesellschaft niederländischen Rechts Überseering BV erwarb im Oktober 1990 ein Grundstück in Düsseldorf, das sie gewerblich nutzte. Die Überseering BV beauftragte eine deutsche GmbH mit der Sanierung einiger Gebäude, die sich auf dem Grundstück befanden und stritt im Anschluss mit der GmbH über die Beseitigung von Baumängeln. Im weiteren Verlauf erwarben zwei in Düsseldorf wohnhafte deutsche Staatsangehörige sämtliche Geschäftsanteile an der Überseering BV. Als die deutsche Gesellschaft die Mängel trotz Aufforderung seitens der Überseering BV nicht beseitigt hatte, klagte die Überseering BV auf Schadensersatz. Die Klage wurde mit der Begründung abgewiesen, die Überseering BV habe aufgrund des Erwerbs ihrer Geschäftsanteile durch zwei deutsche Staatsangehörige ihren Verwaltungssitz nach Düsseldorf verlegt und sei als Gesellschaft niederländischen Rechts nicht rechts- und parteifähig. Der BGH legte die Sache dem EuGH vor.

Der EuGH verwies zunächst auf seine Entscheidung in der Rechtssache *Centros*. Das *Centros*-Urteil sei auf die Prämisse gestützt, dass Gesellschaften, die ihren satzungsmäßigen Sitz, ihre Hauptverwaltung oder ihre Hauptniederlassung innerhalb der Union haben, berechtigt sind, ihre Tätigkeiten in einem anderen Mitgliedstaat auszuüben[190]. Der Gerichtshof führte weiter aus, dem *Daily Mail*-Urteil könne *nicht* entnommen werden, dass die Frage der Anerkennung der Rechts- und Parteifähigkeit einer nach dem Recht eines Mitgliedstaates gegründeten Gesellschaft, die von ihrer Niederlassungsfreiheit in einem anderen Mitgliedstaat Gebrauch mache, im Mitgliedstaat der Niederlassung nicht den Bestimmungen des EG-Vertrags über die Niederlassungsfreiheit unterliege[191]. Dies gelte selbst dann, wenn von dieser Gesellschaft nach dem Recht des Mitgliedstaats der Niederlassung angenommen

186 BGHZ 151, 204.

187 *Lutter/Bayer/Schmidt,* Europäisches Unternehmens- und Kapitalmarktrecht, § 6, Rn. 52; *Paefgen,* WM 2009, 529 (532).

188 S. *Fuchs/Marhold,* Europäisches Arbeitsrecht, S. 358; *Sagan* in: Bieder/Hartmann, Individuelle Freiheit und kollektive Interessenwahrnehmung, S. 191.

189 EuGH v. 5.11.2002, Rs. C-208/00, Slg. 2002, I-9919 („*Überseering*“).

190 EuGH v. 5.11.2002, Rs. C-208/00, Slg. 2002, I-9919, Rn. 57 f. („*Überseering*“).

191 EuGH v. 5.11.2002, Rs. C-208/00, Slg. 2002, I-9919, Rn. 73 („*Überseering*“).

werde, dass sie ihren tatsächlichen Verwaltungssitz dorthin verlegt habe[192]. Der Gerichtshof merkte an, dass er sich im Urteil *Daily Mail nicht* zu der Frage geäußert habe, ob ein Mitgliedstaat, in den eine nach dem Recht eines anderen Mitgliedstaates gegründete Gesellschaft ihren Verwaltungssitz verlegt, sich weigern darf, die Rechtspersönlichkeit der Gesellschaft anzuerkennen, die ihr nach der Rechtsordnung ihres Gründungsstaats zuerkannt wird[193]. Es verstoße damit gegen die Artt. 43, 48 EG, wenn der Mitgliedstaat, in den eine nach dem Recht eines anderen Mitgliedstaates gegründete Gesellschaft ihren Verwaltungssitz verlege, dieser Gesellschaft die Rechtsfähigkeit und damit die Parteifähigkeit vor seinen nationalen Gerichten für die Geltendmachung von Ansprüchen aus einem Vertrag mit einer in diesem Mitgliedstaat ansässigen Gesellschaft abgesprochen werde[194]. Dies komme einer „*Negierung der Niederlassungsfreiheit*“ gleich[195].

Mit *Überseering* hatte der EuGH erneut über einen Zuzugsfall zu entscheiden. Auch diese Entscheidung löste vielfältige Reaktionen in Rechtsprechung und Literatur aus. Der BGH wandte sich infolge der Entscheidung von der Sitztheorie ab und folgt seitdem in Fällen zuziehender Gesellschaften aus einem anderen Mitgliedstaat der Gründungstheorie[196]. Auch die meisten Stimmen in der Literatur sprachen sich nach der *Überseering*-Entscheidung gegen die Sitztheorie aus mit der Konsequenz, dass eine zugezogene ausländische Gesellschaft nicht als Gesellschaft des Aufnahmestaates zu behandeln ist[197].

Mit seinem Verweis auf *Daily Mail* grenzte der EuGH in *Überseering* die Zuzugs- von den Wegzugskonstellationen ab und stellte klar, dass eine Abkehr von seiner *Daily Mail*-Rechtsprechung nicht erfolge[198]. Damit waren die Stimmen in der Literatur, wonach *Daily Mail* durch *Centros* abgelöst worden sei, zunächst überholt[199]. Dennoch wurde in der Literatur diskutiert, ob sich aus der Überseering-Entscheidung nicht auch ein anderes Ergebnis im Hinblick auf Wegzugskonstellationen ergeben müsse[200].

---

192 Wie vor.

193 EuGH v. 5.11.2002, Rs. C-208/00, Slg. 2002, I-9919, Rn. 71 („*Überseering*“).

194 EuGH v. 5.11.2002, Rs. C-208/00, Slg. 2002, I-9919, Rn. 94 („*Überseering*“).

195 EuGH v. 5.11.2002, Rs. C-208/00, Slg. 2002, I-9919, Rn. 81, 93 („*Überseering*“).

196 BGHZ 154, 185; BGHZ 164, 148; BGH v. 14.3.2005, II ZR 5/03, NJW 2005, 1648; BGH v. 8.10.2009, IX ZR 227/06, GmbHR 2010, 211.

197 Vgl. Nachweise bei *Bayer,* BB 2003, 2357 (2361) sowie *Behrens,* S. 19 ff.; *Forsthoff,* DB 2002, 2471 (2474); WWKK/*Koberski,* Mitbestimmungsrecht, § 1 MitbestG, Rn. 20b; *Zimmer,* BB 2003, 1 (5); a.A. *Kindler,* NJW 2003, 1073 (1076 ff.).

198 *Triebel/v.Hase,* BB 2003, 2409 (2410).

199 Wie vor.

200 Vgl. *Roth,* IPrax 2003, 117 (121 ff.); zum Meinungsstand im Einzelnen *Triebel/v.Hase,* BB 2003, 2409 (2410).

4. „Inspire Art" (2003)

In der Rechtssache *Inspire Art*[201] hatte der EuGH über den folgenden Sachverhalt zu befinden. Die Inspire Art Ltd. war eine Gesellschaft englischen Rechts, die ihre Geschäftstätigkeit ausschließlich in den Niederlanden ausübte. Aus diesem Grund hatte der einzige Gesellschafter, der in den Niederlanden wohnte, eine niederländische Zweigniederlassung der Gesellschaft errichtet. Die Inspire Art Ltd. war nach englischem Recht gegründet worden, um die Vorschriften des niederländischen Gesellschaftsrechts zu umgehen, das u.a. im Hinblick auf das Mindestkapital und die Einzahlung der Aktien strengere Voraussetzungen enthielt. Die niederländische Handelskammer wollte die niederländische Zweigniederlassung verpflichten, wegen der ausschließlichen Ausübung der Geschäftstätigkeit in den Niederlanden die Bezeichnung „formal ausländische Gesellschaft" zu führen mit der Folge, dass die Vorschriften des niederländischen Gesellschaftsrechts über Mindestkapital und Haftung der Geschäftsführer zwingend anwendbar gewesen wären.

Der EuGH befand in Beantwortung der Vorlagefragen, dass die Regelungen im niederländischen Recht, wonach die Zweigniederlassung einer nach dem Recht eines Mitgliedstaats gegründeten Gesellschaft verpflichtet ist, die Vorschriften des Niederlassungsstaates über das Stammkapital und die Haftung der Geschäftsführer zu beachten, Beschränkungen der Niederlassungsfreiheit darstellten[202]. Er bestätigte erneut die Kernaussage seines *Centros*-Urteils[203]. So stelle der Umstand, dass eine Gesellschaft in einem Mitgliedstaat nur gegründet worden sei, um in den Genuss vorteilhafterer Rechtsvorschriften zu kommen, keinen Missbrauch dar, und zwar auch dann nicht, wenn die betreffende Gesellschaft ihre Tätigkeit hauptsächlich oder ausschließlich in diesem zweiten Staat ausübe[204]. Der EuGH stellte erneut klar, dass die hier zu beurteilende Zuzugskonstellation von der dem Verfahren *Daily Mail* zugrunde liegenden Wegzugskonstellation abzugrenzen sei[205]. Zusammenfassend stellte der EuGH fest, dass die Artt. 43, 48 EG einer Regelung eines Mitgliedstaates entgegenstünden,

> *„die die Ausübung der Freiheit zur Errichtung einer Zweitniederlassung in diesem Staat durch eine nach dem Recht eines anderen Mitgliedstaats gegründete Gesellschaft von bestimmten Voraussetzungen abhängig macht, die im innerstaatlichen Recht für die Gründung von Gesellschaften bezüglich des Mindestkapitals und der Haftung der Geschäftsführer vorgesehen sind."*[206]

Der EuGH führte weiter aus, dass die Gründe, aus denen die Gesellschaft in einem anderen Mitgliedstaat errichtet worden sei, sowie der Umstand, dass sie ihre

201 EuGH v. 30.9.2003, Rs. C-167/01, Slg. 2003, I-10155 („*Inspire Art*").
202 EuGH v. 30.9.2003, Rs. C-167/01, Slg. 2003, I-10155, Rn. 101 („*Inspire Art*").
203 *Sagan* in: Bieder/Hartmann, Individuelle Freiheit und kollektive Interessenwahrnehmung, S. 191.
204 EuGH v. 30.9.2003, Rs. C-167/01, Slg. 2003, I-10155, Rn. 96 („*Inspire Art*").
205 EuGH v. 30.9.2003, Rs. C-167/01, Slg. 2003, I-10155, Rn. 103 („*Inspire Art*").
206 EuGH v. 30.9.2003, Rs. C-167/01, Slg. 2003, I-10155, Rn. 143 („*Inspire Art*").

Tätigkeit ausschließlich oder nahezu ausschließlich im Mitgliedstaat der Niederlassung ausübe, ihr nicht das Recht nähmen, sich auf die durch den EG-Vertrag garantierte Niederlassungsfreiheit zu berufen, es sei denn, im konkreten Fall werde ein Missbrauch nachgewiesen[207]. Schließlich verwies er auf seine Rechtsprechung zu den Voraussetzungen, unter denen Maßnahmen gerechtfertigt werden können, die die Ausübung einer der Grundfreiheiten behindern[208]. Eine Rechtfertigung komme im vorliegenden Fall aber nicht in Betracht, weil die Inspire Art Ltd. als Gesellschaft englischen Rechts auftrete und ihre potentiellen Gläubiger hinreichend darüber unterrichtet seien, dass die Gesellschaft in Bezug auf die Vorschriften zum Mindestkapital und der Haftung der Geschäftsführer anderen Vorschriften unterliege[209].

Dem Urteil des EuGH in der Rechtssache *Inspire Art* lag wieder ein Zuzugsfall zugrunde. Zudem handelte es sich wie in der Rechtssache *Centros* um einen Fall der sekundären Niederlassungsfreiheit. Die Auswirkungen der Entscheidung stellten sich im Einzelnen wie folgt dar:

a) Zuzugsbeschränkungen

Spätestens mit seiner Entscheidung in der Rechtssache *Inspire Art* klärte der EuGH endgültig, dass jede Beschränkung der Zuzugsmöglichkeit von Gesellschaften und die Anwendung der Sitztheorie in dieser Konstellation gegen die Niederlassungsfreiheit verstoßen[210]. Eine Gesellschaft, die nach dem Recht eines Mitgliedstaates gegründet worden ist, darf ihren Verwaltungssitz also in einen anderen Mitgliedstaat verlegen und muss vom Zuzugsstaat in ihrer Eigenschaft als ausländische Gesellschaft des Gründungsstaates anerkannt werden[211]. Zudem stellt es keine missbräuchliche Ausübung der Niederlassungsfreiheit dar, wenn eine nach dem Recht eines Mitgliedstaates gegründete Gesellschaft ihre Geschäftstätigkeit von Anfang an ausschließlich mittels einer Zweigniederlassung in einem anderen Mitgliedstaat ausübt[212].

b) Auswirkungen auf das deutsche Recht

Der EuGH hat sich also in Zuzugskonstellationen für die Geltung der Gründungstheorie ausgesprochen. Aufgrund des in der Regel vorrangigen Unionsrechts[213] wendet die deutsche Rechtsprechung mittlerweile im Hinblick auf in einem anderen Mitgliedstaat

---

207 Wie vor.

208 EuGH v. 30.9.2003, Rs. C-167/01, Slg. 2003, I-10155, Rn. 133 („*Inspire Art*"); s. o., C.IV.2.

209 EuGH v. 30.9.2003, Rs. C-167/01, Slg. 2003, I-10155, Rn. 135 („*Inspire Art*").

210 *Bayer,* BB 2003, 2357 (2363); *Franzen,* RdA 2004, 257 (258); *Maul/Schmidt,* BB 2003, 2297; MünchKommAktG/*Altmeppen/Ego,* Europäische Niederlassungsfreiheit, Rn. 57; *Schmidtbleicher,* BB 2007, 613.

211 *Bayer/Schmidt,* ZIP 2012, 1481 (1482); *Franzen,* RdA 2004, 257 (258).

212 EuGH v. 9.3.1999, Rs. C-212/97, Slg. 1999, I-1459 („*Centros*").

213 S. dazu ausführlich u., D.IV.1.

gegründete Gesellschaften die Gründungstheorie an[214]. Darüber hinaus wird die Gründungstheorie auch auf Gesellschaften aus solchen Drittstaaten angewandt, denen gegenüber auf Grund eines Staatsvertrages eine Pflicht zur Gründungsanknüpfung besteht, wie z.B. im Verhältnis zu den USA[215]. Im Verhältnis zu Drittstaaten, mit denen keine Vereinbarungen bezüglich einer Verpflichtung zur Gründungsanknüpfung bestehen, hat der BGH ausdrücklich an der Sitztheorie festgehalten[216]. Diese Rechtsprechung des BGH („Wechselbalgtheorie"[217]) führt in der Praxis zu erheblichen Problemen, wenn eine in einem Gründungstheoriestaat gegründete Gesellschaft ihren Verwaltungssitz in einen Sitztheoriestaat verlegt: Da der Heimatstaat die Gesellschaft weiterhin als Gesellschaft seines Rechts anerkennt, der Zuzugsstaat als Sitztheoriestaat die Gesellschaft aber entweder als rechtliches Nullum oder als Gesellschaft seines eigenen Rechts qualifiziert, kommt es zu einer sog. „Statutenverdoppelung", die eine Vielzahl kaum lösbarer Probleme mit sich bringt[218].

Die Sitztheorie behält dennoch grundsätzlich weiterhin Gültigkeit[219]. Ihr verbleibt jedoch nur noch ein sehr begrenzter Anwendungsbereich, der insbesondere Personengesellschaften erfasst[220]. Aufgrund der mit der weiterhin geltenden Sitztheorie verbundenen Probleme hat der deutsche Gesetzgeber bereits im Jahr 2008 einen Gesetzentwurf vorgelegt, wonach der generelle Übergang zur Gründungstheorie im deutschen Recht verankert werden sollte[221]. Wegen der gegen den Gesetzesvorschlag geäußerten Bedenken ist das Vorhaben aber bis heute nicht abgeschlossen worden[222].

---

214 Vgl. o., C.IV.3.

215 Vgl. *Hirte* in: Hirte/Bücker, Grenzüberschreitende Gesellschaften, § 1, Rn. 21; *Lutter/Bayer/Schmidt,* Europäisches Unternehmens- und Kapitalmarktrecht, § 6, Rn. 50.

216 Vgl. BGHZ 151, 204 (dazu schon o., C.IV.2.) sowie BGHZ 178, 192.

217 Vgl. o. C.IV.2.

218 *Lutter/Bayer/Schmidt,* Europäisches Unternehmens- und Kapitalmarktrecht, § 6, Rn. 7, 53 m.w.N.

219 BGHZ 178, 192; Baumbach/Hueck/*Fastrich,* GmbHG, Einleitung, Rn. 63.

220 Nach ganz herrschender Meinung befindet sich deren Sitz stets am Ort der effektiven Hauptverwaltung, so dass die Verlegung ins Ausland zur Auflösung und Liquidation der Gesellschaft führt, vgl. *Lutter/Bayer/Schmidt,* Europäisches Unternehmens- und Kapitalmarktrecht, § 6, Rn. 57; *Paefgen,* WM 2009, 529 (530 f., 536) m.w.N.

221 Referentenentwurf Gesetz zum Internationalen Privatrecht der Gesellschaften, Vereine und juristischen Personen vom 14.12.2007, abrufbar unter http://beck-aktuell.beck.de/sites/default/files/rsw/upload/Beck_Aktuell/Referentenentwurf-IGR.pdf; danach sollte Art. 10 Abs. 1 EGBGB wie folgt lauten: *„Gesellschaften, Vereine und juristische Personen des Privatrechts unterliegen dem Recht des Staates, in dem sie in ein öffentliches Register eingetragen sind. Sind sie nicht oder noch nicht in ein öffentliches Register eingetragen, unterliegen sie dem Recht des Staates, nach dem sie organisiert sind."*.

222 *Lutter/Bayer/Schmidt,* Europäisches Unternehmens- und Kapitalmarktrecht, § 6, Rn. 53; MünchKommAktG/*Altmeppen/Ego,* Europäische Niederlassungsfreiheit, Rn. 188 m.w.N.

c) *Mitbestimmungsrechtliche Konsequenzen*

Die für Zuzugskonstellationen geltende Rechtsprechung des EuGH lässt die Frage aufkommen, welche Auswirkungen sich aus der Nichtanwendung der Sitztheorie für das geltende Mitbestimmungsrecht bei zuziehenden Gesellschaften ergeben. So wird in Zuzugsfällen die Frage relevant, ob z.B. eine im EU-Ausland gegründete Gesellschaft im Zuge ihrer Verwaltungssitzverlegung nach Deutschland mitbestimmungsfrei bleibt oder ob auf eine solche Gesellschaft die deutschen Mitbestimmungsgesetze Anwendung finden[223]. Im Einzelnen ist vieles umstritten. Differenziert wird insbesondere, ob zuziehende Gesellschaften *de lege lata* der deutschen Mitbestimmung unterliegen oder ob es dem deutschen Gesetzgeber im Hinblick auf europarechtliche Vorgaben *de lege ferenda* möglich ist, zuziehende Gesellschaften den deutschen Mitbestimmungsgesetzen zu unterstellen[224].

Die überwiegende Ansicht hält mit Verweis auf den eindeutigen Wortlaut der deutschen Mitbestimmungsgesetze und auf die Gesetzesbegründung[225] eine Anwendung der deutschen Mitbestimmungsrechte auf ausländische zuziehende Gesellschaften *de lege lata* für ausgeschlossen[226]. Eine Gegenmeinung hält zumindest eine analoge Anwendung der deutschen Mitbestimmungsgesetze auf zuziehende ausländische Gesellschaften für möglich[227]. Eine weitere Gegenansicht begründet die Anwendbarkeit der deutschen Mitbestimmungsgesetze auf ausländische Gesellschaften über den Vorgang der *„Substitution“*[228]: Im Wege einer Sonderanknüpfung fänden die deutschen Mitbestimmungsgesetze auf Gesellschaften mit Verwaltungssitz im Inland Anwendung. Da die deutschen Mitbestimmungsgesetze unter Geltung der Sitztheorie verfasst und erlassen worden seien, der Wille des Gesetzgebers aber dahin zu verstehen gewesen sei, dass die Mitbestimmungsgesetze auf Unternehmen mit Sitz im Inland anwendbar sein sollten, müssten die in den Mitbestimmungsgesetzen aufgeführten deutschen Gesellschaftsformen durch äquivalente ausländische Gesellschaftsformen ersetzt werden. Dies führe zu einer Überlagerung des an sich maßgeblichen ausländischen Rechts durch die deutschen Mitbestimmungsgesetze.

---

223 Vgl. statt vieler *Henssler*, RdA 2005, 330 (332 f.).

224 *Fuchs/Marhold*, Europäisches Arbeitsrecht, S. 360.

225 BT-Drucks. 7/4845, S. 4.

226 Vgl. statt vieler: *Zange* in: Arens/Düwell/Wichert, Umstrukturierung, § 14, Rn. 57; *Bartenbach/Eisenbeis*, FS 25 Jahre DAV, 741 (746); *Funk*, S. 110; *Götze/Winzer/Arnold*, ZIP 2009, 245 (248); *Henssler*, RdA 2005, 330 (332 f.); *Mertens* in: Kölner Kommentar zum AktG, Anh. § 117 B, § 1 MitbestG, Rn. 3; *Müller-Bonanni*, GmbHR 2003, 1235 (1237); MünchKommAktG/*Gach*, Bd. 2, § 1 MitbestG, Rn. 14 m.w.N.; *Sagan* in: *Oetker/Preis*, EAS, Rn. 77; *Teichmann*, Der Konzern 2007, 89 (96 f.); *Thüsing*, ZIP 2004, 381 (382); *Ders.* in: Rieble, Zukunft der Unternehmensmitbestimmung, § 3, Rn. 4 ff., 29; *Wisskirchen/Bissels/Dannhorn*, DB 2007, 2258 (2260 f.); *Zimmer*, NJW 2003, 3585 (3590).

227 *Forsthoff*, DB 2000, 1109 (1114) m.w.N.; *Henssler*, Gedächtnisschrift Heinze, 333 (343 ff.).

228 *Franzen*, RdA 2004, 257 (259 ff.).

Auch die Vertreter der vorbezeichneten Gegenauffassungen gehen jedoch überwiegend davon aus, dass die Anwendbarkeit deutscher Mitbestimmungsrechte auf zugezogene Auslandsgesellschaften letztlich durch die Niederlassungsfreiheit beschränkt sei, diskutieren allerdings die Möglichkeit einer Rechtfertigung durch den Verhältnismäßigkeitsgrundsatz[229] vor dem Hintergrund eines möglichen geringeren mitbestimmungsrechtlichen Schutzniveaus in anderen Mitgliedstaaten[230].

Neben den bereits vorgebrachten Argumenten ist stets zu beachten, dass das MitbestG auf einem Kompromiss beruht und damit eine Ausdehnung des Anwendungsbereichs der Regelungen des MitbestG – beispielsweise im Wege einer Analogie – den Kompromisscharakter des Gesetzes gefährden könnte[231]. So hat bereits der BGH entschieden, dass es allein Aufgabe des Gesetzgebers sei, den auf politischem Wege gefundenen Mitbestimmungskompromiss den neuen Gegebenheiten anzupassen[232]. Den Gesetzesmaterialien zum MitbestG ist zu entnehmen, dass *„im Ausschuss* [...] *Einmütigkeit darüber* [bestand], *dass der Gesetzentwurf nicht für Unternehmensorgane ausländischer Unternehmen Geltung beanspruchen kann* [...]"[233]. Eine Erstreckung der deutschen Mitbestimmungsgesetze auf ausländische Gesellschaften liefe damit dem ausdrücklichen Willen des Gesetzgebers zuwider. Eine – wie auch immer geartete – Übertragung der deutschen Mitbestimmungsgesetze auf ausländische Gesellschaften kann deshalb auch nicht mit dem zwischenzeitlichen (teilweisen) Übergang von der Sitz- zur Gründungstheorie begründet werden[234]. Abgesehen davon wäre eine Übertragung der deutschen Mitbestimmungsgesetze auf ausländische Unternehmen unverhältnismäßig im Hinblick auf einen dadurch erfolgenden tiefen Eingriff in die Binnenorganisation der Auslandsgesellschaft[235].

Mit der ganz herrschenden Meinung ist es deshalb nicht möglich, die bestehenden deutschen Gesetze auf zugezogene Gesellschaften aus einem anderen Mitgliedstaat anzuwenden. Daraus ergibt sich die Möglichkeit, ein Unternehmen nach der Rechtsordnung eines Mitgliedstaates der Europäischen Union zu gründen und dessen Verwaltungssitz nach Deutschland zu verlegen, ohne dass das Unternehmen in den Anwendungsbereich der deutschen Mitbestimmungsgesetze fällt. Ob dies aber für deutsche Unternehmer eine echte Alternative zur Gründung einer deutschen Gesellschaft ist, bleibt zweifelhaft. So wird in Untersuchungen über die Entwicklung in Deutschland gegründeter „Limiteds" beispielweise deutlich, dass bei über der Hälfte dieser Gesellschaften nach einem Jahr bereits deren Abmeldung

---

229 Vgl. o., C.IV.2. (Entscheidungen des EuGH in den Rechtssachen *Kraus* und *Gebhard*).

230 Vgl. *Franzen,* RdA 2004, 257 (262 f.); *Henssler,* Gedächtnisschrift Heinze, 333 (347 ff.).

231 *Bartenbach/Eisenbeis,* FS 25 Jahre DAV, 741 (747).

232 BGHZ 134, 392 (400).

233 BT-Drucks. 7/4845, S. 4.

234 *Bartenbach/Eisenbeis,* FS 25 Jahre DAV, 741 (747); *Thüsing,* ZIP 2004, 381 (382).

235 *Müller-Bonanni,* GmbHR 2003, 1235 (1237).

registriert wurde[236]. Dies lässt darauf schließen, dass ausländische Gesellschaften in Deutschland oft mit Akzeptanzproblemen zu kämpfen haben[237]. Die Wahl einer ausländischen Rechtsform ist für viele Unternehmen zudem aus ganz praktischen Gründen oft auch mit Hindernissen verbunden, wie beispielsweise dem Zwang zur doppelten Rechnungslegung, dem Erfordernis regelmäßiger fremdsprachlicher Kommunikation sowie der Begründung eines zusätzlichen Gerichtsstands[238]. Darüber hinaus existieren Unternehmen, die mit mitbestimmungsrechtlichen Fragen konfrontiert werden, in der Regel bereits seit längerem als deutsche Gesellschaften, so dass die Praxisrelevanz der Gründung eines Unternehmens in einer ausländischen Gesellschaftsform zumindest fragwürdig erscheint[239].

Die weitergehende rechtspolitische Frage, ob und ggfs. in welcher Ausgestaltung eine unionsrechtskonforme Einbeziehung von Auslandsgesellschaften in die deutschen Mitbestimmungsregelungen *de lege ferenda* möglich ist, wird im Schrifttum mit vielfältigen Lösungsansätzen umfangreich diskutiert[240]. Der Gesetzgeber hat die ihm insoweit unterbreiteten Vorschläge bisher nicht aufgegriffen[241].

5. „Lasteyrie du Saillant" (2004)

Dem Urteil des EuGH vom 11. März 2004 in der Rechtssache *Lasteyrie du Saillant*[242] lag der folgende Sachverhalt zugrunde. Der Kläger, ein französischer Staatsbürger, hatte vor der Verlegung seines Wohnsitzes von Frankreich nach Belgien in Frankreich Wertpapiere erworben. Er stritt mit dem französischen Ministerium für Wirtschaft, Finanzen und Industrie über die im französischen Recht vorgesehene Besteuerung der Wertsteigerungen von Wertpapieren bei der Verlegung des

---

236 Vgl. *Niemeier*, ZIP 2006, 2237 (2242, 2250); *Ders.*, ZIP 2007, 1794 (1798 ff.).

237 Vgl. auch *Bormann/Böttcher*, NZG 2011, 411 (415); s dazu bereits o., B.III.3.

238 *Götze/Winzer/Arnold*, ZIP 2009, 245 (249 f.).

239 *Götze/Winzer/Arnold*, ZIP 2009, 245 (248).

240 Vgl. statt vieler: MünchKommAktG/*Altmeppen/Ego*, Bd. 7, Europäische Niederlassungsfreiheit, Rn. 590 ff.; *Bartenbach/Eisenbeis*, FS 25 Jahre DAV, 741 (748 ff.); *Funk*, S. 149 ff., 209 f.; *Kisker*, S. 170 ff.; *Köster*, S. 78 ff., 222 f.; *Lubitz*, S. 109 ff.; *Thüsing*, ZIP 2004, 381 (382 ff.); *Zimmer*, NJW 2003, 3585 (3591 f.).

241 MünchKommAktG/*Altmeppen/Ego*, Bd. 7, Europäische Niederlassungsfreiheit, Rn. 593; *Sagan* in: *Oetker/Preis*, EAS, Rn. 78; die Fraktionen der SPD und der Linkspartei haben im Jahr 2010 im Bundestag beantragt, die deutsche Mitbestimmung gesetzlich auf Unternehmen ausländischer Rechtsform mit Verwaltungssitz oder Zweigniederlassung in Deutschland zu erstrecken mit der Begründung, dass eine steigende Zahl von Unternehmen durch die Gründung sog. Scheinauslandsgesellschaften versuche, die deutsche Unternehmensmitbestimmung zu umgehen (vgl. BT-Drucks. 17/2122; BT-Drucks. 17/1413). Der Ausschuss für Arbeit und Soziales empfahl dem Bundestag aber die Ablehnung des Antrages wegen mangelnden Handlungsbedarfs, da die Zahlen der Unternehmen in einer ausländischen Rechtsform *„verschwindend gering"* seien (vgl. BT-Drucks. 17/7696, S. 4).

242 EuGH v. 11.3.2004, Rs. C-9/02, Slg. 2004, I-2409 (*„Lasteyrie du Saillant"*).

Wohnsitzes des Steuerpflichtigen ins Ausland. Der Kläger vertrat die Auffassung, diese Besteuerung verstoße gegen Unionsrecht. Der angerufene *Conseil d'État* setzte das Verfahren aus und legte es dem EuGH zur Vorabentscheidung vor.

Der EuGH befand, dass die der Entscheidung zugrunde liegende steuerrechtliche Norm des französischen Rechts geeignet sei, die Ausübung des Niederlassungsrechts zu beschränken[243]. Denn der Steuerpflichtige, der im Rahmen der Ausübung der Niederlassungsfreiheit seinen Wohnsitz verlegen wolle, werde gegenüber einer Person, die ihren Wohnsitz in diesem Mitgliedstaat beibehalte, benachteiligt[244]. Der Umstand, dass eine natürliche Person ihren Wohnsitz in einen anderen Mitgliedstaat verlegt habe, begründe keine allgemeine Vermutung von Steuerflucht und könne damit auch keine Steuermaßnahme rechtfertigen, die die Wahrnehmung einer durch den vormaligen EGV garantierten Grundfreiheit beeinträchtigt[245]. Eine Beschränkung des Niederlassungsrechts könne nicht allein damit gerechtfertigt werden, dass einem Mitgliedstaat Einnahmen entgehen, wenn ein Steuerpflichtiger seinen steuerlichen Wohnsitz in einen anderen Mitgliedstaat verlegt, in dem eine andere Steuerregelung gilt[246]. Denn Steuermindereinnahmen seien nach ständiger Rechtsprechung nicht als zwingender Grund des Allgemeininteresses anzusehen, der zur Rechtfertigung einer grundsätzlich gegen eine Grundfreiheit verstoßenden Maßnahme angeführt werden könne[247].

Im Nachgang zu der Entscheidung des EuGH wurde in der Literatur die Auffassung vertreten, der Gerichtshof habe mit seinem Urteil geklärt, dass Wegzugsbeschränkungen nach denselben Grundsätzen wie Zuzugsbeschränkungen zu beurteilen seien[248]. Dies habe zur Folge, dass Wegzugsbeschränkungen wegen der in Art. 48 des vormaligen EG-Vertrages angeordneten Gleichstellung von Gesellschaften mit natürlichen Personen auch für Gesellschaften allenfalls in sehr engen Grenzen zulässig seien[249]. Dagegen stand die Ansicht, das Urteil in der Rechtssache *de Lasteyrie du Saillant* ändere nichts an den Grundsätzen aus dem *Daily Mail*-Urteil des Gerichtshofes, vielmehr könnten Mitgliedstaaten nach wie vor Wegzugsbeschränkungen für juristische Personen aufstellen[250]. Dies wurde u.a. damit begründet, dass das Urteil *de Lasteyrie du Saillant* eine natürliche Person betreffe, weshalb die Entscheidung nicht ohne weiteres auf Kapitalgesellschaften übertragbar sei[251].

243 EuGH v. 11.3.2004, Rs. C-9/02, Slg. 2004, I-2409, Rn. 45 („*Lasteyrie du Saillant*").
244 EuGH v. 11.3.2004, Rs. C-9/02, Slg. 2004, I-2409, 2. Leitsatz („*Lasteyrie du Saillant*").
245 EuGH v. 11.3.2004, Rs. C-9/02, Slg. 2004, I-2409, Rn. 51 („*Lasteyrie du Saillant*").
246 EuGH v. 11.3.2004, Rs. C-9/02, Slg. 2004, I-2409, Rn. 60 („*Lasteyrie du Saillant*").
247 Wie vor.
248 *Frobenius,* DStR 2009, 487; *Kleinert/Probst,* NJW 2004, 2425 (2427); *Teichmann,* ZIP 2006, 355 (357); *Weller,* DStR 2004, 1218 (1219).
249 Wie vor.
250 Körner, IStR 2004, 424 (430 f.); *Oechsler,* NJW 2006, 812 (813); *Stieb,* GmbHR 2004, 492 (493); *Zimmer,* ZHR 2004, 355 (360 f.).
251 Vgl. *Körner,* IStR 2004, 424 (430); *Stieb,* GmbHR 2004, 492 (493); *Triebel/v.Hase,* BB 2003, 2409 (2410).

Auch einige deutsche Gerichte urteilten im Nachgang zu der Entscheidung *de Lasteyrie du Saillant*, dass die Ablehnung des Wegzugs einer Gesellschaft nicht gegen die Niederlassungsfreiheit verstoße[252]. Das OLG Brandenburg führte zur Begründung an, es sei nicht ersichtlich, dass der EuGH von der nach der *Daily Mail*-Entscheidung gebotenen unterschiedlichen Beurteilung von natürlichen Personen und Gesellschaften habe abrücken wollen[253].

6. „Sevic" (2005)

Die nachfolgende Entscheidung des EuGH vom 13. Dezember 2005 in der Rechtssache *Sevic*[254] betraf den Fall der in Luxemburg ansässigen Security Vision Concept SA, die beabsichtigte, sich auf die in Deutschland ansässige SEVIC Systems AG zu verschmelzen. Das Amtsgericht Neuwied lehnte den Antrag durch Beschluss unter Verweis auf § 1 Abs. 1 Nr. 1 UmwG mit der Begründung ab, das deutsche Umwandlungsrecht sehe nur die Verschmelzung von Gesellschaften mit Sitz in Deutschland vor. Gegen den Beschluss erhob die SEVIC Systems AG Beschwerde bei dem LG Koblenz. Das LG Koblenz legte daraufhin den Fall dem EuGH zur Vorabentscheidung vor.

In dem Verfahren vor dem EuGH trugen die deutsche und die niederländische Regierung vor, grenzüberschreitende Verschmelzungen fielen nicht in den Anwendungsbereich der Niederlassungsfreiheit nach Artt. 43, 48 des vormaligen EG-Vertrages, da der übertragende Rechtsträger seine Rechtspersönlichkeit aufgrund der Verschmelzung verliere und sich daher weder mit dem Haupt- noch mit dem Zweitsitz in einem anderen Mitgliedstaat „niederlasse"[255]. Hinzu kämen Koordinierungsschwierigkeiten bei der Durchführung transnationaler Verschmelzungen, so dass der Erlass einer unionsrechtlichen Harmonisierungsrichtlinie abgewartet werden müsse[256]. Generalanwalt *Tizzano* führte in seinen Schlussanträgen vom 7. Juli 2005 aus, dass er dieser Ansicht nicht folge. Denn sie verwechsele Ursache und Wirkung miteinander, indem sie die eigentliche *Folge* der Verschmelzung – den Untergang der übernommenen Gesellschaft – als *Ursache* für die Unmöglichkeit einer Verschmelzung und somit als Rechtfertigung für ein Eintragungsverbot darstelle[257].

---

252 OLG Brandenburg v. 30.11.2004, 6 Wx 4/04, DB 2005, 604 (605); OLG München v. 4.10.2007, 31 Wx 36/07, 31 Wx 036/07, GmbHR 2007, 1273 (1275; diese Entscheidung betraf zwar die Verlegung des Satzungssitzes einer Gesellschaft, das OLG München äußert sich aber generell zu der Entscheidung des EuGH in der Sache *de Lasteyrie du Saillant*).

253 OLG Brandenburg v. 30.11.2004, 6 Wx 4/04, DB 2005, 604 (605).

254 EuGH v. 13.12.2005, Rs. C-411/03, Slg. 2005, I-10825 („*Sevic*").

255 Vgl. *Kallmeyer/Kappes*, AG 2006, 224 (225) m.w.N. sowie GA *Tizzano*, SchlA v. 7.7.2005, Rs. C-411/03, DB 2005, 1510, Rn. 19 ff („*Sevic*").

256 EuGH v. 13.12.2005, Rs. C-411/03, Slg. 2005, I-10825, Rn. 24 f. („*Sevic*"); vgl. auch *Kallmeyer/Kappes*, AG 2006, 224 (225).

257 GA *Tizzano*, SchlA v. 7.7.2005, Rs. C-411/03, DB 2005, 1510, Rn. 25 („*Sevic*").

Der EuGH erklärte daraufhin in seinem vielzitierten Urteil die generelle Nichtzulassung von grenzüberschreitenden Fusionen im deutschen Umwandlungsrecht für unverhältnismäßig. Ein Mitgliedstaat dürfe die Eintragung einer Hineinverschmelzung nach Deutschland durch Auflösung ohne Abwicklung einer Gesellschaft und durch Übertragung ihres Vermögens als Ganzes auf eine andere Gesellschaft in das nationale Handelsregister nicht generell verweigern, wenn er die Verschmelzung von inländischen Gesellschaften gestatte[258]. Unter Verweis auf seine Entscheidung in der Rechtssache *de Lasteyrie du Saillant* führte der EuGH aus, eine solche unterschiedliche Behandlung stelle eine Beschränkung der Niederlassungsfreiheit dar und könne nur zulässig sein, wenn mit ihr ein legitimes Ziel verfolgt werde, wenn sie durch zwingende Gründe des Allgemeininteresses gerechtfertigt sei und ihre Anwendung zur Erreichung des damit verfolgten Zieles geeignet und erforderlich sei[259]. Anders als in den vorangegangenen Urteilen des Gerichtshofes standen der Aspekt der Gleichbehandlung von innerstaatlichen und grenzüberschreitenden Verschmelzungen[260] bzw. die Feststellung, dass die Niederlassungsfreiheit auch die grenzüberschreitende Verschmelzung schützt, im Vordergrund der Entscheidung[261].

Die Entscheidung in der Rechtssache *Sevic* betraf den Fall einer sog. Hineinverschmelzung, bei der eine inländische Gesellschaft die übertragende ausländische Gesellschaft aufnimmt. Davon zu unterscheiden ist die Herausverschmelzung, bei der eine inländische Gesellschaft der übertragende und eine ausländische Gesellschaft der aufnehmende Teil ist[262]. Die Herausverschmelzung ist deswegen mit dem Wegzug der übertragenden Gesellschaft aus ihrem Herkunftsmitgliedstaat vergleichbar. Damit stellt sich die Frage, ob die EuGH-Rechtsprechung zu Wegzugskonstellationen bei Verwaltungssitzverlegung, insbesondere die in der Entscheidung *Daily Mail* aufgestellten Grundsätze, auf Herausverschmelzungen übertragen werden kann[263]. Zwar musste sich der EuGH in der *Sevic*-Entscheidung mit der Herausverschmelzung nicht auseinandersetzen, weite Teile der Literatur gehen jedoch davon aus, dass der Entscheidung auch die prinzipielle Zulässigkeit von Herausverschmelzungen entnommen werden könne[264]. Dies wird u.a. damit begründet, dass

---

258 EuGH v. 13.12.2005, Rs. C-411/03, Slg. 2005, I-10825, Leitsatz („*Sevic*"); vgl. auch *Forsthoff*, DStR 2006, 613.

259 EuGH v. 13.12.2005, Rs. C-411/03, Slg. 2005, I-10825, Leitsatz („*Sevic*"); vgl. auch *Forsthoff*, DStR 2006, 613, Rn. 23.

260 *Teichmann*, ZIP 2006, 355 (356).

261 *Kleinhenz*, S. 154.

262 *Krause/Janko*, BB 2007, 2194.

263 *Frenzel*, S. 55; *Kallmeyer/Kappes*, AG 2006, 224 (226).

264 Vgl. Eidenmüller/*Eidenmüller*, Ausländische Kapitalgesellschaften im deutschen Recht, § 4, Rn. 87 f., der aber danach differenziert, ob an der Verschmelzung bereits bestehende oder erst zu gründende Auslandsgesellschaften beteiligt sind; *Frenzel*, S. 55 ff., 71, 86 f., 117; *Geyrhalter/Weber*, DStR 2006, 146 (150); *Kallmeyer/Kappes*, AG 2006, 224 (226); *Kleinhenz*, S. 155 ff. m.w.N. (unklar); *Meilicke/Rabback*, GmbHR 2006, 123 (125); *Teichmann*, ZIP 2006, 355 (358); GA *Tizzano*, SchlA

an einer grenzüberschreitenden Verschmelzung – anders als bei einer Verlegung des Verwaltungssitzes – bereits *per definitionem* auch Gesellschaften aus anderen Rechtsordnungen beteiligt seien, so dass Wegzugsbeschränkungen immer auch die Niederlassungsfreiheit bereits bestehender Auslandsgesellschaften beeinträchtigten[265]. Für diese Ansicht spreche zudem die weite Formulierung des EuGH, der überwiegend den Ausdruck „*Verschmelzung*" benutze, ohne seine Ausführungen auf die Hineinverschmelzung zu beschränken[266]. Im Zusammenhang mit der Diskussion um die Zulässigkeit von Herausverschmelzungen wurde in der Literatur zudem die Frage aufgeworfen, ob die *Sevic*-Entscheidung generelle Aussagen über die – immer noch nicht geklärte – Zulässigkeit von Wegzugsbeschränkungen enthalte. Dies wurde teilweise bejaht[267], während die Gegenauffassung davon ausging, dass es zunächst bei den in *Daily Mail* getroffenen Feststellungen bleibe[268].

Abgesehen davon blieben die Fragen nach dem auf grenzüberschreitende Verschmelzungen anwendbaren Recht und nach der praktischen Durchführung einer Verschmelzung unbeantwortet, da sie nicht der Entscheidungskompetenz des EuGH unterfielen[269].

7. „Cadbury Schweppes" (2006)

In der Rechtssache *Cadbury Schweppes*[270] wurde dem EuGH die Frage vorgelegt, ob die Artt. 43, 49 und 56 des vormaligen EG-Vertrages nationalen Steuervorschriften entgegenstehen, die unter bestimmten Voraussetzungen vorsehen, dass eine Muttergesellschaft in Ansehung der Gewinne besteuert wird, die eine von ihr beherrschte ausländische Gesellschaft erzielt hat. Diese Frage stellte sich während eines Rechtsstreits zwischen Gesellschaften des Cadbury-Schweppes-Konzerns und britischen Finanzbehörden. Die Konzernmuttergesellschaft war in Großbritannien ansässig. Dem Konzern gehörten unter anderem zwei Tochtergesellschaften in Irland an, die zu dem alleinigen Zweck gegründet worden waren, bezüglich der Gewinne des

---

v. 7.7.2005, Rs. C-411/03, DB 2005, 1510, Rn. 45 („*Sevic*"); *Winter*, Der Konzern 2007, 24 (28 u. Fußnote 54); a.A. *Forsthoff*, DStR 2006, 613 (617); *Kappes*, NZG 2006, 101 f.; *Louven/Dettmeier/Pöschke/Weng*, BB-Special 3, 2006, 1 (4), die jedoch darauf verweisen, dass ein Abstellen auf die sekundäre Niederlassungsfreiheit der jeweils aufnehmenden Gesellschaft eine einheitliche Begründung von Hinein- und Hinausverschmelzung ermögliche, aber eben nicht alle Konstellationen grenzüberschreitender Verschmelzungen erfasse; *Oechsler*, NJW 2006, 812 (813); *Schmidt/Maul*, BB 2006, 13 (14).

265 Eidenmüller/*Eidenmüller*, Ausländische Kapitalgesellschaften im deutschen Recht, § 4, Rn. 87; *Meilicke/Rabback*, GmbHR 2006, 123 (126).

266 *Kleinhenz*, S. 156; *Meilicke/Rabback*, GmbHR 2006, 123 (125); *Teichmann*, ZIP 2006, 355 (358).

267 *Frenzel*, S. 59, 87; *Schmidtbleicher*, BB 2007, 613 (616).

268 *Kappes*, NZG 2006, 101 f.

269 Vgl. etwa *Louven/Dettmeier/Pöschke/Weng*, BB-Special 3, 2006, 1 (5).

270 EuGH v. 12.9.2006, Rs. C-196/04, Slg. 2006, I-7995 („*Cadbury Schweppes*").

Cadbury-Schweppes-Konzerns in den Genuss vorteilhafter irischer Rechtsvorschriften zu kommen. In dem Rechtsstreit ging es um die Anwendung britischer Rechtsvorschriften über beherrschte ausländische Gesellschaften, die der Gewinnverlagerung mit einem speziellen Besteuerungszugriff zu begegnen versuchten[271]. Das angerufene Gericht legte den Fall dem EuGH zur Vorabentscheidung vor und warf unter anderem die Frage auf, ob die britischen Rechtsvorschriften über beherrschte ausländische Gesellschaften mit den europäischen Grundfreiheiten vereinbar seien.

Der EuGH bestätigte zunächst wieder einmal seine *Centros*-Rechtsprechung. Die Gründung einer Gesellschaft in einem Mitgliedstaat mit dem Ziel, in den Genuss vorteilhafterer Rechtsvorschriften zu kommen, reiche für sich allein nicht aus, um auf eine missbräuchliche Ausnutzung der Niederlassungsfreiheit zu schließen[272]. Er ging jedoch insofern über seine *Centros*-Rechtsprechung hinaus, als er an die Ausübung der Niederlassungsfreiheit im Aufnahmemitgliedstaat strengere Voraussetzungen knüpfte, indem er nun eine tatsächliche Ansiedlung der betreffenden Gesellschaft im Aufnahmemitgliedstaat und die Ausübung einer wirklichen wirtschaftlichen Tätigkeit in diesem forderte[273]. Konsequenterweise könne daher eine nationale Maßnahme, die die Niederlassungsfreiheit beschränkt, mit der Bekämpfung missbräuchlicher Praktiken gerechtfertigt werden, wenn sie sich speziell auf *„rein künstliche, jeder wirtschaftlichen Realität bare Gestaltungen"* beziehe, also auf Sachverhalte, in denen eine Gesellschaft keine wirkliche wirtschaftliche Tätigkeit im Aufnahmemitgliedstaat ausübe[274]. Von solchen Gestaltungen könne insbesondere bei einer „Briefkastenfirma" oder einer „Strohfirma" ausgegangen werden[275].

Die Entscheidung wurde in der Literatur kontrovers diskutiert. Dabei ging es zum einen um die Frage, ob die Einschränkungen, die der EuGH in der *Cadbury Schweppes*-Entscheidung zur Verhinderung von Missbrauch entwickelt hat, bereits den Schutzbereich der Niederlassungsfreiheit begrenzen oder erst auf der Rechtfertigungsebene Geltung beanspruchen[276]. Zum anderen wurde diskutiert, ob die vom EuGH aufgestellten strengeren Anforderungen an die Ausübung der Niederlassungsfreiheit sich auf steuerrechtliche Sachverhalte beschränkten oder darüber hinausgingen[277]. So hat Generalanwalt *Maduro* in seinen Schlussanträgen in der Rechtssache *Cartesio* die vom EuGH in *Cadbury Schweppes* gestellten Anforderungen an die Ausübung der Niederlassungsfreiheit als *„erhebliche Einschränkung"* der Feststellungen aus den Urteilen *Centros* und *Inspire Art* bezeichnet[278]. Aus dieser

---

271 Vgl. *Roth,* EuZW 2010, 607 (608).
272 EuGH v. 12.9.2006, Rs. C-196/04, Slg. 2006, I-7995, Rn. 37 („*Cadbury Schweppes*").
273 EuGH v. 12.9.2006, Rs. C-196/04, Slg. 2006, I-7995, Rn. 54 („*Cadbury Schweppes*").
274 EuGH v. 12.9.2006, Rs. C-196/04, Slg. 2006, I-7995, Rn. 51, 55 („*Cadbury Schweppes*").
275 EuGH v. 12.9.2006, Rs. C-196/04, Slg. 2006, I-7995, Rn. 68 („*Cadbury Schweppes*").
276 *Axer,* IStR 2007, 162 (164); *Hahn,* IStR 2006, 667 (669 f.); *Kleinhenz,* S. 162 m.w.N.
277 Vgl. *Roth,* EuZW 2010, 607 (609 ff.); *Sagan,* EBLR 2010, 15 (27 f.).
278 GA *Maduro,* SchlA v. 22.5.2008, Rs. C-210/06, ZIP 2008, 1067, Rn. 29 („*Cartesio*"); *Sagan* in: Bieder/Hartmann, Individuelle Freiheit und kollektive Interessenwahrnehmung, S. 192.

Einschränkung könne folgen, dass es nicht immer mit der Niederlassungsfreiheit vereinbar sei, wenn sich eine Gesellschaft pro forma zu dem alleinigen Zweck, das eigene nationale Gesellschaftsrecht zu umgehen, in einem anderen Mitgliedstaat niederlässt[279]. Andere Autoren bezeichneten es dagegen als voreilig, die *Centros*-Rechtsprechung für überholt zu erklären[280].

Insgesamt fand die *Cadbury Schweppes*-Entscheidung des EuGH im Vergleich zu den vorangegangenen Entscheidungen des Gerichtshofes jedoch keine große Beachtung in der deutschen Literatur[281]. Dies mag auch daran liegen, dass möglicherweise unterstellt wurde, der EuGH sei bei der Annahme einer „wirklichen wirtschaftlichen Tätigkeit" von einem sehr großzügigen Verständnis ausgegangen[282]. Im Übrigen wird in der Literatur angemerkt, dass es Konzernen wohl nicht allzu schwer fallen dürfte, mit geringem Aufwand die vom EuGH geforderten „wirklichen wirtschaftlichen Tätigkeiten" nachzuweisen[283].

8. „Cartesio" (2008)

Die im Jahr 2004 nach ungarischem Recht gegründete Kommanditgesellschaft Cartesio mit Sitz in Ungarn beantragte im Jahr 2005 bei dem zuständigen Handelsregistergericht in Ungarn, die Verlegung ihres Sitzes nach Italien zu bestätigen. Das Handelsregistergericht lehnte den Antrag mit der Begründung ab, eine in Ungarn gegründete Gesellschaft könne nach geltendem ungarischem Recht ihren Sitz nicht unter Beibehaltung des ungarischen Personalstatuts in das Ausland verlegen. Eine solche Verlegung habe die Auflösung der Gesellschaft zur Folge und erfordere deren Neugründung nach dem Recht des Staates, in den sie ihren Sitz verlege. Das Berufungsgericht legte die Sache dem EuGH zur Vorab-entscheidung vor.

In seinem Urteil vom 16. Dezember 2008[284] hat der EuGH seine in der Rechtssache *Daily Mail* aufgestellten Grundsätze bestätigt. Der EuGH betonte, mangels einer einheitlichen unionsrechtlichen Definition der Gesellschaft sei die Vorfrage, ob Art. 43 des vormaligen EG-Vertrages auf eine Gesellschaft Anwendung finde, nach dem jeweiligen nationalen Recht zu beantworten[285]. Dies entspreche der Frage, ob eine natürliche Person Staatsangehöriger eines Mitgliedstaats sei und sich aus diesem Grunde auf die Niederlassungsfreiheit berufen könne[286]. Damit könne ein Mitgliedstaat bestimmen, wann eine Gesellschaft als nach seinem nationalen Recht gegründet anzusehen und was für den Erhalt dieser Eigenschaft erforderlich sei[287].

---

279 GA *Maduro*, SchlA v. 22.5.2008, Rs. C-210/06, ZIP 2008, 1067, Rn. 29 („*Cartesio*").
280 *Roth*, EuZW 2010, 607 (611).
281 Vgl. *König/Bormann*, NZG 2012, 1241 (1242).
282 Vgl. *Axer*, IStR 2007, 162 (164 f.).
283 Vgl. *Kleinhenz*, S. 163.
284 EuGH v. 16.12.2008, Rs. C-210/06, Slg. 2008, I-9641 *(„Cartesio")*.
285 EuGH v. 16.12.2008, Rs. C-210/06, Slg. 2008, I-9641, Rn. 109 *(„Cartesio")*.
286 Wie vor.
287 EuGH v. 16.12.2008, Rs. C-210/06, Slg. 2008, I-9641, Rn. 110 *(„Cartesio")*.

Dies umfasse die Befugnis, einer Gesellschaft die Beibehaltung dieser Eigenschaft im Falle einer Verlegung ihres Sitzes zu verwehren[288]. Dabei betonte der EuGH die Unterschiede in den Mitgliedstaaten und führte aus, dass in einigen Staaten auch der Hauptverwaltungssitz der Gesellschaft im Inland liegen müsse[289].

Der EuGH grenzte die Konstellation der Wegzugsbeschränkungen erneut von Zuzugsbeschränkungen ab. Es sei verfehlt, anzunehmen, die Entscheidung in der Rechtssache *Sevic* habe die Grundsätze der *Daily Mail*-Entscheidung präzisiert bzw. ausgehebelt, da der Rechtssache *Sevic* eine Regelung des Zuzugsstaates zugrunde gelegen habe[290]. In Zuzugsfällen stelle sich nicht die Vorfrage, ob die betreffende Gesellschaft als eine Gesellschaft anzusehen sei, die die Nationalität des Mitgliedstaats habe, nach dessen Recht sie gegründet wurde; vielmehr stelle sich die Frage, ob sich diese Gesellschaft in der Ausübung ihres Rechts auf Niederlassung in einem anderen Mitgliedstaat einer Beschränkung gegenübersehe oder nicht[291].

Weiterhin äußerte sich der Gerichtshof zu dem Recht auf identitätswahrenden grenzüberschreitenden Formwechsel. Er grenzte diesen Fall zunächst von der Verwaltungssitzverlegung ab und führte aus, die Befugnis eines Mitgliedstaates, Wegzugsbeschränkungen zu regeln, rechtfertige es nicht, eine Gesellschaft durch das Erfordernis der Auflösung und Liquidation daran zu hindern, sich in eine Gesellschaft nach dem nationalen Recht eines anderen Mitgliedstaats umzuwandeln, soweit dies nach diesem Recht möglich sei[292]. Ein solches „*Hemmnis*" stelle eine Beschränkung der Niederlassungsfreiheit dar, die, wenn sie nicht zwingenden Gründen des Allgemeininteresses entspreche, nach Art. 43 des vormaligen EG-Vertrages verboten sei[293]. Der Gerichtshof antwortete auf die vierte Vorlagefrage, dass

> *„die Art. 43 u. 48 EG beim gegenwärtigen Stand des Gemeinschaftsrechts dahin auszulegen sind, dass sie Rechtsvorschriften eines Mitgliedstaats nicht entgegenstehen, die es einer nach dem nationalen Recht dieses Mitgliedstaats gegründeten Gesellschaft verwehren, ihren Sitz in einen anderen Mitgliedstaat zu verlegen und dabei ihre Eigenschaft als Gesellschaft des nationalen Rechts des Mitgliedstaats, nach dessen Recht sie gegründet* wurde, zu behalten[294]."

Die Entscheidung in der Rechtssache *Cartesio* war mit Spannung erwartet worden[295], da der EuGH nun – nachdem die Rechtslage in Zuzugsfällen als geklärt galt – über eine Wegzugsbeschränkung zu entscheiden hatte und damit Stellung beziehen musste, ob er an den Grundsätzen seiner *Daily Mail*-Rechtsprechung festhalten würde oder nicht.

---

288 Wie vor.
289 EuGH v. 16.12.2008, Rs. C-210/06, Slg. 2008, I-9641, Rn. 101 ff. („*Cartesio*").
290 EuGH v. 16.12.2008, Rs. C-210/06, Slg. 2008, I-9641, Rn. 121 f. („*Cartesio*").
291 EuGH v. 16.12.2008, Rs. C-210/06, Slg. 2008, I-9641, Rn. 121 ff. („*Cartesio*").
292 EuGH v. 16.12.2008, Rs. C-210/06, Slg. 2008, I-9641, Rn. 112 („*Cartesio*").
293 EuGH v. 16.12.2008, Rs. C-210/06, Slg. 2008, I-9641, Rn. 113 („*Cartesio*").
294 EuGH v. 16.12.2008, Rs. C-210/06, Slg. 2008, I-9641, Rn. 124 („*Cartesio*").
295 Vgl. etwa *Mörsdorf*, EuZW 2009, 97.

a) Wegzugsbeschränkungen

Vor der Entscheidung des EuGH in der Rechtssache *Cartesio* war – wie bereits ausgeführt – ungeklärt, ob auch Wegzugsbeschränkungen gegen die Niederlassungsfreiheit verstoßen[296]. In der Literatur war bereits im Vorfeld der Entscheidung Kritik an der unterschiedlichen Behandlung von Zu- und Wegzugsfällen geäußert und die Auffassung vertreten worden, dass die *Daily Mail*-Rechtsprechung des EuGH überholt sei und auch Wegzugsbeschränkungen an der Niederlassungsfreiheit zu messen seien[297]. Diese Auffassung wurde u.a. damit begründet, dass der EuGH die unmittelbare Anwendbarkeit aller anderen Grundfreiheiten, z.B. der Warenverkehrsfreiheit, in gleicher Weise auf Zu- und Wegzugssachverhalte erstrecke[298]. Auch Generalanwalt *Maduro* hatte in seinen Schlussanträgen gegen eine Unterscheidung von Zu- und Wegzugskonstellationen plädiert und die Auffassung vertreten, eine solche Unterscheidung beruhe auf einem fehlerhaften Verständnis der bisherigen EuGH-Rechtsprechung[299]. Es könne unmöglich argumentiert werden, dass die Mitgliedstaaten völlig frei „über Leben und Tod" der nach ihrem nationalen Recht gegründeten Gesellschaften entscheiden könnten[300].

Mit der Entscheidung in der Rechtssache *Cartesio* ist der EuGH dem Vorschlag des Generalanwalts *Maduro* jedoch nicht gefolgt, sondern hat klargestellt, dass Wegzugsbeschränkungen grundsätzlich keinen Verstoß gegen die Niederlassungsfreiheit darstellen[301]. Dabei ist festzuhalten, dass der EuGH sich auch in dieser Entscheidung konkret nur mit der Verlegung des *Verwaltungs*sitzes beschäftigt hat[302]. Dieser Klarstellung bedarf es, da der EuGH zum einen an keiner Stelle seines Urteils

---

296 Vgl. die Ausführungen zu den vorstehenden EuGH-Entscheidungen; s. auch *Bayer,* BB 2003, 2357 (2363); *Maul/Schmidt,* BB 2003, 2297 (2300); *Mörsdorf,* EuZW 2009, 97 (98).

297 Vgl. bereits oben die Reaktionen auf die Entscheidung *„Lasteyrie du Saillant"*, C.IV.5., sowie *Bayer,* BB 2003, 2357 (2363) m.w.N.; *Campos Nave,* BB 2005, 2660 (2663, in Bezug auf Wegzugsbesteuerungen); *Eidenmüller/Rehm,* ZGR 2004, 159 (175 ff.); *Heuschmid,* S. 40 m.w.N.; *Kindler,* NJW 1999, 1993 (1998); *Leible/Hoffmann,* EuZW 2003, 677 (682); *Lutter,* BB 2003, 7 (10); GA *Maduro,* SchlA v. 22.5.2008, Rs. C-210/06, ZIP 2008, 1067, Rn. 28 ff. („*Cartesio*"); *Maul/Schmidt,* BB 2003, 2297 (2300); *Mörsdorf,* EuZW 2009, 97 (98 f.); *Mucciarelli,* EBOR 2008, 267 (296 ff.); *Roth,* IPrax 2003, 117 (121 ff.); *Schön,* ECFR 2006, 122 (137 ff.); *Szydlo,* ERPL 2008, 973 (993 f.); *Teichmann,* EWiR 2008, 397 (398); GA *Tizzano,* SchlA v. 7.7.2005, Rs. C-411/03, DB 2005, 1510, Rn. 45 („*Sevic*").

298 *Mörsdorf,* EuZW 2009, 97 (99); *Roth,* IPrax 2003, 117 (121).

299 GA *Maduro,* SchlA v. 22.5.2008, Rs. C-210/06, ZIP 2008, 1067, Rn. 28 ff. („*Cartesio*").

300 Wie vor.

301 So die h.M., vgl. MünchKommAktG/*Altmeppen/Ego,* Bd. 7, Europäische Niederlassungsfreiheit, Rn. 53; MünchKommGmbHG/*J. Mayer,* § 4a, Rn. 66 ff.

302 Vgl. *Bayer/Schmidt,* ZHR 2009, 735 (755 f.); *Bayer/Schmidt,* ZIP 2012, 1481 (1482); In diesem Sinne auch *Behme/Nohlen,* BB 2009, 13 f.; *Kindler,* NZG 2009, 130; *Meilicke,* GmbHR 2009, 92 (93).

explizit zwischen Verwaltungs- und Satzungssitz differenziert, sondern stets die Formulierung *„Verlegung des Sitzes“* benutzt. Zum anderen sorgte die ungarische Terminologie im Vorfeld der Entscheidung für Unstimmigkeiten. Der im Ungarischen verwendete Begriff für den Sitz einer Gesellschaft beinhaltet den Gleichlauf von Satzungs- und Verwaltungssitz, was dazu führte, dass dieser Begriff in der englischen Sprachversion versehentlich mit „registered office“ übersetzt und deshalb teilweise davon ausgegangen wurde, dass es sich um einen Fall der Satzungssitzverlegung handele[303]. Dieses Missverständnis klärte der EuGH in seiner Entscheidung, indem er feststellte, der Vorlageentscheidung sei insgesamt zu entnehmen, dass sich der Rechtsstreit auf die Verlegung des tatsächlichen Sitzes beziehe und gerade nicht auf die Verlegung des satzungsmäßigen Sitzes[304].

In seiner zweiten Aussage, die in der Literatur vielfach als *obiter dictum* eingeordnet wird[305], hat der EuGH Gesellschaften ein Recht auf formwechselnden Wegzug in Abgrenzung zur formwahrenden Verlegung des Verwaltungssitzes zugesprochen. Im Unterschied zur Verlegung des Verwaltungssitzes, bei der die Hauptverwaltung einer Gesellschaft *unter Beibehaltung der bisherigen Rechtsform* verlegt wird, sowie zur grenzüberschreitenden Verschmelzung, die in der Regel dazu führt, dass (mindestens) eine Gesellschaft ihre Rechtsform ändert, kann beispielsweise eine Kommanditgesellschaft mittels eines grenzüberschreitenden Rechtsformwechsels das Recht eines anderen Mitgliedstaates annehmen mit der Besonderheit, dass der Rechtsträger bestehen bleibt und die Gründung einer neuen Gesellschaft nicht erforderlich ist[306]. Der EuGH betonte in seiner Entscheidung, dass grundsätzlich ein Verstoß gegen die Niederlassungsfreiheit gegeben sei, wenn ein Wegzugsstaat die Auflösung einer nach seinem Recht gegründeten wegziehenden Gesellschaft anordne, soweit die Gesellschaft im Zuzugsstaat in irgendeiner Form als rechtlich selbständiger Träger von Rechten und Pflichten fortbestehen könne[307]. Dies bedeutet, dass die *formwahrende* Verlegung des Verwaltungssitzes nicht von der Niederlassungsfreiheit geschützt ist, wohl aber grundsätzlich der grenzüberschreitende *Formwechsel*[308].

Aufgrund der vorstehenden Ausgangssituation ist die Entscheidung in der Rechtssache *Cartesio* in der Literatur vielfach kritisiert worden[309]. Die Kritik richtete

303 Vgl. *Bayer/Schmidt,* ZHR 2009, 735 (755 f.) m.w.N.

304 EuGH v. 16.12.2008, Rs. C-210/06, Slg. 2008, I-9641, Rn. 47 *(„Cartesio“).*

305 Vgl. nur *Behme,* NZG 2012, 936 (937) m.w.N.; *Heuschmid,* S. 40.

306 *Messenzehl/Schwarzfischer,* BB 2012, 2072.

307 *Paefgen,* WM 2009, 529 (532).

308 Calliess/Ruffert/*Bröhmer,* EUV/AEUV, Art. 54 AEUV, Rn. 10.

309 Vgl. *Behme/Nohlen,* BB 2009, 13 f.; *Frobenius,* DStR 2009, 487 ff.; *Leible/Hoffmann,* BB 2009, 58 ff.; *Lutter/Bayer/Schmidt,* Europäisches Unternehmens- und Kapitalmarktrecht, § 6, Rn. 42 (differenzierend); *Mörsdorf,* EuZW 2009, 97 (98 ff.); *Paefgen,* WM 2009, 529 (533 f., 536); differenzierend auch *Sethe/Winzer,* WM 2009, 536 (537 ff.), die argumentieren, dass eine Gleichstellung von Zu- und Wegzugsfällen rechtspolitisch überzeugt hätte, der EuGH aber diese Differenzierung im Rahmen

sich dabei insbesondere gegen die vom EuGH vorgenommene Gleichsetzung von Gesellschaften mit natürlichen Personen[310]. So unterlägen zwar die Regelungen zur Staatsangehörigkeit natürlicher Personen der Autonomie der Mitgliedstaaten, dennoch sei beispielsweise der drohende Verlust der Staatsangehörigkeit einer natürlichen Person bei dem Umzug in einen anderen Staat grundsätzlich geeignet, die Niederlassungsfreiheit zu beschränken, und es sei nicht ersichtlich, weshalb dies für Gesellschaften anders zu beurteilen sein sollte[311]. Im Übrigen wurde auch die unterschiedliche Behandlung von rechtformwahrendem und rechtsformwechselndem Wegzug kritisiert. Für die Anwendbarkeit der Niederlassungsfreiheit komme es nicht auf die Einzelheiten der Ausgestaltung der tatsächlichen Niederlassung an, dies sei vielmehr unabhängig davon zu beurteilen, ob eine Gesellschaft ihre Rechtsform wechsele oder nicht[312]. Auch wenn die Zulässigkeit von Wegzugsbeschränkungen damit begründet werden könne, dass ein Umzug in erheblicher Weise in die Interessen Dritter (z.B. Arbeitnehmer und Gläubiger) eingreife, so sei nicht verständlich, warum der EuGH dann einen rechtsformwechselnden Wegzug gestatte, seien doch in einem solchen Fall die Interessen Dritter in größerem Umfang betroffen, weil sie sich zusätzlich einer fremden Rechtsordnung ausgesetzt sähen[313]. Andere Ansichten in der Literatur dagegen befürworteten die Entscheidung in der Rechtssache *Cartesio*[314]. Zur Begründung dieser Auffassung wurde angeführt, kein Mitgliedstaat könne gezwungen werden, sein nationales Gesellschaftsrecht darauf auszurichten, Kontrolle über nach seinem Recht gegründete, aber im Ausland ansässige Gesellschaften auszuüben; zudem sei zu bedenken, dass infolge der Verlegung des Verwaltungssitzes auch der nationale Gerichtsstand verloren gehe[315].

Umstritten war auch insbesondere die Frage des Umfangs der Regelungsautonomie des Zuzugsstaates. So wurde über die Formulierung des Gerichtshofes diskutiert, der Wegzugsstaat dürfe eine Gesellschaft nicht daran hindern, sich in eine Gesellschaft nach dem nationalen Recht eines anderen Mitgliedstaats umzuwandeln, *„soweit dies nach diesem Recht möglich sei"*. Teilweise wurde die Ansicht vertreten, es stehe dem Zuzugsstaat völlig frei, ob und unter welchen Voraussetzungen er einen grenzüberschreitenden Formwechsel zulasse[316]. Die überwiegende Auffassung

---

des geltenden Rechts vorgenommen habe, da gerade Art. 239, 3. Spiegelstrich EG [a.F., *Anm. d. Verf.*] zeige, dass es Aufgabe der Mitgliedstaaten und nicht des EuGH sei, Wegzugsbeschränkungen zu beseitigen.

310 *Leible/Hoffmann,* BB 2009, 58 (59 f.); *Paefgen,* WM 2009, 529 (532 f.); *Sethe/Winzer,* WM 2009, 536 (538).

311 *Leible/Hoffmann,* BB 2009, 58 (59 f.).

312 *Behme/Nohlen,* BB 2009, 13.

313 *Forsthoff* in: Grabitz/Hilf/Nettesheim, EUV/AEUV, Art. 54 AEUV, Rn. 28; *Zimmer/Naendrup,* NJW 2009, 545 (547).

314 *Kindler,* NZG 2009, 130; *Meilicke,* GmbHR 2009, 92 (93).

315 *Meilicke,* GmbHR 2009, 92 (93).

316 In diesem Sinne offenbar *Leible/Hoffmann,* BB 2009, 58 (62 f.); *Paefgen,* WM 2009, 529 (532).

ging jedoch davon aus, dass ein Mitgliedstaat, wenn und soweit er für seine nationalen Rechtsformen einen identitätswahrenden Formwechsel zulasse, dies auch in grenzüberschreitenden Konstellationen tun müsse[317]. Diese Auffassung wurde insbesondere damit begründet, dass eine andere Auslegung des Urteils in Widerspruch zum *Sevic*-Urteil stehe, wonach der Schutzbereich der Niederlassungsfreiheit nicht nur grenzüberschreitende Sitzverlegungen, sondern auch „andere Gesellschaftsumwandlungen" erfasse und ein Mitgliedstaat eine (Hinein-)Verschmelzung zumindest dann ermöglichen müsse, wenn er ein solches Verfahren für reine Inlandssachverhalte zur Verfügung stelle[318].

Zusammengefasst ergeben sich aus der EuGH-Rechtsprechung damit die folgenden Konsequenzen: Die Verlegung des Verwaltungssitzes in einen anderen Mitgliedstaat unter Beibehaltung der Eigenschaft als Gesellschaft des nationalen Rechts des Gründungsstaates ist nicht durch die Niederlassungsfreiheit geschützt, denn es obliegt allein dem Wegzugsstaat, zu bestimmen, unter welchen Voraussetzungen eine Gesellschaft als Gesellschaft seines nationalen Rechts definiert werden darf[319]. Demnach darf der Wegzugsstaat den Wegzug einer nach seinem Recht gegründeten Gesellschaft untersagen mit der Folge, dass die Gesellschaft dann auch nicht vom Zuzugsstaat als eine Gesellschaft des Rechts ihres Gründungsstaates anerkannt werden muss[320].

In diesen Zusammenhang ist auch die – primär die Wegzugsbesteuerung betreffende – Entscheidung des EuGH in der Rechtssache *National Grid Indus*[321] einzuordnen. Darin entschied der EuGH im Hinblick auf gesellschaftsrechtliche Aspekte, dass die Verlegung des Verwaltungssitzes der Gesellschaft ihre Eigenschaft als Gesellschaft des Rechts ihres Gründungsstaates nicht berührt habe und die Gesellschaft sich daher auf die Niederlassungsfreiheit berufen könne[322].

b) Auswirkungen auf das deutsche Recht

Wie bereits ausgeführt, ging die herrschende Meinung ursprünglich aufgrund der vom BGH vertretenen Sitztheorie davon aus, dass die Verlegung des Verwaltungssitzes einer deutschen Gesellschaft ins Ausland nicht gestattet sei, sondern

---

317 Vgl. statt aller *Lutter/Bayer/Schmidt*, Europäisches Unternehmens- und Kapitalmarktrecht, § 6, Rn. 64; *Mörsdorf*, EuZW 2009, 97 (100); *Zimmer/Naendrup*, NJW 2009, 545 (548).

318 EuGH v. 13.12.2005, Rs. C-411/03, Slg. 2005, I-10825, Rn. 19 ff. („*Sevic*"); *Lutter/Bayer/Schmidt*, Europäisches Unternehmens- und Kapitalmarktrecht, § 6, Rn. 64; *Mörsdorf*, EuZW 2009, 97 (100).

319 Vgl. *Bayer/Schmidt*, ZIP 2012, 1481 (1482).

320 Vgl. *Paefgen*, WM 2009, 529 (532); *Sethe/Winzer*, WM 2009, 536 (538).

321 EuGH v. 29.11.2011, Rs. C-371/10, Slg 2011, I-12273 („*National Grid Indus*").

322 EuGH v. 29.11.2011, Rs. C-371/10, Slg 2011, I-12273, Rn. 32 („*National Grid Indus*").

die Auflösung der Gesellschaft zur Folge habe[323]. Diese Rechtslage hat sich seit In-Kraft-Treten des MoMiG[324] geändert. In diesem Zusammenhang wurde § 4a Abs. 2 GmbHG a.F.[325] aufgehoben[326]. Durch diese Änderung sollte es deutschen Gesellschaften ermöglicht werden, einen vom Satzungssitz abweichenden Verwaltungssitz zu wählen[327]. Umstritten ist indes, ob und in welchem Umfang die Neufassung der §§ 4a GmbHG, 5 AktG die kollisionsrechtliche Rechtslage geändert hat, ob also den Regelungen kollisionsrechtliche Wirkung im Sinne der Gründungstheorie zukommt oder ob es sich um rein sachrechtliche Regelungen handelt mit der Folge, dass der Wegzug einer deutschen Gesellschaft erst bei vollständiger Aufgabe der Sitztheorie möglich ist[328]. Die Einordnung der §§ 4a GmbHG, 5 AktG als rein sachrechtliche Regelungen hätte zur Folge, dass auf kollisionsrechtlicher Ebene weiterhin die Sitztheorie gelten und die Verlegung des Verwaltungssitzes in einen Sitztheoriestaat damit zu einem Statutenwechsel führen würde[329]. Die überwiegende Auffassung ordnet die §§ 4a GmbHG, 5 AktG als Kollisionsnormen ein, die einen partiellen Übergang zur Gründungstheorie kennzeichnen[330].

Eine deutsche Gesellschaft kann aufgrund der geänderten deutschen Rechtslage ihren Verwaltungssitz ins Ausland verlegen und muss zumindest von den anderen Unionsstaaten als eine Gesellschaft deutschen Rechts anerkannt werden. Dasselbe gilt bei der Verlegung des Verwaltungssitzes in einen Drittstaat, der der Gründungstheorie folgt. Probleme bestehen lediglich, wenn eine deutsche Gesellschaft ihren Verwaltungssitz in einen Drittstaat verlegt, der der Sitztheorie folgt und mit dem keine speziellen Staatsverträge bestehen[331].

---

323 Vgl. o. C.III.2. sowie statt vieler: *Bartenbach/Eisenbeis*, FS 25 Jahre DAV, 741 (754); MünchKommGmbHG/*J. Mayer*, § 4a, Rn. 67 m.w.N.; *Wisskirchen/Bissels/Dannhorn*, DB 2007, 2258 (Fußnote 51); a.A. *Schmidtbleicher*, BB 2007, 613 (615 f.).

324 Gesetz zur Modernisierung des GmbH-Rechts und zur Bekämpfung von Missbräuchen, in Kraft seit 1.11.2008.

325 § 4a Abs. 2 GmbHG a.F. lautete wie folgt: „*Als Sitz der Gesellschaft hat der Gesellschaftsvertrag in der Regel den Ort, an dem die Gesellschaft einen Betrieb hat, oder den Ort zu bestimmen, an dem sich die Geschäftsleitung befindet oder die Verwaltung geführt wird*“.

326 MünchKommGmbHG/*J. Mayer*, § 4a, Rn. 68.

327 BT-Drucks. 16/6140, S. 29; Michalski/*Funke*, GmbHG, § 4a, Rn. 9.

328 Vgl. zum Streitstand *Bayer/Schmidt*, ZHR 2009, 735 (746 ff.); *Lutter/Bayer/Schmidt*, Europäisches Unternehmens- und Kapitalmarktrecht, § 6, Rn. 56; MünchKommAktG/*Altmeppen/Ego*, Bd. 7, Europäische Niederlassungsfreiheit, Rn. 193; *Paefgen*, WM 2009, 529 (531) m.w.N.

329 Vgl. *Bayer/Schmidt*, ZHR 2009, 735 (746 f.).

330 Statt aller m.w.N.: *Bayer/Schmidt*, ZHR 2009, 735 (749); *Däubler/Heuschmid*, NZG 2009, 493 (494); *Knof/Mock*, GmbHR 2007, 852 (856); *Lutter/Bayer/Schmidt*, Europäisches Unternehmens- und Kapitalmarktrecht, § 6, Rn. 56; MünchKommAktG/*Altmeppen/Ego*, Bd. 7, Europäische Niederlassungsfreiheit, Rn. 199; a.A. *Hirte*, NZG 2008, 761 (766); *Leible/Hoffmann*, BB 2009, 58 (62); *Paefgen*, WM 2009, 529 (531).

331 Vgl. o., C.IV.4.b. sowie *Lutter/Bayer/Schmidt*, Europäisches Unternehmens- und Kapitalmarktrecht, § 6, Rn. 56.

c) *Mitbestimmungsrechtliche Konsequenzen*

Das Urteil in der Rechtssache *Cartesio* wirft im Hinblick auf die Unternehmensmitbestimmung zwei Fragen auf.

Zum einen wird diskutiert, welche mitbestimmungsrechtlichen Folgen sich aus dem vom EuGH grundsätzlich anerkannten Recht auf formwechselnden Wegzug ergeben. Hierzu ist zunächst festzuhalten, dass der formwechselnde Wegzug die Verlagerung sowohl des Verwaltungs- als auch des Satzungssitzes bedeutet[332]. In der Literatur wird die Ansicht vertreten, das vom EuGH gebilligte Recht auf formwechselnden Wegzug werde einen „*Wettlauf der Mitgliedstaaten*" um die Öffnung ihres jeweiligen Gesellschaftsrechts für die Aufnahme fremder Gesellschaftsformen zur Folge haben und damit den „*Todesstoß*" für die deutsche Unternehmensmitbestimmung bedeuten[333], denn das deutsche Mitbestimmungsrecht sei infolge eines grenzüberschreitenden Formwechsels nicht mehr anwendbar[334]. Dagegen wird angeführt, der EuGH habe die Sitzverlegung mit gleichzeitigem Statutenwechsel nicht grundsätzlich dem Schutz der Niederlassungsfreiheit unterstellen wollen[335]. Das *obiter dictum* des EuGH sei vielmehr als reine Hilfsüberlegung zu verstehen, die nur im Ausnahmefall zur Anwendung gelange, wenn ein Mitgliedstaat die alleinige Verlegung des Verwaltungssitzes aller nach seinem Recht gegründeten Gesellschaften ausschließe[336]. Zwar lasse die Entscheidung des EuGH die Eindeutigkeit in diesem Punkt vermissen, das *obiter dictum* könne aber nur im o.g. Sinne verstanden werden[337]. So sei es zum einen nicht akzeptabel, dass mit der personellen Reichweite der Niederlassungsfreiheit ein wichtiger Teil des Unionsrechts zur Disposition der Mitgliedstaaten stehe; zum anderen würden Kompromisse bei der Arbeitnehmermitbestimmung ausgehebelt, wie beispielsweise die Verhandlungs- bzw. Auffanglösung bei Gründung einer SE oder bei einer grenzüberschreitenden Verschmelzung, wenn ein generelles Recht auf Statutenwechsel bestünde[338]. Das bedeute, dass ein Mitgliedstaat die Sitzverlegung im Wege der Umwandlung verbieten könne, soweit er die Verlegung des Verwaltungssitzes der nach seinem Recht gegründeten Gesellschaften zulasse[339].

Zum anderen stellt sich die Frage, ob die Verlegung des Verwaltungssitzes einer deutschen Gesellschaft in das europäische Ausland dazu führt, dass die deutschen Mitbestimmungsgesetze keine Anwendung mehr auf die Gesellschaft finden. Dies ist nicht unumstritten. Von einigen Autoren wird die Ansicht vertreten, die deutschen Mitbestimmungsgesetze fänden keine Anwendung auf eine deutsche Gesellschaft,

332 *Däubler/Heuschmid,* NZG 2009, 493 (495).
333 *Meilicke,* GmbHR 2009, 92 (94).
334 *Behme/Nohlen,* BB 2009, 13 (14).
335 *Heuschmid,* S. 40.
336 *Däubler/Heuschmid,* NZG 2009, 493 (495).
337 Wie vor.
338 Wie vor.
339 Vgl. *Fuchs/Marhold,* Europäisches Arbeitsrecht, S. 362.

die ihren Verwaltungssitz ins Ausland verlegt[340]. Es sei nicht hinnehmbar, dass ansonsten wegen des im deutschen Recht geltenden Territorialitätsprinzips trotz eines ausländischen Unternehmensschwerpunktes allein die Beschäftigten der deutschen Betriebe mitbestimmungsbefugt wären[341]. Da die deutschen Mitbestimmungsgesetze entstanden seien, als die Sitztheorie uneingeschränkt galt und die Verlegung des Verwaltungssitzes ins Ausland unter Wahrung der Rechtsform nicht möglich war, habe der Gesetzgeber die Mitbestimmungsgesetze nur auf Gesellschaften mit *Verwaltungssitz* im Inland erstrecken wollen[342]. Auf Basis der Sitztheorie habe der Gesetzgeber keine Veranlassung gesehen, die Anwendung der Mitbestimmungsgesetze auf deutsche Gesellschaften mit ausländischem Verwaltungssitz zu regeln[343]. Aus diesem Grund seien die deutschen Regelungen im Wege einer teleologischen Reduktion dahin auszulegen, dass sie sachlich auf Gesellschaften mit tatsächlichem Inlandssitz beschränkt seien[344]. Darüber hinaus habe der Gesetzgeber ausschließlich Gesellschaften dem deutschen Mitbestimmungsrecht unterwerfen wollen, die in der deutschen Sozial- und Wirtschaftsordnung verankert seien; von einer solchen Verankerung in der deutschen Sozialordnung sei im Fall eines wegziehenden deutschen Unternehmens nicht auszugehen[345]. Nach *Großfeld*[346] würde die Lage für die deutsche unternehmerische Mitbestimmung durch einen Wegzug sogar „*dramatisch*", weil die Mitbestimmung durch den Wegzug und den Wandel des Gesellschaftsstatuts ihre organisatorische Anknüpfung (Aufsichtsrat) verlieren könne. Die vorherrschende Meinung geht jedoch davon aus, dass die Verlegung des Verwaltungssitzes in das Ausland nicht zum Verlust der deutschen Mitbestimmungsregelungen führt[347].

Zwar stellt sich durchaus die Legitimationsfrage, wenn infolge der Verlegung des Verwaltungssitzes ins Ausland wegen des in Deutschland geltenden Territorialitätsprinzips nur deutsche Arbeitnehmervertreter in die Leitungsorgane der

---

340 *Bartsch,* S. 207 ff.; *Rieble,* BB 2006, 2018 (2019, ohne nähere Begründung); wohl auch *Roth,* ZGR 2000, 311 (333); *Staudinger/Großfeld* (1998), IntGesR, Rn. 668 f.

341 *Bartsch,* S. 208 ff.

342 *Bartsch,* S. 210 f.

343 Wie vor.

344 *Bartsch,* S. 211 ff.

345 *Bartsch,* S. 213.

346 *Staudinger/Großfeld* (1998), IntGesR, Rn. 668 f.

347 Vgl. statt aller BT-Drucks. 16/9737, S. 54 f.; *Bartenbach/Eisenbeis,* FS 25 Jahre DAV, 741 (755); *Götze/Winzer/Arnold,* ZIP 2009, 245 (250); *Habersack,* Beilage zu ZIP 48/2009, 1 (3); *Heuschmid,* S. 50 ff.; *Mertens* in: Kölner Kommentar zum AktG, Anh. § 117 B, § 1 MitbestG, Rn. 3; MünchKommAktG/*Altmeppen/Ego,* Bd. 7, Europäische Niederlassungsfreiheit, Rn. 603; MünchKommGmbHG/*J. Mayer,* § 4a, Rn. 70; *Raiser/Veil,* MitbestG und DrittelbG, § 1 MitbestG, Rn. 15a (aus Sicht des Zuzugsstaates); *Triebel/v.Hase,* BB 2003, 2409 (2413); *Ulmer/Habersack* in: Ulmer/Habersack/Henssler, Mitbestimmungsrecht, § 1 MitbestG, Rn. 6; *Wisskirchen/Bissels/Dannhorn,* DB 2007, 2258 (2261); WWKK/*Koberski,* Mitbestimmungsrecht, § 1 MitbestG, Rn. 22.

deutschen Gesellschaft gewählt werden können, auch wenn ein Großteil der Belegschaft im Ausland tätig ist. Dies betrifft aber die allgemeine Frage, inwieweit das im deutschen Mitbestimmungsrecht verankerte Territorialitätsprinzip mit dem Unionsrecht vereinbar ist[348]. Zudem wird mit der Verlegung des Verwaltungssitzes ins Ausland typischerweise die Geschäftsführung verlegt, nicht aber zwingend auch die Betriebe des Unternehmens[349]. In einem solchen Fall verbleibt der Großteil der Arbeitnehmer im Inland, so dass nicht jede Verlegung des Verwaltungssitzes ins Ausland zur Folge hat, dass ein Großteil der Belegschaft im Ausland tätig ist. Das bedeutet zugleich, dass die Verlegung des Verwaltungssitzes ins Ausland nicht notwendig zu einer Loslösung des Unternehmens von der deutschen Sozial- und Wirtschaftsordnung führt. Die Anwendbarkeit der deutschen Mitbestimmungsgesetze im Falle der Verlegung des Verwaltungssitzes ins Ausland ergibt sich bereits aus dem Gesetzestext. Nachdem inzwischen § 4a GmbHG die Verlegung des Verwaltungssitzes deutscher Gesellschaften in das europäische Ausland gestattet und insoweit an das Gründungsstatut der deutschen Gesellschaft, mithin an das Recht des Satzungssitzes anknüpft, führt die Verlegung des Verwaltungssitzes in das Ausland nicht mehr zur Auflösung einer solchen Gesellschaft[350]. Soweit nun aber die o.g. Gegenauffassung meint, die Mitbestimmungsgesetze seien nur auf Gesellschaften mit Verwaltungssitz im Inland anwendbar, verkennt sie, dass die deutschen Regelungen an die *Rechtsform* einer Gesellschaft anknüpfen (vgl. §§ 1 Abs. 1 MitbestG, § 1 Abs. 1 DrittelbG). Die Rechtsform einer Gesellschaft bestimmt sich aber nach ihrem Satzungs- und gerade nicht nach ihrem Verwaltungssitz, was zur Folge hat, dass für die Anwendbarkeit der deutschen Mitbestimmungsgesetze der *Satzungssitz* einer Gesellschaft maßgeblich ist[351]. Aufgrund der diesbezüglich eindeutigen Gesetzeslage bleibt für eine von der Gegenauffassung vorgeschlagene teleologische Reduktion der Regelungen kein Raum. Eine deutsche Gesellschaft bleibt damit auch bei der Verlegung ihres Verwaltungssitzes in das europäische Ausland eine deutsche Gesellschaft mit der Maßgabe, dass die deutschen Mitbestimmungsgesetze auf sie Anwendung finden[352]. Darüber hinaus führt die Gestattung des Wegzugs deutscher Unternehmen ins Ausland sogar zu einer Verbesserung der Anwendbarkeit der deutschen Mitbestimmungsgesetze, weil die wegziehenden Gesellschaften trotz des im Ausland liegenden Verwaltungssitzes deutsche Unternehmen und gerade keine ausländischen Unternehmen sind[353].

Abgesehen davon, dass deutsche Unternehmen auch und insbesondere in Wegzugsfällen mit den oben aufgeworfenen praktischen Problemen konfrontiert

---

348 Vgl. o. B.II.6.

349 BT-Drucks. 16/9737, S. 55; *Heuschmid,* S. 51.

350 Vgl. o., C.IV.8.b.

351 BT-Drucks. 16/9737, S. 54 f.; *Heuschmid,* S. 50 ff.; *Triebel/v.Hase,* BB 2003, 2409 (2413); WWKK/*Koberski,* Mitbestimmungsrecht, § 1 MitbestG, Rn. 22.

352 *Bartenbach/Eisenbeis,* FS 25 Jahre DAV, 741 (755); Michalski/*Leible,* GmbHG, Systematische Darstellung 2 Internationales Gesellschaftsrecht, Rn. 155.

353 BT-Drucks. 16/9737, S. 54 f.

werden, bietet sich deutschen Unternehmen damit keine Möglichkeit, durch die Verlegung des Verwaltungssitzes in einen anderen Mitgliedstaat den deutschen Mitbestimmungsgesetzen zu „entfliehen".

9. „Vale" (2012)

In dem der neuesten Entscheidung des EuGH[354] zugrunde liegenden Fall beabsichtigte eine Gesellschaft italienischen Rechts, die im italienischen Handelsregister eingetragene Vale Costruzioni Srl, in Ungarn nach ungarischem Recht tätig zu werden. Zu diesem Zweck wurde sie im Jahr 2006 aus dem italienischen Handelsregister gelöscht. Sodann beantragten die Vertreter der Gesellschaft beim ungarischen Gerichtshof die Eintragung der Gesellschaft nach ungarischem Recht. Das ungarische Handelsregistergericht lehnte den Antrag mit der Begründung ab, aufgrund der in Ungarn geltenden Rechtsvorschriften könne die Verlegung des Sitzes einer Gesellschaft, die dem Recht eines anderen Mitgliedstaates unterliege, zusammen mit einer Neugründung der Gesellschaft nach ungarischem Recht und dem Vermerk über ihren italienischen Gründer nicht als Umwandlung angenommen werden, da die nationalen Vorschriften nur auf innerstaatliche Sachverhalte anwendbar seien. Die Vale Costruzioni Srl legte gegen den Beschluss Beschwerde ein mit der Begründung, das Registergericht verkenne den grundlegenden Unterschied zwischen der grenzüberschreitenden Sitzverlegung einer Gesellschaft ohne Änderung des anwendbaren nationalen Rechts einerseits und der grenzüberschreitenden Umwandlung einer Gesellschaft andererseits. Das vorlegende Gericht äußerte Zweifel an der Vereinbarkeit der ungarischen Rechtsvorschriften mit der Niederlassungsfreiheit.

Der EuGH wies zunächst unter Bezugnahme auf das in der Rechtssache *Sevic* ergangene Urteil darauf hin, dass Umwandlungen von Gesellschaften grundsätzlich in den Anwendungsbereich der Niederlassungsfreiheit fallen[355]. Er verwies auf die Urteile *Daily Mail* und *Cartesio* und wiederholte im Sinne der dortigen Ausführungen, dass eine Gesellschaft allein aufgrund der Rechtsvorschriften existiere, die für ihre Gründung und Funktionsweise maßgeblich seien, so dass ein Mitgliedstaat bestimmen könne, unter welchen Voraussetzungen eine Gesellschaft als nach seinem nationalen Recht gegründet angesehen werde und unter welchen Voraussetzungen sie als eine solche Gesellschaft fortbestehen könne[356]. Die Pflicht, grenzüberschreitende Umwandlungen von Gesellschaften zuzulassen, verstoße nicht gegen dieses Recht, da eine umgewandelte Gesellschaft zwangsläufig allein dem innerstaatlichen Recht des Aufnahmemitgliedstaates unterliege[357]. Weiter stellte der Gerichtshof die Bedeutung der Wendung in Rn. 112 des *Cartesio*-Urteils („[...] *soweit dies nach diesem Recht möglich ist* [...][358]") klar. Diese Formulierung bedeute nicht, dass Regelungen

354 EuGH v. 12.7.2012, Rs. C-378/10, NZG 2012, 871 („*Vale*").
355 EuGH v. 12.7.2012, Rs. C-378/10, NZG 2012, 871, Rn. 24 („*Vale*").
356 EuGH v. 12.7.2012, Rs. C-378/10, NZG 2012, 871, Rn. 27 ff. („*Vale*").
357 EuGH v. 12.7.2012, Rs. C-378/10, NZG 2012, 871, Rn. 30 f. („*Vale*").
358 Vgl. o., C.IV.8.

des Aufnahmestaates über Umwandlungen von Gesellschaften grundsätzlich nicht in den Schutzbereich der Niederlassungsfreiheit fielen; vielmehr sollte mit dieser Wendung verdeutlicht werden, dass die Existenz einer Gesellschaft von den jeweiligen Voraussetzungen des Mitgliedstaates abhänge, der die Gründung der Gesellschaft ermögliche[359].

Der EuGH erkannte darüber hinaus in einem Verweis auf seine in der Rechtssache *Cadbury Schweppes* entwickelten Anforderungen der Ausübung einer wirklichen wirtschaftlichen Tätigkeit an, dass sowohl grenzüberschreitende Verschmelzungen als auch grenzüberschreitende Umwandlungen durch die sukzessive Anwendung von zwei nationalen Rechtsordnungen spezifische Probleme mit sich bringen[360]. Dennoch sei die unterschiedliche Behandlung von innerstaatlichen und grenzüberschreitenden Umwandlungen geeignet, Gesellschaften mit Sitz in anderen Mitgliedstaaten davon abzuhalten, von der Niederlassungsfreiheit Gebrauch zu machen[361].

Der Gerichtshof antwortete damit auf die Vorlagefrage, die Artt. 49, 54 AEUV seien dahin auszulegen, dass sie einer nationalen Regelung entgegenstünden, die zwar für inländische Gesellschaften die Möglichkeit einer Umwandlung vorsehe, die Umwandlung einer dem Recht eines anderen Mitgliedstaates unterliegenden Gesellschaft in eine inländische Gesellschaft mittels Gründung der letztgenannten Gesellschaft jedoch generell nicht zulasse[362]. Weiterhin wies er darauf hin, dass es den Mitgliedstaaten lediglich verwehrt sei, die Modalitäten des nationalen Rechts für einen grenzüberschreitenden Formwechsel strenger auszugestalten als für einen innerstaatlichen[363].

Der EuGH hat sich in der Rechtssache *Vale* damit auseinandergesetzt, ob der rechtsformwechselnde *Zuzug* von Gesellschaften von der Niederlassungsfreiheit geschützt ist, während es in dem *obiter dictum* der Entscheidung *Cartesio* um den rechtsformwechselnden *Wegzug* von Gesellschaften ging[364]. Mit seiner Entscheidung in der Rechtssache *Vale* klärt der EuGH, was sich bisher nur aus dem *obiter dictum* in der Rechtssache *Cartesio* ergab: Der grenzüberschreitende Formwechsel ist sowohl aus der Perspektive des Herkunftsstaates als auch aus der Perspektive des Aufnahmestaates grundsätzlich zulässig[365].

Die bisherigen Reaktionen auf das neueste Urteil des Gerichtshofes befassen sich unter anderem mit einem besonderen Aspekt der Entscheidung. So wurde im Vorfeld des Urteils die Frage aufgeworfen, ob aufgrund der Löschung der italienischen Gesellschaft aus dem italienischen Handelsregister überhaupt noch ein Rechtsträger

---

359 EuGH v. 12.7.2012, Rs. C-378/10, NZG 2012, 871, Rn. 32 („*Vale*"); vgl. hierzu auch *Bayer/Schmidt*, ZIP 2012, 1481 (1486 ff.).

360 EuGH v. 12.7.2012, Rs. C-378/10, NZG 2012, 871, Rn. 34 ff. („*Vale*").

361 Wie vor.

362 EuGH v. 12.7.2012, Rs. C-378/10, NZG 2012, 871, Rn. 41 („*Vale*").

363 EuGH v. 12.7.2012, Rs. C-378/10, NZG 2012, 871, Rn. 54 („*Vale*").

364 *Behme*, NZG 2012, 936 (937).

365 *Behme*, NZG 2012, 936 (939); *Messenzehl/Schwarzfischer*, BB 2012, 2072; *Wöhlert/Degen*, GWR 2012, 432 (433).

existierte und damit der Schutzbereich der Niederlassungsfreiheit betroffen sei[366]. Der EuGH hat sich jedoch nicht mit dieser Frage auseinandergesetzt, weil es aufgrund der *„klaren Aufgabentrennung zwischen den nationalen Gerichten und dem Gerichtshof nicht Sache des Gerichtshofs* [sei, *Anm. d. Verf.*], *darüber zu entscheiden, ob VALE Costruzioni aufgrund ihrer Löschung im Handelsregister von Rom erloschen ist*[367].“ Auf diese Weise konnte der EuGH seine bisher getroffenen Aussagen zum grenzüberschreitenden Formwechsel präzisieren[368]. Diese Vorgehensweise wird in der Literatur teilweise kritisiert[369].

Der Verweis des EuGH auf die Entscheidung *Cadbury Schweppes* wird in der Literatur kontrovers beurteilt. Zum Teil wird der Verweis für wenig aussagekräftig befunden, da sich in der vorliegenden Entscheidung zum einen keine Anhaltspunkte für das Vorliegen einer „künstlichen Gestaltung“ ergäben und zum anderen der Aufnahmestaat in Zuzugskonstellationen (um eine solche handelte es sich im vorliegenden Fall) anders als in Wegzugskonstellationen ohnehin von formwechselnden Gesellschaften die Etablierung eines im Inland gelegenen Verwaltungssitzes verlangen könne, solange sie dadurch nicht schlechter gestellt würden als inländische Gesellschaften[370]. Andere Stimmen in der Literatur hingegen messen dem Verweis auf *Cadbury Schweppes* zentrale Bedeutung zu. Sie argumentieren, der EuGH habe damit seine Rechtsprechung zur Anerkennung von Scheinauslandsgesellschaften in steuerrechtlichen Sachverhalten nunmehr ausdrücklich auf das Gesellschaftsrecht übertragen und auf diese Weise klar gestellt, dass reinen Briefkastengesellschaften im Registrierungsmitgliedstaat auch im gesellschaftsrechtlichen Kontext die Anerkennung versagt werden könne[371]. Teilweise wird dem Verweis sogar eine „bahnbrechende Wirkung“ zugesprochen, weil sich das Erfordernis der tatsächlichen Ausübung einer wirtschaftlichen Tätigkeit mittels einer festen Einrichtung im Aufnahmemitgliedstaat auf unbestimmte Zeit nicht mehr mit den Kernaussagen der Entscheidungen *Centros* und *Inspire Art* in Einklang bringen lasse, wonach letztlich auch eine Briefkastengründung von der Niederlassungsfreiheit gedeckt sei[372]. Damit liege in dem Verweis auf *Cadbury Schweppes* eine Rückkehr zum *„traditionellen Inhalt der Niederlassungsfreiheit“*[373].

Die Rechtsprechung des EuGH hat zur Folge, dass zwar grundsätzlich die Möglichkeit besteht, mittels eines Rechtsformwechsels die Geltung der deutschen

---

366 Vgl. *Bayer/Schmidt,* ZIP 2012, 1481 (1484 f.); *Behme,* NZG 2012, 936 (937); GA *Jääskinen,* SchlA v. 15.12.2011, Rs. C-378/10, BeckEuRS 2011, 628567, Rn. 50 f. (*„Vale“*); *Kindler,* EuZW 2012, 888 (889 f.); *Messenzehl/Schwarzfischer,* BB 2012, 2072.

367 EuGH v. 12.7.2012, Rs. C-378/10, NZG 2012, 871, Rn. 20 (*„Vale“*).

368 *Bayer/Schmidt,* ZIP 2012, 1481.

369 *Kindler,* EuZW 2012, 888 (889 f.).

370 *Bayer/Schmidt,* ZIP 2012, 1481 (1486 f.); *Behme,* NZG 2012, 936 (939).

371 *Böttcher/Kraft,* NJW 2012, 2701 (2703); *Kindler,* EuZW 2012, 888 (891 f.); *König/Bormann,* NZG 2012, 1241 ff.

372 *Böttcher/Kraft,* NJW 2012, 2701 (2703); *Kindler,* EuZW 2012, 888 (891 f.).

373 *Kindler,* EuZW 2012, 888 (891).

Mitbestimmungsgesetze zu vermeiden. Der EuGH hat jedoch offen gelassen, wie der grenzüberschreitende Formwechsel konkret ablaufen soll[374]. Zur Schaffung wirklicher Rechtsklarheit bedarf es einer Harmonisierung durch den Unionsgesetzgeber in Form einer Sitzverlegungsrichtlinie[375].

10. Verlegung des Satzungssitzes

Der EuGH hat sich in seinen Entscheidungen vorwiegend mit der grenzüberschreitenden identitätswahrenden Verlegung des Verwaltungssitzes von Gesellschaften auseinandergesetzt. Eine Aussage darüber, ob eine Verlegung (auch) des Satzungssitzes möglich ist, kann dagegen nur den letzten beiden Entscheidungen des EuGH zur Niederlassungsfreiheit entnommen werden.

Eine grenzüberschreitende Verlegung des Satzungssitzes *unter Wahrung des Gesellschaftsstatuts* ist grundsätzlich – je nachdem, ob der Wegzugsstaat der Sitz- oder der Gründungstheorie folgt[376] – theoretisch denkbar. In der Praxis scheitert eine solche Konstruktion aber bereits daran, dass jeder Mitgliedstaat einen Satzungssitz im Inland verlangt[377]. So sehen beispielsweise die §§ 4a GmbHG, 5 AktG vor, dass der Ort, den die Satzung bestimmt, im Inland liegen muss. Diesen Regelungen liegt der Gedanke zugrunde, einen Kontrollverlust der Registergerichte und -behörden des Gründungsstaates über nach diesem Recht gegründete Gesellschaften zu verhindern[378]. In dem *obiter dictum* der *Cartesio*-Entscheidung und im *Vale*-Urteil befasst sich der EuGH mit einer grenzüberschreitenden *rechtsformwechselnden* Verlegung des Satzungssitzes („grenzüberschreitender Formwechsel“)[379]. Ob daraus die Schlussfolgerung gezogen werden kann, dass die isolierte Verlegung des Satzungssitzes[380] oder nur die gleichzeitige Verlegung von Satzungs- und Verwaltungssitz[381] zulässig ist, wird in der Literatur nicht einheitlich beurteilt. Gegen eine isolierte

---

374 *Messenzehl/Schwarzfischer*, BB 2012, 2072 (2073); *Wöhlert/Degen*, GWR 2012, 432 (434).

375 *Bayer/Schmidt*, ZIP 2012, 1481 (1491 f.); *Behme*, NZG 2012, 936 (939); *Wöhlert/Degen*, GWR 2012, 432 (434).

376 Vgl. im Einzelnen: Michalski/*Leible*, GmbHG, Systematische Darstellung 2 Internationales Gesellschaftsrecht, Rn. 185 ff, 194 ff.

377 Eidenmüller/*Eidenmüller*, Ausländische Kapitalgesellschaften im deutschen Recht, § 4, Rn. 1; *Mörsdorf*, EuZW 2009, 97 (101 f.); MünchKommAktG/*Altmeppen/Ego*, Bd. 7, Europäische Niederlassungsfreiheit, Rn. 61 m.w.N.

378 Eidenmüller/*Rehm*, Ausländische Kapitalgesellschaften im deutschen Recht, § 2, Rn. 76; *Mörsdorf*, EuZW 2009, 97 (102).

379 *Lutter/Bayer/Schmidt*, Europäisches Unternehmens- und Kapitalmarktrecht, § 6, Rn. 59.

380 So z.B. *Lutter/Bayer/Schmidt*, Europäisches Unternehmens- und Kapitalmarktrecht, § 6, Rn. 59.

381 So z.B. *Böttcher/Kraft*, NJW 2012, 2701 (2704); *Eckert*, GesRZ 2009, 139 (147); *Leible/Hoffmann*, BB 2009, (62); Michalski/*Leible*, GmbHG, Systematische Darstellung 2 Internationales Gesellschaftsrecht, Rn. 35.

Satzungssitzverlegung wird häufig angebracht, mangels Mobilitätskomponente liege schon kein niederlassungsrelevanter Vorgang vor[382]. Im Einzelnen ist zum Thema Satzungssitzverlegung vieles noch ungeklärt, so dass auch vor diesem Hintergrund der Erlass einer Sitzverlegungsrichtlinie wünschenswert erscheint[383].

11. Zusammenfassung

Bei grenzüberschreitenden Umstrukturierungen von Gesellschaften müssen stets die Vorgaben der Niederlassungsfreiheit beachtet werden. Der EuGH hat hierzu im Laufe der Zeit mehrere Grundsatzurteile erlassen und viele offene Fragen geklärt. Insgesamt hat sich durch die Rechtsprechung des EuGH zur Niederlassungsfreiheit von Gesellschaften viel für die internationale Mobilität getan[384]. Dadurch haben sich für deutsche Unternehmen Möglichkeiten eröffnet, ein anderes als das deutsche Mitbestimmungssystem zu implementieren.

Bei der Verwaltungssitzverlegung gilt für *Zuzugsfälle* aufgrund der Entscheidungstrias *Centros – Überseering – Inspire Art* der Grundsatz, dass eine nach dem Recht eines Mitgliedstaats wirksam gegründete Gesellschaft, die ihren Verwaltungssitz in einen anderen Mitgliedstaat verlegt, von diesem anzuerkennen ist. Da die deutschen Mitbestimmungsgesetze nach ganz herrschender und auch hier vertretener Auffassung auf zugezogene Gesellschaften aus anderen Mitgliedstaaten keine Anwendung finden, eröffnet sich die Möglichkeit, durch die Gründung einer Gesellschaft in einem anderen Mitgliedstaat und die Verlegung des Verwaltungssitzes nach Deutschland die deutsche Mitbestimmung zu vermeiden. Anders als der Zuzug ist der *Wegzug* einer Gesellschaft dagegen nach den EuGH-Urteilen *Daily Mail* und *Cartesio* grundsätzlich nicht von der Niederlassungsfreiheit geschützt. Ein Mitgliedstaat muss also den identitätswahrenden Wegzug der nach seinem Recht gegründeten Gesellschaften nicht erlauben. Das deutsche Recht gestattet seit der Neufassung des § 4a GmbHG durch das MoMiG die Verwaltungssitzverlegung deutscher Gesellschaften ins Ausland. Nach der vorherrschenden und auch hier vertretenen Auffassung finden die deutschen Mitbestimmungsgesetze auf eine deutsche Gesellschaft mit Verwaltungssitz in einem anderen Mitgliedstaat weiterhin Anwendung. Damit bietet die Verlegung des Verwaltungssitzes einer deutschen Gesellschaft in einen anderen Mitgliedstaat nicht die Möglichkeit, die deutsche Unternehmensmitbestimmung zu vermeiden.

Nach der Rechtsprechung des EuGH in den Urteilen *Sevic*, *Cartesio* und *Vale* fallen auch die grenzüberschreitende Verschmelzung sowie der grenzüberschreitende Formwechsel in Zu- und Wegzugskonstellationen in den Anwendungsbereich der Niederlassungsfreiheit. Konkret bedeutet dies, dass ein Mitgliedstaat, der für

382 Vgl. zur Argumentation *Bayer/Schmidt*, ZIP 2012, 1481 (1486); *Habersack/Verse*, Europäisches Gesellschaftsrecht, § 3, Rn. 21; *Lutter/Bayer/Schmidt*, Europäisches Unternehmens- und Kapitalmarktrecht, § 6, Rn. 58 ff. m.w.N.

383 Vgl. *Habersack/Verse*, Europäisches Gesellschaftsrecht, § 3, Rn. 30.

384 *Heuschmid*, S. 43.

nach seinem Recht gegründete Gesellschaften die Möglichkeit einer innerstaatlichen Umwandlung vorsieht, diese Möglichkeit auch in grenzüberschreitenden Konstellationen eröffnen muss. Darüber hinaus darf ein Mitgliedstaat an einen grenzüberschreitenden Formwechsel keine strengeren Anforderungen stellen als an einen innerstaatlichen.

12. Konsequenzen für die Mitbestimmung bei grenzüberschreitenden Verschmelzungen

Der EuGH hat durch seine Entscheidung in der Rechtssache *Sevic* zwar geklärt, dass grenzüberschreitende Verschmelzungen in den Anwendungsbereich der Niederlassungsfreiheit fallen. Er hat sich jedoch bisher noch nicht mit den Anforderungen an die konkrete Ausgestaltung grenzüberschreitender Verschmelzungen auseinandergesetzt, die sich aus den Vorgaben der Niederlassungsfreiheit ergeben. Dies gilt insbesondere in Bezug auf die Unternehmensmitbestimmung. Diese Thematik ist auch in der Literatur bisher nur sporadisch behandelt worden[385]. Unklar ist damit, welche Konsequenzen sich aus der Niederlassungsfreiheit für die Ausgestaltung der Mitbestimmung bei grenzüberschreitenden Verschmelzungen ergeben. Dies ist anhand einer Analyse auf der Grundlage der Anforderungen der Niederlassungsfreiheit und der Rechtsprechung des EuGH näher zu betrachten.

a) Allgemeine Anforderungen der Niederlassungsfreiheit

Die Niederlassungsfreiheit hat zum Ziel, es jedem Unternehmen zu ermöglichen, seinen Standort nach rein ökonomischen Kriterien zu wählen[386]. Die Niederlassungsfreiheit verbietet in ihrem Anwendungsbereich Diskriminierungen sowie unmittelbare und mittelbare Beschränkungen[387]. Ein Verstoß gegen die Niederlassungsfreiheit ist auch bei sog. versteckten Diskriminierungen gegeben, d.h., wenn eine Regelung typischerweise Ausländer stärker benachteiligt als Inländer[388]. Eine Beschränkung der Niederlassungsfreiheit liegt vor, wenn die Ausübung der Niederlassungsfreiheit unterbunden, behindert oder weniger attraktiv gemacht wird[389]. Der EuGH legt an das Vorliegen von Beschränkungen bei anderen Grundfreiheiten allerdings strenge Maßstäbe an, um ein Ausufern des Beschränkungstatbestandes zu verhindern[390]. In diesem Zusammenhang wird diskutiert, ob die Rechtsprechung

---

385 S. etwa *Forsthoff*, DStR 2006, 613 (618); *Kleinhenz*, S. 187; *Meilicke/Rabback*, GmbHR 2006, 123 (126); s. zur Vereinbarkeit der SE-Richtlinie mit der Niederlassungsfreiheit *Bock*, S. 95 ff., 127 ff.

386 S. bereits ausführlich zum Anwendungsbereich der Niederlassungsfreiheit o., C.II.

387 S. nur *Lutter/Bayer/Schmidt*, Europäisches Unternehmens- und Kapitalmarktrecht, § 4, Rn. 10.

388 *Pache* in: *Schulze/Zuleeg/Kadelbach*, Europarecht, § 10, Rn. 183.

389 *Pache* in: Schulze/Zuleeg/Kadelbach, Europarecht, § 10, Rn. 183 ff.

390 S. nur EuGH v. 24.11.1993, Rs. C-267/91, Slg. 1993, I-6097, Leitsätze („*Keck*“).

des EuGH bezüglich einer Begrenzung des Beschränkungsbegriffs auch auf die Niederlassungsfreiheit zu übertragen ist[391]. Die überwiegende Auffassung in der Literatur befürwortet eine solche Übertragung mit der Folge, dass eine Beschränkung der Niederlassungsfreiheit nur dann angenommen werden kann, wenn durch die betreffende Maßnahme der Marktzugang behindert wird oder bestimmte Ausübungsmodalitäten sich auf den Marktzugang auswirken können[392]. Während eine Behinderung des Marktzugangs in der Regel bei tätigkeitsbezogenen oder korporativ wirkenden Normen klar verneint bzw. bejaht werden kann, sind bei situativ anknüpfenden Pflichten die konkrete Ausgestaltung im Einzelfall und die Auswirkungen auf die Niederlassungsfreiheit entscheidend für die Beurteilung[393]. Die Rechtfertigung von Beschränkungen der Niederlassungsfreiheit richtet sich nach der sog. *Gebhard*-Formel[394]. Um eine Beschränkung der Niederlassungsfreiheit rechtfertigen zu können, muss eine Regelung (i) in nichtdiskriminierender Weise angewandt werden, sie muss (ii) aus zwingenden Gründen des Allgemeininteresses gerechtfertigt sein, (iii) geeignet sein, die Verwirklichung des mit ihr verfolgten Zieles zu gewährleisten und sie darf (iv) nicht über das hinausgehen, was zur Erreichung dieses Zieles erforderlich ist[395].

b) Konkretisierung durch den EuGH

Anhaltspunkte für die Anforderungen der Niederlassungsfreiheit an die Mitbestimmung bei grenzüberschreitenden Verschmelzungen lassen sich auch der Rechtsprechung des EuGH, insbesondere den Urteilen *Inspire Art* und *Sevic,* entnehmen. Der EuGH hat in seinem *Inspire Art*-Urteil entschieden, dass die Anwendung nationaler Regelungen auf eine ausländische Gesellschaft eine Beschränkung der Niederlassungsfreiheit darstellen kann[396]. Konkret ging es in der *Inspire Art*-Entscheidung um niederländische Vorschriften, u.a. über Stammkapital und Haftung von Geschäftsführern, die nach Ansicht der niederländischen Handelskammer auf eine niederländische Zweigniederlassung einer englischen Gesellschaft anwendbar sein sollten[397]. In seinem *Sevic*-Urteil betonte der EuGH, dass eine (grenzüberschreitende) Verschmelzung Gesellschaften ermögliche, mittels nur eines einzigen Umwandlungsvorgangs in neuer Form und ohne Unterbrechung tätig zu werden[398]. Vor

---

391 S. ablehnend *Tietje* in: Ehlers, Europäische Grundrechte und Grundfreiheiten, § 10 Rn. 53ff.

392 *Pache* in: Schulze/Zuleeg/Kadelbach, Europarecht, § 10, Rn. 187 m.w.N.

393 Eidenmüller/*Eidenmüller*, Ausländische Kapitalgesellschaften im deutschen Recht, § 3, Rn. 17.

394 S. dazu o., C.IV.2.

395 S. nur EuGH v. 9.3.1999, Rs. C-212/97, Slg. 1999, I-1459, Rn. 34 („*Centros*").

396 EuGH v. 30.9.2003, Rs. C-167/01, Slg. 2003, I-10155, Rn. 101 („*Inspire Art*"); s. auch *Franzen,* RdA 2004, 257 (262).

397 Dazu näher o., C.IV.4.

398 EuGH v. 13.12.2005, Rs. C-411/03, Slg. 2005, I-10825, Rn. 21 („*Sevic*").

diesem Hintergrund stelle es eine gegen die Niederlassungsfreiheit verstoßende Diskriminierung dar, wenn nach dem Recht eines Mitgliedstaates eine Verschmelzung nur für inländische Gesellschaften ermöglicht werde[399]. Damit fällt die grenzüberschreitende Verschmelzung grundsätzlich in den Anwendungsbereich der Niederlassungsfreiheit.

c) Analyse

Die Anhaltspunkte für die Anforderungen der Niederlassungsfreiheit an die Ausgestaltung der Mitbestimmung bei grenzüberschreitenden Verschmelzungen sind sehr vage. Eine Analyse möglicher Anforderungen der Niederlassungsfreiheit kann daher nur auf der Grundlage möglicher Gestaltungsvarianten für die Mitbestimmung bei grenzüberschreitenden Verschmelzungen erfolgen.

(1) Mitbestimmungslosigkeit der aus der grenzüberschreitenden Verschmelzung hervorgehenden Gesellschaft?

Die vielen unterschiedlichen Mitbestimmungssysteme in den verschiedenen Mitgliedstaaten sowie das strenge deutsche Mitbestimmungsrecht schränken die Standortwahl von Unternehmen ein bzw. stellen sich als wichtige Faktoren für die Standortwahl von Unternehmen dar. Das steht im Widerspruch zum Ziel der Niederlassungsfreiheit, es jedem Unternehmen zu ermöglichen, seinen Standort nach rein ökonomischen Kriterien zu wählen. Damit besteht zwischen den Zielen der Niederlassungsfreiheit und der Unternehmensmitbestimmung ein Spannungsverhältnis. Vor diesem Hintergrund stellt sich die Frage, ob die Implementierung eines Mitbestimmungssystems im Zuge einer grenzüberschreitenden Verschmelzung mit der Niederlassungsfreiheit vereinbar ist, oder ob sich mit der Niederlassungsfreiheit nur die Mitbestimmungslosigkeit der aus einer grenzüberschreitenden Verschmelzung hervorgegangenen Gesellschaft vereinbaren lässt.

Der EuGH hat in mehreren Urteilen klargestellt, dass der Arbeitnehmerschutz einen zwingenden Grund des Allgemeininteresses darstellen und somit Beschränkungen der Niederlassungsfreiheit rechtfertigen kann[400]. Vor diesem Hintergrund erscheint es zunächst unstreitig, dass die Unternehmensmitbestimmung dem Schutz der Arbeitnehmer dient[401] und damit einen zwingenden Grund des Allgemeininteresses darstellt, bezweckt sie doch eine stärkere Demokratisierung und eine damit einhergehende Kontrolle der wirtschaftlichen Macht sowie der Einbeziehung der

---

399 EuGH v. 13.12.2005, Rs. C-411/03, Slg. 2005, I-10825, Leitsatz („*Sevic*").

400 S. nur EuGH v. 3.2.1982, Rs. 62/81, Slg. 1982, 223, Rn. 10 („*Seco*"); EuGH v. 25.10.2001, Rs. C-49/98, Slg. 2001, I-7831 („*Finalarte*"); EuGH v. 5.11.2002, Rs. C-208/00, Slg. 2002, I-9919, Rn. 92 („*Überseering*").

401 So auch *Thüsing*, ZIP 2004, 381 (385).

Arbeitnehmer als mündige Teilhaber in unternehmerische Entscheidungsprozesse[402]. Denn die Mitbestimmung der Arbeitnehmer im Unternehmen ermöglicht die Teilhabe der Arbeitnehmer und ihrer Vertreter an Entscheidungen des Aufsichtsrates der jeweiligen Gesellschaft. Es gibt jedoch auch Stimmen in der Literatur, die sich gegen die Unternehmensmitbestimmung als zwingenden Grund des Allgemeininteresses aussprechen. So wird etwa eingewandt, dass es in der Union kein einheitliches Verständnis von Inhalt und Umfang der unternehmerischen Mitbestimmung gebe[403]. Diese Ansicht findet jedoch zum einen keine Stütze in der Rechtsprechung des EuGH, denn der EuGH fordert für die Anerkennung des Arbeitnehmerschutzes als zwingenden Grund des Allgemeininteresses nicht die Einheitlichkeit dieses Schutzes[404]. Würde die Anerkennung der Unternehmensmitbestimmung als zwingender Grund des Allgemeininteresses von der Einheitlichkeit der Regelungen in den Mitgliedstaaten abhängig gemacht, so hätten es einzelne Mitgliedstaaten in der Hand, ein einheitliches Schutzniveau zu verhindern. Zum anderen vermag diese Argumentation nicht die Ziele und Grundüberlegungen der Arbeitnehmermitbestimmung auszuhebeln, deren Grundlage der Schutz der Interessen der Arbeitnehmer ist. Die Unternehmensmitbestimmung dient damit dem Arbeitnehmerschutz[405] und stellt grundsätzlich einen zwingenden Grund des Allgemeininteresses dar, der Beschränkungen der Niederlassungsfreiheit rechtfertigen kann.

Wenn aber die Arbeitnehmermitbestimmung einen zwingenden Grund des Allgemeininteresses darstellt und somit Beschränkungen der Niederlassungsfreiheit rechtfertigen kann, so kann der vollständige Untergang der Unternehmensmitbestimmung im Zuge einer grenzüberschreitenden Verschmelzung im Umkehrschluss nicht den Anforderungen der Niederlassungsfreiheit entsprechen[406]. Dies stünde im Widerspruch zu der Anerkennung der Unternehmensmitbestimmung als zwingendem Grund des Allgemeininteresses. Demnach ist die grundsätzliche Mitbestimmungslosigkeit der aus einer grenzüberschreitenden Verschmelzung hervorgehenden Gesellschaft nicht mit der Niederlassungsfreiheit vereinbar.

(2) *Weitere Gestaltungsmöglichkeiten und ihre Vereinbarkeit mit der Niederlassungsfreiheit*

Im Zuge einer grenzüberschreitenden Verschmelzung, sei es bei einer Hinein- oder bei einer Herausverschmelzung, geht die übertragende Gesellschaft in der aufnehmenden Gesellschaft auf. Anders als die SE[407] ist die aus einer grenzüberschreitenden Ver-

---

402 Eidenmüller/*Rehberg*, Ausländische Kapitalgesellschaften im deutschen Recht, § 6, Rn. 42 ff.

403 *Ebke*, JZ 2003, 927 (931); in diesem Sinne auch *Müller-Bonanni*, GmbHR 2003, 1235 (1237 f.).

404 Näher *Thüsing*, ZIP 2004, 381 (386).

405 Dazu näher *Thüsing*, ZIP 2004, 381 (385 ff.); s. auch *Franzen*, RdA 2004, 257 (262).

406 So auch *Forsthoff*, DStR 2006, 613 (618).

407 Dazu näher u., D.I.

schmelzung hervorgehende Gesellschaft damit eine Gesellschaft nationalen Rechts. Die übertragende Gesellschaft bleibt nicht – anders als bei der Errichtung einer Zweigniederlassung in einem anderen Staat – eine Gesellschaft ausländischen Rechts. Für die Ausgestaltung der Mitbestimmung bei grenzüberschreitenden Verschmelzungen bestehen vor diesem Hintergrund prinzipiell die folgenden Möglichkeiten: Zum einen könnte das Mitbestimmungsrecht des Mitgliedstaates der aufnehmenden Gesellschaft auf die aus der grenzüberschreitenden Verschmelzung hervorgehende Gesellschaft angewandt werden. Zum anderen könnte in der Gesellschaft, die aus der grenzüberschreitenden Verschmelzung hervorgeht, ein Mitbestimmungssystem implementiert werden, das den nationalen Mitbestimmungsrechten sowohl der übertragenden als auch der aufnehmenden Gesellschaft gerecht wird.

Die erste Gestaltungsvariante, d.h. die Anwendung der mitbestimmungsrechtlichen Vorgaben des Aufnahmestaates, liegt nahe, da die aus der grenzüberschreitenden Verschmelzung hervorgehende Gesellschaft gerade eine solche des nationalen Rechts des Mitgliedstaates der aufnehmenden Gesellschaft ist. Aus der Entscheidung *Inspire Art* lässt sich indes ableiten, dass die Anwendung inländischer Vorschriften auf eine Gesellschaft ausländischen Rechts eine Beschränkung der Niederlassungsfreiheit darstellt[408]. Damit kann im Grundsatz auch für die Anwendung inländischer Mitbestimmungsgesetze auf ausländische Gesellschaften nichts anderes gelten[409]. Denn während inländische mitbestimmte Unternehmen einem Gesellschaftsstatut unterliegen, das auf die jeweiligen inländischen Mitbestimmungsregelungen abgestimmt ist, liegt eine solche Abstimmung bei ausländischen Gesellschaften nicht notwendigerweise vor[410]. Zwar werden bei einer grenzüberschreitenden Verschmelzung gerade keine inländischen Mitbestimmungsregelungen auf eine ausländische Gesellschaft angewandt, da die Gesellschaft, die aus einer grenzüberschreitenden Verschmelzung hervorgeht, aus Sicht des aufnehmenden Staates eine *inländische* ist. Auch in dieser Konstellation ist jedoch nicht auszuschließen, dass Gesellschaften von einer grenzüberschreitenden Verschmelzung Abstand nehmen würden, wenn in jedem Fall die mitbestimmungsrechtlichen Vorschriften der aufnehmenden Gesellschaft zur Anwendung gelangten. Davon ist insbesondere mit Blick auf die erheblichen Unterschiede in den mitbestimmungsrechtlichen Regelungen der verschiedenen Mitgliedstaaten[411] auszugehen. Damit ist nicht auszuschließen, dass die generelle Anwendung der jeweiligen mitbestimmungsrechtlichen Regelungen des Aufnahmestaates auf die hervorgehende Gesellschaft eine Beschränkung des Marktzugangs von Gesellschaften darstellen kann. Dies wird insbesondere plausibel, wenn die aufnehmende Gesellschaft eine deutsche ist und die übertragende Gesellschaft vor der Verschmelzung keinem Mitbestimmungssystem unterlag. Die Gesellschaften

408 So wohl auch *Franzen,* RdA 2004, 257 (262).
409 So auch *Thüsing,* ZIP 2004, 381 (384).
410 *Franzen,* RdA 2004, 257 (262).
411 Dazu o., B.I.

könnten mit Blick auf die Implementierung des deutschen Mitbestimmungssystems von der Durchführung einer grenzüberschreitenden Verschmelzung absehen.

Im Falle der generellen Anwendung der mitbestimmungsrechtlichen Vorgaben des Mitgliedstaates der aufnehmenden Gesellschaft würden das Recht des Staates der übertragenden Gesellschaft und damit etwaige Mitbestimmungsrechte der Arbeitnehmer der übertragenden Gesellschaft nicht berücksichtigt. Diese Konstellation könnte demnach zu einem Verlust bestehender Mitbestimmungsrechte führen und Strategien ermöglichen, die Unternehmensmitbestimmung zu vermeiden. Damit kann diese Gestaltungsvariante auch nicht durch die Mitbestimmung als zwingendem Grund des Allgemeininteresses gerechtfertigt werden. Nach alledem würde die generelle Anwendung der mitbestimmungsrechtlichen Vorschriften des Aufnahmestaates nicht den Vorgaben der Niederlassungsfreiheit gerecht.

Die Problematik liegt auf der Hand: Wie lässt sich der Konflikt zwischen den unterschiedlichen Mitbestimmungssystemen lösen, wenn etwa eine deutsche, paritätisch mitbestimmte Gesellschaft mit einer Gesellschaft verschmilzt, deren Herkunftsstaat gar kein System der Unternehmensmitbestimmung kennt? Da die Niederlassungsfreiheit die generelle Anwendbarkeit des Rechts der aufnehmenden Gesellschaft nicht erlaubt und auch die prinzipielle Mitbestimmungslosigkeit der aus der Verschmelzung hervorgehenden Gesellschaft im Widerspruch zu den Vorgaben der Niederlassungsfreiheit steht, lässt sich dieser Konflikt nur durch einen Ausgleich der widerstreitenden Mitbestimmungssysteme herbeiführen. Dieser Ausgleich darf zum einen nicht dazu führen, dass letztlich doch in jedem Fall das Recht des Staates der aufnehmenden Gesellschaft zur Anwendung kommt. Zum anderen dürfen an einen Ausgleich der verschiedenen Systeme nicht zu strenge Anforderungen gestellt werden, da dann die Gefahr der Beschränkung des Marktzuganges von Gesellschaften besteht. Das vorstehende Beispiel verdeutlicht zudem, dass der Gesetzgeber nicht eine vorgefertigte Ausgleichslösung pauschal für alle Fälle vorsehen kann. Es bedarf vielmehr eines Systems, das eine individuelle Lösung für die aus der Verschmelzung hervorgehende Gesellschaft ermöglicht, ohne gleichzeitig den beteiligten Gesellschaften weitere Möglichkeiten zu eröffnen, die Implementierung eines Mitbestimmungssystems zu vermeiden. Demnach könnte etwa die Implementierung einer prinzipiellen Pflicht zur Schaffung eines individuellen Ausgleichs der Mitbestimmungssysteme dazu beitragen, diese Schwierigkeiten zu überwinden. Die konkreten Einzelheiten einer derartigen Ausgestaltung liegen im Ermessen des Unionsgesetzgebers. Die Niederlassungsfreiheit steckt den groben Rahmen ab, dessen konkretere Ausfüllung Aufgabe des Unionsgesetzgebers ist, der diesbezüglich über einen Ermessensspielraum verfügt[412].

412 Dazu näher u., D.IV.1.c.1.

13. Ergebnis

Es ist festzuhalten, dass grenzüberschreitende Umstrukturierungen die Vermeidung der deutschen Mitbestimmungsgesetze mit sich bringen können. Inwieweit dies auch bei grenzüberschreitenden Verschmelzungen der Fall ist, wird nachfolgend im Einzelnen anhand der Regelungen des MgVG untersucht. Dabei spielt der Zusammenhang zwischen Niederlassungsfreiheit, Verschmelzungsrichtlinie und MgVG eine entscheidende Rolle. So stellt sich die Frage, inwieweit die Niederlassungsfreiheit Einfluss auf die Auslegung der Vorschriften des MgVG bzw. der Verschmelzungsrichtlinie hat. Darüber hinaus ist zu analysieren, ob die Regelungen der Verschmelzungsrichtlinie mit den herausgearbeiteten Anforderungen der Niederlassungsfreiheit an die Mitbestimmung bei grenzüberschreitenden Verschmelzungen im Einklang stehen.

In einem weiteren Schritt ist bei der Auslegung der jeweiligen Vorschrift des MgVG zu untersuchen, inwieweit sich daraus Optionen für Unternehmen ergeben, die Mitbestimmung zu gestalten.

D. Rechtsgrundlagen des MgVG

Die Entwicklungen auf europäischer Ebene, insbesondere die Einführung der SE, sind in erster Linie auf die Internationalisierung der Wirtschaft zurückzuführen und damit auch auf die Motivation von Unternehmen, in die grenzüberschreitende Umwandlung von Gesellschaften zu investieren[413]. Mit der zunehmenden Internationalisierung der Wirtschaft ging u.a. ein Handlungs- und Anpassungsbedarf auf europäischer Ebene einher. Dem wurde durch die auf einen langwierigen Prozess folgende Implementierung der SE Rechnung getragen. Die europäischen Unternehmen versprachen sich davon insbesondere die Möglichkeit, sich innerhalb der Europäischen Union einer einzigen Rechtspersönlichkeit zu bedienen und mit Niederlassungen statt mit Tochtergesellschaften in anderen Mitgliedstaaten arbeiten zu können[414].

Die Entstehung der Verschmelzungsrichtlinie ist eng mit der Entstehungsgeschichte der SE-Richtlinie verknüpft, nicht zuletzt, weil die Verschmelzungsrichtlinie in wesentlichen Teilen die Regelungskonzeptionen der SE-Richtlinie übernommen hat. Im Folgenden werden deshalb zunächst Entstehungsgeschichte und Rechtsgrundlagen der SE in einem Überblick erläutert.

I. Entstehungsgeschichte und Rechtsgrundlagen der Europäischen Aktiengesellschaft (SE)

Bereits in den 1920er Jahren gab es erste Überlegungen zur Bildung einer „überstaatlichen kapitalistischen Gesellschaftsform“[415]. Der eigentliche Grundstein der Idee einer Europäischen Aktiengesellschaft wurde dann durch einen französischen Notar und einen niederländischen Hochschullehrer im Jahr 1959 gelegt[416]. Die Umsetzung der Idee einer Europäischen Aktiengesellschaft durch die Verabschiedung der SE-Verordnung und der SE-Richtlinie erfolgte jedoch erst nach einem langwierigen Prozess, in dessen Verlauf die Fortsetzung des Projektes immer wieder in Frage gestellt wurde. So dauerte es nahezu zwanzig Jahre, bis auf einen ersten Verordnungsvorschlag aus dem Jahr 1970[417] im Jahr 1989 ein neuer Vorschlag von

---

413 Vgl. *Habersack/Verse,* Europäisches Gesellschaftsrecht, § 13, Rn. 7 f.

414 *Blanquet,* ZGR 2002, 20 (34 f.).

415 Vgl. im Einzelnen *Lutter/Bayer/Schmidt,* Europäisches Unternehmens- und Kapitalmarktrecht, § 41, Rn. 1.

416 Vgl. im Einzelnen Manz/Mayer/Schröder/*Schröder*, Europäische Aktiengesellschaft SE, Teil A Vorbem., Rn. 2 m.w.N.

417 Vorschlag einer Verordnung (EWG) des Rates über das Statut für europäische Aktiengesellschaften vom 30.6.1970, Amtsblatt der Europäischen Gemeinschaften vom 10.10.1970, C 124, S. 1 ff.

der Kommission[418] unterbreitet wurde[419]. Doch auch nach diesem Vorschlag konnte keine Lösung gefunden werden, zu umstritten war das gesamte Projekt, insbesondere die Mitbestimmungsproblematik[420]. Erst als die Kommission eine Sachverständigengruppe einsetzte, die mit dem „Davignon-Bericht 1997“[421] ein für alle Mitgliedstaaten akzeptables Modell präsentierte, gelang auf einer Ratssitzung vom 20. Dezember 2000 durch eine Einigung über die Inhalte einer SE-Verordnung und SE-Richtlinie das sogenannte „Wunder von Nizza“[422].

Der Rat verabschiedete am 8. Oktober 2001 die SE-VO und die SE-Richtlinie, die am 8. Oktober 2004 in Kraft traten. Die SE-VO hat gem. Art. 288 Abs. 2 AEUV allgemeine Geltung, ist in allen ihren Teilen verbindlich und gilt unmittelbar in jedem Mitgliedstaat, während die SE-Richtlinie nur für die Mitgliedstaaten verbindlich ist (vgl. Art. 288 Abs. 3 AEUV)[423]. Die Umsetzung in das deutsche Recht erfolgte durch das SEEG vom 22. Dezember 2004[424], dessen Art. 1 das SE-Ausführungsgesetz (SEAG) und dessen Art. 2 das SE-Beteiligungsgesetz (SEBG) enthält. Das SEBG setzt die Vorgaben der SE-Richtlinie zur Arbeitnehmerbeteiligung um. Die Gründung einer SE erfolgt grundsätzlich nach dem jeweiligen Recht des Sitzstaates (vgl. Art. 15 Abs. 1 SE-VO), die SE-VO selbst regelt nur die Gründung durch Verschmelzung (Art. 2 SE-VO) oder Umwandlung (Art. 2 Abs. 4 SE-VO).

Die SE hat einige wesentliche Neuerungen und Vorteile mit sich gebracht. Im Wesentlichen schafft sie Gestaltungsoptionen, die zuvor nicht oder nur mittels aufwendiger Hilfskonstruktionen zu bewältigen waren[425]. Zum einen gelten für die SE als einer nach Unionsrecht verfassten Gesellschaftsform in jedem Mitgliedstaat dieselben Regelungen[426]. Zum anderen bietet die SE-VO in Art. 8 Abs. 1 einer SE die Möglichkeit, ihren Satzungssitz identitätswahrend in einen anderen Mitgliedstaat zu verlegen. Dagegen ist die identitätswahrende Verlegung des Verwaltungssitzes einer SE gem. Art. 7 Abs. 1 SE-VO nicht möglich, vielmehr muss der Verwaltungssitz der SE sich in dem Mitgliedstaat befinden, in dem sich die Hauptverwaltung der SE befindet. Darüber hinaus hat die SE-VO den Interessenkonflikt zwischen

---

418 Vorschlag einer Verordnung (EWG) des Rates über das Statut für europäische Aktiengesellschaften vom 25.8.1989, Amtsblatt der Europäischen Gemeinschaften vom 16.10.1989, C 263, S. 41.

419 Vgl. *Lutter/Bayer/Schmidt,* Europäisches Unternehmens- und Kapitalmarktrecht, § 41, Rn. 2 f.; MünchKommAktG/*Oechsler,* Bd. 7, SE-VO, Vorbem. Art. 1, Rn. 2.

420 MünchKommAktG/*Oechsler,* Bd. 7, SE-VO, Vorbem. Art. 1, Rn. 2.

421 In Teilen abgedruckt bei *Blanquet,* ZGR 2002, 20 (30 ff.).

422 Vgl. *Lutter/Bayer/Schmidt,* Europäisches Unternehmens- und Kapitalmarktrecht, § 41, Rn. 3 ff.; *Nagel,* NZG 2006, 97; Einzelheiten s. MünchKommAktG/*Oechsler,* Bd. 7, SE-VO, Vorbem. Art. 1, Rn. 4.

423 Zur Wirkung von Richtlinien vgl. ausführlich u., E.IV.1.

424 Gesetz zur Einführung der Europäischen Gesellschaft (SEEG).

425 Manz/Mayer/Schröder/*Schröder,* Europäische Aktiengesellschaft SE, Teil A Vorbem., Rn. 87.

426 *Koberski,* FS Wissmann, 474 (476).

monistischem und dualistischem System[427] im Gefüge der Mitgliedstaaten durch ein Wahlrecht zugunsten eines der Systeme gelöst (vgl. Art. 38 SE-VO). Weitere „positive Aspekte" sind der supranationale Charakter und das „europäische Image" der SE[428].

Wie bereits erläutert, war der langwierige Entstehungsprozess der SE insbesondere Folge der Mitbestimmungsproblematik. Den Regelungen der SE-Richtlinie liegt deshalb ein Kompromiss zwischen den gravierenden Unterschieden der verschiedenen nationalen Mitbestimmungsregelungen zugrunde[429]. Aus Sicht deutscher Unternehmen besteht einer der Vorteile der SE-Gründung in der Möglichkeit, den Aufsichtsrat im Vergleich zu einer AG zahlenmäßig zu verkleinern[430]. Ausländische Unternehmen, deren Rechtsordnungen einen niedrigen Mitbestimmungsstandard vorsehen, betrachten den drohenden Mitbestimmungsexport aus Ländern mit hohem Mitbestimmungsstandard dagegen skeptisch[431].

Inzwischen haben sich viele Unternehmen für die Rechtsform der SE entschieden[432].

II. Verschmelzungsrichtlinie

Die Idee, für die Ermöglichung grenzüberschreitender Verschmelzungen einen einheitlichen unionsrechtlichen Rechtsrahmen zu schaffen, entstand bereits sehr früh auf europäischer Ebene. Hintergrund waren die bei grenzüberschreitenden Verschmelzungen von Gesellschaften bestehenden Beschränkungen durch nationale Kollisions- und Sachrechte, welche vor der Entscheidung des EuGH in der Rechtssache *Sevic* mit der Niederlassungsfreiheit vereinbar waren[433]. Der ursprünglichen Idee folgte indes ein langer Prozess, bis schließlich im Jahr 2005 die Verschmelzungsrichtlinie erlassen wurde.

1. Entstehungsgeschichte und Ziele der Verschmelzungsrichtlinie

Die ersten Anläufe für eine Harmonisierung grenzüberschreitender Verschmelzungen waren bereits in den Jahren 1972 und 1984 unternommen worden[434]. Eine Einigung scheiterte jedoch zunächst – ebenso wie die Umsetzung der Idee einer

---

427 Vgl. zu den Unterschieden o., B.I.

428 KOM (2010), 676, S. 10 f.

429 *Henssler* in: Ulmer/Habersack/Henssler, Mitbestimmungsrecht, Einl. SEBG, Rn. 2.

430 Vgl. Manz/Mayer/Schröder/*Schröder*, Europäische Aktiengesellschaft SE, Teil A Vorbem., Rn. 83 f.

431 Wie vor.

432 Vgl. Überblick bei Manz/Mayer/Schröder/*Schröder*, Europäische Aktiengesellschaft SE, Teil A Vorbem., Rn. 89 ff.

433 *Schwarz*, Europäisches Gesellschaftsrecht, Rn. 185.

434 Vgl. ausführlich zur Vorgeschichte der Verschmelzungsrichtlinie *Kleinhenz*, S. 178 ff.

Europäischen Aktiengesellschaft – an einer fehlenden Übereinkunft über die Regelungen zur Arbeitnehmermitbestimmung[435]. Erst als im Jahre 2000 in Nizza eine Einigung über das Statut der SE erzielt worden war, konnten sich die Mitgliedstaaten auch auf die Regelungen einer Verschmelzungsrichtlinie einigen[436]. Die Verschmelzungsrichtlinie sollte sich insbesondere an kleine und mittlere Unternehmen ohne Interesse an der Gründung einer SE richten, so dass angenommen wurde, sie werde einen wesentlich breiteren Anwendungsbereich als die Gründung einer SE haben[437]. Der Deutsche Gewerkschaftsbund (DGB) sprach sich indes gegen den Richtlinienvorschlag aus und plädierte dafür, zunächst Erfahrungen mit der SE zu sammeln, und zwar mit der Begründung, dass Fusionen häufig mit gesamtwirtschaftlichen Nachteilen für ganze Regionen und deren Arbeitsplätze einhergingen und der Konzentrationsprozess erheblich dazu beitrage, die Wettbewerbsfähigkeit der Volkswirtschaft zu senken[438]. Erlassen wurde die Verschmelzungsrichtlinie dann am 26. Oktober 2005, fast zeitgleich mit der EuGH-Entscheidung in der Rechtssache *Sevic*. Die Verschmelzungsrichtlinie trat gem. ihrem Art. 20 am 15. Dezember 2005 in Kraft.

Aus den Erwägungsgründen der Verschmelzungsrichtlinie geht hervor, dass sie der Verwirklichung der Niederlassungsfreiheit dient und damit im Zusammenhang mit der Rechtsprechung des EuGH zur Niederlassungsfreiheit von Gesellschaften – insbesondere in der Rechtssache *Sevic* – steht[439]. So sieht der zweite Erwägungsgrund der Verschmelzungsrichtlinie vor, dass die Rechtsvorschriften der Mitgliedstaaten die grenzüberschreitende Verschmelzung von Kapitalgesellschaften gestatten müssen, wenn das innerstaatliche Recht der betreffenden Mitgliedstaaten Verschmelzungen zwischen Unternehmen solcher Rechtsformen erlaubt. Weiter heißt es im dritten Erwägungsgrund, dass

> „*die Vorschriften und Formalitäten des innerstaatlichen Rechts, auf das in dieser Richtlinie Bezug genommen wird, [...] keine Beschränkungen der Niederlassungsfreiheit oder des freien Kapitalverkehrs einführen* [sollten, *Anm. d. Verf.*], *es sei denn, derartige Beschränkungen lassen sich im Einklang mit der Rechtsprechung des Gerichtshofs und insbesondere durch die Erfordernisse des Gemeinwohls rechtfertigen und sind zur Erfüllung solcher vorrangigen Erfordernisse erforderlich und angemessen.*“

435 *Heuschmid*, AuR 2006, 184 (185).
436 Vgl. *Drinhausen/Keinath*, RiW 2006, 81; HWK/*Hohenstatt/Dzida*, MgVG, Rn. 1; *Steinberg*, S. 1.
437 *Junker*, ZfA 2005, 1 (38); *Kleinhenz*, S. 180.
438 Vgl. Stellungnahme des DGB zum Vorschlag für eine Richtlinie des Europäischen Parlaments und des Rates über die Verschmelzung von Kapitalgesellschaften aus verschiedenen Mitgliedstaaten v. 2.2.2004, S. 4 f., im Internet abrufbar unter http://www.dgb.de/themen?tab=Datei&display_page=7&k:list=Mitbestimmung.
439 *Kallmeyer/Kappes*, AG 2006, 224 (227).

Da der EuGH in der *Sevic*-Entscheidung keine Anhaltspunkte für die praktische Durchführung des Verschmelzungsverfahrens gegeben hat[440], wird die Entscheidung durch die Verschmelzungsrichtlinie ergänzt. Denn die Verschmelzungsrichtlinie bietet der Rechtspraxis nach Ablauf der Umsetzungsfrist[441] in sämtlichen Mitgliedstaaten für die von ihr geregelten Fälle ein rechtssicheres Verfahren zur Durchführung grenzüberschreitender Verschmelzungen[442]. Damit stellt sich nicht mehr die in der Literatur diskutierte Frage des Verhältnisses der *Sevic*-Rechtsprechung zur Verschmelzungsrichtlinie vor Ablauf der Umsetzungsfrist[443].

Die Verschmelzungsrichtlinie hat gem. ihren Artt. 1 und 15 die *„Einführung einer Regelung mit auf innergemeinschaftlicher Ebene anwendbaren einheitlichen Bestimmungen"* zum Ziel. Sie soll demnach grenzüberschreitende Verschmelzungen erleichtern, um bestehende rechtliche und administrative Schwierigkeiten zu beseitigen[444]. Darüber hinaus soll sie Unternehmen im Zusammenhang mit der Integration des Binnenmarktes die Möglichkeit verschaffen, ihre Struktur dem Umfang ihrer grenzüberschreitenden Aktivitäten anzupassen und dabei ein Verfahren bereitzustellen, das den Abbau von Mitbestimmung verhindert[445]. Die Verschmelzungsrichtlinie dient also der Sicherung der bestehenden Mitbestimmungsrechte der Arbeitnehmer[446]. Dies ergibt sich aus dem 13. Erwägungsgrund der Verschmelzungsrichtlinie[447].

2. Regelungssystem und -inhalte der Verschmelzungsrichtlinie

Richtlinien enthalten als sog. Mittel der Rechtsangleichung[448] finale Vorgaben für die Mitgliedstaaten, die diese wiederum in nationales Recht umsetzen müssen (vgl. Art. 288 Abs. 3 AEUV). Rechtswirkungen für den Einzelnen entfaltet in der Regel jedoch erst das nationale Umsetzungsgesetz. Dieses sog. zweistufige Rechtsetzungsverfahren wird u.a. mit dem Argument legitimiert, dass es zwar der Europäischen Union obliege, die Rechtsangleichung inhaltlich auszuführen, die Umsetzung und die *„systemgerechte Einpassung"* in das geltende Recht der Mitgliedstaaten indes

440 Vgl. o. C.IV.6. sowie *Kleinhenz,* S. 186; *Oechsler,* NJW 2006, 812 f.; *Ders.,* NZG 2006, 161.

441 Gem. Art. 19 der Verschmelzungsrichtlinie ist die Umsetzungsfrist im Dezember 2007 abgelaufen; zur Umsetzung der Verschmelzungsrichtlinie in anderen europäischen Mitgliedstaaten vgl. *Winter,* GmbHR 2008, 532 (534 ff.).

442 *Kleinhenz,* S. 191.

443 Vgl. dazu *Forsthoff,* DStR 2006, 613 (617 f.); *Kleinhenz,* S. 186 ff.

444 Vgl. auch *Kleinhenz,* S. 177.

445 KOM (2003) 284 endg., S. 24; vgl. auch *Heuschmid,* AuR 2006, 184.

446 Vgl. *Behrens,* S. 182.

447 So auch *Schubert,* RdA 2007, 9 (16).

448 Calliess/Ruffert/*Ruffert,* EUV/AEUV, Art. 288 AEUV, Rn. 23; *v. Danwitz,* JZ 2007, 697 (698).

effektiver von den Mitgliedstaaten selbst vorgenommen werden könnten[449]. Vor diesem Hintergrund ist die Verschmelzungsrichtlinie grundsätzlich nicht unmittelbar anwendbar[450].

Gem. Art. 1 der Verschmelzungsrichtlinie ist eine grenzüberschreitende Verschmelzung eine Verschmelzung von Kapitalgesellschaften, die nach dem Recht eines Mitgliedstaats gegründet worden sind und ihren satzungsmäßigen Sitz, ihre Hauptverwaltung oder ihre Hauptniederlassung in der Europäischen Union haben, sofern mindestens zwei der Gesellschaften dem Recht verschiedener Mitgliedstaaten unterliegen. Bei einer grenzüberschreitenden Verschmelzung handelt es sich also im Kern um eine gesellschaftsrechtliche Transaktion, die mit der Eintragung in das Handelsregister wirksam wird und deren Rechtsfolge der Übergang des Vermögens der übertragenden Gesellschaft auf die übernehmende Gesellschaft ist[451].

Die Verschmelzungsrichtlinie gibt zunächst die Verfahrensschritte für den Ablauf einer grenzüberschreitenden Verschmelzung vor[452]. Die Arbeitnehmermitbestimmung ist in Art. 16 der Verschmelzungsrichtlinie geregelt. Die Verschmelzungsrichtlinie enthält einen Bestandsschutz der bestehenden Mitbestimmungsrechte, indem wie bei der SE vorrangig ein Besonderes Verhandlungsgremium der Arbeitnehmer gebildet wird, mit dem die Unternehmensleitung die Arbeitnehmerbeteiligung in der neuen Gesellschaft verhandelt[453]. Subsidiär greift auch im Fall der grenzüberschreitenden Verschmelzung eine gesetzliche Auffanglösung ein[454].

Da lange Zeit insbesondere die unterschiedlichen Ansichten zur Arbeitnehmermitbestimmung dem Erlass der Verschmelzungsrichtlinie im Wege standen, lehnt sich die Verschmelzungsrichtlinie in vielen Punkten an die in der SE-Richtlinie und SE-VO gefundenen Lösungen an, enthält andererseits jedoch wichtige Abweichungen[455]. Diese Abweichungen ergeben sich insbesondere daraus, dass die aus der Verschmelzung hervorgehende Gesellschaft anders als die SE keine Gesellschaft supranationalen Rechts, sondern eine Gesellschaft nationalen Rechts ist[456]. Eine Übertragung der Systematik der SE auf die grenzüberschreitende Verschmelzung

---

449 Vgl. *v. Danwitz* in: Dauses, Hdb. EU-WirtschaftsR, Teil B.II., Rn. 38.

450 Vgl. hierzu im Einzelnen u., E.IV.1.

451 *Teichmann,* Der Konzern 2007, 89 f.

452 Vgl. *Drinhausen/Keinath,* RiW 2006, 81 (82).

453 Vgl. *Kallmeyer/Kappes,* AG 2006, 224 (229); hierzu näher u., D.IV.1.c.2.

454 Auf die Abweichungen zum Verfahren bei der SE sowie auf die Vorgaben der Verschmelzungsrichtlinie im Einzelnen wird im Folgenden an der jeweils relevanten Stelle eingegangen; vgl. zu den einzelnen mitbestimmungsrechtlichen Regelungen der Verschmelzungsrichtlinie ausführlich u., Teil E.

455 Düwell/*Sick,* Betriebsverfassungsgesetz, SE und grenzüberschreitende Verschmelzung, Rn. 42; HWK/*Hohenstatt/Dzida,* MgVG, Rn. 1.

456 Düwell/*Sick,* Betriebsverfassungsgesetz, SE und grenzüberschreitende Verschmelzung, Rn. 42; *Heuschmid,* AuR 2006, 184 (186).

war dennoch relativ unproblematisch, weil die Verschmelzung zugleich eine der Gründungsformen der SE ist und insofern ein vergleichbarer Sachverhalt vorliegt[457].

III. Umsetzung der Regelungen der Verschmelzungsrichtlinie

Die gesellschaftsrechtlichen Vorgaben aus der Verschmelzungsrichtlinie wurden durch die §§ 122a – 122l UmwG in das deutsche Recht umgesetzt[458]. Diese Regelungen sollen den Besonderheiten grenzüberschreitender Verschmelzungen Rechnung tragen, während im Übrigen die Regelungen für innerstaatliche Verschmelzungen entsprechend anwendbar sind (vgl. auch § 122a Abs. 2 UmwG)[459]. Die Vorschriften sehen in Umsetzung der Vorgaben der Verschmelzungsrichtlinie die Erstellung eines Verschmelzungsplans sowie eines Verschmelzungsberichts vor, worin Informationen über die möglichen Folgen der Verschmelzung für die Beschäftigten enthalten sein müssen (vgl. §§ 122c Abs. 2 Ziff. 4, 122e UmwG)[460].

Durch das am 29. Dezember 2006 in Kraft getretene MgVG hat der deutsche Gesetzgeber die mitbestimmungsrechtlichen Vorgaben der Verschmelzungsrichtlinie in das deutsche Recht umgesetzt. Das MgVG gilt gem. § 3 Abs. 1 für eine aus einer grenzüberschreitenden Verschmelzung hervorgehende Gesellschaft mit Sitz im Inland, für im Inland beschäftigte Arbeitnehmer der aus einer grenzüberschreitenden Verschmelzung hervorgehenden Gesellschaft sowie für inländische beteiligte Gesellschaften, betroffene Tochtergesellschaften und betroffene Betriebe. Entsprechend den Vorgaben der Verschmelzungsrichtlinie bestimmt das MgVG in §§ 5 ff., dass vorrangig im Wege der Verhandlungslösung durch die Bildung eines Besonderen Verhandlungsgremiums eine Vereinbarung über die Mitbestimmung der Arbeitnehmer zu treffen ist. Für den Fall, dass die Verhandlungen scheitern, greift eine gesetzliche Auffanglösung (§§ 23 ff. MgVG), wonach gem. dem

457 *Heuschmid*, AuR 2006, 184 (186).

458 Zum Teil wird in der Literatur diskutiert, ob die gesellschaftsrechtlichen Bestimmungen im UmwG unionsrechtswidrig sind, weil sie nur für Kapitalgesellschaften gelten, aus der *Sevic*-Entscheidung des EuGH jedoch hervorgehe, dass auch Personengesellschaften vom Schutzbereich der Niederlassungsfreiheit erfasst seien, s. *Geyrhalter/Weber*, DStR 2006, 146 (151); Handelsrechtsausschuss des Deutschen Anwaltvereins, NZG 2006, 737 (740); *Kallmeyer/Kappes*, AG 2006, 224 (228); *Krause/Janko*, BB 2007, 2194 (2195) m.w.N. Dieses Problem soll im Rahmen dieser Arbeit nicht näher erörtert werden, da es überwiegend gesellschaftsrechtlicher Natur ist und keine direkte Rolle für die Mitbestimmung der Arbeitnehmer spielt, weil nach den deutschen Mitbestimmungsgesetzen eine Mitbestimmung ohnehin nur für Kapitalgesellschaften zwingend ist.

459 *Krause/Janko*, BB 2007, 2194.

460 Düwell/*Sick*, Betriebsverfassungsgesetz, SE und grenzüberschreitende Verschmelzung, Rn. 43.

„Vorher-Nachher-Prinzip" grundsätzlich eine Aufrechterhaltung der Mitbestimmung gewährleistet wird.

IV. Verhältnis von Niederlassungsfreiheit, Verschmelzungsrichtlinie und MgVG

Das MgVG dient der Umsetzung der mitbestimmungsrechtlichen Vorgaben der Verschmelzungsrichtlinie, die ihrerseits die Niederlassungsfreiheit verwirklicht. Unionsrechtlich basiert das MgVG damit auf einem Zusammenspiel von Verschmelzungsrichtlinie und Niederlassungsfreiheit. In Anbetracht dieser *„schwierigen Gemengelage"*[461] ist zu untersuchen, wie die Niederlassungsfreiheit und die Verschmelzungsrichtlinie im Verhältnis zu den Vorschriften des MgVG zusammenwirken, da dies für die Auslegung der Vorschriften des MgVG eine entscheidende Rolle spielt.

1. Anwendungsvorrang des Sekundärrechts

Nach der Rechtsprechung des EuGH ist das Unionsrecht vorrangig vor dem jeweiligen nationalen Recht der Mitgliedstaaten[462]. Gleichzeitig beansprucht jedoch das primäre Unionsrecht Vorrang vor dem sekundären Unionsrecht[463]. Vor diesem Hintergrund wird in Rechtsprechung und Literatur das Zusammenwirken von primärem und sekundärem Unionsrecht zum nationalen Recht der Mitgliedstaaten diskutiert. Für die vorliegende Untersuchung interessiert insbesondere das Verhältnis zwischen Grundfreiheiten und sekundärem Unionsrecht. Diesbezüglich herrscht zum derzeitigen Zeitpunkt eine im Einzelnen ungesicherte und unklare Dogmatik in Rechtsprechung und Literatur[464]. Einigkeit besteht lediglich darin, dass im Bereich des harmonisierten Sekundärrechts der Rückgriff auf die Grundfreiheiten vom Grad der Harmonisierung abhängt[465]. Führt das Sekundärrecht eine abschlie-

461 So *Forsthoff*, DStR 2006, 613 (618).

462 Grundlegend EuGH v. 15.7.1964, Rs. 6/64, Slg. 1964, 1141 („*Costa/E.N.E.L.*"): *„Dem aus dem Vertrag als einer autonomen Rechtsquelle fließenden Recht können wegen dieser seiner Eigenständigkeit keine wie immer gearteten innerstaatlichen Rechtsvorschriften vorgehen, wenn ihm nicht sein Charakter als Gemeinschaftsrecht aberkannt und wenn nicht die Rechtsgrundlage der Gemeinschaft selbst in Frage gestellt werden soll.*" (2. Leitsatz); s. auch EuGH v. 9.3.1978, Rs. 106/77, Slg. 1978, 629, 3. Leitsatz („*Simmenthal II*").

463 Vgl. nur *Nettesheim* in: Grabitz/Hilf/Nettesheim, EUV/AEUV, Art. 288 AEUV, Rn. 226 m.w.N.

464 Vgl. hierzu *Forsthoff* in: Grabitz/Hilf/Nettesheim, EUV/AEUV, Art. 45 AEUV, Rn. 347.

465 S. aus der Rechtsprechung des EuGH beispielhaft: EuGH v. 12.10.1993, Rs. C-37/92, Slg. 1993, I-4947, Rn. 9 („*Vanacker*"); EuGH v. 30.9.2003, Rs. C-167/01, Slg. 2003, I-10155, Rn. 58 ff. („*Inspire Art*"); EuGH v. 11.12.2003, Rs. C-322/01, Slg. 2003,

ßende Regelung herbei, ist es ausschließlicher Prüfungsmaßstab für das mitgliedstaatliche Recht[466]. In diesem Fall besteht sozusagen ein *„Anwendungsvorrang des Sekundärrechts“*[467]. Was in diesem Zusammenhang unter dem Begriff des „Prüfungsmaßstabes“ zu verstehen ist, bleibt jedoch unklar. So deuten einige Entscheidungen des Gerichtshofes darauf hin, dass im Falle der abschließenden Harmonisierung bereits der Tatbestand der Grundfreiheiten nicht eröffnet ist[468]. Anderen Entscheidungen lässt sich dagegen entnehmen, dass sich die sog. Sperrwirkung des sekundären Unionsrechts erst im Bereich der Rechtfertigung auswirkt[469]. Auch in der Literatur ist diese Frage nicht abschließend geklärt[470]. *Oexle*[471] schlägt vor, die Reichweite des Anwendungsvorrangs des Sekundärrechts als Differenzierungskriterium

---

I-14887, Rn. 64 (*„DocMorris“*); Calliess/Ruffert/*Kingreen*, EUV/AEUV, Art. 36 AEUV, Rn. 18; *Ehlers* in: Ehlers, Europäische Grundrechte und Grundfreiheiten, § 7, Rn. 8; *Forsthoff*, IStR 2006, 222 (223 f.); *Forsthoff*, IStR 2006, 698 (701); *Forsthoff* in: Grabitz/Hilf/Nettesheim, EUV/AEUV, Art. 45 AEUV, Rn. 354; *Frenz*, Handbuch Europarecht, Bd. 1, Rn. 350; *Lippert*, EuR 2007, 631 (632 f.); *Kleinhenz*, S. 188; *Müller-Graff* in: von der Groeben/Schwarze, EUV/AEUV, Art. 36 AEUV, Rn. 13 ff.; *Oexle*, AbfallR 2003, 284 (287); *Streinz* in: Everling/Roth, Mindestharmonisierung, S. 30 f.; *Streinz/Leible* in: Schlachter/Ohler, DLRL, Einl., Rn. 87 f; a.A. wohl *Jarass*, EuR 2000, 705 (719 f.) sowie *Lüdicke/Hummel*, IStR 2006, 694 (697 f), die davon ausgehen, dass der Handlungsrahmen der Mitgliedstaaten sowohl durch das primäre als auch durch das sekundäre Unionsrecht bestimmt wird.

466 S. nur EuGH v. 20.3.1997, Rs. C-352/95, Slg. 1997, I-01729, Rn. 17 (*„Phyteron International“*); GA'in *Stix-Hackl*, SchlA v. 11.3.2003, Rs. C-322/01, Slg. 2003, I-14887, Rn. 48 f. (*„Deutscher Apothekerverband“*); *Forsthoff* in: Grabitz/Hilf/Nettesheim, EUV/AEUV, Art. 45 AEUV, Rn. 354; *Kingreen*, S. 151; *Koenig/Meurer/Engelmann*, EWS 2004, 65 (66); *Korte*, EWS 2007, 246 (253 f.); *Oexle*, AbfallR 2003, 284 (287); *Streinz/Leible* in: Schlachter/Ohler, DLRL, Einl., Rn. 88.

467 Vgl. zu dieser Terminologie *Korte*, EWS 2007, 246 (254); *Oexle*, AbfallR 2003, 284 (285).

468 EuGH v. 14.12.2004, Rs. C-309/02, Slg. 2004, I-11763, Rn. 52 ff. (*„Radlberger“*); EuGH v. 14.12.2004, Rs. C-463/01, Slg. 2004, I-11705, Rn. 55 (*„Kommission/Deutschland“*); EuGH v. 13.1.2005, Rs. C-145/02, Slg. 2005, I-51, Rn. 22 (*„Denkavit“*); EuGH v. 9.3.2006, Rs. C-421/04, Slg. 2006, I-2303, Rn. 20 f. (*„Matratzen Concord“*).

469 EuGH v. 5.10.1977, Rs. 5/77, Slg. 1977, 1555, Rn. 33/35 (*„Tedeschi“*); EuGH v. 5.10.1994, Rs. C-323/93, Slg. 1994, I-5077, Rn. 31 (*„Centre d'insémination de la Crespelle“*).

470 So sprechen sich z.B. *Forsthoff*, IStR 2006, 222 (224); *Frenz*, Handbuch Europarecht, Bd. 1, Rn. 350; *Kingreen*, S. 151; *Streinz/Leible* in: Schlachter/Ohler, DLRL, Einl., Rn. 87 dafür aus, dass bereits der Tatbestand der Grundfreiheiten nicht eröffnet ist, während *Forsthoff* in: Grabitz/Hilf/Nettesheim, EUV/AEUV, Art. 45 AEUV, Rn. 349 annimmt, dass der Tatbestand der Freiheiten unabhängig davon eröffnet sei, ob und in welcher Form eine sekundärrechtliche Harmonisierung bestehe; in diesem Sinne wohl auch *Lemor*, EuZW 2007, 135 (138); differenzierend auch *Korte*, EWS 2007, 246 (254); *Oexle*, AbfallR 2003, 284 (288 f.).

471 *Oexle*, AbfallR 2003, 284 (288 f.).

heranzuziehen. Erstrecke sich der Anwendungsvorrang des Sekundärrechts bereits auf die Grundfreiheit selbst, so sei schon der Anwendungsbereich der Grundfreiheit nicht eröffnet. Erstrecke er sich dagegen lediglich auf ein über die „zwingenden Erfordernisse" geschütztes Rechtsgut, so führe dies nur zu einem Wechsel des maßgeblichen Rechtfertigungsregimes[472]. Richtigerweise ist bereits der Tatbestand der Grundfreiheiten im Anwendungsbereich abschließend harmonisierten Sekundärrechts als nicht eröffnet anzusehen. Zum einen dient dies der Rechtsklarheit. Denn die von *Oexle* vorgeschlagene Differenzierung kann zu Auslegungsschwierigkeiten und damit zu Rechtsanwendungsproblemen im Einzelfall führen. Zum anderen spricht das grundsätzliche Verhältnis höher- und niederrangiger Normen zueinander für die hier vertretene Auffassung. Demnach ist stets die Rechtsquelle anzuwenden, die dem zu entscheidenden Fall am nächsten steht[473]. Dies ist in der Regel die rangniedrigere Norm[474]. Dieser Grundsatz ist auf das Verhältnis von primärem und sekundärem Unionsrecht zu übertragen, da andernfalls die Kompetenz des Unionsgesetzgebers leer liefe[475].

Soweit also die mitbestimmungsrechtlichen Regelungen der Verschmelzungsrichtlinie abschließend harmonisiert sind, sind sie alleiniger Prüfungsmaßstab für die Vorschriften des MgVG und der Tatbestand der Niederlassungsfreiheit ist nicht eröffnet. Ob eine sekundärrechtliche Regelung abschließend ist, kann jedoch nicht ausschließlich pauschal anhand des Sekundärrechtsakts festgestellt werden, vielmehr bedarf es grundsätzlich einer gesonderten Prüfung jeder Norm des sekundären Unionsrechts[476]. Die Beurteilung, ob nationales Recht am Maßstab des Primärrechts, insbesondere der Grundfreiheiten, überprüft werden darf, erfolgt damit anhand eines Zusammenspiels der Harmonisierungsintensität des Sekundärrechtsaktes und dem abschließenden Charakter jeder einzelnen sekundärrechtlichen Norm[477].

Die Heranziehung des Sekundärrechts als alleinigem Prüfungsmaßstab für nationales Umsetzungsrecht bedeutet jedoch nicht, dass keine Bindung der Mitgliedstaaten an die Grundfreiheiten besteht[478]. Vielmehr binden die Grundfreiheiten auch den Unionsgesetzgeber, so dass sekundäres Unionsrecht nicht im Widerspruch zu

472 Wie vor.

473 Vgl. *Oexle,* AbfallR 2003, 284 (285); *Streinz/Leible* in: Schlachter/Ohler, DLRL, Einl., Rn. 87 m.w.N.

474 *Streinz/Leible* in: Schlachter/Ohler, DLRL, Einl., Rn. 87.

475 Vgl. *Oexle,* AbfallR 2003, 284 (285); *Streinz/Leible* in: Schlachter/Ohler, DLRL, Einl., Rn. 87.

476 *Korte,* EWS 2007, 246 (253 f.); *Streinz/Leible* in: Schlachter/Ohler, DLRL, Einl., Rn. 88.

477 Dies lässt sich der Rechtsprechung des EuGH und der Literatur entnehmen, vgl. EuGH v. 30.9.2003, Rs. C-167/01, Slg. 2003, I-10155, Rn. 66 ff. („*Inspire Art*"). *Korte,* EWS 2007, 246 (253 f.).

478 S. nur *Forsthoff* in: Grabitz/Hilf/Nettesheim, EUV/AEUV, Art. 45 AEUV, Rn. 350; *Streinz/Leible* in: Schlachter/Ohler, DLRL, Einl., Rn. 89.

den Grundfreiheiten stehen darf[479]. Diese Grundsätze führen indes nicht dazu, dass Primär- und Sekundärrecht im Allgemeinen bzw. Grundfreiheiten und sekundäres Unionsrecht im Besonderen kumulativ als Prüfungsmaßstab für nationales Recht herangezogen werden, vielmehr wird zweischrittig die Vereinbarkeit nationalen Rechts mit Sekundärrecht sowie die Vereinbarkeit des Sekundärrechts mit primärem Unionsrecht geprüft[480]. Daraus folgt, dass eine nationale Maßnahme, die im Einklang mit seinerseits unionsrechtskonformem Sekundärrecht steht, nicht gegen Primärrecht verstoßen kann[481].

Die vorstehend erläuterten Grundsätze kommen zur Anwendung, soweit die Regelungen der Verschmelzungsrichtlinie abschließend harmonisiert sind. Dabei kommt es insbesondere auf die Harmonisierungsintensität der Gesamtheit der mitbestimmungsrechtlichen Vorgaben der Verschmelzungsrichtlinie an. Hierfür ist zunächst das Instrument der unionsrechtlichen Harmonisierung näher zu beleuchten.

a) Unionsrechtliche Harmonisierung

Die unionsrechtliche Harmonisierung bzw. Rechtsangleichung dient der Beseitigung von Rechtsunterschieden in den verschiedenen Mitgliedstaaten, die das Funktionieren des Binnenmarktes beeinträchtigen oder stören, sowie der Annäherung der verschiedenen nationalen Vorschriften an einen unionsrechtlich vorgegebenen Standard[482]. Mit der Rechtsangleichung geht in der Regel keine vollständige Rechtsvereinheitlichung einher, sie ist vielmehr Mittel zur Integration und kann einen gewissen Spielraum für die Mitgliedstaaten mit sich bringen[483]. Ob den Mitgliedstaaten ein Umsetzungsspielraum zusteht, hängt von der Intensität der Rechtsangleichung ab[484]. Die Harmonisierungsintensität reicht von der Totalharmonisierung, bei der den Mitgliedstaaten kein Spielraum für die Schaffung oder Beibehaltung

479 Vgl. nur GA'in *Stix-Hackl,* SchlA v. 11.3.2003, Rs. C-322/01, Slg. 2003, I-14887, Rn. 48 f. („*Deutscher Apothekerverband*"); *Forsthoff,* IStR 2006, 698 (701); *Forsthoff* in: Grabitz/Hilf/Nettesheim, EUV/AEUV, Art. 45 AEUV, Rn. 350; *Koenig/Meurer/Engelmann,* EWS 2004, 65 (66 f.); *Lippert,* EuR 2007, 631 (634 f. zum vormaligen Streitstand); *Streinz/Leible* in: Schlachter/Ohler, DLRL, Einl., Rn. 89 m.w.N.

480 S. nur *Streinz/Leible* in: Schlachter/Ohler, DLRL, Einl., Rn. 90.

481 S. nur *Forsthoff,* IStR 2006, 698 (701); *Streinz/Leible* in: Schlachter/Ohler, DLRL, Einl., Rn. 92.

482 Calliess/Ruffert/*Kahl,* EUV/AEUV, Art. 114 AEUV, Rn. 13; *Frenz,* Handbuch Europarecht, Bd. 6, Rn. 3334; *Taschner* in: von der Groeben/Schwarze, EUV/AEUV, Art. 114 AEUV, Rn. 5.

483 Calliess/Ruffert/*Kahl,* EUV/AEUV, Art. 114 AEUV, Rn. 13 f.; *v. Danwitz* in: Dauses, Hdb. EU-WirtschaftsR, Teil B.II., Rn. 86; *Forsthoff* in: Grabitz/Hilf/Nettesheim, EUV/AEUV, Art. 50 AEUV, Rn. 11; *Frenz,* Handbuch Europarecht, Bd. 6, Rn. 3335; *Lutter/Bayer/Schmidt,* Europäisches Unternehmens- und Kapitalmarktrecht, § 3, Rn. 40.

484 *v. Danwitz* in: Dauses, Hdb. EU-WirtschaftsR, Teil B.II., Rn. 98; *Frenz,* Handbuch Europarecht, Bd. 6, Rn. 3384.

abweichender Regelungen verbleibt, über die Teilharmonisierung, die den Mitgliedstaaten insbesondere bei Sachverhalten ohne Unionsbezug einen Spielraum zugesteht, bis zur Mindestharmonisierung[485]. Bei der Mindestharmonisierung werden auf Unionsebene lediglich Mindeststandards erlassen, die nicht unterschritten werden dürfen, wobei es den Mitgliedstaaten jedoch freigestellt bleibt, darüber hinausgehende Bestimmungen zu treffen[486]. Welche Rechtsangleichungsintensität ein unionsrechtlicher Sekundärrechtsakt vorsieht, ist im Wege der Auslegung zu ermitteln[487]. Dabei ist zu beachten, dass die Harmonisierungsintensität für verschiedene in einer Richtlinie enthaltene Regelungsbereiche unterschiedlich sein kann[488]. Soweit eine Richtlinie eine Rechtsfrage nicht abschließend regelt, ist grundsätzlich davon auszugehen, dass der Richtliniengeber den Mitgliedstaaten im Sinne einer Mindestharmonisierung einen Handlungsspielraum eröffnet hat[489].

b) Harmonisierungsintensität der Verschmelzungsrichtlinie

Die Verschmelzungsrichtlinie dient der Harmonisierung der unterschiedlichen nationalen Verschmelzungsregelungen[490]. Sie findet ihre Rechtsgrundlage in Art. 50 Abs. 2 lit. g AEUV (Art. 44 Abs. 2 lit. g EG a.F.)[491], der zentralen Vorschrift der Rechtsangleichung im Unternehmensrecht[492]. Art. 50 Abs. 2 lit. g AEUV ermächtigt

---

485 *V. Danwitz* in: Dauses, Hdb. EU-WirtschaftsR, Teil B.II., Rn. 99 ff.; *Frenz*, Handbuch Europarecht, Bd. 6, Rn. 3386 ff.; *Gotha*, S. 48 ff.

486 *Frenz*, Handbuch Europarecht, Bd. 6, Rn. 3393; *Gotha*, S. 49 f.

487 So müssen in einer Richtlinie enthaltene Mindeststandards entweder ausdrücklich formuliert sein oder sich im Wege der Auslegung ergeben, s. *Gotha*, S. 51.

488 Streinz/*Leible/Schröder*, EUV/AEUV, Art. 114 AEUV, Rn. 26.

489 *Franzen*, S. 44 ff.; *Schubert*, RdA 2007, 9 (13) m.w.N.

490 *Dvořák/Bohata*, WiRO 2008, 107 (108); *Kleinhenz*, S. 331 f.; *Lutter/Bayer/Schmidt*, Europäisches Unternehmens- und Kapitalmarktrecht, § 8, Rn. 47; *Schubert*, RdA 2007, 9 (13).

491 S. den ersten Satz der Verschmelzungsrichtlinie, wonach diese insbesondere auf Art. 44 des Vertrages zur Gründung der Europäischen Gemeinschaft gestützt wird; so auch Calliess/Ruffert/*Bröhmer*, EUV/AEUV, Art. 50 AEUV, Rn. 12; *Schubert*, RdA 2007, 9 (13); auch *Habersack/Verse*, Europäisches Gesellschaftsrecht, § 34, Rn. 1 f. bezeichnen die Verschmelzungsrichtlinie als Richtlinie zur Angleichung des Gesellschaftsrechts; *Kallmeyer/Kappes*, AG 2006, 224 (227) sehen dagegen den gesamten Art. 50 AEUV als Grundlage der Verschmelzungsrichtlinie; da Art. 50 Abs. 2 lit. g) AEUV lediglich eine Konkretisierung des Art. 50 Abs. 1 AEUV ist (s. hierzu *Forsthoff* in: Grabitz/Hilf/Nettesheim, EUV/AEUV, Art. 50 AEUV, Rn. 4), kommt es nach hier vertretener Auffassung auf eine nähere Abgrenzung nicht an.

492 *Forsthoff* in: Grabitz/Hilf/Nettesheim, EUV/AEUV, Art. 50 AEUV, Rn. 11; *Lutter/Bayer/Schmidt*, Europäisches Unternehmens- und Kapitalmarktrecht, § 2, Rn. 6; MünchKommGmbHG/*Fleischer*, Einleitung, Rn. 263; die in Art. 50 Abs. 2 lit. g AEUV verwendete Formulierung „*Koordinierung der Schutzbestimmungen*“ ist ein Synonym für die unionsrechtliche Rechtsangleichung, s. hierzu Calliess/Ruffert/*Kahl*, EUV/

die Unionsorgane, die Niederlassungsfreiheit im Wege von Gestaltungsmaßnahmen zu verwirklichen[493].

Gem. ihrem 15. Erwägungsgrund hat die Verschmelzungsrichtlinie die Einführung einer Regelung mit auf innereuropäischer Ebene anwendbaren *einheitlichen* Bestimmungen zum Ziel. Darüber hinaus sieht Art. 4 Abs. 2 der Verschmelzungsrichtlinie vor, dass der Schutz der Arbeitnehmer dem nationalen Gesetzgeber nur insoweit obliegt, als er nicht von Art. 16 der Verschmelzungsrichtlinie erfasst ist. Aus diesen Regelungen ergibt sich, dass die Verschmelzungsrichtlinie jedenfalls die Folgen einer grenzüberschreitenden Verschmelzung für die unternehmerische Mitbestimmung abschließend regelt. Hierfür spricht auch, dass die Verschmelzungsrichtlinie u.a. der Erleichterung grenzüberschreitender Verschmelzungen und damit der Erleichterung der Ausübung der Niederlassungsfreiheit dient[494]. Für den grundsätzlich abschließenden Charakter der mitbestimmungsrechtlichen Regelungen der Verschmelzungsrichtlinie spricht zudem, dass sie das Ergebnis eines lange ausgehandelten Kompromisses zwischen den Mitgliedstaaten darstellen. Würden die mitbestimmungsrechtlichen Regelungen der Verschmelzungsrichtlinie nun im Sinne einer Mindestharmonisierung verstanden mit der Folge, dass die Mitgliedstaaten strengere Vorschriften erlassen dürften, wäre der langwierig ausgehandelte Kompromiss gefährdet.

Demnach ist davon auszugehen, dass die mitbestimmungsrechtlichen Vorgaben der Verschmelzungsrichtlinie grundsätzlich abschließend harmonisiert sind[495], so dass die Verschmelzungsrichtlinie den Mitgliedstaaten im Regelfall keinen Umsetzungsspielraum lässt. Die Mitgliedstaaten dürfen nur dann von den Vorgaben der Verschmelzungsrichtlinie abweichen, wenn diese im Einzelfall keine oder keine abschließende Regelung trifft[496]. Nur in einem solchen Fall kann die Niederlassungsfreiheit bei der Auslegung des MgVG herangezogen werden. Grundsätzlich ist damit die Verschmelzungsrichtlinie alleiniger Prüfungsmaßstab für die Vorschriften des MgVG.

AEUV, Art. 114 AEUV, Rn. 13; *Classen* in: von der Groeben/Schwarze, EUV/AEUV, Art. 114 AEUV, Rn. 14; auch *Frenz*, Handbuch Europarecht, Bd. 6, Rn. 3334 verweist darauf, dass der Begriff „*Koordinierung*" in den Verträgen zum Teil im Zusammenhang mit der Rechtsangleichung verwendet wird.

493 Streinz/*Müller-Graff*, EUV/AEUV, Art. 50, Rn. 1.

494 Vgl. zu dieser Argumentation *Kindler*, NZG 2003, 1086 (1087) im Hinblick auf die Zweigniederlassungsrichtlinie und die „*Inspire Art*"-Entscheidung.

495 So auch *Forsthoff*, DStR 2006, 613 (616 f.); *Kallmeyer/Kappes*, AG 2006, 224 (227); *Kleinhenz*, S. 188 f.; a.A. *Dvořák/Bohata*, WiRO 2008, 107 (108).

496 Vgl. auch *Kallmeyer/Kappes*, AG 2006, 224 (227).

c) *Primärrechtskonformität der Verschmelzungsrichtlinie*

Darüber hinaus ist zu prüfen, ob die Verschmelzungsrichtlinie ihrerseits mit den Vorgaben der Niederlassungsfreiheit[497] vereinbar ist. Denn sekundäres Unionsrecht darf nicht im Widerspruch zu den Grundfreiheiten stehen[498].

(1) Ermessensspielraum des Unionsgesetzgebers

Bei der Prüfung der Vereinbarkeit der Regelungen der Verschmelzungsrichtlinie mit den Vorgaben der Niederlassungsfreiheit ist der kompromisshafte Charakter der Rechtsetzung der Union zu beachten[499]. Im Rahmen der Prüfung der Vereinbarkeit von Sekundärrecht mit den Grundfreiheiten gelten für den Unionsgesetzgeber andere Voraussetzungen als für die Mitgliedstaaten[500]. So muss der Unionsgesetzgeber bei dem Erlass von Sekundärrechtsakten im Sinne einer Gesamtbetrachtung eine andere Perspektive einnehmen als die Mitgliedstaaten und dafür sorgen, dass grenzüberschreitende gegenüber nationalen Sachverhalten nicht stärker belastet werden[501]. Dabei steht ihm grundsätzlich ein weites Ermessen zu[502]. Der genaue Umfang des Ermessensspielraums des Unionsgesetzgebers hängt unter anderem von der Präzisierung des Gewährleistungsgehalts der betroffenen Grundfreiheiten und der Komplexität des jeweiligen Regelungsbereiches ab[503]. Je diffuser der Gewährleistungsgehalt der Grundfreiheit und je komplexer der jeweilige Regelungsbereich, umso größer ist die Einschätzungsprärogative des Unionsgesetzgebers[504].

In Bezug auf die Unternehmensmitbestimmung sind die Vorgaben der Niederlassungsfreiheit bisher noch sehr unbestimmt[505]. Der Gewährleistungsbereich der Niederlassungsfreiheit ist damit im Hinblick auf die Unternehmensmitbestimmung bisher noch diffus ausgestaltet. Hinzu kommt, dass der Regelungsbereich der Unternehmensmitbestimmung insbesondere wegen der großen Unterschiede in den einzelnen Mitgliedstaaten sehr komplex ist. Vor diesem Hintergrund ist davon auszugehen, dass dem Unionsgesetzgeber mit Blick auf die mitbestimmungsrechtlichen Regelungen der Verschmelzungsrichtlinie ein sehr weiter Ermessensspielraum zusteht.

---

497 Dazu o., C.IV.12.

498 S.o., D.IV.1.

499 *Forsthoff*, IStR 2006, 698 (700).

500 *Forsthoff* in: Grabitz/Hilf/Nettesheim, EUV/AEUV, Art. 45 AEUV, Rn. 132 ff., 350; *Streinz/Leible* in: Schlachter/Ohler, DLRL, Einl., Rn. 72.

501 Wie vor.

502 Wie vor.

503 *Streinz/Leible* in: Schlachter/Ohler, DLRL, Einl., Rn. 72.

504 Wie vor.

505 S.o., C.IV.12. sowie *Forsthoff*, DStR 2006, 613 (618).

(2) *Vereinbarkeit der Regelungen der Verschmelzungsrichtlinie zur Arbeitnehmermitbestimmung mit den Anforderungen der Niederlassungsfreiheit*

Nach den Regelungen der Verschmelzungsrichtlinie zur Arbeitnehmermitbestimmung (Art. 16) gilt grundsätzlich das Sitzstaatprinzip (Art. 16 Abs. 1)[506]. Soweit jedoch die Voraussetzungen des Art. 16 Abs. 2 der Verschmelzungsrichtlinie gegeben sind, ist über die Mitbestimmung in der aus der grenzüberschreitenden Verschmelzung hervorgegangenen Gesellschaft zu verhandeln (sog. Verhandlungslösung). Gem. Art. 16 Abs. 2 der Verschmelzungsrichtlinie kommt die Verhandlungslösung zur Anwendung, wenn (i) eine der an der Verschmelzung beteiligten Gesellschaften durchschnittlich mehr als 500 Arbeitnehmer beschäftigt und in dieser Gesellschaft ein System der Mitbestimmung besteht, wenn (ii) das maßgebende innerstaatliche Recht bei Anwendung des Sitzstaatprinzips nicht mindestens den gleichen Umfang an Mitbestimmung der Arbeitnehmer vorsieht, wie er vor der Verschmelzung in den beteiligten Gesellschaften bestand oder[507] wenn (iii) im Ausland beschäftigte Arbeitnehmer nach der Rechtsordnung der aus der Verschmelzung hervorgehenden Gesellschaft an der Unternehmensmitbestimmung nicht mitwirken dürfen und damit im Verhältnis zu den im Inland beschäftigten Arbeitnehmern schlechter gestellt sind. Unter bestimmten Voraussetzungen greift anstelle der Verhandlungslösung die sog. gesetzliche Auffangregelung i.S.d. Art. 16 Abs. 3 lit. e der Verschmelzungsrichtlinie i.V.m. Art. 7 der SE-Richtlinie, wonach sich prinzipiell das höchste bzw. am weitesten gehende in den beteiligten Gesellschaften bestehende Mitbestimmungssystem durchsetzt. Des Weiteren sieht die Verschmelzungsrichtlinie in Art. 16 Abs. 7 einen Schutzmechanismus für den Fall vor, dass die aus der Verschmelzung hervorgegangene Gesellschaft in einem Zeitraum von drei Jahren an einer innerstaatlichen Verschmelzung beteiligt ist. Im Hinblick auf die Einzelheiten des Verfahrens zur Arbeitnehmermitbestimmung verweist die Verschmelzungsrichtlinie auf die Regelungen der SE-Richtlinie.

(a) Prüfungsmaßstab

Der weite Ermessensspielraumes wirkt sich zwangsläufig auf die Prüfung der Regelungen der Verschmelzungsrichtlinie aus, wenn es darum geht, deren Primärrechtskonformität zu analysieren. So würde eine detaillierte Prüfung sämtlicher Regelungen der Verschmelzungsrichtlinie den Ermessensspielraum des Unionsgesetzgebers unterlaufen, ihn geradezu aushöhlen. Dem Ermessensspielraum des Unionsgesetzgebers wird vielmehr eine Gesamtbetrachtung der Regelungen der Verschmelzungsrichtlinie gerecht. Anstelle einer ins Detail gehenden juristischen Untersuchung sämtlicher Richtlinienvorgaben ist zu analysieren, ob die generelle Konzeption der Verschmelzungsrichtlinie mit den Vorgaben der

506 S. zu Regelungssystem und –inhalt der Verschmelzungsrichtlinie schon o., D.II.2.
507 S. zum Verhältnis der Tatbestandsalternativen näher u., E.I.1.

Niederlassungsfreiheit zu vereinbaren ist. Zu dem Gesamtkonzept der Verschmelzungsrichtlinie, d.h. zu den wesentlichen Grundlagen des Arbeitnehmerbeteiligungsverfahrens im Zuge einer grenzüberschreitenden Verschmelzung, gehört zum einen die Konzeption aus Verhandlungslösung, Sitzstaatprinzip und gesetzlicher Auffangregelung. Zum anderen zählt dazu aber auch der Schutz der Unternehmensmitbestimmung, den die Verschmelzungsrichtlinie für den Fall einer nachfolgenden innerstaatlichen Verschmelzung vorsieht. Dies sind die wichtigsten Eckpfeiler, die Voraussetzung für die Durchführung eines Arbeitnehmerbeteiligungsverfahrens sind bzw. mit diesem in engem Zusammenhang stehen. Die nachfolgende Analyse der Regelungen der Verschmelzungsrichtlinie erfolgt daher unter Zugrundelegung des herausgearbeiteten Prüfungsmaßstabes.

(b) Konzeption aus Verhandlungslösung, Sitzstaatprinzip und gesetzlicher Auffangregelung

In Anwendung der Vorgaben der Niederlassungsfreiheit ist zu analysieren, ob in dem Zusammenspiel der Regelungen, d.h. in der Gesamtkonzeption aus Verhandlungslösung, Sitzstaatprinzip und gesetzlicher Auffangregelung, eine Beschränkung der Niederlassungsfreiheit zu sehen ist. Denn die Regelungen greifen ineinander. So können zunächst Verhandlungen über die Arbeitnehmermitbestimmung durchgeführt werden, letztlich aber kann doch die gesetzliche Auffangregelung zum Tragen kommen.

In der Konzeption der Verschmelzungsrichtlinie könnte eine Diskriminierung grenzüberschreitender Verschmelzungsvorgänge gegenüber rein innerstaatlichen zu sehen sein, da Gesellschaften, die vor der Verschmelzung nicht mitbestimmt waren, ggfs. nach Durchführung einer grenzüberschreitenden Verschmelzung einem Mitbestimmungssystem unterliegen. Bei einer innerstaatlichen Verschmelzung findet das jeweilige innerstaatliche Mitbestimmungsrecht Anwendung. Unterlag eine Gesellschaft vor einer innerstaatlichen Verschmelzung keinem Mitbestimmungssystem, so ändert die Verschmelzung hieran nichts, wenn das nationale Recht keine Mitbestimmung kennt. Anders ist dies, wenn das innerstaatliche Recht die Einführung eines mitbestimmungsrechtlichen Systems regelt und etwa für dessen Einführung Schwellenwerte vorsieht, wie z.B. das deutsche Recht. In diesem Fall ist die aus der innerstaatlichen Verschmelzung hervorgegangene Gesellschaft bei Erfüllung der innerstaatlichen Voraussetzungen zur Implementierung eines Mitbestimmungssystems verpflichtet, unabhängig davon, ob vor der Verschmelzung ein Mitbestimmungssystem bestand oder nicht. Vor diesem Hintergrund ist in der Konzeption der Verschmelzungsrichtlinie jedenfalls keine Schlechterstellung grenzüberschreitender Verschmelzungsvorgänge zu erblicken. Die grundsätzlich primäre Verpflichtung zur Durchführung von Verhandlungen könnte sogar eine Besserstellung gegenüber der Anwendung der jeweiligen nationalen mitbestimmungsrechtlichen Vorgaben darstellen, weil die aus der grenzüberschreitenden Verschmelzung hervorgehende Gesellschaft gerade nicht ohne Weiteres zur Einführung eines Mitbestimmungssystems verpflichtet ist, sondern ihr die Möglichkeit eröffnet wird, im Zuge der Durchführung von Verhandlungen ein individuelles Mitbestimmungssystem zu implementieren.

In der Konzeption der Verschmelzungsrichtlinie könnte jedoch eine Beschränkung der Niederlassungsfreiheit liegen. Dies könnte vor dem Hintergrund angenommen werden, dass Sitzstaatprinzip bzw. gesetzliche Auffangregelung die Anwendung nationaler mitbestimmungsrechtlicher Regelungen mit sich bringen können. Die generelle Anwendung der nationalen mitbestimmungsrechtlichen Vorschriften des Mitgliedstaates der aufnehmenden Gesellschaft stellt jedoch eine Beschränkung der Niederlassungsfreiheit dar[508]. Zwar findet gem. Art. 16 Abs. 1 der Verschmelzungsrichtlinie im Zuge einer grenzüberschreitenden Verschmelzung grundsätzlich das Sitzstaatprinzip, mithin das Recht des Staates der aufnehmenden Gesellschaft, Anwendung. In den meisten Fällen ist jedoch eine Voraussetzung für die Durchführung von Verhandlungen über die Mitbestimmung gegeben. Demnach gelangt das Sitzstaatprinzip nur im Ausnahmefall zur Anwendung, während die Durchführung von Verhandlungen der Regelfall ist. *Faktisch* ist damit das Verhältnis von Sitzstaatprinzip und Verhandlungslösung in sein Gegenteil verkehrt. Die gesetzliche Auffangregelung kommt dagegen nur subsidiär zur Anwendung. Nach der Konzeption der Verschmelzungsrichtlinie kommt damit nicht generell das Recht des Staates der aufnehmenden Gesellschaft zur Anwendung, so dass eine Beschränkung der Niederlassungsfreiheit aus diesem Grund ausscheidet.

Eine Beschränkung des Marktzuganges durch die vorstehend geschilderte Konzeption aus Verhandlungslösung, Sitzstaatprinzip und gesetzlicher Auffangregelung könnte vor dem Hintergrund angenommen werden, dass der Abschluss des Arbeitnehmerbeteiligungsverfahrens gem. § 122l UmwG Voraussetzung für die Eintragung der aus der grenzüberschreitenden Verschmelzung hervorgegangenen Gesellschaft ist. Aus Sicht einer übertragenden Gesellschaft, deren nationales Recht keine Unternehmensmitbestimmung kennt, könnte sich diese Konzeption als Marktzugangsbeschränkung darstellen, weil die übertragende Gesellschaft verpflichtet sein kann, ein Arbeitnehmerbeteiligungsverfahren durchzuführen. Aber auch wenn eine übertragende Gesellschaft nach ihrem nationalen Recht vor der Verschmelzung einem Mitbestimmungssystem unterlag, könnte sie durch das zeit- und kostenintensive Verhandlungsverfahren über die Arbeitnehmermitbestimmung von einer grenzüberschreitenden Verschmelzung abgehalten werden. Insofern kann die generelle Pflicht, vor der Eintragung der aus der grenzüberschreitenden Verschmelzung hervorgehenden Gesellschaft eine Einigung über die Mitbestimmungsproblematik zu finden, eine Gesellschaft von der Durchführung einer grenzüberschreitenden Verschmelzung abhalten. Damit stellt die Konzeption der Verschmelzungsrichtlinie aus Verhandlungslösung, Sitzstaatprinzip und gesetzlicher Auffangregelung eine Erschwerung des Marktzuganges von Gesellschaften und damit eine Beschränkung der Niederlassungsfreiheit dar.

---

508 S.o., C.IV.12.

Diese Beschränkung der Niederlassungsfreiheit könnte jedoch durch zwingende Gründe des Allgemeininteresses, namentlich die Unternehmensmitbestimmung, gerechtfertigt sein. Die Regelungen der Verschmelzungsrichtlinie zur Arbeitnehmermitbestimmung können in nicht diskriminierender Weise angewandt werden, da in- und ausländische Gesellschaften gleichermaßen von der Pflicht zur Durchführung eines Arbeitnehmerbeteiligungsverfahrens betroffen sind. Die Arbeitnehmermitbestimmung stellt einen zwingenden Grund des Allgemeininteresses dar[509]. Weiter müssten die Regelungen der Verschmelzungsrichtlinie über die Mitbestimmung der Arbeitnehmer geeignet und erforderlich sein. Der Unionsgesetzgeber verfolgt mit der Verschmelzungsrichtlinie primär das Ziel, grenzüberschreitende Verschmelzungen zu erleichtern[510]. Darüber hinaus soll die Verschmelzungsrichtlinie aber auch bestehende Rechte sichern[511]. Die komplexe Konzeption aus Verhandlungslösung, gesetzlicher Auffangregelung und Sitzstaatprinzip ist zum einen geeignet, bestehende Mitbestimmungsrechte der Arbeitnehmer in den an der Verschmelzung beteiligten Gesellschaften zu sichern. Zum anderen sieht das System Regelungsmechanismen und Ausnahmen von der Verhandlungslösung vor, die den Interessen der Anteilseigner an der Erleichterung grenzüberschreitender Verschmelzungen gerecht werden. Dies gilt etwa im Hinblick darauf, dass die Leitungen der an einer grenzüberschreitenden Verschmelzung beteiligten Gesellschaften beschließen können, direkt, d.h. ohne die Durchführung von Verhandlungen, die gesetzliche Auffangregelung anzuwenden. Damit steht ihnen jedenfalls die Entscheidungsfreiheit zu, von der Durchführung eines langwierigen und kostenintensiven Verhandlungsverfahrens abzusehen. Die Regelungen der Verschmelzungsrichtlinie über die Arbeitnehmermitbestimmung sind damit geeignet, dieses Ziel zu erreichen. Der Unionsgesetzgeber sah sich bei der Schaffung der Regelungen der Verschmelzungsrichtlinie insbesondere mit der Problematik erheblicher Unterschiede in den Mitbestimmungssystemen der Mitgliedstaaten konfrontiert, die es auszugleichen galt, ohne grenzüberschreitende Verschmelzungen zu stark einzuschränken. Seinen Ermessensspielraum zugrunde gelegt, gab es für den Unionsgesetzgeber kein milderes Mittel, als eine – faktische – generelle Verhandlungspflicht über die Unternehmensmitbestimmung einzuführen. Die ausnahmslose Anwendung des Sitzstaatrechts der aufnehmenden Gesellschaft hätte zu erheblichen Nachteilen für Gesellschaften sowie für Arbeitnehmer geführt, insbesondere, wenn das nationale Recht einer der beteiligten Gesellschaft gar keine Arbeitnehmermitbestimmung kennt, während in der anderen beteiligten Gesellschaft ein Mitbestimmungssystem implementiert ist. Entweder sähe sich eine übertragende Gesellschaft in einer derartigen Situation gezwungen, ein (strenges) Mitbestimmungssystem zu etablieren, obwohl ihr nationales Recht keine Unternehmensmitbestimmung kennt. Oder eine übertragende (deutsche) Gesellschaft, die vor der Verschmelzung (paritätisch) mitbestimmt

509 S.o., C.IV.12.c.1.
510 S.o., D.II.
511 S.o., D.II.

war, unterläge nach der grenzüberschreitenden Verschmelzung überhaupt keinem Mitbestimmungssystem mehr. Auch die generelle Anwendbarkeit der gesetzlichen Auffangregelung ist nicht als milderes Mittel anzusehen, da diese Lösung den an der Verschmelzung beteiligten Gesellschaften jede Möglichkeit zu einer individuellen Ausgestaltung der Arbeitnehmermitbestimmung nehmen würde. Hinzu kommt, dass beide vorgenannten Lösungen nicht mit der Niederlassungsfreiheit vereinbar sind[512]. Der Unionsgesetzgeber hat mit dem detaillierten und komplexen System eine Lösung gefunden, die zur Erleichterung grenzüberschreitender Verschmelzung unter gleichzeitiger Sicherung der bestehenden Mitbestimmungsrechte der Arbeitnehmer auch erforderlich ist. Die Beschränkung der Niederlassungsfreiheit durch die generelle Konzeption der Verschmelzungsrichtlinie ist damit aus zwingenden Gründen des Allgemeininteresses gerechtfertigt.

(c) Perpetuierungsklausel (Art. 16 Abs. 7)

Darüber hinaus ist zu untersuchen, ob die Regelung des Art. 16 Abs. 7 der Verschmelzungsrichtlinie mit der Niederlassungsfreiheit vereinbar ist. Nach dieser Norm kommen im Falle einer auf die grenzüberschreitende Verschmelzung nachfolgenden innerstaatlichen Verschmelzung die Regelungen des Art. 16 Abs. 1 – 6 analog zur Anwendung. Die Verschmelzungsrichtlinie sieht damit für eine innerstaatliche Verschmelzung innerhalb von drei Jahren nach einer grenzüberschreitenden Verschmelzung die Geltung der Verhandlungs- und Auffangregelung vor[513].

Zwar ist nicht auszuschließen, dass Gesellschaften aufgrund der Verpflichtung zur Durchführung von Nachverhandlungen von einer grenzüberschreitenden Verschmelzung absehen könnten. Da die Vorschrift jedoch lediglich die *Konsequenzen* einer auf eine grenzüberschreitende Verschmelzung folgenden innerstaatlichen Verschmelzung regelt, ist der Markt*zugang* einer Gesellschaft als solcher durch die Regelung nicht beschränkt. Denn zum Zeitpunkt der grenzüberschreitenden Verschmelzung steht ggfs. noch gar nicht fest, ob es überhaupt zu einer nachfolgenden innerstaatlichen Verschmelzung kommen wird.

Dagegen könnte in Art. 16 Abs. 7 der Verschmelzungsrichtlinie eine Diskriminierung liegen. Eine Schlechterstellung ausländischer gegenüber inländischen Gesellschaften könnte in der Pflicht zur Aufnahme von Verhandlungen im Falle nachfolgender innerstaatlicher Verschmelzungen zu sehen sein, weil etwa das deutsche Umwandlungsrecht derartige beschränkende Regelungen für nachfolgende innerstaatliche Verschmelzungen nicht kennt[514]. Voraussetzung für eine Diskriminierung ist stets, dass entweder unterschiedliche Vorschriften auf vergleichbare Situationen angewandt werden oder dass dieselbe Vorschrift auf unterschiedliche

---

512 S.o., C.IV.12.c.

513 Vgl. *Habersack*, ZHR 171 (2007), 613 (637); *Louven/Dettmeier/Pöschke/Weng*, BB-Special 3, 2006, 1 (15); *Schubert*, RdA 2007, 9 (16).

514 So *Meilicke/Rabback*, GmbHR 2006, 123 (126).

Situationen angewandt wird[515]. Während bei einer innerstaatlichen Verschmelzung beide beteiligten Gesellschaften demselben innerstaatlichen Recht unterliegen und die jeweiligen nationalen mitbestimmungsrechtlichen Vorschriften damit bei Erfüllung der Voraussetzungen (z.B. bei dem Überschreiten bestimmter Schwellenwerte) zum Tragen kommen, stellt sich die Situation im Falle einer grenzüberschreitenden Verschmelzung unter Beteiligung von Gesellschaften aus verschiedenen Mitgliedstaaten anders dar. Denn in einem solchen Fall unterlag die übertragende Gesellschaft vor der Verschmelzung nicht dem nationalen Recht des Staates der aufnehmenden Gesellschaft. Die Ausgangssituationen bei einer innerstaatlichen und einer grenzüberschreitenden Verschmelzung sind demnach unterschiedlich gelagert. Vor diesem Hintergrund gelten bereits für die ursprüngliche innerstaatliche bzw. grenzüberschreitende Verschmelzung unterschiedliche Voraussetzungen. Durch die Pflicht, im Falle einer auf eine grenzüberschreitende Verschmelzung folgenden innerstaatlichen Verschmelzung innerhalb von drei Jahren Verhandlungen über die Mitbestimmung durchzuführen, wird dieser unterschiedlichen Ausgangssituation Rechnung getragen. Die Perpetuierungsklausel verhindert damit, dass Ungleiches gleich behandelt wird. Sie verhindert, dass auf eine aus einer grenzüberschreitenden Verschmelzung hervorgegangene Gesellschaft durch eine kurzfristig nachfolgende innerstaatliche Verschmelzung letztlich doch das nationale Recht des Mitgliedstaates der aufnehmenden Gesellschaft zur Anwendung gelangt. Hinzu kommt, dass die Verschmelzungsrichtlinie die bestehenden Rechtsunterschiede zwischen den Mitgliedstaaten beseitigen und gleichzeitig eine eigenständige unionsrechtliche Regelung zur Arbeitnehmermitbestimmung treffen soll[516]. Dient aber eine Regelung gerade der Beseitigung von Rechtsunterschieden in den verschiedenen Mitgliedstaaten, so kann sie nicht gleichzeitig diskriminieren[517]. Eine Diskriminierung ist in der Regelung des Art. 16 Abs. 7 der Verschmelzungsrichtlinie damit nicht zu sehen.

(3) Zwischenergebnis

Die Gesamtkonzeption der Verschmelzungsrichtlinie verstößt nach alledem nicht gegen die Vorgaben der Niederlassungsfreiheit[518].

---

515 S. nur EuGH v. 14.2.1995, Rs. C-279/93, Slg. 1995, I-225, Rn. 30 („*Schumacker*“).

516 S.o., D.II.

517 In diesem Sinne auch *Streinz/Leible* in: Schlachter/Ohler, DLRL, Einl., Rn. 78.

518 So auch *Forsthoff*, DStR 2006, 613 (617); *Kleinhenz*, S. 187; a.A. *Meilicke/Rabback*, GmbHR 2006, 123 (126), die u.a. Art. 16 Abs. 7 der Verschmelzungsrichtlinie für primärrechtswidrig halten. Die Thematik einer eventuellen Primärrechtswidrigkeit der Verschmelzungsrichtlinie soll an dieser Stelle nicht näher erörtert werden.

2. Auslegung der Regelungen des MgVG im Lichte der Niederlassungsfreiheit?

Des Weiteren stellt sich die Frage, ob und inwieweit die Niederlassungsfreiheit bei der Auslegung der Regelungen der Verschmelzungsrichtlinie eine Rolle spielt. Grundsätzlich ist sekundäres Unionsrecht primärrechtskonform auszulegen[519]. Die primärrechtskonforme Auslegung dient der Normerhaltung, indem zwischen mehreren Auslegungsvarianten diejenige gewählt wird, die mit den Geboten des primären Unionsrechts vereinbar ist[520]. Auch ein abschließend harmonisierter Sekundärrechtsakt ist grundsätzlich primärrechtskonform auszulegen[521]. Die Grundfreiheiten jedoch sind bei der Auslegung eines abschließend harmonisierten Sekundärrechtsaktes nur heranzuziehen, soweit der Sekundärrechtsakt überhaupt zu ihrer Beschränkung *geeignet* ist[522]. Denn wenn es z.B. aufgrund diskriminierungsfreier Regelungen seitens der Union schon gar nicht zu Konfliktsituationen zwischen Grundfreiheit und sekundärem Unionsrecht kommen kann, ist der Anwendungsbereich der primärrechtskonformen Auslegung schon nicht eröffnet[523].

Die Verschmelzungsrichtlinie harmonisiert zumindest den Bereich der Arbeitnehmermitbestimmung grundsätzlich abschließend. Eine Auslegung der Vorgaben der Verschmelzungsrichtlinie im Lichte der Niederlassungsfreiheit kommt daher nur in Betracht, wenn und soweit die Regelungen der Verschmelzungsrichtlinie über die Mitbestimmung der Arbeitnehmer geeignet sind, die Niederlassungsfreiheit zu beschränken. Wie bereits erörtert, ist dies jedenfalls auf Grund des weiten Ermessensspielraums des Unionsgesetzgebers nicht der Fall. Den Regelungen der Verschmelzungsrichtlinie über die Arbeitnehmermitbestimmung sind keine Beschränkungen der Niederlassungsfreiheit zu entnehmen[524]. Die Regelungen der Verschmelzungsrichtlinie über die Arbeitnehmermitbestimmung sind deshalb grundsätzlich ohne Rückgriff auf die Niederlassungsfreiheit aus sich heraus auszulegen.

---

519 S. zur primärrechtskonformen Auslegung statt vieler *Leible/Domröse* in: Riesenhuber, Handbuch, § 8.

520 *Leible/Domröse* in: Riesenhuber, Handbuch, § 8, Rn. 3 f.; *Streinz/Leible* in: Schlachter/Ohler, DLRL, Einl., Rn. 75 ff.

521 *Leible/Domröse* in: Riesenhuber, Handbuch, § 8, Rn. 12; *Streinz/Leible* in: Schlachter/Ohler, DLRL, Einl., Rn. 78.

522 Vgl. hierzu z.B. EuGH v. 23.11.1989, Rs. C-150/88, Slg. 1989, 3891, Rn. 28 („*Parfümerie-Fabrik 4711*“); *Leible/Domröse* in: Riesenhuber, Handbuch, § 8, Rn. 13; *Streinz/Leible* in: Schlachter/Ohler, DLRL, Einl., Rn. 78; a.A. offenbar *Oexle*, AbfallR 2003, 284 (288), der die EG-AbfVerbrV primärrechtskonform auslegt ohne zwischen abschließenden und nicht abschließenden Regelungen des Sekundärrechts zu differenzieren.

523 *Leible/Domröse* in: Riesenhuber, Handbuch, § 8, Rn. 13; *Streinz/Leible* in: Schlachter/Ohler, DLRL, Einl., Rn. 78.

524 S.o., D.IV.1.c.2.

3. Vorrang der richtlinienkonformen Auslegung

Die Mitgliedstaaten sind verpflichtet, ihr jeweiliges nationales Recht richtlinienkonform auszulegen[525]. Die richtlinienkonforme Auslegung ist ein Unterfall des allgemeinen Gebots der unionsrechtskonformen Auslegung, das den Verträgen immanent ist und darauf abzielt, die volle Wirksamkeit des Unionsrechts zu gewährleisten[526]. Im Rahmen der richtlinienkonformen Auslegung einer nationalen Norm kommt es entscheidend darauf an, ob deren Anwendung bzw. Rechtsfolge mit dem im Unionsrechtsakt direkt oder mittelbar zum Ausdruck kommenden Sinn und Zweck bzw. den dort verankerten Wertungen vereinbar ist[527]. Wenn sich bei der Auslegung herausstellt, dass das nationale Gesetz hinter den Vorgaben des Unionsgesetzgebers zurückbleibt, muss versucht werden, den nationalen Text extensiv auszulegen, soweit nicht ein ausdrücklicher Wille des nationalen Gesetzgebers für die vorgenommene Beschränkung erkennbar ist[528]. Gegenstand der richtlinienkonformen Auslegung ist dabei stets nur das nationale Recht, nicht die Richtlinie selbst[529]. Damit muss jede Vorschrift des MgVG ggfs. richtlinienkonform ausgelegt werden.

Der Text der Verschmelzungsrichtlinie bestimmt damit entscheidend das Verständnis der auf ihm beruhenden Normen des MgVG[530]. Die Vorgaben der Verschmelzungsrichtlinie gilt es wiederum im Wege der Auslegung zu ermitteln. Faktisch erfolgt daher ein Ebenenwechsel hin zu einer Auslegung der Regelungen der Verschmelzungsrichtlinie.

4. Ergebnis

Grundsätzlich sind die Vorschriften des MgVG ausschließlich am Maßstab der Verschmelzungsrichtlinie zu messen. Die Regelungen der Verschmelzungsrichtlinie sind ihrerseits mit den Vorgaben der Niederlassungsfreiheit zu vereinbaren, nicht zuletzt aufgrund des weiten Ermessensspielraumes des Unionsgesetzgebers. Da die mitbestimmungsrechtlichen Vorgaben der Verschmelzungsrichtlinie abschließend

525 S. statt vieler EuGH v. 10.4.1984, Rs. 14/83, Slg. 1984, 1891, Rn. 26 („*von Colson*"); Calliess/Ruffert/*Ruffert*, EUV/AEUV, Art. 288 AEUV, Rn. 77; Streinz/*Schroeder*, EUV/AEUV, Art. 288 AEUV, Rn. 125 ff. m.w.N.

526 S. nur EuGH v. 5.10.2004, Rs. C-397/01, Slg. 2004, I-8835, Rn. 114 („*Pfeiffer u.a.*"); Streinz/*Schroeder*, EUV/AEUV, Art. 288 AEUV, Rn. 125 m.w.N.; zum Verhältnis zwischen unionsrechts- und richtlinienkonformer Auslegung s. *Roth/Jopen* in: Riesenhuber, Handbuch, § 13, Rn. 9.

527 Vgl. EuGH v. 10.4.1984, Rs. 14/83, Slg. 1984, 1891, Rn. 26 („*von Colson*"): das Gericht muss das nationale Recht „*im Lichte des Wortlauts und des Zwecks der Richtlinie auslegen*"; *Frenz*, Handbuch Europarecht, Bd. 5, Rn. 444.

528 Wie vor.

529 *Gebauer* in: Gebauer/Wiedmann, Zivilrecht unter europäischem Einfluss, Kap. 4, Rn. 19.

530 *Lutter/Bayer/Schmidt*, Europäisches Unternehmens- und Kapitalmarktrecht, § 3, Rn. 49.

harmonisiert sind, kann die Niederlassungsfreiheit als Prüfungsmaßstab für die Vorschriften des MgVG nur herangezogen werden, soweit die Verschmelzungsrichtlinie den Mitgliedstaaten im Einzelfall einen Umsetzungsspielraum lässt. Andernfalls ist bereits der Tatbestand der Niederlassungsfreiheit als nicht eröffnet anzusehen. Damit ist zu prüfen, welche Vorgaben die Verschmelzungsrichtlinie beinhaltet und wie deren Regelungen auszulegen sind. Faktisch erfolgt also ein Ebenenwechsel hin zur Auslegung der Verschmelzungsrichtlinie. Dabei sind die mitbestimmungsrechtlichen Regelungen der Verschmelzungsrichtlinie jedoch wegen ihres abschließenden Charakters nicht im Lichte der Niederlassungsfreiheit, sondern aus sich heraus auszulegen.

E. Regelungsinhalte des MgVG

I. Anwendbarkeit des MgVG

Gem. § 3 Abs. 1 S. 1 MgVG gilt das Gesetz primär für Hineinverschmelzungen, d.h., wenn eine aus einer grenzüberschreitenden Verschmelzung hervorgehende Gesellschaft ihren Sitz in Deutschland nimmt. Bei Herausverschmelzungen richtet sich die Unternehmensmitbestimmung dagegen regelmäßig nach dem Heimatrecht der Zielgesellschaft[531]. Der deutsche Gesetzgeber hat keine Regelungskompetenz für Fragen der Unternehmensmitbestimmung in Gesellschaften mit Sitz im Ausland, so dass das MgVG für diesen Fall grundsätzlich keine Geltung beansprucht[532]. Nur einzelne Verfahrensvorschriften des MgVG finden gem. § 3 Abs. 1 S. 2 MgVG auch im Falle der Herausverschmelzung Anwendung, wie z.B. das in §§ 10 ff. MgVG geregelte Verfahren zur Wahl der auf das Inland entfallenden Mitglieder des Besonderen Verhandlungsgremiums[533].

Das MgVG regelt in §§ 4 ff., in welchen Fällen das gesetzlich vorgesehene Arbeitnehmerbeteiligungsverfahren zur Anwendung gelangt. In diesem Punkt unterscheiden sich SEBG und MgVG voneinander. Das Arbeitnehmerbeteiligungsverfahren nach dem SEBG findet nämlich bei jeder SE-Gründung Anwendung[534]. § 4 MgVG bestimmt dagegen die grundsätzliche Anwendbarkeit des Sitzstaatprinzips, d.h., dass auf die aus einer grenzüberschreitenden Verschmelzung hervorgehende Gesellschaft die Regelungen über die Mitbestimmung der Arbeitnehmer in den Unternehmensorganen des Mitgliedstaats Anwendung finden, in dem diese Gesellschaft ihren Satzungssitz[535] hat. Die Anwendung des Sitzstaatrechts kann jedoch zu einer Minderung des Umfangs oder zu einem vollständigen Verlust der Mitbestimmungsrechte führen, wenn etwa der Aufnahmestaat überhaupt keine Mitbestimmung kennt. Da dies sich nicht mit dem von der Verschmelzungsrichtlinie bezweckten Schutz der Mitbestimmung vereinbaren lässt und aus deutscher Sicht eine „Flucht" aus der Mitbestimmung ermöglichen würde[536], gelangt bei Vorliegen der Voraussetzungen des § 5 MgVG anstelle des Sitzstaatprinzips die Mitbestimmungslösung nach dem MgVG zur Anwendung.

---

531 Vgl. *Habersack*, ZHR 171 (2007), 613 (620); *Habersack*, in: Ulmer/Habersack/Henssler, Mitbestimmungsrecht, §, 3 MgVG Rn. 1.

532 *Müller-Bonanni/Müntefering*, NJW 2009, 2347 (2347 f.).

533 *Müller-Bonanni/Müntefering*, NJW 2009, 2347 (2348).

534 *Müller-Bonanni/Müntefering*, BB 2009, 1699 (1702).

535 Vgl. *Habersack*, ZHR 171 (2007), 613 (619); *Habersack*, in: Ulmer/Habersack/Henssler, Mitbestimmungsrecht, §, 4 MgVG Rn. 1; *Kleinhenz*, S. 317 f.; *Lunk/Hinrichs*, NZA 2007, 773 (774); *Schubert*, RdA 2007, 9 f.

536 BR-Drucks. 540/06, S. 41 f.; *Winter*, Der Konzern 2007, 24 (32).

§ 5 Nr. 1 MgVG sieht vor, dass die Regelungen des MgVG zur Arbeitnehmermitbestimmung Anwendung finden, wenn in den sechs Monaten vor der Veröffentlichung des Verschmelzungsplans mindestens eine der beteiligten Gesellschaften durchschnittlich mehr als 500 Arbeitnehmer beschäftigt und in dieser Gesellschaft ein System der Mitbestimmung im Sinne des § 2 Abs. 7 MgVG[537] besteht. Im Zusammenhang mit dieser Regelung ergibt sich zum einen die Frage, in welchem Verhältnis die drei Tatbestandsalternativen des § 5 MgVG zueinander stehen, und zum anderen, wie der Schwellenwert von 500 Arbeitnehmern im Einzelnen berechnet wird.

1. Verhältnis der Tatbestandsalternativen des § 5 MgVG zueinander

§ 5 MgVG hat Art. 16 Abs. 2 der Verschmelzungsrichtlinie nahezu inhaltsgleich in das deutsche Recht umgesetzt. In der Literatur ist umstritten, ob § 5 Nrn. 1 – 3 MgVG im Verhältnis der Alternativität zueinander stehen[538] oder ob die Voraussetzungen kumulativ vorliegen müssen[539]. Dabei wird die Problematik sowohl im Hinblick auf § 5 MgVG als auch auf Art. 16 Abs. 2 der Verschmelzungsrichtlinie diskutiert[540].

Für ein kumulatives Verhältnis der verschiedenen Tatbestände des § 5 MgVG zueinander wird insbesondere der Wortlaut des 13. Erwägungsgrundes der Verschmelzungsrichtlinie angeführt, wonach eine Abweichung vom Sitzstaatrecht für angemessen erachtet wird, wenn in einer der beteiligten Gesellschaften Mitbestimmungsrechte bestanden *und* das neue Sitzrecht nicht den gleichen Umfang

537 § 2 Abs. 7 MgVG lautet wie folgt: „*Mitbestimmung bedeutet die Einflussnahme der Arbeitnehmer auf die Angelegenheiten einer Gesellschaft durch (i) die Wahrnehmung des Rechts, einen Teil der Mitglieder des Aufsichts- oder Verwaltungsorgans der Gesellschaft zu wählen oder zu bestellen, oder (ii) die Wahrnehmung des Rechts, die Bestellung eines Teils oder aller Mitglieder des Aufsichts- oder Verwaltungsorgans der Gesellschaft zu empfehlen oder abzulehnen.*“

538 So EuGH v. 20.6.2013, Rs. C-635/11, Slg. 2013, 00000, Rn. 43 („Kommission / Niederlande“)¸ *Brandes*, ZIP 2008, 2193 (2195); *Forsthoff*, DStR 2006, 613 (615, Fußnote 23); *Habersack* in: Ulmer/Habersack/Henssler, Mitbestimmungsrecht, § 5 MgVG, Rn. 4; *Henssler* in: Müller-Graf/Teichmann, Europäisches Gesellschaftsrecht auf neuen Wegen, S. 149; *Heuschmid*, AuR 2006, 184 (187); HWK/*Hohenstatt/Dzida*, MgVG, Rn. 8; *Müller-Bonanni/Müntefering*, NJW 2009, 2347 (2349); *Nagel*, NZG 2007, 57 (58); *Nikoleyczik/Führ*, DStR 2010, 1743 (1744); Sagasser/Bula/Brünger/*Gutkès*, Umwandlungen, § 13, Rn. 278; *Teichmann*, Der Konzern 2007, 89 (91); *Winter*, Der Konzern 2007, 24 (32).

539 Diese Ansicht vertreten *Behrens*, S. 188 f.; *Drinhausen/Keinath*, AG 2010, 398 (403); *Kleinhenz*, S. 325; *Koberski*, FS Wissmann, 474 (488); *Schubert*, RdA 2007, 9 (12); wohl auch ohne Diskussion des Problems *Drinhausen/Keinath*, RiW 2006, 81 (85); *Lunk/Hinrichs*, NZA 2007, 773 (774).

540 Zur besseren Verständlichkeit wird bei der Darstellung der verschiedenen Meinungen nur das MgVG zitiert.

an Mitbestimmung vorsieht[541]. Zudem wird mit dem Schutz kleiner und mittlerer Unternehmen argumentiert[542]: Vor dem Hintergrund der von der Verschmelzungsrichtlinie bezweckten Erleichterung grenzüberschreitender Verschmelzungen seien die von der Verschmelzungsrichtlinie vorgesehenen zeit- und kostenintensiven Verhandlungen über die Unternehmensmitbestimmung erst bei Überschreiten einer bestimmten Arbeitnehmerzahl gerechtfertigt. Darüber hinaus bezwecke die Verschmelzungsrichtlinie in erster Linie den Schutz bestehender Mitbestimmungsrechte, weshalb deren Regelungen bzw. das MgVG nur Anwendung finden könnten, wenn es zu einer Minderung zuvor erworbener Mitbestimmungsrechte im Sinne des § 5 Nr. 2 bzw. Nr. 3 MgVG komme[543].

Die Gegenansicht, wonach die verschiedenen Tatbestände des § 5 MgVG in einem Alternativverhältnis zueinander stehen, führt zur Begründung insbesondere den folgenden Aspekt an: Die generelle Anwendung der 500 Arbeitnehmer-Schwelle habe gravierende Auswirkungen auf die Mitbestimmungsrechte in Mitgliedstaaten, deren Schwellenwerte deutlich niedriger sind als im deutschen Recht[544], denn dort komme es durch das dann eingreifende Sitzstaatprinzip zu einem Wegfall von Mitbestimmung[545].

a) Stellungnahme

Das oben aufgeworfene Verhältnis der Tatbestandsalternativen zueinander ist anhand einer Auslegung der Vorgaben der Verschmelzungsrichtlinie zu ermitteln[546].

Dass die entgegengesetzten Ansichten unterschiedliche Rechtsfolgen nach sich ziehen, verdeutlicht das nachstehende Beispiel[547]. So würde im Falle der Verschmelzung einer deutschen drittelmitbestimmten AG auf eine österreichische, ebenfalls drittelmitbestimmte AG unter Zugrundelegung des Erfordernisses einer kumulativen Erfüllung der verschiedenen Tatbestände des Art. 16 Abs. 2 der Verschmelzungsrichtlinie das österreichische Mitbestimmungsrecht gelten, weil zwar Art. 16 Abs. 2, 1. Alt. der Verschmelzungsrichtlinie, nicht aber die Voraussetzungen des Art. 16 Abs. 2, 2. Alt. lit a bzw. lit. b der Verschmelzungsrichtlinie gegeben wären und damit das Sitzstaatprinzip zur Anwendung gelangte. Unter Zugrundelegung der Annahme, dass die Tatbestände des Art. 16 Abs. 2 der Verschmelzungsrichtlinie in einem Alternativverhältnis zueinander stehen, käme dagegen das Arbeitnehmerbeteiligungsverfahren zur Anwendung mit der Folge, dass z.B. im Wege der Aufnahme von Verhandlungen individuelle Mitbestimmungsregelungen vereinbart werden

---

541 Vgl. *Drinhausen/Keinath,* AG 2010, 398 (403); *Kisker,* RdA 2006, 206 (211).

542 *Schubert,* RdA 2007, 9 (12).

543 *Drinhausen/Keinath,* AG 2010, 398 (403); ähnlich *Behrens,* S. 188 f.

544 Z.B. in Schweden 25 Arbeitnehmer und in Dänemark 35 Arbeitnehmer, vgl. *Teichmann,* Der Konzern 2007, 89 (91, Fußnote 14).

545 *Heuschmid,* AuR 2006, 184 (187).

546 Vgl. im Einzelnen o., D.IV.

547 Vgl. *Kisker,* RdA 2006, 206 (211).

könnten. Für die Gestaltung der Mitbestimmung kommt es demnach entscheidend auf das Verhältnis der Tatbestandsalternativen zueinander an.

Um das oben aufgeworfene Verhältnis der Tatbestandsalternativen zueinander beurteilen zu können, müssen zunächst die Merkmale des Art. 16 Abs. 2, 1. Alt. der Verschmelzungsrichtlinie genauer betrachtet werden. Die Regelung setzt zum einen voraus, dass eine der beteiligten Gesellschaften mehr als 500 Arbeitnehmer beschäftigt, und zum anderen, dass in dieser Gesellschaft ein System der Mitbestimmung besteht. In der Argumentation um das Verhältnis der Tatbestandsalternativen zueinander sind diese Merkmale differenziert zu betrachten. So ist zu untersuchen, ob sämtliche Tatbestände im Verhältnis der Alternativität zueinander stehen oder ob nur das erste Merkmal (500 Arbeitnehmer-Schwelle) kumulativ zu den Voraussetzungen des Art. 16 Abs. 2, 2. Alt. lit a bzw. lit. b der Verschmelzungsrichtlinie vorliegen muss[548] oder ob beide vorbezeichneten Merkmale des Art. 16 Abs. 2, 1. Alt. der Verschmelzungsrichtlinie stets kumulativ zu Art. 16 Abs. 2, 2. Alt. lit. a bzw. lit. b der Verschmelzungsrichtlinie gegeben sein müssen[549].

Die Anordnung der Tatbestände in Art. 16 Abs. 2 der Verschmelzungsrichtlinie in Form einer Aufzählung, verbunden durch ein „oder"[550] sowie die Gesetzesmaterialien, die ebenfalls eine „oder"-Verknüpfung der verschiedenen Tatbestände vorsehen[551], sprechen für ein alternatives Verständnis der Tatbestände zueinander, ohne dass zwischen dem Erfordernis des *Bestehens eines Systems der Mitbestimmung* und der *500 Arbeitnehmer-Schwelle* differenziert wird. Ein eindeutiger Wille des Unionsgesetzgebers lässt sich dagegen nicht ermitteln[552].

Soweit der 13. Erwägungsgrund der Verschmelzungsrichtlinie für ein kumulatives Verständnis der Tatbestände des Art. 16 Abs. 2 der Verschmelzungsrichtlinie bzw. des § 5 MgVG herangezogen wird, ist dem zu entgegnen, dass der 13. Erwägungsgrund lediglich die Voraussetzung des *Bestehens von Mitbestimmungsrechten* nach Maßgabe der Verschmelzungsrichtlinie mit den weiteren in Art. 16 Abs. 2, 2. Alt. lit a bzw. lit. b der Verschmelzungsrichtlinie geregelten Voraussetzungen durch ein „und" verknüpft. Er sieht jedoch keine Relevanzschwelle von 500 Arbeitnehmern vor. Damit könnte dem vorbezeichneten Erwägungsgrund lediglich entnommen werden, dass das Merkmal des *Bestehens eines Systems der Mitbestimmung* stets kumulativ vorliegen muss, damit das Arbeitnehmerbeteiligungsverfahren nach der Verschmelzungsrichtlinie zur Anwendung kommt.

Soweit für ein alternatives Verständnis der verschiedenen Tatbestandsalternativen zueinander angeführt wird, dass die Verschmelzungsrichtlinie sich ursprünglich insbesondere an kleine und mittlere Unternehmen richten sollte, ist dem zu

---

548 So *Schubert,* RdA 2007, 9 (12).

549 Vgl. zu dieser Differenzierung auch *Drinhausen/Keinath,* AG 2010, 398 (403).

550 So auch *Drinhausen/Keinath,* AG 2010, 398 (403).

551 BR-Drucks. 540/06, S. 42.

552 Vgl. *Schubert,* RdA 2007, 9 (12); a.A. *Heuschmid,* AuR 2006, 184 (187) mit Verweis auf *Kluge/Heuschmid,* Transfer 2005, 295 (296 f.).

entgegnen, dass kleine und mittlere Unternehmen auch unter Zugrundelegung eines alternativen Verhältnisses der Tatbestände zueinander hinreichend geschützt werden. So sieht die Verschmelzungsrichtlinie vor, dass die Leitungen der an der Verschmelzung beteiligten Gesellschaften jederzeit entscheiden können, die gesetzliche Auffangregelung ohne vorhergehende Verhandlungen unmittelbar ab dem Zeitpunkt der Eintragung anzuwenden[553]. Damit haben kleine und mittlere Unternehmen die Möglichkeit, sich gegen die Durchführung des zeit- und kostenintensiven Verhandlungsverfahrens zu entscheiden. Unter Zugrundelegung eines kumulativen Verständnisses der Tatbestände zueinander würde kleinen und mittleren Unternehmen dagegen die *Möglichkeit* genommen, durch individuelle Verhandlungen ein Mitbestimmungssystem zu integrieren. Dies ist jedoch insbesondere mit dem Schutzzweck der Verschmelzungsrichtlinie, der Erleichterung grenzüberschreitender Verschmelzungen, nicht in Einklang zu bringen.

Im Rahmen der teleologischen Auslegung ist wiederum zwischen den beiden Merkmalen des Art. 16 Abs. 2, 1. Alt. der Verschmelzungsrichtlinie zu differenzieren. Grundsätzlich können nur solche Rechte gesichert werden, die auch tatsächlich bestehen. Dies spricht jedenfalls für eine kumulative Heranziehung des Merkmals des *Bestehens eines Systems der Mitbestimmung*. Die kumulative Anwendung der *500 Arbeitnehmer-Schwelle* ist dagegen nicht mit dem Sinn und Zweck der Verschmelzungsrichtlinie – der Sicherung bestehender Mitbestimmungsrechte – zu vereinbaren. Denn wenn das erste Merkmal des Art. 16 Abs. 2, 1. Alt. der Verschmelzungsrichtlinie – die 500 Arbeitnehmer-Schwelle – nicht erfüllt ist, eine der beteiligten Gesellschaften aber einem Mitbestimmungssystem unterliegt und zusätzlich eine der Voraussetzungen des Art. 16 Abs. 2, 2. Alt. der Verschmelzungsrichtlinie erfüllt ist, droht der Verlust bestehender Mitbestimmungsrechte[554]. Dies verdeutlicht das folgende Beispiel[555]: Verschmilzt eine dänische mitbestimmte AG mit weniger als 500 Arbeitnehmern auf eine spanische AG, die ebenfalls weniger als 500 Arbeitnehmer beschäftigt und keiner Mitbestimmung unterliegt, so findet – unter Zugrundelegung der Auffassung, wonach die Tatbestände des Art. 16 Abs. 2 der Verschmelzungsrichtlinie bzw. des § 5 MgVG kumulativ erfüllt sein müssen – das Sitzstaatrecht und damit das spanische Recht Anwendung, da die Schwelle von 500 Arbeitnehmern nicht erreicht wird. Dies hätte zur Folge, dass die Mitbestimmung der dänischen Arbeitnehmer entfiele, da das spanische Recht keine Mitbestimmung kennt. Unter Zugrundelegung der Annahme eines Alternativverhältnisses der Tatbestände des Art. 16 Abs. 2 der Verschmelzungsrichtlinie wäre Art. 16 Abs. 2, 2. Alt. lit. a der Verschmelzungsrichtlinie dagegen wegen der Mitbestimmungsfreiheit der aufnehmenden spanischen Gesellschaft erfüllt, so dass das Arbeitnehmerbeteiligungsverfahren Anwendung fände.

---

553 So auch *Brandes,* ZIP 2008, 2193 (2195).

554 Vgl. *Kluge/Heuschmid,* Transfer 2005, 295 (296 f.).

555 Vgl. *Heuschmid,* AuR 2006, 184 (187).

Zusammenfassend ergibt sich, dass insbesondere die teleologischen Erwägungen zwar für das *Bestehen eines Systems der Mitbestimmung*, aber gegen die *500 Arbeitnehmer-Schwelle* als kumulativ erforderliche Voraussetzung sprechen. Es kommt damit entscheidend darauf an, ob die beiden Voraussetzungen voneinander getrennt werden können, ob Art. 16 Abs. 2, 1. Alt. der Verschmelzungsrichtlinie also in der Weise ausgelegt werden kann, dass das *Bestehen eines Systems der Mitbestimmung* stets Voraussetzung für die Durchführung eines Arbeitnehmerbeteiligungsverfahrens ist, nicht aber die Relevanzschwelle von 500 Arbeitnehmern. Für ein solches Verständnis könnte der Wortlaut des 13. Erwägungsgrundes der Verschmelzungsrichtlinie sprechen, der das Erfordernis der 500 Arbeitnehmer-Schwelle nicht erwähnt, aber die Voraussetzung des Bestehens von Mitbestimmungsrechten nach Maßgabe der Verschmelzungsrichtlinie mit den weiteren Voraussetzungen durch ein „und" verknüpft. Gegen das vorbezeichnete Verständnis der Norm spricht jedoch, dass Art. 16 Abs. 2, 1. Alt. der Verschmelzungsrichtlinie beide Tatbestandsmerkmale klar durch ein „und" verbindet und nur zu den anderen Tatbeständen des Art. 16 Abs. 2 der Verschmelzungsrichtlinie eine „oder"-Verknüpfung vorsieht[556]. Vor dem Hintergrund, dass Erwägungsgründen im Unionsrecht grundsätzlich keine Bindungswirkung zukommt und sie nur für die Auslegung der jeweiligen Unionsrechtsakte herangezogen werden[557], hat der klare Wortlaut des Art. 16 Abs. 2 der Verschmelzungsrichtlinie Vorrang. Damit stünde es im Widerspruch zum insoweit eindeutigen Wortlaut, das Tatbestandsmerkmal des *Bestehens eines Systems der Mitbestimmung* stets für kumulativ erforderlich anzusehen, nicht dagegen die *500 Arbeitnehmer-Schwelle.*

Nach alledem gibt die Verschmelzungsrichtlinie vor, dass die Tatbestände des Art. 16 Abs. 2 in einem Alternativverhältnis zueinander stehen.

b) Auswirkungen auf die Mitbestimmung

Die hier vertretene Auffassung bewirkt, dass im Falle grenzüberschreitender Verschmelzungen die Vorschriften des MgVG über die Mitbestimmung der Arbeitnehmer

---

556 *Drinhausen/Keinath*, AG 2010, 398 (403) sehen sehen die Formulierung in Art. 16 Abs. 2, 1. Alt. der Verschmelzungsrichtlinie dagegen als unklar an.

557 EuGH v. 4.10.1972, Rs. 9/72, Slg. 1972, 961, Rn. 6 („*Brunner*"); EuGH v. 6.10.1981, Rs. 246/80, Slg. 1981, 2311, Rn. 23 („*Broekmeulen*"); *Bleckmann/Pieper* in: Dauses, Hdb. EU-WirtschaftsR, Teil B.I., Rn. 17; *Gebauer* in: Gebauer/Wiedmann, Zivilrecht unter europäischem Einfluss, Kap. 4, Rn. 26; MünchKommBGB/*Kindler*, Bd. 11, Int. WirtschaftsR, Int. InsolvenzR, B., Vorbem., Rn. 13 in Bezug auf das europäische Insolvenzrecht; *Nettesheim* in: Grabitz/Hilf/Nettesheim, EUV/AEUV, Präambel AEUV, Rn. 15; Wandtke/Bullinger/*Thum*, UrhR, Vorbem. Vor §§ 87a ff., Rn. 17; s. auch Ziff. 10 des Gemeinsamen Leitfadens des Europäischen Parlaments, des Rates und der Kommission für Personen, die in den Unionssorganen an der Abfassung von Rechtsakten mitwirken, abrufbar unter http://eur-lex.europa.eu/de/techleg/10.htm.

Anwendung finden, sofern nur eine Tatbestandsalternative des § 5 MgVG einschlägig ist. Dies führt zu einem höheren Schutzniveau der Rechte der beteiligten Arbeitnehmer in Unternehmen, deren Rechtsordnungen geringere Schwellenwerte für die Implementierung eines Mitbestimmungssystems voraussetzen als das deutsche Recht. Im deutschen Recht wirkte sich eine generelle Relevanzschwelle von 500 Arbeitnehmern nicht zwangsläufig auf die bestehenden Mitbestimmungsrechte aus, da eine Unternehmensmitbestimmung nach dem DrittelbG ohnehin erst ab einer Anzahl von mehr als 500 Arbeitnehmern eingreift[558]. Die vorstehende Diskussion dürfte vor diesem Hintergrund zumindest mit Blick auf die 500 Arbeitnehmer-Schwelle für deutsche Unternehmen nicht besonders praxisrelevant sein[559]. Deutsche Unternehmen sind aber insoweit betroffen, als sie sich nach der hier vertretenen Auffassung auch Verhandlungen über die Mitbestimmung ausgesetzt sehen, soweit in der an der Verschmelzung beteiligten ausländischen Gesellschaft ein Mitbestimmungssystem implementiert ist und § 5 Nr. 2 bzw. Nr. 3 MgVG einschlägig ist, auch wenn beide Gesellschaften weniger als 500 Arbeitnehmer beschäftigen und in der deutschen Gesellschaft damit zuvor kein Mitbestimmungssystem bestanden hat.

Nach alledem kann die hier vertretene Auffassung dazu führen, dass deutsche Unternehmen entgegen den Vorgaben der deutschen Mitbestimmungsgesetze ein Mitbestimmungssystem implementieren müssen. Dies wird indes in der Regel nicht das strenge deutsche System sein. Jedenfalls im Hinblick auf die Implementierung der deutschen Mitbestimmungsregelungen ist die vorstehende Diskussion aber „neutral".

2. Ermittlung des Schwellenwertes

§ 5 Nr. 1 MgVG sieht – anders als §§ 17, 23 MgVG[560] – keine Einbeziehung der in Konzernunternehmen beschäftigten Arbeitnehmer bei der Ermittlung des Schwellenwertes vor. Dennoch stellt sich die Frage, ob unter Berücksichtigung der Gesamtumstände bei der Berechnung der 500 Arbeitnehmer-Schwelle auch solche Arbeitnehmer mitzählen, die im Wege der Konzernzurechnung mitbestimmungsrechtlichen Strukturen unterliegen (in Deutschland gem. §§ 2 Abs. 2 DrittelbG, 5 Abs. 1 MitbestG[561, 562]) oder ob nur die Arbeitnehmer der unmittelbar an der Verschmelzung beteiligten Gesellschaften berücksichtigt werden[563]. Die Relevanz dieser Problematik verdeutlicht das folgende Beispiel[564]: Wenn eine mitbestimmungsfreie

---

558 S.o., B.II.2.

559 S. *Heuschmid,* AuR 2006, 184 (187); *Nagel,* NZG 2007, 57 (58).

560 Dazu u., E.II.2.a.2.

561 Vgl.o., B.II.4.

562 Diese Ansicht vertreten *Müller-Bonanni/Müntefering,* NJW 2009, 2347 (2349 f.).

563 So *Brandes,* ZIP 2008, 2193 (2195); *Habersack* in: Ulmer/Habersack/Henssler, Mitbestimmungsrecht, § 5 MgVG, Rn. 2; *Kleinhenz,* S. 323 f.; *Schubert,* RdA 2007, 9 (12 f.).

564 *Müller-Bonanni/Müntefering,* NJW 2009, 2347 (2350).

spanische AG auf eine deutsche AG verschmilzt, die selbst nur einige wenige Arbeitnehmer beschäftigt, aber im Wege der Konzernzurechnung gem. § 5 Abs. 1 MitbestG dem MitbestG unterliegt, so sind § 5 Nrn. 2 u. 3 MgVG mangels eines Verlustes von Mitbestimmungsrechten der Arbeitnehmer der spanischen AG nicht einschlägig. Ein Arbeitnehmerbeteiligungsverfahren wäre nach der hier vertretenen Auffassung jedoch durchzuführen, wenn in die Berechnung der Relevanzschwelle nach § 5 Nr. 1 MgVG auch die mitbestimmungsrechtlich zuzurechnenden Arbeitnehmer einzubeziehen sind. Ansonsten käme das Sitzstaatprinzip und damit das deutsche Mitbestimmungssystem zur Anwendung.

Für die Einbeziehung der Arbeitnehmer der betroffenen Tochtergesellschaften und Betriebe in die Berechnung des Schwellenwertes wird in der Literatur insbesondere der Zweck des Schwellenwertes angeführt. Da dieser darin bestehe, festzustellen, ob durch die grenzüberschreitende Verschmelzung die Mitbestimmungsrechte einer Beschäftigtengruppe von rechtserheblicher Größe tangiert werden, seien alle Arbeitnehmer zu berücksichtigen, deren Mitbestimmungsrechte durch die grenzüberschreitende Verschmelzung beeinträchtigt würden[565]. Hinzu komme, dass die Arbeitnehmer betroffener Tochtergesellschaften u.a. am Verhandlungsverfahren nach §§ 6 ff. MgVG beteiligt seien[566].

Gegen die Einbeziehung konzernangehöriger Arbeitnehmer wird insbesondere der Wortlaut des § 5 Nr. 1 MgVG angeführt, woraus hervorgehe, dass nur die *unmittelbar* an der Verschmelzung beteiligten Gesellschaften in die Berechnung einzubeziehen seien[567]. Darüber hinaus könne eine andernfalls erforderliche Prüfung der einzubeziehenden Arbeitnehmer aus den Tochtergesellschaften zu Rechtsunsicherheiten führen, die aufgrund der bewussten Formalisierung des Verfahrens nicht gewollt seien[568]. Abgesehen davon sichere § 5 Abs. 3 MitbestG die Mitbestimmungsrechte bei einer Konzernspitze im Ausland und damit die Mitbestimmungsrechte der Arbeitnehmer der Tochtergesellschaften[569].

a) Stellungnahme

Zunächst ist klarzustellen, dass der Arbeitnehmerbegriff gem. § 2 Abs. 1 S. 1 MgVG sich grundsätzlich nach den Rechtsvorschriften und Gepflogenheiten des jeweiligen Mitgliedstaates richtet, womit der unionsrechtliche Arbeitnehmerbegriff auf der Grundlage des Art. 39 AEUV keine Anwendung findet[570].

565 *Müller-Bonanni/Müntefering*, NJW 2009, 2347 (2350); *Schubert*, RdA 2007, 9 (12 f.).
566 *Müller-Bonanni/Müntefering*, NJW 2009, 2347 (2350).
567 Wie vor; ebenso *Habersack*, in: Ulmer/Habersack/Henssler, Mitbestimmungsrecht, §, 5 MgVG Rn. 2.
568 *Schubert*, RdA 2007, 9 (13).
569 *Kleinhenz*, S. 324.
570 S. *Kleinhenz*, S. 322 f.; *Lunk/Hinrichs*, NZA 2007, 773 (774); *Schubert*, RdA 2007, 9 (12); a.A. *Behrens*, S. 184.

Die Auslegung des § 5 Nr. 1 MgVG richtet sich nach den Vorgaben der Verschmelzungsrichtlinie[571]. Damit ist anhand einer Auslegung der Vorgaben der Verschmelzungsrichtlinie deren genauer Inhalt zu ermitteln.

Der Wortlaut von Art. 16 Abs. 2, 1. Alt. der Verschmelzungsrichtlinie sieht keine Einbeziehung der konzernangehörigen Arbeitnehmer vor. In teleologischer Hinsicht ist der Schutzzweck der Verschmelzungsrichtlinie zu bedenken, bestehende Mitbestimmungsrechte zu sichern. Es ist damit zu untersuchen, ob die Nichteinbeziehung konzernangehöriger Arbeitnehmer bei der Ermittlung des Schwellenwertes zu einer Minderung bestehender Mitbestimmungsrechte führen kann. Hierfür ist das bereits angeführte Beispiel der Verschmelzung einer spanischen AG mit weniger als 500 Arbeitnehmern auf eine deutsche AG heranzuziehen, die ebenfalls weniger als 500 Arbeitnehmer beschäftigt, aber wegen der Konzernzurechnung mitbestimmt ist. Wie bereits ausgeführt, wäre ein Arbeitnehmerbeteiligungsverfahren nur durchzuführen, wenn in die Berechnung der Relevanzschwelle nach Art. 16 Abs. 2, 1. Alt. der Verschmelzungsrichtlinie auch die mitbestimmungsrechtlich zuzurechnenden Arbeitnehmer einzubeziehen sind. Käme es dagegen nicht zur Durchführung eines Arbeitnehmerbeteiligungsverfahrens, so wäre das Sitzstaatprinzip, d.h. deutsches Recht, anwendbar und damit auch die Regelungen über die Zurechnung konzernangehöriger Arbeitnehmer[572], so dass ein Verlust bestehender Mitbestimmungsrechte nicht drohte. Problematischer stellt sich die Situation jedoch im umgekehrten Fall dar, d.h. bei einer Verschmelzung der deutschen auf die spanische Gesellschaft. Kommt in dieser Konstellation das Sitzstaatprinzip und damit das spanische Recht zur Anwendung, kann eine Gefährdung der Mitbestimmungsrechte der Arbeitnehmer in der Konzernspitze nicht ausgeschlossen werden. Das deutsche Recht sieht für einen solchen Fall jedoch Sicherungsmechanismen vor. Zum einen bleiben die deutschen Tochtergesellschaften im Falle der Herausverschmelzung der deutschen Konzernspitze mitbestimmt, soweit sie bereits selbst die Schwellenwerte der deutschen Mitbestimmungsgesetze überschreiten und einem Mitbestimmungssystem unterliegen. Zum anderen können durch § 5 Abs. 3 MitbestG die Mitbestimmungsrechte der Arbeitnehmer abhängiger Unternehmen in der Konzernspitze durch deren Zurechnung zu der nächsthöheren Konzernebene gesichert werden[573]. Eine solche Zurechnung kann jedoch nur in einem mehrstufigen Konzern erfolgen, wenn also die Konzernmutter, die auf eine ausländische Gesellschaft verschmilzt, über ein Zwischenunternehmen weitere abhängige Unternehmen beherrscht[574]. In einem zweistufigen Konzern verlieren die Arbeitnehmer der Tochtergesellschaften dagegen ihre Beteiligungsrechte in der Konzernspitze, da es keine nächsthöhere Konzernebene gibt, der sie zugerechnet werden können. Dieser Verlust könnte

---

571 Vgl.o., D.IV.

572 S. *Bauckhage-Hoffer/Rupietta*, EWS 2012, 417 (422); *Nikoleyczik/Führ*, DStR 2010, 1743 (1746).

573 Vgl.o., B.II.4.

574 Vgl. ErfK/*Oetker*, § 5 MitbestG, Rn. 19.

jedoch vor dem Hintergrund hinzunehmen sein, dass die Verschmelzungsrichtlinie neben der Sicherung bestehender Mitbestimmungsrechte auch die Erleichterung grenzüberschreitender Verschmelzungen bezweckt. Die Verschmelzungsrichtlinie sieht vor, dass ein Arbeitnehmerbeteiligungsverfahren nur unter bestimmten Voraussetzungen durchzuführen ist. Der Richtliniengeber versucht dadurch, die beiden vorbezeichneten Schutzzwecke der Richtlinie bestmöglich miteinander in Einklang zu bringen. Das hat zur Folge, dass es bei dem Sitzstaatprinzip mit den daraus resultierenden Konsequenzen bleibt, soweit die Voraussetzungen der Verschmelzungsrichtlinie für die Anwendung des Arbeitnehmerbeteiligungsverfahrens nicht erfüllt sind. Da die Verschmelzungsrichtlinie die Einbeziehung konzernangehöriger Arbeitnehmer nicht vorsieht, ist der mögliche Verlust der Beteiligungsrechte der Arbeitnehmer der Tochtergesellschaften im zweistufigen Konzern in Anbetracht der Schutzzwecke der Verschmelzungsrichtlinie hinzunehmen. Eine Einbeziehung konzernangehöriger Arbeitnehmer findet damit bei der Ermittlung der 500 Arbeitnehmer-Schwelle im Sinne des Art. 16 Abs. 2, 1. Alt. der Verschmelzungsrichtlinie nicht statt.

b) Auswirkungen auf die Mitbestimmung

Auf den ersten Blick ergeben sich aus der hier vertretenen Auffassung Möglichkeiten, mitbestimmungsrechtliche Strukturen insbesondere durch die Verschmelzung mit einer nicht mitbestimmten ausländischen Gesellschaft zu vermeiden, wenn beide Gesellschaften weniger als 500 Arbeitnehmer beschäftigen und damit kein Arbeitnehmerbeteiligungsverfahren durchzuführen ist. Bei genauerer Prüfung zeigt sich indes, dass die Gestaltungsmöglichkeiten eher gering sind. So gilt bei Hineinverschmelzungen das Sitzstaatprinzip, wenn die Voraussetzungen des § 5 MgVG nicht erfüllt sind, und damit das strenge deutsche Mitbestimmungsrecht. Bei Hinausverschmelzungen auf eine nicht mitbestimmte ausländische Gesellschaft entfällt bei Anwendung des Sitzstaatprinzips lediglich die Mitbestimmung in der deutschen Konzernspitze. In einem zweistufigen Konzern entfallen dadurch naturgemäß auch die Beteiligungsrechte der Arbeitnehmer der Tochtergesellschaften in der Konzernspitze. Sind die Tochtergesellschaften jedoch selbst mitbestimmt, vermag die Verlegung der Konzernspitze ins Ausland daran nichts zu ändern. In einem mehrstufigen Konzern bleiben die Mitbestimmungsrechte der Arbeitnehmer der abhängigen Unternehmen wegen der Zurechnung zu der nächsthöheren Ebene gem. § 5 Abs. 3 MitbestG bestehen. Damit kann unter Zugrundelegung der hier vertretenen Ansicht durch eine Verschmelzung auf eine nicht mitbestimmte ausländische Gesellschaft lediglich die Mitbestimmung in der Konzernspitze vermieden werden, wenn die Konzernspitze selbst weniger als 500 Arbeitnehmer beschäftigt und nur über die Konzernzurechnung mitbestimmt ist. Es ist jedoch fraglich, ob Unternehmen eine grenzüberschreitende Verschmelzung einzig zu dem Zweck durchführen, die Beteiligungsrechte der Arbeitnehmer in der Konzernmutter zu vermeiden. Jedenfalls wären für eine Verhinderung der Zurechnung der Arbeitnehmer zur nächsthöheren Konzernebene ggfs. weitere Maßnahmen erforderlich.

3. „Bestehen eines Systems der Mitbestimmung"

Im Rahmen des § 5 Nr. 1 MgVG wird in der Literatur erörtert, wie das von dieser Vorschrift vorausgesetzte Tatbestandsmerkmal des *Bestehens eines Systems der Mitbestimmung* zu verstehen ist. Diskutiert wird darüber, ob es sich um ein gesetzlich vorgesehenes Mitbestimmungssystem handeln muss oder ob ein Arbeitnehmerbeteiligungsverfahren auch dann durchzuführen ist, wenn in einer der beteiligten Gesellschaften ein freiwillig eingeführtes System der Arbeitnehmermitbestimmung besteht.

Auch bei der Erörterung dieser Problematik spielen die Vorgaben der Verschmelzungsrichtlinie eine entscheidende Rolle[575]. Für eine Einbeziehung auch freiwillig eingeführter Mitbestimmungssysteme in Art. 16 Abs. 2, 1. Alt. der Verschmelzungsrichtlinie („weite Auslegung") wird in der Literatur die Begründung der EU-Kommission zum Vorschlag für eine Verschmelzungsrichtlinie herangezogen[576]. Die Kommission hat darin angeführt, dass die Regelungen der Verschmelzungsrichtlinie immer dann zur Anwendung gelangen, wenn eine der fusionierenden Gesellschaften bereits der Mitbestimmung unterliegt, *„sei es einer obligatorischen, sei es einer freiwillig adaptierten"*[577]. Auch Art. 16 Abs. 2, 1. Alt. der Verschmelzungsrichtlinie i.V.m. Art. 2 k der SE-Richtlinie[578] lässt sich entnehmen, dass ein freiwillig eingeführtes Mitbestimmungssystem ausreicht, denn die Vorschriften definieren Mitbestimmung als die Wahrnehmung des *Rechts,* einen Teil der Mitglieder des Aufsichts- oder Verwaltungsorgans der Gesellschaft zu wählen[579].

Abweichend davon geht indes die Gesetzesbegründung zum MgVG von einem bestehenden *gesetzlich vorgesehenen* Mitbestimmungssystem aus[580]. Zwar kommt den Ausführungen der EU-Kommission wegen der grundsätzlichen Vorrangigkeit der Verschmelzungsrichtlinie grundsätzlich ein stärkeres Gewicht zu. Die Begründung der EU-Kommission ist jedoch entgegen ihrem ersten Anschein nicht zwingend dahingehend zu verstehen, dass im Rahmen des Art. 16 Abs. 2, 1. Alt. der Verschmelzungsrichtlinie auch ein freiwillig implementiertes Mitbestimmungssystem ausreicht, um zur Anwendung der Verhandlungslösung zu kommen. Die Begründung der EU-Kommission bezieht sich vielmehr auf den gesamten Art. 14 des Richtlinienentwurfes und damit auf sämtliche Varianten der Vorschrift. Sie kann damit auch dahingehend ausgelegt werden, dass sich das *„freiwillig adaptierte"*

---

575 Vgl. o., D.IV.

576 So auch *Habersack* in: Ulmer/Habersack/Henssler, Mitbestimmungsrecht, § 5 MgVG, Rn. 2; *Kleinhenz,* S. 321 (Fußnote 1150); vgl. auch *Schubert,* RdA 2007, 9 (10), die sich im Ergebnis aber gegen eine weite Auslegung der Vorschrift ausspricht.

577 Vorschlag für eine Richtlinie des Europäischen Parlaments und des Rates über die Verschmelzung von Kapitalgesellschaften aus verschiedenen Mitgliedstaaten vom 18.11.2003, KOM (2003) 703 endg., S. 7.

578 Diese Vorschriften sind durch § 2 Abs. 7 MgVG umgesetzt worden.

579 Vgl. *Krause/Janko,* BB 2007, 2194 (2196).

580 BR-Drucks. 540/06, S. 31, 42.

Mitbestimmungssystem lediglich auf Art. 16 Abs. 2, 2. Alt. lit a der Verschmelzungsrichtlinie bezieht. Art. 16 Abs. 2, 2. Alt. lit a der Verschmelzungsrichtlinie verlangt die Durchführung eines „Vorher-Nachher-Vergleichs" hinsichtlich des Mitbestimmungsniveaus und erfasst damit auch freiwillig implementierte Mitbestimmungssysteme[581].

Gegen eine weite Auslegung des Art. 16 Abs. 2, 1. Alt. der Verschmelzungsrichtlinie spricht auch, dass die Regelung des Art. 16 Abs. 2, 2. Alt. lit a der Verschmelzungsrichtlinie in diesem Fall funktionslos wäre[582]. Nach dieser Regelung sind Verhandlungen durchzuführen, wenn das Recht, das für die aus einer grenzüberschreitenden Verschmelzung hervorgehende Gesellschaft maßgeblich ist, nicht mindestens den gleichen Umfang an Arbeitnehmermitbestimmung vorsieht, wie er in den an der Verschmelzung beteiligten Gesellschaften bestand. Eine weite Auslegung des Art. 16 Abs. 2, 1. Alt. der Verschmelzungsrichtlinie würde jedoch dazu führen, dass eine Verhandlungspflicht bereits ausgelöst würde, wenn in den beteiligten Gesellschaften irgendeine Form der Unternehmensmitbestimmung bestand. Art. 16 Abs. 2, 2. Alt. lit a der Verschmelzungsrichtlinie würde dann nicht mehr zur Anwendung kommen, weil ein danach vorgesehener Vergleich der Mitbestimmungssysteme überflüssig wäre[583].

Auch teleologische Aspekte sprechen gegen eine weite Auslegung des Art. 16 Abs. 2, 1. Alt. der Verschmelzungsrichtlinie. Die Verschmelzungsrichtlinie bezweckt den Schutz bestehender Mitbestimmungsrechte. Ein solcher Schutz ist aber nur erforderlich und gerechtfertigt, wenn die Mitbestimmungsrechte in einer der beteiligten Gesellschaften vor der Verschmelzung weiter reichten als nach dem Recht, das für die aus einer grenzüberschreitenden Verschmelzung hervorgehende Gesellschaft maßgeblich ist[584]. Ein darüber hinausgehender Schutz freiwillig implementierter Mitbestimmungssysteme ginge über den Zweck der Verschmelzungsrichtlinie hinaus und könnte zudem die ebenfalls mit der Verschmelzungsrichtlinie bezweckte Erleichterung grenzüberschreitender Verschmelzungen behindern. Nach alledem ist Art. 16 Abs. 2, 1. Alt. der Verschmelzungsrichtlinie restriktiv auszulegen, d.h., dass eine Verhandlungspflicht nur ausgelöst wird, wenn in einer der beteiligten Gesellschaften ein gesetzlich vorgeschriebenes Mitbestimmungssystem implementiert ist.

Aus der hier vertretenen restriktiven Auslegung des Art. 16 Abs. 2, 1. Alt. der Verschmelzungsrichtlinie ergeben sich keine Gestaltungsoptionen für Unternehmen, Mitbestimmungssysteme zu vermeiden oder zu verringern. Denn die Verschmelzungsrichtlinie schützt sowohl gesetzlich vorgesehene als auch freiwillig implementierte Mitbestimmungsrechte, wenn sich der Umfang der Mitbestimmung in Anwendung des Sitzstaatprinzips nach der Verschmelzung verringert. Die hier

581 Vgl. u., E.I.4.
582 *Schubert,* RdA 2007, 9 (10).
583 Wie vor.
584 Wie vor.

vertretene Auffassung bewirkt lediglich, dass ein freiwillig implementiertes Mitbestimmungssystem nicht *generell* eine Verhandlungspflicht auslöst. Gesetzliche Mitbestimmungssysteme können dadurch nicht vermieden werden.

4. Vorher-Nachher-Vergleich (§ 5 Nr. 2 MgVG)

§ 5 Nr. 2 MgVG, der Art. 16 Abs. 2, 2. Alt. lit a der Verschmelzungsrichtlinie inhaltsgleich umsetzt, verlangt hinsichtlich des Mitbestimmungsniveaus die Durchführung eines „Vorher-Nachher-Vergleichs"[585]. Demnach sind Verhandlungen durchzuführen, wenn die Rechte der Arbeitnehmer in den beteiligten Gesellschaften vor der Verschmelzung weiter reichten als nach dem Recht, das für die aus einer grenzüberschreitenden Verschmelzung hervorgehende Gesellschaft maßgeblich ist. Die grenzüberschreitende Verschmelzung muss damit zu einer *„Beschneidung"* der Mitbestimmungsrechte der Arbeitnehmer in den beteiligten Gesellschaften führen[586].

Art. 16 Abs. 2, 2. Alt. lit a der Verschmelzungsrichtlinie, der die Grundlage der Auslegung von § 5 Nr. 2 MgVG bildet[587], dient der Vorbeugung von Mitbestimmungsverlusten. Zu derartigen Verlusten würde es z.B. im folgenden Beispiel kommen[588]: Verschmilzt eine drittelmitbestimmte österreichische Gesellschaft mit weniger als 500 Arbeitnehmern auf ein deutsches Unternehmen, das bislang keinem Mitbestimmungssystem unterlag, bliebe die aus der Verschmelzung hervorgehende Gesellschaft mit Sitz in Deutschland mitbestimmungsfrei. Denn das DrittelbG greift erst bei einer Mindestbeschäftigtenzahl von 500 im Inland tätigen Arbeitnehmern ein[589]. Vor diesem Hintergrund ordnet Art. 16 Abs. 2, 2. Alt. lit a der Verschmelzungsrichtlinie für einen derartigen Fall Verhandlungen über die Mitbestimmung der Arbeitnehmer in der übernehmenden Gesellschaft an[590].

a) Vergleich der Mitbestimmungssysteme

Die Vorgaben des Art. 16 Abs. 2, 2. Alt. lit a der Verschmelzungsrichtlinie werden anhand eines Vergleichs des Anteils der Arbeitnehmervertreter in den Leitungsorganen, nicht dagegen nach deren Anzahl ausgeführt[591]. Es ist demnach ein Vergleich des tatsächlich bestehenden Umfangs an Mitbestimmung bei der hervorgehenden Gesellschaft mit dem Umfang der vorhandenen Mitbestimmung bei den übertra-

---

585 *Heuschmid,* AuR 2006, 184 (186).
586 *Brandes,* ZIP 2008, 2193 (2195).
587 Vgl.o., D.IV.
588 Vgl. *Müller-Bonanni/Müntefering,* NJW 2009, 2347 (2348).
589 Vgl. o., B.II.2.
590 *Müller-Bonanni/Müntefering,* NJW 2009, 2347 (2348).
591 *Drinhausen/Keinath,* AG 2010, 398 (399); *Heuschmid,* AuR 2006, 184 (186); *Kleinhenz,* S. 326; *Nagel,* NZG 2007, 57 (58); a.A. offenbar *Schubert,* RdA 2007, 9 (10), die sich – ohne nähere Begründung – für einen Vergleich *„formal nach Kopfzahlen"* ausspricht.

genden Gesellschaften vorzunehmen[592]. In diesem Zusammenhang wird die Frage aufgeworfen, ob der Mitbestimmungsumfang nur quantitativ oder auch qualitativ bestimmt wird[593]. So wird beispielsweise erörtert, ob Unterschiede in der Corporate Governance zu berücksichtigen sind[594]. Dafür wird angeführt, dass andernfalls die Einflussmöglichkeiten der Arbeitnehmervertreter in einer monistisch strukturierten Gesellschaft, die weiter gehen als bei einer dualistisch verfassten Gesellschaft, unberücksichtigt blieben[595]. Letztlich wird eine Berücksichtigung derartiger qualitativer Elemente jedoch abgelehnt[596]. Der Richtliniengeber habe durch das Fehlen einer qualitativen Unterscheidung verschiedener Mitbestimmungsformen deren Gleichwertigkeit vorgegeben[597]. Die Unterschiede in der Corporate Governance könnten nicht berücksichtigt werden, weil eine Vereinfachung und damit eine entsprechende Nichtberücksichtigung erforderlich sei, um im Interesse der Rechtssicherheit die beteiligten Gesellschaften nicht mit Unsicherheiten zu belasten[598].

b) Berücksichtigung von Arbeitnehmervertretern in Leitungsgremien

Für die Beurteilung des Mitbestimmungsumfangs sind nicht nur die Arbeitnehmervertreter im Verwaltungs- oder Aufsichtsorgan einer Gesellschaft zu berücksichtigen, sondern auch die Arbeitnehmervertreter in Ausschüssen sowie in Leitungsgremien, die für die Ergebniseinheiten der Gesellschaften zuständig sind (vgl. Art. 16 Abs. 2, 2. Alt. lit. a der Verschmelzungsrichtlinie bzw. § 5 Nr. 2 b MgVG). Sämtliche dieser Gremien sind in den vorgenannten Vorschriften alternativ aufgezählt, um der unterschiedlichen Ausgestaltung der Unternehmensmitbestimmung in den Mitgliedstaaten Rechnung zu tragen. Damit soll z.B. klargestellt werden, dass Arbeitnehmervertreter, die sowohl im Aufsichtsrat als auch in dessen Ausschüssen vertreten sind (z.B. in Deutschland und Österreich), nicht doppelt zählen, um nicht den Vergleich der Gesellschaften zu verfälschen[599].

Der Begriff der Leitungsgremien, die für die Ergebniseinheiten der Gesellschaften zuständig sind[600], berücksichtigt die finnischen Regelungen zur Unternehmensmitbestimmung[601]. In Finnland wurde im Jahr 1990 die Möglichkeit einer

592 *Drinhausen/Keinath,* AG 2010, 398 (399).
593 *Behrens,* S. 185 f.
594 Vgl. *Schubert,* RdA 2007, 9 (10); zu den Unterschieden in der Corporate Governance vgl. o., B.I.
595 Vgl. Sagasser/Bula/Brünger/*Gutkès,* Umwandlungen, § 13, Rn. 279; *Schubert,* RdA 2007, 9 (10).
596 *Behrens,* S. 186; *Schubert,* RdA 2007, 9 (10).
597 S. im Einzelnen *Behrens,* S. 186.
598 Vgl. *Schubert,* RdA 2007, 9 (10).
599 Vgl. im Einzelnen *Schubert,* RdA 2007, 9 (10).
600 In der englischen Fassung der Verschmelzungsrichtlinie heißt es: „*management group which covers the profit units of the company*“.
601 *Kisker,* RdA 2006, 206 (210 f.); *Nagel,* NZG 2007, 57 (58); *Schubert,* RdA 2007, 9 (10).

rechtsformübergreifenden grundsätzlich viertelparitätisch ausgestalteten Mitbestimmung eingeführt, wonach die Arbeitnehmer sich in Unternehmen mit mehr als 150 Arbeitnehmern für dieses Modell oder für eine davon abweichende, vorrangig zu erzielende Verhandlungslösung entscheiden konnten[602]. Von diesen Möglichkeiten haben die Arbeitnehmer in finnischen Unternehmen jedoch selten Gebrauch gemacht und stattdessen die – ebenfalls gesetzlich vorgesehene – Mitsprache auf einer Ebene unterhalb der Unternehmensleitung in den sog. „units responsible by results" bevorzugt, d.h. die Repräsentation in sämtlichen Exekutivorganen, die für den Profit des Unternehmens verantwortlich sind[603].

Mit Blick auf die deutsche Rechtsordnung wird diskutiert, ob der Arbeitsdirektor i.S.d. § 33 MitbestG bei der Bestimmung des Umfangs der Mitbestimmung zu berücksichtigen ist[604]. Der Arbeitsdirektor ist gleichberechtigtes Mitglied des gesetzlichen Vertretungsorgans und als solches wie jedes andere Vorstandsmitglied berufen, für das Unternehmen hinsichtlich seines Geschäftsbereichs nach außen aufzutreten[605]. Er soll im engsten Einvernehmen mit dem Gesamtorgan tätig werden (vgl. § 33 Abs. 2 MitbestG). Eine Einbeziehung des Arbeitsdirektors in den Mitbestimmungsumfang könnte teleologisch geboten sein, weil der Arbeitsdirektor ebenso wie die „profit units" des finnischen Rechts eine Besonderheit des nationalen Mitbestimmungsrechts verkörpert[606]. Da aber der Arbeitsdirektor gem. § 31 Abs. 2 MitbestG vom Aufsichtsrat bestellt wird und nicht allein von den Arbeitnehmern oder ihren Vertretern, kann er allenfalls mittelbar als „Arbeitnehmervertreter" aufgefasst werden[607]. Hinzu kommt, dass der Arbeitsdirektor als Vorstandsmitglied, d.h. gesetzlicher Vertreter des Unternehmens, nicht nur den Arbeitnehmern, sondern auch den Unternehmensinteressen verpflichtet ist[608]. Nach alledem ist der Arbeitsdirektor bei der Bestimmung des Umfangs der Mitbestimmung gem. Art. 16 Abs. 2, 2. Alt. lit a der Verschmelzungsrichtlinie bzw. § 5 Nr. 2 MgVG nicht mitzuzählen[609].

5. Diskriminierungsschutz (§ 5 Nr. 3 MgVG)

Nach § 5 Nr. 3 MgVG, welcher Art. 16 Abs. 2, 2. Alt. lit b der Verschmelzungsrichtlinie inhaltsgleich umsetzt, ist ein Arbeitnehmerbeteiligungsverfahren im-

---

602 *Ulmer* in: Baums/Ulmer, Unternehmens-Mitbestimmung der Arbeitnehmer im Recht der EU-Mitgliedstaaten, S. 159 (163).

603 *Toiviainen* in: Baums/Ulmer, Unternehmens-Mitbestimmung der Arbeitnehmer im Recht der EU-Mitgliedstaaten, S. 25 (28); *Ulmer* in: Baums/Ulmer, Unternehmens-Mitbestimmung der Arbeitnehmer im Recht der EU-Mitgliedstaaten, S. 159 (163).

604 *Krause/Janko*, BB 2007, 2194 (2196); *Schubert*, RdA 2007, 9 (11).

605 ErfK/*Oetker*, § 33 MitbestG, Rn. 6, 15.

606 Vgl. *Kleinhenz*, S. 328; *Schubert*, RdA 2007, 9 (11).

607 *Krause/Janko*, BB 2007, 2194 (Fußnote 32); *Schubert*, RdA 2007, 9 (11).

608 Vgl. *Kleinhenz*, S. 328; *Schubert*, RdA 2007, 9 (11).

609 So im Ergebnis auch *Brandes*, ZIP 2008, 2193 (2195); *Kleinhenz*, S. 327 f.; *Schubert*, RdA 2007, 9 (11).

mer dann durchzuführen, wenn im Ausland beschäftigte Arbeitnehmer nach der Rechtsordnung der aus der Verschmelzung hervorgehenden Gesellschaft an der Unternehmensmitbestimmung nicht mitwirken dürfen und damit im Verhältnis zu den im Inland beschäftigten Arbeitnehmern schlechter gestellt sind[610]. So würde etwa wegen des in Deutschland geltenden Territorialitätsprinzips und der damit einhergehenden Diskriminierung im Ausland beschäftigter Arbeitnehmer[611] die Verschmelzung einer ausländischen auf eine deutsche mitbestimmte Gesellschaft ohne die Regelung des § 5 Nr. 3 MgVG *immer* zu einer Benachteiligung der im Ausland tätigen Arbeitnehmer führen[612]. Die Regelung des § 5 Nr. 3 MgVG wirft die Frage auf, ob eine Diskriminierung *tatsächlich* erfolgen muss oder ob die allgemeine *Gefahr* einer Diskriminierung ausreicht, damit das Beteiligungsverfahren nach dem MgVG zur Anwendung gelangt. Es geht also darum, ob die Regelung abstrakt oder konkret auszulegen ist.

Die Brisanz dieser Streitfrage wird in folgendem Beispielsfall deutlich: Verschmilzt eine ausländische *nicht mitbestimmte* Gesellschaft auf eine deutsche *nicht mitbestimmte* Gesellschaft, wären bei einer abstrakten Betrachtungsweise des § 5 Nr. 3 MgVG dessen Voraussetzungen erfüllt, da die inländischen Mitbestimmungsgesetze den im Ausland tätigen Arbeitnehmern kein Wahlrecht zum Aufsichtsrat der deutschen Gesellschaft einräumen mit der Folge, dass ein Arbeitnehmerbeteiligungsverfahren durchzuführen wäre, obwohl keine der Gesellschaften vor der Verschmelzung mitbestimmt war[613]. Bei einer konkreten Auslegung der Vorschrift dagegen würden die im Ausland beschäftigten Arbeitnehmer im konkreten Fall überhaupt nicht benachteiligt, wenn beide an der Verschmelzung beteiligten Gesellschaften mitbestimmungsfrei sind.

Die oben aufgeworfene Problematik wird sowohl im Hinblick auf § 5 Nr. 3 MgVG als auch auf Art. 16 Abs. 2, 2. Alt. lit b der Verschmelzungsrichtlinie diskutiert[614]. Zum Teil wird die Auffassung vertreten, dass § 5 Nr. 3 MgVG immer dann einschlägig sei, wenn das Recht des Sitzstaates ausländische Arbeitnehmer bereits abstrakt-generell diskriminiere[615]. Da das im deutschen Mitbestimmungsrecht geltende Territorialitätsprinzip grundsätzlich zur Diskriminierung im Ausland ansässiger Arbeitnehmer führe, sei § 5 Nr. 3 MgVG bei Verschmelzungen auf eine deutsche

---

610 Vgl. statt vieler *Drinhausen/Keinath*, AG 2010, 398 (399); *Kleinsorge*, NWB 2007, 1877 (1880).

611 S.o., B.II.6.

612 s. *Kleinhenz*, S. 329.

613 *Müller-Bonanni/Müntefering*, NJW 2009, 2347 (2349).

614 Zur besseren Verständlichkeit wird bei der Darstellung der verschiedenen Meinungen nur § 5 Nr. 3 MgVG zitiert.

615 So die Begründung zum Gesetzentwurf, BT-Drucks. 16/2922, S. 20 bzw. BR-Drucks. 540/06, S. 42, in der davon ausgegangen wird, dass § 5 Nr. 3 MgVG „*regelmäßig einschlägig*“ sein wird; *Brandes*, ZIP 2008, 2193 (2196); *Kleinsorge*, NWB 2007, 1877 (1880); Sagasser/Bula/Brünger/*Gutkès*, Umwandlungen, § 13, Rn. 281.

Gesellschaft immer einschlägig[616]. Begründet wird dies mit dem vermeintlich abstrakt-generellen Wortlaut der Vorschrift, der sich im Gegensatz zum Wortlaut des § 5 Nr. 1 MgVG gerade nicht auf den konkreten Zustand der Mitbestimmung vor der Verschmelzung beziehe[617]. Zudem habe § 5 Nr. 3 MgVG im Falle einer konkreten Auslegung gegenüber § 5 Nr. 1 MgVG keinen eigenen Anwendungsbereich, weil sich dann beide Regelungen auf den konkreten Zustand der Mitbestimmung vor Wirksamwerden der Verschmelzung bezögen[618]. Es komme daher im Rahmen des § 5 Nr. 3 MgVG weder darauf an, ob der aufnehmende Rechtsträger vor Wirksamwerden der Verschmelzung mitbestimmt war, noch darauf, ob der aufnehmende oder untergehende ausländische Rechtsträger zum Zeitpunkt des Wirksamwerdens der Verschmelzung ausländische Arbeitnehmer beschäftigt[619]. Für Unternehmen ergebe sich aus der generellen Anwendbarkeit des § 5 Nr. 3 MgVG die Möglichkeit, im Ausland einen arbeitnehmerlosen Mantel zu gründen, der als Verschmelzungsvehikel eingesetzt werden könne[620].

Die Gegenansicht befürwortet eine konkrete Auslegung des § 5 Nr. 3 MgVG[621] mit der Konsequenz, dass bei der Verschmelzung nicht mitbestimmter bzw. arbeitnehmerloser Gesellschaften kein Arbeitnehmerbeteiligungsverfahren nach dem MgVG durchgeführt wird, sondern das Sitzstaatprinzip Anwendung findet.

---

616 *Brandes,* ZIP 2008, 2193 (2196); *Kleinsorge,* NWB 2007, 1877 (1880).

617 *Brandes,* ZIP 2008, 2193 (2196).

618 Wie vor.

619 Wie vor.

620 Wie vor.

621 *Drinhausen/Keinath,* AG 2010, 398 (400 ff.); wohl auch *Götze/Winzer/Arnold,* ZIP 2009, 245 (249 und Fußnote 39), die darauf verweisen, dass bei nicht mitbestimmten Gesellschaften das Sitzstaatprinzip Anwendung findet; *Habersack* in: Ulmer/Habersack/Henssler, Mitbestimmungsrecht, § 5 MgVG, Rn. 6; unklar *Heuschmid,* AuR 2006, 184 (187), der zwar einerseits annimmt, dass § 5 Nr. 3 MgVG regelmäßig erfüllt sei (dies deutet auf eine abstrakte Betrachtung hin), andererseits aber im Sinne einer konkreten Auslegung anführt, dass Voraussetzung für das Eingreifen der Nr. 3 *„natürlich"* sei, dass im Sitzland der aus der Verschmelzung hervorgehenden Gesellschaft eine Mitbestimmungsregelung eingreife; HWK/*Hohenstatt/Dzida,* MgVG, Rn. 8; *Louven/Dettmeier/Pöschke/Weng,* BB-Special 3, 2006, 1 (15) zu Art. 16 Abs. 2 b) der Verschmelzungsrichtlinie ohne Diskussion des Problems; *Morgenroth/Salzmann,* NZA-RR 2013, 449 (452); *Müller-Bonanni/Müntefering,* BB 2009, 1699 (1702); *dies.,* NJW 2009, 2347 (2349); unklar Nagel/Freis/Kleinsorge/*Nagel,* Beteiligung der Arbeitnehmer im Unternehmen auf der Grundlage des europäischen Rechts, § 5 MgVG, Rn. 5, der anführt, dass § 5 Nr. 3 MgVG bei der Hineinverschmelzung auf eine deutsche *mitbestimmte* AG gegeben sei (spricht für eine konkrete Auslegung), sich aber zu der Streitfrage nicht weiter äußert; *Nikoleyczik/Führ,* DStR 2010, 1743 (1744 f.); *Weyde/Hafemann,* FS Meilicke, 779 787 f.).

a) Stellungnahme

Wiederum ist auch bei der Auslegung des § 5 Nr. 3 MgVG ein „Ebenenwechsel" hin zur Auslegung des Art. 16 Abs. 2, 2. Alt. lit b der Verschmelzungsrichtlinie vorzunehmen[622]. Den Vertretern der abstrakt-generellen Auslegung des § 5 Nr. 3 MgVG ist zwar zuzugeben, dass die Gesetzesbegründung zum MgVG für eine abstrakte Auslegung der Norm spricht, da dort auf einen Vergleich des Sitzstaatrechts der Mitgliedstaaten ohne Berücksichtigung der konkreten Gegebenheiten abgestellt wird[623]. Dem ist indes entgegenzuhalten, dass der Wortlaut des Art. 16 Abs. 2, 2. Alt. lit b der Verschmelzungsrichtlinie nicht *zwingend* ein abstraktes Verständnis der Norm voraussetzt. Art. 16 Abs. 2, 2. Alt. lit b der Verschmelzungsrichtlinie regelt den Fall, dass

> „[...] *das für die aus der grenzüberschreitenden Verschmelzung hervorgehende Gesellschaft maßgebende innerstaatliche Recht für Arbeitnehmer in Betrieben der aus der grenzüberschreitenden Verschmelzung hervorgehenden Gesellschaft, die sich in anderen Mitgliedstaaten befinden, nicht den gleichen Anspruch auf Ausübung von Mitbestimmungsrechten vorsieht, wie sie den Arbeitnehmern in demjenigen Mitgliedstaat gewährt werden, in dem die aus der grenzüberschreitenden Verschmelzung hervorgehende Gesellschaft ihren Sitz hat.*"

Insbesondere der Hinweis auf die den inländischen Arbeitnehmern „gewährten" Mitbestimmungsrechte lässt auf eine konkrete Auslegung der Regelung schließen[624]. Denn sämtliche Bedeutungsalternativen des Wortes „gewähren"[625] setzen ein *tatsächliches* Zuteilwerden voraus. Rein begrifflich wird damit die rein abstrakte *Möglichkeit* der Diskriminierung im Ausland ansässiger Arbeitnehmer ausgeschlossen.

Auch der englischen Fassung des Art. 16 Abs. 2, 2. Alt. lit b der Verschmelzungsrichtlinie ist eine Berücksichtigung der *konkreten* Gegebenheiten zu entnehmen[626]:

> *"Where the national law applicable to the company resulting from the cross-border merger does not*
>
> *(a) provide for at least the same level of employee participation* <u>*as operated in the relevant merging companies*</u> *[...] or*
>
> *(b) provide for employees of establishments of the company resulting from the cross-border merger that are situated in other Member States the same entitlement to exercise*

---

622 Vgl. o., D.IV.

623 Vgl. BT-Drucks. 16/2922, S. 20 bzw. BR-Drucks. 540/06, S. 42.

624 *Drinhausen/Keinath*, AG 2010, 398 (400); *Müller-Bonanni/Müntefering*, NJW 2009, 2347 (2349).

625 Laut Duden hat „gewähren" die folgenden Bedeutungen: jemandem etwas zuzugestehen oder zuteilwerden zu lassen oder auch etwas zu bewilligen bzw. einzuräumen, abrufbar unter http://www.duden.de/suchen/dudenonline/gew%C3%A4hren.

626 *Drinhausen/Keinath*, AG 2010, 398 (400); HWK/*Hohenstatt/Dzida*, MgVG, Rn. 8; *Müller-Bonanni/Müntefering*, NJW 2009, 2347 (2349).

participation rights as is enjoyed by those employees employed in the Member State where the company resulting from the cross-border merger has its registered office."[627]

Insbesondere die Formulierung „*is enjoyed*" ist ein Indiz für eine konkrete Betrachtungsweise der Regelung[628]. Denn diese Formulierung kann sich – wie das deutsche Wort „gewähren" – begrifflich nur auf *konkrete* Gegebenheiten beziehen.

In systematischer Hinsicht ist den Vertretern der abstrakten Auslegung zwar zuzugeben, dass Art. 16 Abs. 2, 2. Alt. lit b der Verschmelzungsrichtlinie unter Zugrundelegung einer konkreten Betrachtungsweise in den *meisten* Fällen neben Art. 16 Abs. 2, 1. Alt. der Verschmelzungsrichtlinie kein eigenständiger Anwendungsbereich verbleibt. Denn in der Regel werden wegen der hohen mitbestimmungsrechtlichen Schwellenwerte im deutschen Recht jedenfalls bei der Beteiligung einer deutschen Gesellschaft an einer Verschmelzung bereits die Voraussetzungen des Art. 16 Abs. 2, 1. Alt. der Verschmelzungsrichtlinie erfüllt sein. Da aber die Schwellenwerte für das Eingreifen der unternehmerischen Mitbestimmung in anderen Mitgliedstaaten teilweise deutlich geringer sind als in Deutschland[629], verbleibt für Art. 16 Abs. 2, 2. Alt. lit b der Verschmelzungsrichtlinie in anderen Mitgliedstaaten mit geringeren Schwellenwerten durchaus ein eigener Anwendungsbereich[630]. Darüber hinaus verbleibt für Art. 16 Abs. 2, 2. Alt. lit b der Verschmelzungsrichtlinie auch dann ein eigenständiger Anwendungsbereich, wenn eine an der grenzüberschreitenden Verschmelzung beteiligte deutsche Gesellschaft selbst keine oder weniger Arbeitnehmer als für die deutschen Mitbestimmungsgesetze erforderlich beschäftigt, aber per Konzernzurechnung[631] mitbestimmt ist[632]. Denn sofern eine Konzerngesellschaft selbst nicht mehr als 500 Arbeitnehmer beschäftigt, ihr aber die Arbeitnehmer anderer Konzerngesellschaften gem. § 2 Abs. 2 DrittelbG bzw. § 5 Abs. 1 MitbestG zugerechnet werden, ist Art. 16 Abs. 2, 1. Alt. der Verschmelzungsrichtlinie mangels Überschreitens des darin vorgesehenen Schwellenwertes nicht einschlägig. Verschmilzt nun eine ausländische nicht mitbestimmte Gesellschaft auf eine deutsche Gesellschaft, die nur über die Konzernzurechnung mitbestimmt ist, gelangt wegen der Benachteiligung der ausländischen Arbeitnehmer einzig Art. 16 Abs. 2, 2. Alt. lit b der Verschmelzungsrichtlinie zur Anwendung. Dasselbe gilt, wenn die zeitliche Voraussetzung des Art. 16 Abs. 2, 1. Alt. der Verschmelzungsrichtlinie von sechs Monaten nicht erfüllt wird[633]. Soweit das

---

627 Directive 2005/56 EG of the European Parliament and of the Council of 26 October 2005 on cross-border mergers of limited liability companies; Hervorhebungen wie *Drinhausen/Keinath*, AG 2010, 398 (400); *Müller-Bonanni/Müntefering*, NJW 2009, 2347 (Fußnote 19).

628 So auch *Drinhausen/Keinath*, AG 2010, 398 (400).

629 S.o., B.I.

630 So auch *Drinhausen/Keinath*, AG 2010, 398 (401).

631 S.o., B.II.4.

632 *Drinhausen/Keinath*, AG 2010, 398 (400).

633 *Drinhausen/Keinath*, AG 2010, 398 (400); *Nikoleyczik/Führ*, DStR 2010, 1743 (1745).

nationale Recht der hervorgehenden Gesellschaft im Ausland tätige Arbeitnehmer diskriminiert und damit deren Recht *abstrakt* schlechtere Mitbestimmungsrechte für Arbeitnehmer in ausländischen Betrieben vorsieht, bliebe im Falle einer *abstrakten* Auslegung des Art. 16 Abs. 2, 2. Alt. lit b der Verschmelzungsrichtlinie kein Raum mehr für die weiteren Tatbestände des Art. 16 Abs. 2 der Verschmelzungsrichtlinie. Denn in einem solchen Fall wäre immer bereits Art. 16 Abs. 2, 2. Alt. lit b der Verschmelzungsrichtlinie erfüllt[634]. In diesem Fall wird das entsprechende Argument der Gegenauffassung also in sein Gegenteil verkehrt[635]. Dies ist nur anders, soweit die Mitbestimmungssysteme in anderen Mitgliedstaaten im Ausland tätige Arbeitnehmer nicht diskriminieren. In diesem Fall verbleibt für die weiteren Alternativen des Art. 16 Abs. 2 der Verschmelzungsrichtlinie ein eigenständiger Anwendungsbereich.

Unter Zugrundelegung einer abstrakten Betrachtungsweise des Art. 16 Abs. 2, 2. Alt. lit b der Verschmelzungsrichtlinie müsste ein Arbeitnehmerbeteiligungsverfahren grundsätzlich auch bei der Verschmelzung mitbestimmungsfreier Gesellschaften durchgeführt werden, zumindest dann, wenn die Mitbestimmungsgesetze der Rechtsordnung der hervorgehenden Gesellschaft im Ausland tätige Arbeitnehmer diskriminieren. Es ist aber weder sachgerecht, noch entspricht es dem Sinn und Zweck der Verschmelzungsrichtlinie, in Konsequenz der abstrakten Betrachtungsweise ein aufwändiges Arbeitnehmerbeteiligungsverfahren auch bei der Verschmelzung nicht mitbestimmter bzw. arbeitnehmerloser Gesellschaften durchzuführen, da es keine zu sichernden Mitbestimmungsrechte gibt[636]. Anders ausgedrückt: Es kann nicht gesichert werden, was gar nicht besteht.

Die Vertreter einer konkreten Betrachtungsweise des § 5 Nr. 3 MgVG heben hervor, dass im Falle der Beteiligung einer deutschen mitbestimmungsfreien Gesellschaft als aufnehmende oder neu gegründete Gesellschaft unter Zugrundelegung einer abstrakten Betrachtungsweise des § 5 Nr. 3 MgVG ggfs. nicht abschließend geklärt werden könne, ob die Vorschrift überhaupt zur Anwendung gelangt[637]. Denn soweit in einer der beteiligten Rechtsordnungen mehrere Mitbestimmungsgesetze existierten, wovon aber nur eines im Ausland beschäftigten Arbeitnehmern Mitbestimmungsrechte gewähre, könne unter Zugrundelegung einer abstrakten Betrachtungsweise des § 5 Nr. 3 MgVG nicht geklärt werden, welches der in Betracht kommenden Gesetze nach der Verschmelzung Anwendung finden würde[638]. Somit könne nicht abschließend festgestellt werden, ob letztlich ein Gesetz Anwendung finden würde, das im Ausland beschäftigte Arbeitnehmer benachteiligen würde. Ob

634 Vgl. *Drinhausen/Keinath*, AG 2010, 398 (400); *Müller-Bonanni/Müntefering*, NJW 2009, 2347 (2349).

635 Wie vor.

636 *Drinhausen/Keinath*, AG 2010, 398 (401 f.); *Müller-Bonanni/Müntefering*, NJW 2009, 2347 (2349); *Nikoleyczik/Führ*, DStR 2010, 1743 (1745); *Habersack* in: Ulmer/Habersack/Henssler, Mitbestimmungsrecht, § 5 MgVG, Rn. 6.

637 *Drinhausen/Keinath*, AG 2010, 398 (401).

638 Wie vor.

§ 5 Nr. 3 MgVG also in einem solchen Fall Anwendung findet, könne nur mittels einer konkreten Betrachtungsweise beurteilt werden[639]. Es drängt sich indes die Frage auf, ob diese Problematik nicht rein hypothetischer Natur ist. Denn diese Argumentation setzt eine Rechtsordnung voraus, in der mindestens zwei verschiedene Mitbestimmungsgesetze existieren, von denen tatsächlich mindestens ein Gesetz im Ausland beschäftigten Arbeitnehmern Mitbestimmungsrechte gewährt, während die anderen Gesetze im Ausland beschäftigten Arbeitnehmern Mitbestimmungsrechte versagen. Diese Fallgestaltung kann denknotwendig nicht vorliegen, wenn die hervorgehende Gesellschaft der deutschen Rechtsordnung unterfällt[640], da die deutschen Mitbestimmungsrechte in ihrer Gesamtheit im Ausland beschäftigten Arbeitnehmern keine Mitbestimmungsrechte gewähren[641]. Somit wäre in einer solchen Konstellation Art. 16 Abs. 2, 2. Alt. lit b der Verschmelzungsrichtlinie bzw. § 5 Nr. 3 MgVG unter Zugrundelegung einer abstrakten Auslegung der Norm immer einschlägig, da in keinem denkbaren Fall eine abstrakte Benachteiligung im Ausland beschäftigter Arbeitnehmer ausgeschlossen wäre.

Ein weitaus stärkeres Gewicht kommt der Überlegung zu, dass bei arbeitnehmerlosen Gesellschaften kein Besonderes Verhandlungsgremium gem. §§ 6 ff. MgVG gebildet werden kann, womit es bei der Verschmelzung arbeitnehmerloser Gesellschaften auch nicht möglich ist, eine Mitbestimmungsvereinbarung zu schließen. Darüber hinaus ist zweifelhaft, ob die Voraussetzungen des § 23 Abs. 1 MgVG für die gesetzliche Auffanglösung in einem solchen Fall Anwendung finden. Im Einzelnen[642]: § 23 Abs. 1 Nr. 1 MgVG kann mangels Existenz eines Besonderen Verhandlungsgremiums nicht zur Anwendung gelangen. Dies gilt ebenso für § 23 Abs. 1 Nr. 2 MgVG, der auf den Ablauf der Verhandlungsfrist nach § 21 MgVG verweist, die aber mangels Einsetzens eines Besonderen Verhandlungsgremiums nicht in Gang gesetzt werden kann. Auch über § 23 Abs. 1 Nr. 3 MgVG kann die gesetzliche Auffangregelung keine Anwendung finden. Denn in den Fällen des § 23 Abs. 1 Nrn. 2 u. 3 MgVG muss zusätzlich in mindestens einer der beteiligten Gesellschaften eine Form der Mitbestimmung bestanden haben (vgl. § 23 Abs. 1 S. 2 MgVG). Diese Voraussetzung ist bei mitbestimmungsfreien bzw. arbeitnehmerlosen Gesellschaften aber nicht erfüllt[643]. Darüber hinaus muss berücksichtigt werden, dass in diesem Fall auch ein Beschluss über die Nichtaufnahme oder den Abbruch der Verhandlungen gem. § 18 MgVG nicht in Betracht kommt, weil diese Maßnahme ebenfalls einen Beschluss des Besonderen Verhandlungsgremiums erfordert. Damit würde eine abstrakte Auslegung des Art. 16 Abs. 2, 2. Alt. lit b der Verschmelzungsrichtlinie letztlich dazu

---

639 Wie vor.

640 So aber die Vertreter der konkreten Auslegung des § 5 Nr. 3 MgVG.

641 S.o., B.I.

642 Vgl. ausführlich *Drinhausen/Keinath*, AG 2010, 398 (401 f.) sowie (mit Bezug zu mitbestimmungsfreien Gesellschaften) *Weyde/Hafemann*, FS Meilicke, 779 (795 f.).

643 Vgl. *Drinhausen/Keinath*, AG 2010, 398 (401 f.).

führen, dass eine arbeitnehmerlose Gesellschaft zwar zur Durchführung des Arbeitnehmerbeteiligungsverfahrens nach dem MgVG verpflichtet wäre, dies aber aus praktischen Gründen gar nicht durchführen könnte. Eine grenzüberschreitende Verschmelzung unter Beteiligung arbeitnehmerloser Gesellschaften wäre folglich mit Rechtsunsicherheiten verbunden.

Vor dem Hintergrund des Sinn und Zwecks der Verschmelzungsrichtlinie ist insbesondere zu untersuchen, welche der diskutierten Auslegungen des Art. 16 Abs. 2, 2. Alt. lit b der Verschmelzungsrichtlinie der Sicherung bestehender Mitbestimmungsrechte besser gerecht wird. Dies wird durch einen Vergleich mit der Gründung einer SE besonders deutlich. Während bei der Gründung einer SE ein Arbeitnehmerbeteiligungsverfahren auch dann durchzuführen ist, wenn sämtliche beteiligte Gesellschaften mitbestimmungsfrei sind[644], setzt Art. 16 Abs. 2, 2. Alt. lit b der Verschmelzungsrichtlinie im Falle der hier vertretenen konkreten Auslegung der Regelung voraus, dass in mindestens einer der beteiligten Gesellschaften eine Form der Mitbestimmung besteht[645]. Daraus ergeben sich Unterschiede bezüglich des Fortbestandes der Mitbestimmungsfreiheit der an der Verschmelzung bzw. SE-Gründung beteiligten Gesellschaften. Bei dem Verfahren der Gründung einer SE können mitbestimmungsfreie Gesellschaften den Status der Mitbestimmungsfreiheit durch Umwandlung in eine SE aufgrund des geltenden „Vorher-Nachher-Prinzips" „einfrieren", da auch eine steigende Mitarbeiterzahl an der Mitbestimmungsfreiheit nichts ändern kann[646]. Dagegen kommt bei einer grenzüberschreitenden Verschmelzung mitbestimmungsfreier Gesellschaften unter Zugrundelegung einer konkreten Auslegung des Art. 16 Abs. 2, 2. Alt. lit b der Verschmelzungsrichtlinie das Sitzstaatprinzip zur Anwendung. Dies hat zur Folge, dass das Verfahren nach den §§ 6 ff. MgVG keine Anwendung findet und deshalb eine grenzüberschreitende Verschmelzung nicht zum „Einfrieren" der Mitbestimmungsfreiheit einer oder mehrerer Gesellschaften genutzt werden kann[647]. Gelangte dagegen infolge einer abstrakten Auslegung des Art. 16 Abs. 2, 2. Alt. lit b der Verschmelzungsrichtlinie das Verfahren nach §§ 6 ff. MgVG zur Anwendung, könnte im Wege der Verhandlungslösung eine Vereinbarung getroffen werden, wonach das zum Zeitpunkt der Verschmelzung bestehende Mitbestimmungsniveau „eingefroren" wird, indem z.B. eine Pflicht zur Neuverhandlung bei Überschreiten der jeweiligen Schwellenwerte für die Implementierung eines Mitbestimmungssystems vermieden würde[648]. Unter Zugrundelegung einer konkreten

---

644 Vgl. *Müller-Bonanni/Müntefering*, BB 2009, 1699 (1702); *Teichmann*, Der Konzern 2007, 89 (91).

645 So auch *Müller-Bonanni/Müntefering*, BB 2009, 1699 (1702).

646 *Götze/Winzer/Arnold*, ZIP 2009, 245 (252); *Müller-Bonanni/Müntefering*, BB 2009, 1699 (1702).

647 *Müller-Bonanni/Müntefering*, BB 2009, 1699 (1702); so letztlich auch *Nikoleyczik/Führ*, DStR 2010, 1743 (1745).

648 Vgl. zu dieser Möglichkeit bei Gründung einer SE *Casper* in: Spindler/Stilz, AktG, Bd. 2, Vor Art. 1 Einl. SE-VO, Rn. 20.

Auslegung der vorbezeichneten Vorschriften endet die Mitbestimmungsfreiheit einer aus der Verschmelzung hervorgegangenen Gesellschaft dagegen, sobald die Schwellenwerte zur Implementierung eines Mitbestimmungssystems, die in der Rechtsordnung der hervorgehenden Gesellschaft vorgesehen sind, überschritten werden. Soweit also die Vertreter einer abstrakten Auslegung des § 5 Nr. 3 MgVG davon ausgehen, dass sich Unternehmen unter Zugrundelegung dieser Auffassung die Möglichkeit bietet, im Ausland einen arbeitnehmerlosen Mantel zu gründen, der als Verschmelzungsvehikel eingesetzt werden kann[649], ist dies zwar richtig, beschreibt aber lediglich die Konsequenz einer *abstrakten* und gerade nicht einer konkreten Auslegung der Regelung. Vielmehr zeigen die vorstehend aufgeworfenen Argumente, dass eine konkrete Auslegung des Art. 16 Abs. 2, 2. Alt. lit b der Verschmelzungsrichtlinie dem Sinn und Zweck der Verschmelzungsrichtlinie, ein Verfahren bereitzustellen, das den Abbau von Mitbestimmung verhindert, eher gerecht wird als eine abstrakte Auslegung der Regelung.

Nach alledem sprechen die besseren Argumente für eine konkrete Betrachtung des Art. 16 Abs. 2, 2. Alt. lit b der Verschmelzungsrichtlinie.

b) Auswirkungen auf die Mitbestimmung

Nach der hier vertretenen Auffassung kommt bei einer grenzüberschreitenden Verschmelzung mitbestimmungsfreier Gesellschaften das Sitzstaatprinzip zur Anwendung. Dies hat zur Folge, dass das Verfahren nach den §§ 6 ff. MgVG keine Anwendung findet und deshalb eine grenzüberschreitende Verschmelzung nicht zum „Einfrieren" der Mitbestimmungsfreiheit einer oder mehrerer Gesellschaften genutzt werden kann[650]. Denn die Mitbestimmungsfreiheit einer aus der grenzüberschreitenden Verschmelzung hervorgegangenen Gesellschaft endet, sobald die Schwellenwerte zur Implementierung eines Mitbestimmungssystems, die in der Rechtsordnung der hervorgehenden Gesellschaft vorgesehen sind, überschritten werden.

Dennoch bietet eine konkrete Auslegung des Art. 16 Abs. 2, 2. Alt. lit b der Verschmelzungsrichtlinie einer *deutschen nicht mitbestimmten* Gesellschaft jederzeit die Möglichkeit, durch eine Herausverschmelzung auf eine ausländische Zielgesellschaft künftig die Implementierung des *deutschen* Mitbestimmungssystems zu vermeiden. Denn bei Überschreiten der mitbestimmungsrechtlichen Schwellenwerte der nationalen Rechtsordnung der aufnehmenden Gesellschaft käme deren Mitbestimmungsrecht zur Anwendung. Sieht dies keine Unternehmensmitbestimmung vor, kann die deutsche Gesellschaft ggfs. dauerhaft mitbestimmungsfrei bleiben[651].

---

649 *Brandes,* ZIP 2008, 2193 (2196).

650 *Ege/Grzimek/Schwarzfischer,* DB 2011, 1205 (1211); *Morgenroth/Salzmann,* NZA-RR 2013, 449 (453); *Müller-Bonanni/Müntefering,* BB 2009, 1699 (1702); so letztlich auch *Nikoleyczik/Führ,* DStR 2010, 1743 (1745).

651 *Morgenroth/Salzmann,* NZA-RR 2013, 449 (453).

Der deutsche Gesetzgeber könnte das aufgeworfene Problem lösen, indem er die im Ausland beschäftigten Arbeitnehmer in den Anwendungsbereich des MitbestG, des DrittelbG und des Montan-MitbestG einbeziehen würde[652]. Dann wäre unter Zugrundelegung einer abstrakten Betrachtung der Regelungen deren Anwendungsbereich nicht immer eröffnet, weil ausländische Arbeitnehmer nicht per se benachteiligt würden.

II. Das Arbeitnehmerbeteiligungsverfahren nach dem MgVG

Das eigentliche Verfahren der Arbeitnehmerbeteiligung ist in §§ 6 ff. MgVG geregelt und orientiert sich an den Grundzügen des in der SE-Richtlinie bzw. im SEBG geregelten Arbeitnehmerbeteiligungsverfahrens[653], worauf Art. 16 Abs. 3 der Verschmelzungsrichtlinie verweist[654].

Der Ablauf des Verfahrens stellt sich im Wesentlichen wie folgt dar: Zunächst erfolgt eine Unterrichtung der Arbeitnehmervertreter durch die Unternehmensleitungen über das Verschmelzungsvorhaben (s. § 6 Abs. 2 u. 3 MgVG) und in einem nächsten Schritt wird das Besondere Verhandlungsgremium (*BVG*) gebildet, das mit den Unternehmensleitungen über die künftige Ausgestaltung der Mitbestimmung der Arbeitnehmer verhandelt[655]. Den Abschluss des Verhandlungsverfahrens bildet entweder eine Vereinbarung zwischen den Unternehmensleitungen und dem Besonderen Verhandlungsgremium, oder es kommt die gesetzliche Auffangregelung gem. §§ 23 ff. MgVG zur Anwendung.

1. Bildung und Besetzung des BVG

Die Aufgabe des BVG besteht gem. § 6 Abs. 1 S. 2 MgVG darin, mit den Leitungen eine schriftliche Vereinbarung über die Mitbestimmung der Arbeitnehmer in der hervorgehenden Gesellschaft zu schließen. Die Zusammensetzung des BVG ist in § 7 MgVG geregelt, wonach Arbeitnehmervertreter aus jedem betroffenen Mitgliedstaat für das BVG gewählt oder bestellt werden. In Anlehnung an die Regelungen des SEBG erfolgt die Zusammensetzung des BVG zum einen anhand des Prinzips der proportionalen Repräsentation der beteiligten Gesellschaften[656]. So ist nach § 7 Abs. 1 S. 2 MgVG für jeden Anteil der in einem Mitgliedstaat beschäftigten Arbeitnehmer, der 10% bzw. einen Bruchteil von 10% der Gesamtzahl aller in den Mitgliedstaaten tätigen Arbeitnehmer der beteiligten Gesellschaften, ihrer

652 *Schubert*, RdA 2007, 9 (11).
653 Vgl. statt vieler *Nagel*, NZG 2007, 57 (58).
654 Zur besseren Verständlichkeit werden nachfolgend in erster Linie die Vorschriften des MgVG zitiert.
655 *Winter*, Der Konzern 2007, 24 (32).
656 *Heuschmid*, AuR 2006, 184 (189, zur Verschmelzungsrichtlinie); *Lunk/Hinrichs*, NZA 2007, 773 (776).

Tochtergesellschaften bzw. betroffenen Betriebe beträgt, ein Mitglied in das BVG zu wählen oder zu bestellen[657]. Grundsätzlich besteht das BVG aufgrund dieser Regelung aus mindestens zehn Mitgliedern, es kann aber auch aus einer größeren Mitgliederzahl bestehen[658]. Zum anderen gilt das Prinzip der mitgliedstaatlichen Mindestvertretung, des sich aus § 7 Abs. 3 S. 3 MgVG herleiten lässt und bestimmt, dass jeder Mitgliedstaat, in dem Arbeitnehmer einer beteiligten Gesellschaft beschäftigt sind, durch mindestens ein Mitglied im BVG vertreten sein soll[659]. Daneben gilt noch der in §§ 7 Abs. 2 S. 1, 9 Abs. 2 MgVG verankerte Grundsatz der Mindestvertretung der beteiligten Gesellschaften[660], wonach so viele zusätzliche Mitglieder in das BVG gewählt oder bestellt werden, wie erforderlich sind, um zu gewährleisten, dass jede eingetragene beteiligte Gesellschaft durch mindestens ein Mitglied in dem Besonderen Verhandlungsgremium vertreten ist. Zu beachten ist außerdem die Regelung des § 7 Abs. 4 MgVG im Falle der Änderung der Struktur oder der Arbeitnehmerzahl der beteiligten Gesellschaften, betroffenen Tochtergesellschaften oder betroffenen Betriebe. Die Vorschrift bestimmt, dass das BVG in diesem Fall neu zusammenzusetzen ist.

§ 8 MgVG enthält die persönlichen Voraussetzungen der auf das Inland entfallenden Mitglieder des BVG. In den Absätzen 2 – 4 ist das Verfahren zur Wahl der inländischen Mitglieder des BVG geregelt, während Abs. 1 bestimmt, dass die Bestellung der ausländischen Mitglieder sich nach den jeweiligen Bestimmungen des relevanten Mitgliedstaates richtet[661]. § 8 Abs. 3 MgVG sieht vor, dass jedes dritte zu bestellende Mitglied ein Vertreter einer Gewerkschaft sein muss, die in einer an der Verschmelzung beteiligten Gesellschaft, betroffenen Tochtergesellschaft oder einem betroffenen Betrieb vertreten ist, soweit dem BVG mehr als zwei Mitglieder aus dem Inland angehören. In der Literatur wird teilweise vertreten, dass diese „Zwangsrepräsentation" mit den Vorgaben der Verschmelzungsrichtlinie nicht vereinbar und deshalb unionsrechtswidrig sei[662]. Das eigentliche Verfahren der Wahl der inländischen Arbeitnehmervertreter ist in § 10 MgVG geregelt, wonach die Mitglieder des BVG von einem gesonderten Gremium gewählt werden[663].

2. Verhandlungslösung

Im Anschluss an die Konstituierung des BVG laden die Leitungen unverzüglich zur konstituierenden Sitzung des BVG (vgl. § 14 Abs. 1 MgVG) und führen anschließend Verhandlungen mit dem BVG über die künftige Mitbestimmung der Arbeitnehmer

657 *Lunk/Hinrichs*, NZA 2007, 773 (776).
658 Begründung zum Gesetzentwurf vom 12.10.2006, BT-Drucks. 16/2922, S. 21.
659 *Lunk/Hinrichs*, NZA 2007, 773 (776).
660 Wie vor.
661 Vgl. *Lunk/Hinrichs*, NZA 2007, 773 (777).
662 Vgl. *Lunk/Hinrichs*, NZA 2007, 773 (777).
663 Vgl. zu den Einzelheiten des Wahlverfahrens und der Zusammensetzung des Wahlgremiums *Lunk/Hinrichs*, NZA 2007, 773 (777).

in der aus der grenzüberschreitenden Verschmelzung hervorgegangenen Gesellschaft[664]. Gem. § 21 MgVG beträgt die Verhandlungsfrist sechs Monate, kann aber einvernehmlich auf bis zu ein Jahr verlängert werden. Die Verhandlungen sollen mit dem Ziel des Abschlusses einer Vereinbarung über die Mitbestimmung und in vertrauensvoller Zusammenarbeit durchgeführt werden[665]. Dies ergibt sich aus dem der Verhandlungslösung zugrunde liegenden Gedanken, dass eine einvernehmlich verhandelte Form der Teilhaberechte an unternehmerischen Prozessen grundsätzlich stärker legitimiert ist als die Umsetzung gesetzlicher Vorgaben[666].

Das MgVG sieht lediglich Verhandlungen über die unternehmerische Mitbestimmung der Arbeitnehmer vor, während das SEBG auch Verhandlungen über ein Verfahren zur Unterrichtung und Anhörung der Arbeitnehmer im Sinne einer betrieblichen Mitbestimmung sowie die Bildung eines SE-Betriebsrats vorsieht[667]. Zwar kann nach einer grenzüberschreitenden Verschmelzung ein Europäischer Betriebsrat in Anwendung des EBRG gewählt werden. Diese Möglichkeit wird vom MgVG – anders als vom SEBG – nicht ausgeschlossen. Ein Europäischer Betriebsrat ist aber nur unter bestimmten Voraussetzungen zu bilden. So muss das Unternehmen beispielsweise mindestens 1.000 Arbeitnehmer in Mitgliedstaaten beschäftigen (vgl. § 3 Abs. 1 EBRG). Vor diesem Hintergrund kann nicht ausgeschlossen werden, dass Unternehmen eine grenzüberschreitende Verschmelzung der Gründung einer SE vorziehen mögen[668].

a) Beschlussfassung im BVG

(1) Grundsätze der Beschlussfassung

Die Willensbildung im BVG erfolgt durch Beschlussfassung; dabei bedarf ein Beschluss des BVG gem. § 17 Abs. 2 S. 1 MgVG vorbehaltlich des § 17 Abs. 3 und § 18 Abs. 1 MgVG grundsätzlich der Mehrheit der Mitglieder des MgVG[669]. Eine qualifizierte Mehrheit von zwei Dritteln der Mitglieder ist erforderlich, wenn die Mitbestimmungsvereinbarung eine Minderung der in den beteiligten Gesellschaften bestehenden Mitbestimmungsrechte zur Folge hätte (§ 17 Abs. 3 MgVG) oder wenn das BVG beschließt, keine Verhandlungen aufzunehmen oder bereits aufgenommene Verhandlungen abzubrechen (§ 18 S. 1 MgVG)[670].

---

664 *Müller-Bonanni/Müntefering*, NJW 2009, 2347 (2351).
665 *Lunk/Hinrichs*, NZA 2007, 773 (777); s. dort auch weitere Einzelheiten zum Verhandlungsverfahren.
666 *Krause/Janko*, BB 2007, 2194 (2196).
667 *Müller-Bonanni/Müntefering*, BB 2009, 1699 (1700); *Schubert*, ZIP 2009, 791 (793); *Teichmann*, Der Konzern 2007, 89 (91).
668 *Müller-Bonanni/Müntefering*, BB 2009, 1699 (1701).
669 Vgl. auch *Lunk/Hinrichs*, NZA 2007, 773 (778).
670 Wie vor.

(2) *Berücksichtigung konzernangehöriger Arbeitnehmer bei der Minderung der Mitbestimmung*

Soweit die Vereinbarung über die Mitbestimmung zu einer Minderung der bisherigen Arbeitnehmerbeteiligung führt, muss das BVG einer solchen Vereinbarung mit qualifizierter Mehrheit zustimmen (s. § 17 Abs. 3 MgVG). Das setzt voraus, dass mindestens 25% aller Arbeitnehmer der Mitbestimmung unterlagen, die durch die Vereinbarung beseitigt wird. Eine Minderung der Mitbestimmungsrechte liegt vor, wenn der Arbeitnehmeranteil in den Unternehmensorganen der hervorgegangenen Gesellschaft geringer ausfällt als der höchste in den beteiligten Gesellschaften bestehende Anteil oder wenn Mitbestimmungsrechte beseitigt oder eingeschränkt werden (s. § 17 Abs. 4 MgVG).

Gem. § 17 Abs. 3 MgVG sind bei der Ermittlung des Quorums von 25% neben den Arbeitnehmern der beteiligten Gesellschaften auch die Arbeitnehmer der betroffenen Tochtergesellschaften einzubeziehen. Damit weicht die Vorschrift von den unionsrechtlichen Vorgaben des Art. 16 Abs. 3 lit. a der Verschmelzungsrichtlinie i.V.m. Art. 3 Abs. 4 der SE-Richtlinie ab, der nur die Arbeitnehmer der betroffenen Gesellschaften einbezieht. Ebenso wie § 17 Abs. 3 MgVG umfasst auch § 15 Abs. 3 SEBG die bei der Ermittlung des Quorums einzubeziehenden Arbeitnehmer der betroffenen Tochtergesellschaften. Die Parallelproblematik stellt sich ebenfalls im Rahmen des § 23 Abs. 1 S. 2 MgVG bzw. § 34 Abs. 1 Nr. 2 SEBG, wonach ein bestimmtes Quorum für die Anwendbarkeit der gesetzlichen Auffanglösung vorausgesetzt wird.

(a) Problematik

Im Rahmen der §§ 15, 34 SEBG und vereinzelt auch im Rahmen der §§ 17, 23 MgVG wird diskutiert, ob die Einbeziehung konzernangehöriger Arbeitnehmer in die Berechnung der Quote mit den unionsrechtlichen Vorgaben vereinbar ist. Zum einen wird die Ansicht vertreten, die oben aufgezeigte Abweichung von den Vorgaben der SE-Richtlinie sei unionsrechtswidrig[671]. Teilweise wird sogar aufgrund des eindeutigen Wortlautes der nationalen Regelungen die Möglichkeit einer

---

671 Frodermann/Jannott/*Kienast*, Handbuch der Europäischen Aktiengesellschaft, 13, Rn. 307 ff.; *Grobys*, NZA 2004, 779 (780 f.); *Ders.*, NZA 2005, 84 (89); *Güntzel*, S. 418 ff., 525; *Habersack*, ZHR 171 (2007), 613 (639 f.); *Kallmeyer*, ZIP 2004, 1442 (1443), der die Anrufung des EuGH fordert; *Krause*, BB 2004, Editorial zu Heft 31 zweifelt an der Richtlinienkonformität der Vorschriften im SEBG; Lutter/Hommelhoff/*Oetker*, SE-Kommentar, § 34 SEBG, Rn. 21; Manz/Mayer/Schröder/*Evers*, Europäische Aktiengesellschaft SE, § 15 SEBG, Rn. 11 f.; Sagasser/Bula/Brünger/*Gutkès*, Umwandlungen, § 13, Rn. 276, 321; kritisch auch *Brandes*, ZIP 2008, 2193 (2197, Fußnote 29) sowie Stellungnahme des Deutschen Anwaltvereins durch den Handelsrechtsausschuss zu dem Regierungsentwurf eines Gesetzes zur Einführung der Europäischen Gesellschaft (SEEG) v. Juli 2004, S. 10 f., im Internet abrufbar unter http://anwaltverein.de/downloads/stellungnahmen/2004–35.pdf.

unionsrechtskonformen Auslegung der Normen abgelehnt[672]. Der Wortlaut der SE-Richtlinie sei eindeutig und nicht auslegungsfähig[673]. Der deutsche Gesetzgeber führe durch die Einbeziehung konzernangehöriger Arbeitnehmer in die Berechnung der Quoren ein neues, qualitatives Berechnungselement ein, das im Widerspruch zu den Vorgaben der SE-Richtlinie stehe[674]. Zudem verdeutliche Art. 3 Abs. 2 lit. a (i) der SE-Richtlinie, der den Arbeitnehmern der betroffenen Tochtergesellschaften bei den Wahlen zum BVG Mitwirkungsrechte einräumt, dass der Richtliniengeber die Konzernzurechnungsproblematik generell berücksichtigt und bewusst im Rahmen der Berechnung der Quoren auf eine Einbeziehung der Arbeitnehmer der betroffenen Tochtergesellschaften verzichtet habe[675]. Art. 7 der SE-Richtlinie und Art. 16 Abs. 3 der Verschmelzungsrichtlinie seien abschließend und nicht im Sinne einer Mindestregelung zu verstehen[676]. Zudem wirke sich die Berücksichtigung der Arbeitnehmer der Tochtergesellschaften in diesem Fall zu Lasten bestehender Mitbestimmungsrechte aus, weil bei einer Erhöhung der Gesamtarbeitnehmeranzahl der Anteil der Arbeitnehmer in den beteiligten Gesellschaften, die der Mitbestimmung unterliegen, geringer ausfalle[677]. Problematisch sei außerdem, dass sich der durch den deutschen Gesetzgeber eingeführte Berechnungsmodus immer auch auf die an der SE-Gründung (bzw. grenzüberschreitenden Verschmelzung, *Anm. d. Verf.*) zwingend mitbeteiligten ausländischen Gesellschaften erstrecke, deren Rechtsordnungen eine Zurechnung der Arbeitnehmer von Tochtergesellschaften nicht kennen, so dass es im Fall der Anwendung der deutschen Vorschriften schneller zu dem Erfordernis einer qualifizierten Mehrheit komme, als dies in anderen Mitgliedstaaten der Fall sei, in denen Arbeitnehmer von Tochtergesellschaften nicht hinzugerechnet würden[678].

Andere Stimmen in der Literatur vertreten die Auffassung, die durch den deutschen Gesetzgeber vorgenommenen Abweichungen von den Vorgaben der SE-Richtlinie bzw. Verschmelzungsrichtlinie seien zulässig[679].

---

672 *Habersack*, ZHR 171 (2007), 613 (640); dagegen sprechen sich Frodermann/Jannott/*Kienast*, Handbuch der Europäischen Aktiengesellschaft, 13, Rn. 310 sowie Lutter/Hommelhoff/*Oetker*, SE-Kommentar, § 34 SEBG, Rn. 21 für eine richtlinienkonforme Auslegung des § 34 Abs. 2 SEBG aus.

673 *Kallmeyer*, ZIP 2004, 1442 (1443).

674 Frodermann/Jannott/*Kienast*, Handbuch der Europäischen Aktiengesellschaft, 13, Rn. 308 ff.

675 *Habersack*, ZHR 171 (2007), 613 (639 f.); so auch *Güntzel*, S. 420.

676 *Habersack*, ZHR 171 (2007), 613 (640).

677 Frodermann/Jannott/*Kienast*, Handbuch der Europäischen Aktiengesellschaft, 13, Rn. 308 f.

678 *Güntzel*, S. 422; Manz/Mayer/Schröder/*Evers*, Europäische Aktiengesellschaft SE, § 15 SEBG, Rn. 12.

679 HWK/*Hohenstatt/Dzida*, SEBG, Rn. 28; *Kleinhenz*, S. 331 f.; *Lunk/Hinrichs*, NZA 2007, 773 (775); MünchKommAktG/*Jacobs*, Bd. 7, § 15 SEBG, Rn. 9 f., § 34 SEBG, Rn. 10; Nagel/Freis/Kleinsorge/*Nagel*, Beteiligung der Arbeitnehmer im Unternehmen auf der Grundlage des europäischen Rechts, § 34 SEBG, Rn. 8; *Niklas*, NZA 2004, 1200 (1202 f.); *Schubert*, RdA 2007, 9 (13).

(b) Stellungnahme

§ 17 Abs. 3 MgVG weicht von den Vorgaben der Verschmelzungsrichtlinie ab. Damit ist zunächst zu prüfen, ob die Verschmelzungsrichtlinie den Mitgliedstaaten in diesem Punkt einen Umsetzungsspielraum einräumt oder ob sie eine abschließende Regelung trifft, von der die Mitgliedstaaten nicht abweichen dürfen[680].

Wie bereits erörtert, ist die Verschmelzungsrichtlinie jedenfalls mit Blick auf die mitbestimmungsrechtlichen Regelungen grundsätzlich abschließend und eröffnet den Mitgliedstaaten damit in der Regel keine Möglichkeiten, von den in ihr geregelten Vorgaben abzuweichen[681]. Etwas anderes könnte sich indes aus Art. 16 Abs. 3 lit. a der Verschmelzungsrichtlinie i.V.m. Art. 3 Abs. 4 der SE-Richtlinie ergeben. So sieht Art. 16 Abs. 3 der Verschmelzungsrichtlinie als Grundregelung vor, dass die Mitgliedstaaten die Mitbestimmung der Arbeitnehmer lediglich *entsprechend* den aufgeführten Vorschriften der SE-Richtlinie regeln. Gem. Erwägungsgrund Nr. 13 der Verschmelzungsrichtlinie können im Falle einer entsprechenden Anwendung der Regelungen der SE-Richtlinie solche Abweichungen vorgenommen werden, die für notwendig erachtet werden, weil die aus der Verschmelzung hervorgehende Gesellschaft nach dem Recht des Sitzstaates zu beurteilen ist. Daraus ergibt sich, dass der Unionsgesetzgeber den Mitgliedstaaten im Bereich der Mitbestimmung jedenfalls dann Abweichungen in einem bestimmten Umfang erlaubt, wenn die Verschmelzungsrichtlinie die entsprechende Anwendung der Vorschriften der SE-Richtlinie anordnet. Zwar kommt Erwägungsgründen im Unionsrecht grundsätzlich keine Bindungswirkung zu, sie werden aber für die Auslegung der jeweiligen Unionsrechtsakte herangezogen[682]. So können die Erwägungsgründe insbesondere wichtige Hinweise zum abschließenden Charakter einer sekundärrechtlichen Regelung beinhalten[683]. Die ausdrückliche Zulassung notwendiger Änderungen in Erwägungsgrund Nr. 13 spricht demnach dafür, dass Art. 16 Abs. 3 lit. a der Verschmelzungsrichtlinie keine abschließende Regelung trifft, sondern solche Änderungen zulässt, die wegen der Anwendung des nationalen Rechts geboten sind[684].

---

680 Vgl. hierzu im Einzelnen o., D.IV.

681 S.o., D.IV.1.b.

682 EuGH v. 4.10.1972, Rs. 9/72, Slg. 1972, 961, Rn. 6 („*Brunner*"); EuGH v. 28.6.1979, Rs. 233/78, Slg. 1979, 2305, Rn. 11 („*Lentes u.a.*"); EuGH v. 6.10.1981, Rs. 246/80, Slg. 1981, 2311, Rn. 23 („*Broekmeulen*"); *Bleckmann/Pieper* in: Dauses, Hdb. EU-WirtschaftsR, Teil B.I., Rn. 17; *Gebauer* in: Gebauer/Wiedmann, Zivilrecht unter europäischem Einfluss, Kap. 4, Rn. 26; MünchKommBGB/*Kindler*, Bd. 11, Int. WirtschaftsR, Int. InsolvenzR, B., Vorbem., Rn. 13 in Bezug auf das europäische Insolvenzrecht; *Nettesheim* in: Grabitz/Hilf/Nettesheim, EUV/AEUV, Präambel AEUV, Rn. 15; Wandtke/Bullinger/*Thum*, UrhR, Vorbem. Vor §§ 87a ff., Rn. 17; s. auch Ziff. 10 des Gemeinsamen Leitfadens des Europäischen Parlaments, des Rates und der Kommission für Personen, die in den Unionsorganen an der Abfassung von Rechtsakten mitwirken, abrufbar unter http://eur-lex.europa.eu/de/techleg/10.htm.

683 *Oexle*, AbfallR 2003, 284 (287).

684 S. *Schubert*, RdA 2007, 9 (13).

Ob die Unionsrechtmäßigkeit der Einbeziehung konzernangehöriger Arbeitnehmer in § 17 Abs. 3 MgVG am Maßstab der Niederlassungsfreiheit oder lediglich am Maßstab der Verschmelzungsrichtlinie zu prüfen ist, hängt davon ab, wie umfangreich der den Mitgliedstaaten eingeräumte Gestaltungsspielraum ist. Erlaubt das Sekundärrecht ausdrücklich eine bestimmte Regelung durch die Mitgliedstaaten, erfolgt keine Überprüfung des nationalen Rechts am Maßstab der Freiheiten, weil das Sekundärrecht das nationale Recht gegen deren Heranziehung als Prüfungsmaßstab „immunisiert"[685]. Dies gilt jedoch nur, soweit das Sekundärrecht das erlaubte Verhalten genau bezeichnet[686]. Art. 16 Abs. 3 lit. a der Verschmelzungsrichtlinie i.V.m. Art. 3 Abs. 4 der SE-Richtlinie kann keine ausdrückliche Erlaubnis der Einbeziehung konzernangehöriger Arbeitnehmer entnommen werden. Auch die inhaltlichen Vorgaben des 13. Erwägungsgrundes der Verschmelzungsrichtlinie für eine Abweichung der Mitgliedstaaten von der SE-Richtlinie sind eher vage ausgestaltet. Die Verschmelzungsrichtlinie räumt den Mitgliedstaaten damit einen nicht näher definierten Handlungsspielraum ein[687]. Die Ausfüllung dieses Handlungsspielraums durch den deutschen Gesetzgeber, d.h. das „Wie" der Umsetzung, ist nicht anhand der Vorgaben der Verschmelzungsrichtlinie, sondern am Maßstab der Niederlassungsfreiheit zu messen[688]. Damit kommt es jedenfalls im Rahmen der Verschmelzungsrichtlinie nicht auf die vorstehend dargestellte Argumentation an, die die Verschmelzungsrichtlinie bzw. die SE-Richtlinie als Prüfungsmaßstab für die Einbeziehung konzernangehöriger Arbeitnehmer in § 17 Abs. 3 MgVG anlegt.

Ein Verstoß des § 17 Abs. 3 MgVG gegen die Niederlassungsfreiheit kann nur angenommen werden, wenn die Norm in deren Schutzbereich eingreift[689]. Eine Beschränkung der Niederlassungsfreiheit durch § 17 Abs. 3 MgVG könnte allenfalls darin zu sehen sein, dass das Erfordernis der Zwei-Drittel-Mehrheit in der deutschen Rechtsordnung bei einer Einbeziehung konzernangehöriger Arbeitnehmer schneller erreicht werden *kann* als in anderen Mitgliedstaaten, deren Rechtsordnung keine Zurechnung der Arbeitnehmer der Tochtergesellschaften kennt. Dabei ist jedoch zu beachten, dass das Erfordernis der Zwei-Drittel-Mehrheit unter Zugrundelegung der deutschen Rechtsordnung nur dann schneller erreicht wird, wenn auch das ausländische Mitbestimmungssystem die Arbeitnehmer der Tochtergesellschaften

---

685 *Forsthoff* in: Grabitz/Hilf/Nettesheim, EUV/AEUV, Art. 45 AEUV, Rn. 360; vgl. näher o., D.IV.1.

686 *Forsthoff* in: Grabitz/Hilf/Nettesheim, EUV/AEUV, Art. 45 AEUV, Rn. 361.

687 Im Rahmen dieser Bearbeitung ist davon auszugehen, dass die Verschmelzungsrichtlinie – und damit auch der in Rede stehende Handlungsspielraum – primärrechtskonform ist, s.o., D.IV.1.c.

688 Vgl. *Forsthoff*, IStR 2006, 222 (223 f.); *Forsthoff* in: Grabitz/Hilf/Nettesheim, EUV/AEUV, Art. 45 AEUV, Rn. 360 ff; a.A. offenbar *Schubert*, RdA 2007, 9 (13 f.), die die Zulässigkeit der Abweichungen des § 17 Abs. 3 MgVG ausschließlich anhand der Vorgaben der Verschmelzungsrichtlinie beurteilt.

689 Zu den Anforderungen der Niederlassungsfreiheit näher o., C.IV.12.a.

an der Mitbestimmung der beteiligten Gesellschaften mitwirken lässt[690]. Dies kann z.B. bei Beteiligung einer dänischen Gesellschaft der Fall sein, weil die dänische Rechtsordnung den Arbeitnehmern in Tochtergesellschaften unter bestimmten Voraussetzungen Mitbestimmungsrechte im Mutterkonzern einräumt[691]. Anders ist dies indes, wenn an einer grenzüberschreitenden Verschmelzung Gesellschaften beteiligt sind, deren Rechtsordnung die Arbeitnehmer der Tochtergesellschaften gerade nicht an der Mitbestimmung in der beteiligten Gesellschaft mitwirken lässt. So verhandeln z.B. in der finnischen Rechtsordnung Unternehmensleitungen und die im Unternehmen vertretenen Gewerkschaften darüber, wie die Mitbestimmung in finnischen Gesellschaften konkret ausgestaltet sein soll[692]. Das bedeutet, dass finnische Unternehmen Beteiligungsrechte der Arbeitnehmer konzernabhängiger Unternehmen auf freiwilliger Basis implementieren können, eine Pflicht dazu besteht jedoch nicht[693]. In einem solchen Fall erhöht sich unter Zugrundelegung der deutschen Rechtsordnung lediglich die Gesamtzahl der Arbeitnehmer mit der Folge, dass der Prozentsatz derjenigen Arbeitnehmer, die einem System der Mitbestimmung unterliegen, geringer ausfällt und das Zwei-Drittel-Erfordernis nicht erreicht wird. Eine Diskriminierung ausländischer Gesellschaften geht jedoch nicht einher mit dem möglichen schnelleren Erreichen des Zwei-Drittel-Erfordernisses unter Zugrundelegung der deutschen Rechtsordnung, da von diesem Erfordernis deutsche und ausländische Gesellschaften gleichermaßen betroffen sind. § 17 Abs. 3 MgVG bezieht sich lediglich auf die Beschlussfassung des BVG, nicht aber auf die Durchführung des Arbeitnehmerbeteiligungsverfahrens an sich. Damit beschränkt die Regelung des § 17 Abs. 3 MgVG auch nicht den Marktzugang von Gesellschaften als solchen. Damit ist der Einbeziehung konzernangehöriger Arbeitnehmer in § 17 Abs. 3 MgVG keine Beschränkung der Niederlassungsfreiheit zu entnehmen. Die Abweichung des deutschen Gesetzgebers von den Vorgaben der Verschmelzungsrichtlinie ist demnach mit der Niederlassungsfreiheit vereinbar und damit unionsrechtskonform.

b) Vereinbarung

Die Verhandlungen enden entweder mit dem Abschluss einer Vereinbarung zwischen dem BVG und den Unternehmensleitungen, mit der Anwendung der gesetzlichen Auffanglösung oder mit einem Abbruch- bzw. Nichtaufnahmebeschluss des

---

690 Vgl. allgemein zum Konzernrecht in Europa *Gäbelein,* FS Quack, 211 (215 ff.).

691 *Andersen* in: Baums/Ulmer, Unternehmens-Mitbestimmung der Arbeitnehmer im Recht der EU-Mitgliedstaaten, S. 11 (14); Henssler/Braun/*Steinrücke/Würtz,* Arbeitsrecht in Europa, Dänemark, Rn. 130.

692 *Junker,* ZfA 2005, 1 (20).

693 Henssler/Braun/*Leppä/Henne,* Arbeitsrecht in Europa, Finnland, Rn. 183; *Toiviainen* in: Baums/Ulmer, Unternehmens-Mitbestimmung der Arbeitnehmer im Recht der EU-Mitgliedstaaten, S. 25 (27).

BVG gem. § 18 MgVG[694]. Soweit die Verhandlungspartner eine Vereinbarung über die Arbeitnehmermitbestimmung treffen, richtet sich deren Inhalt nach § 22 MgVG. Danach muss die Vereinbarung unter anderem Festlegungen zu Geltungsbereich, Laufzeit und Zeitpunkt für die Neuaufnahme der Verhandlungen, die Zahl der Mitglieder des Aufsichts- oder Verwaltungsorgans, das Wahlverfahren, die Rechte der Mitglieder etc. beinhalten. In diesem Zusammenhang stellt sich die Frage nach dem inhaltlichen Spielraum der Verhandlungspartner im Rahmen des Abschlusses einer Vereinbarung, d.h. nach der Reichweite der Vereinbarungsautonomie[695]. Im Kern geht es dabei um die Fragen, ob sich die Vereinbarung in den Grenzen des zwingenden deutschen Gesellschaftsrechts bewegen muss und ob und inwieweit die Verhandlungspartner an die Vorgaben der Satzung gebunden sind[696]. In der Literatur überwiegt mit Blick auf die grenzüberschreitende Verschmelzung die Ansicht, dass im Rahmen einer Vereinbarung nur solche Regelungen getroffen werden können, die auch Gegenstand einer Satzungsregelung sein können, da sich andernfalls Unternehmensleitungen und BVG mit die Hauptversammlung bindender Wirkung über zwingendes Aktienrecht hinwegsetzen könnten[697].

3. Gesetzliche Auffangregelung (§§ 23 ff. MgVG)

Soweit die Verhandlungspartner keine Vereinbarung über die Mitbestimmung treffen und die Voraussetzungen für die Anwendung der gesetzlichen Auffanglösung vorliegen, richtet sich die Mitbestimmung nach §§ 23 ff. MgVG. Die Regelungen orientieren sich über den Verweis in Art. 16 Abs. 3 lit. e der Verschmelzungsrichtlinie an Art. 7 der SE-Richtlinie[698].

a) Voraussetzungen für die Anwendbarkeit der gesetzlichen Auffangregelung

Die gesetzliche Auffanglösung kommt in den folgenden Konstellationen zur Anwendung: Wenn die Verhandlungspartner dies vereinbaren (§ 23 Abs. 1 Nr. 1 MgVG), wenn bis zum Ende des Verhandlungszeitraums keine Vereinbarung zustande gekommen ist und das BVG keinen Beschluss nach § 18 MgVG gefasst hat

694 Dazu im Einzelnen unten, E.II.3.

695 *Habersack*, ZHR 171 (2007), 613 (626 ff.); *Lunk/Hinrichs*, NZA 2007, 773 (778 f.); *Teichmann*, Der Konzern 2007, 89 (94 ff.).

696 *Habersack*, ZHR 171 (2007), 613 (626 ff.); *Lunk/Hinrichs*, NZA 2007, 773 (778 f.); *Teichmann*, Der Konzern 2007, 89 (94 ff.).

697 *Habersack*, ZHR 171 (2007), 613 (629); *Lunk/Hinrichs*, NZA 2007, 773 (778 f.); Sagasser/Bula/Brünger/*Gutkès*, Umwandlungen, § 13, Rn. 333; a.A. *Teichmann*, Der Konzern 2007, 89 (94 ff.); s. auch ausführlich *Henssler* in: Müller-Graf/Teichmann, Europäisches Gesellschaftsrecht auf neuen Wegen, S. 151ff.

698 Aus Gründen der Verständlichkeit werden nachfolgend in erster Linie die Regelungen des MgVG zitiert.

(§ 23 Abs. 1 Nr. 2 MgVG) oder wenn die Leitungen der an der Verschmelzung beteiligten Gesellschaften entscheiden, die gesetzliche Auffanglösung ohne vorhergehende Verhandlung unmittelbar ab dem Zeitpunkt der Eintragung anzuwenden (§ 23 Abs. 1 Nr. 3 MgVG).

(1) Erforderliches Quorum gem. § 23 Abs. 1 S. 2 MgVG

Die gesetzliche Auffanglösung greift in den Fällen des § 23 Abs. 1 S. 1 Nrn. 2 und 3 MgVG nur ein, wenn das höchste in den beteiligten Gesellschaften anzutreffende Mitbestimmungsniveau für mindestens ein Drittel aller Arbeitnehmer aus den beteiligten Gesellschaften und betroffenen Tochtergesellschaften eingreift (vgl. § 23 Abs. 1 S. 2 Nr. 1 MgVG)[699]. Die gesetzliche Auffangregelung gelangt auch bei einer Unterschreitung der Schwellenwerte zur Anwendung, soweit das BVG einen entsprechenden Beschluss fasst (vgl. § 23 Abs. 1 S. 2 Nr. 2 MgVG). Nach Art. 7 Abs. 3 der SE-Richtlinie können die Mitgliedstaaten vorsehen, dass die Auffangregelung in diesen beiden Fällen keine Anwendung findet (sog. spanische Klausel)[700]. Über Art. 16 Abs. 3 lit. e der Verschmelzungsrichtlinie findet diese Regelung auch bei grenzüberschreitenden Verschmelzungen Anwendung. Diese Regelung ist insoweit problematisch, als sie eine grenzüberschreitende Verschmelzung blockieren kann, da die aus der grenzüberschreitenden Verschmelzung hervorgegangene Gesellschaft erst eingetragen werden kann, wenn eine Vereinbarung über die Arbeitnehmerbeteiligung abgeschlossen, ein Beschluss über die Nichtaufnahme oder den Abbruch der Verhandlungen gefasst wurde oder die Verhandlungen ergebnislos enden und die Auffangregelung Anwendung findet[701]. Der deutsche Gesetzgeber hat diese Regelung nicht in das MgVG umgesetzt.

Der Quotenregelung liegt der Gedanke zugrunde, dass Mitgliedstaaten die Übernahme eines fremden Mitbestimmungsmodells nur dann dulden müssen, wenn sich dieses auf einen gewissen Prozentsatz der Gesamtzahl der betroffenen Arbeitnehmer bezieht[702]. Für die SE beträgt die entsprechende Quote nur 25% (s. § 34 Abs. 1 Nr. 2 SEBG). Die im Vergleich zur SE höhere Quote im MgVG könnte darauf zurückzuführen sein, dass die Bereitschaft der Mitgliedstaaten, den „Import“ fremder Mitbestimmungsmodelle zu dulden, weiter abgenommen hat[703].

---

699 Die Einbeziehung der Arbeitnehmer der betroffenen Tochtergesellschaften bei der Berechnung der Quote ist entsprechend der Parallelproblematik bei § 17 MgVG zumindest im Rahmen des MgVG unionsrechtskonform, vgl. o., E.II.2.a.2.

700 Vgl. ausführlicher zur *„Spanischen Klausel“* in der SE-Richtlinie *Brors,* S. 150 f.

701 *Behrens,* S. 216 f.; *Nagel,* NZG 2007, 57 (59); zur vergleichbaren Situation bei der SE-Gründung *Niklas,* NZA 2004, 1200 (1204 f.).

702 *Teichmann,* Der Konzern 2007, 89 (92).

703 *Teichmann,* Der Konzern 2007, 89 (92).

(2) *Rechtsfolge bei Nichterreichen des Quorums und Fehlen eines Beschlusses des BVG*

Problematisch ist, welche Rechtsfolge zur Anwendung gelangt, wenn die Quote des § 23 Abs. 1 S. 2 Nr. 1 MgVG nicht erreicht wird und das BVG auch keinen entsprechenden Beschluss fasst. Umstritten ist, ob in dieser Situation das Sitzstaatprinzip gem. § 4 MgVG gilt[704] oder ob das aus der Verschmelzung hervorgegangene Unternehmen gar keinem System der Mitbestimmung unterliegt[705]. Zu der parallelen Problematik im Rahmen einer SE-Gründung vertritt die herrschende Meinung die Auffassung, dass in diesem Fall kein Mitbestimmungssystem in der SE etabliert wird[706]. Für die Anwendung des Sitzstaatprinzips im Rahmen einer grenzüberschreitenden Verschmelzung wird dagegen vorgebracht, dass § 4 MgVG die Basisregelung für die Unternehmensmitbestimmung nach dem MgVG sei und damit grundsätzlich Anwendung finde[707]. Etwas anderes gelte nur bei Vorliegen der Voraussetzungen des Art. 16 Abs. 2 der Verschmelzungsrichtlinie bzw. des § 5 MgVG[708]. Hinzu komme, dass die für die SE geltenden Grundsätze nicht ohne Weiteres auf die aus der grenzüberschreitenden Verschmelzung hervorgehende Gesellschaft übertragen werden könnten, da es sich zumindest dann, wenn die aus der grenzüberschreitenden Verschmelzung hervorgehende Gesellschaft eine deutsche sei, anders als bei einer SE um eine originär mitbestimmte Gesellschaft handele[709]. Eine Auslegung der Verschmelzungsrichtlinie, nach der eine grenzüberschreitende Verschmelzung dazu führen könnte, dass in einer originär mitbestimmten Gesellschaft die Mitbestimmung abgeschafft würde, widerspreche dem Sinn und Zweck der Verschmelzungsrichtlinie[710].

In der dargestellten Situation von der Mitbestimmungsfreiheit eines Unternehmens auszugehen, wäre insbesondere mit dem Sinn und Zweck der Verschmelzungsrichtlinie, bestehende Mitbestimmungsrechte zu sichern, nicht vereinbar. Zwar wird auch das Sitzstaatprinzip nicht in jedem Fall der Sicherung bestehender Mitbestimmungsrechte gerecht, insbesondere dann nicht, wenn die aufnehmende Gesellschaft ihren Sitz in einem Staat hat, dessen Rechtsordnung gar keine oder eine schwächere Form der Mitbestimmung kennt. In der Anwendung des Sitzstaatprinzips liegt aber – anders als in der sofortigen Mitbestimmungsfreiheit einer Gesellschaft – zumindest

---

704 *Braun*, S. 127; *Drinhausen/Keinath*, RiW 2006, 81 (86); *Heuschmid*, AuR 2006, 184 (190 f.); *Krause/Janko*, BB 2007, 2194 (2197); *Schubert*, RdA 2007, 9 (14).

705 *Brandes*, ZIP 2008, 2193 (2197 f., Fußnote 30); *Koberski*, FS Wissmann, 474 (488); wohl auch *Müller-Bonanni/Müntefering*, NJW 2009, 2347 (2352).

706 Frodermann/Jannott/*Kienast*, Handbuch der Europäischen Aktiengesellschaft, 13, Rn. 312 ff.; *Heuschmid*, AuR 2006, 184 (190); *Koberski*, FS Wissmann, 474 (483).

707 *Heuschmid*, AuR 2006, 184 (191); *Schubert*, RdA 2007, 9 (14).

708 *Heuschmid*, AuR 2006, 184 (191); vgl. zum Verhältnis der §§ 4, 5 MgVG auch oben, E.I.

709 *Heuschmid*, AuR 2006, 184 (190).

710 *Heuschmid*, AuR 2006, 184 (191).

eine Chance auf die Etablierung eines Mitbestimmungsmodells. Die Anwendung der Verhandlungslösung kommt indes nicht in Betracht[711]. Dies entspräche nicht dem Sinn und Zweck der Verschmelzungs- bzw. SE-Richtlinie. Danach kommt die Auffangregelung – wie bereits erörtert – in Betracht, wenn entweder die Parteien oder die Leitungen der an der Verschmelzung beteiligten Gesellschaften deren Anwendbarkeit vereinbaren oder die Verhandlungsfrist fruchtlos abgelaufen ist. In sämtlichen Fällen kann auf dem Verhandlungswege also keine Lösung gefunden werden. Damit wäre es widersprüchlich, im Falle des Nichterreichens des Quorums bzw. eines fehlenden Beschlusses des BVG das Verhandlungsverfahren anzuwenden. Demnach kommt in einem solchen Fall nur die Anwendung des Sitzstaatprinzips in Betracht. Dies ist auch mit dem Zweck der Erleichterung grenzüberschreitender Verschmelzungen vereinbar. Unvereinbar damit wäre es, Unternehmen in jedem Fall ein fremdes Mitbestimmungsmodell aufzuzwingen. Durch die Einführung bzw. Erhöhung der Quote hat der Richtliniengeber die Schutzzwecke der Richtlinie und die gegenläufigen Interessen soweit wie möglich in Einklang gebracht.

Zwar scheint das aufgeworfene Problem auf den ersten Blick rein akademischer Natur zu sein[712], da das BVG voraussichtlich in den meisten Fällen für die gesetzliche Auffangregelung optieren wird. Damit spielt die Quotenregelung in der Praxis grundsätzlich keine große Rolle und bietet keinen besonderen Anreiz für eine Vermeidung der Mitbestimmung[713]. Es sind aber durchaus Konstellationen denkbar, in denen das BVG einen entsprechenden Beschluss nicht fasst. Zu einer solchen Situation kann es beispielsweise kommen, wenn der überwiegende Anteil der Arbeitnehmer Staaten entstammt, die kein System der unternehmerischen Mitbestimmung kennen[714]. Auch haftungsrechtliche Fragen, die sich aus der Einbeziehung in Leitungsbefugnisse ergeben, können an dieser Stelle eine Rolle spielen[715]. Für die Mitbestimmung ergeben sich in der Praxis indes keine großen Auswirkungen. Zwar haben die beteiligten Unternehmen nach der hier bevorzugten Anwendbarkeit des Sitzstaatprinzips durch die Wahl des Unternehmenssitzes Einfluss auf das anwendbare Mitbestimmungsmodell. Sie haben jedoch keinen Einfluss darauf, ob das BVG durch einen entsprechenden Beschluss die gesetzliche Auffangregelung zur Anwendung gelangen lässt.

711 Wie vor.
712 *Heuschmid*, AuR 2006, 184 (190).
713 *Müller-Bonanni/Müntefering*, BB 2009, 1699 (1702); *Schubert*, RdA 2007, 9 (14); *Teichmann*, Der Konzern 2007, 89 (92).
714 *Lange*, Die Mitbestimmung bei einer deutsch-britischen Europäischen Aktiengesellschaft, S. 67; mögliche Probleme mit ausländischen Arbeitnehmervertretern werden auch aufgeworfen bei *Latzel*, Rn. 371 f.
715 Wie vor.

b) Ausgestaltung der Mitbestimmung im Rahmen der gesetzlichen Auffangregelung

Die gesetzliche Auffangregelung führt im Grundsatz dazu, dass sich das höchste bzw. am weitesten gehende in den beteiligten Gesellschaften bestehende Mitbestimmungssystem durchsetzt, damit also der *Anteil* der Arbeitnehmervertreter im Aufsichtsrat dem höchsten Anteil in den an der Verschmelzung beteiligten Gesellschaften entspricht (sog. „Vorher-Nachher-Prinzip", vgl. § 24 Abs. 1 S. 2 MgVG)[716]. Das MgVG gewährleistet damit nur eine Beibehaltung des Arbeitnehmeranteils, nicht aber einer absoluten Arbeitnehmeranzahl, so dass die Zahl der Aufsichtsratsmitglieder verringert werden darf, solange das proportionale Verhältnis bestehen bleibt[717]. Demnach kann nicht einfach nur das Mitbestimmungsrecht des Sitzstaates der aus der Verschmelzung hervorgehenden Gesellschaft übernommen werden[718]. Dies hat zur Folge, dass für den Fall der Beteiligung einer deutschen Gesellschaft an der Verschmelzung die Aufsichts- oder Verwaltungsorgane der hervorgehenden Gesellschaft zu einem Drittel bzw. zur Hälfte mit Arbeitnehmervertretern besetzt sind, je nachdem, ob vor der Verschmelzung in der deutschen Gesellschaft das DrittelbG oder das MitbestG galt[719]. Sind also an einer Verschmelzung eine deutsche Gesellschaft, die dem MitbestG unterliegt, sowie eine österreichische Gesellschaft, in der ein drittelmitbestimmtes System besteht, beteiligt und besteht der Aufsichtsrat der aus der Verschmelzung hervorgehenden Gesellschaft aus 12 Mitgliedern, so sind gem. § 23 Abs. 1 S. 2 MgVG sechs Arbeitnehmervertreter in den Aufsichtsrat zu bestellen[720].

Da die aus der Verschmelzung hervorgegangene Gesellschaft nicht mehr dem nationalen Mitbestimmungsrecht selbst unterliegt, sondern dem sog. Sondermitbestimmungsrecht der Auffangregelung, gilt das einmal implementierte Mitbestimmungsniveau statisch fort[721]. Damit führt ein Anstieg der Arbeitnehmeranzahl nicht

716 Vgl. *Müller-Bonanni/Müntefering*, BB 2009, 1699 (1700); *Teichmann*, Der Konzern 2007, 89 (92); *Winter*, Der Konzern 2007, 24 (32); in der Literatur wird die Übertragung der Regelungen über die Mitbestimmung eines Staates in einen anderen teilweise als nicht ganz unproblematisch angesehen, da die Verschmelzung gerade davon geprägt sei, dass der übertragende Rechtsträger mit Wirksamkeit der Verschmelzung erlösche und damit konsequenterweise auch das Mitbestimmungssystem untergehen müsse; da es sich bei dem übertragenden und dem übernehmenden Rechtsträger um zwei verschiedene Gesellschaften handele, sei es nicht nachvollziehbar, das System der Mitbestimmung zu übertragen, vgl. *Schott*, S. 230 ff.; vgl. zu diesem Problem auch *Audretsch*, S. 233 ff.

717 HWK/*Hohenstatt/Dzida*, MgVG, Rn. 22; *Lunk/Hinrichs*, NZA 2007, 773 (779); *Morgenroth/Salzmann*, NZA-RR 2013, 449 (450 f.); *Nagel*, NZG 2007, 57 (58).

718 *Fuchs/Marhold*, Europäisches Arbeitsrecht, S. 350.

719 *Lunk/Hinrichs*, NZA 2007, 773 (779).

720 Wie vor.

721 *Bauckhage-Hoffer/Rupietta*, EWS 2012, 417 (421); *Ege/Grzimek/Schwarzfischer*, DB 2011, 1205 (1210); *Seibt* in: Willemsen/Hohenstatt/Schweibert/Seibt, F 166.

dazu, dass in einem drittelmitbestimmten Unternehmen eine paritätische Mitbestimmung eingeführt wird oder dass eine nicht der Mitbestimmung unterliegende Gesellschaft mitbestimmt wird[722]. Ebensowenig wirkt sich das Absinken der Arbeitnehmeranzahl unter einen relevanten Schwellenwert auf die Mitbestimmung aus[723]. Denn die Mitbestimmung, die nach der grenzüberschreitenden Verschmelzung in der aufnehmenden Gesellschaft gilt, kennt weder Schwellenwerte noch eine Konzernzurechnung von Arbeitnehmern[724].

Die Konservierung des vorhandenen Mitbestimmungsniveaus sowie die Möglichkeit, die Anzahl der Arbeitnehmervertreter im Aufsichtsrat zu verringern, sprechen aus Unternehmenssicht für die Anwendung der gesetzlichen Auffangregelung. Dies verdeutlicht das nachfolgende Beispiel. Im Jahr 2005 wurde die deutsche Hypovereinsbank (*HVB*) von der italienischen Bank UniCredit übernommen. In der HVB als einem Konzern mit über 21.000 Mitarbeitern existierte zu diesem Zeitpunkt ein 20-köpfiger Aufsichtsrat[725]. Anfang 2010 ließ die UniCredit die UniCredit CAIB, ein 105 Mitarbeiter zählendes Unternehmen mit Sitz in Wien, auf die deutsche HVB verschmelzen[726]. Im Zuge dieser grenzüberschreitenden Verschmelzung kam das MgVG zur Anwendung. Durch einen Verzicht der Unternehmensleitung auf Verhandlungen mit den Arbeitnehmervertretern gem. § 23 Abs. 1 S. 1 Nr. 3 MgVG kam die gesetzliche Auffanglösung zur Anwendung. In diesem Zusammenhang wurde der Aufsichtsrat der deutschen UniCredit Tochter trotz gleichbleibender Arbeitnehmeranzahl von 20 auf 12 Mitglieder verkleinert[727]. Den deutschen Arbeitnehmervertretern, die nach der Verschmelzung mehr als 92% der Mitarbeiter repräsentieren, blieben insgesamt fünf Sitze im Aufsichtsrat[728]. Für einen der hauptamtlichen Gewerkschaftsvertreter im Aufsichtsrat der HVB war damit klar, dass das Ziel der grenzüberschreitenden Verschmelzung in der Schwächung der Mitbestimmung bestand[729].

722 *Bauckhage-Hoffer/Rupietta,* EWS 2012, 417 (421); *Brandes,* ZIP 2008, 2193 (2199); HWK/*Hohenstatt/Dzida,* MgVG, Rn. 22.
723 HWK/*Hohenstatt/Dzida,* MgVG, Rn. 22.
724 *Brandes,* ZIP 2008, 2193 (2199); *Götze/Winzer/Arnold,* ZIP 2009, 245 (253).
725 *Höhmann,* Magazin Mitbestimmung, Ausgabe 10/2011.
726 Vgl. Handelsblatt v. 15.2.2010, im Interneh abrufbar unter http://www.handelsblatt.com/unternehmen/banken/unicredit-hvb-wird-zentrum-des-investment-bankings/3369496.html; *Höhmann,* Magazin Mitbestimmung, Ausgabe 10/2011.
727 Vgl. UniCredit Bank AG, 2010 Geschäftsbericht, S. 8, im Internet abrufbar unter http://investors.hypovereinsbank.de/cms/german/investorrelations/reportsfinancedata/index.html?year=2010&cat=19&app-button-find.x=25&app-button-find.y=13.
728 *Höhmann,* Magazin Mitbestimmung, Ausgabe 10/2011.
729 Wie vor; s. weitere Fallbeispiele zur gesetzlichen Auffangregelung bei *Henssler* in: Müller-Graf/Teichmann, Europäisches Gesellschaftsrecht auf neuen Wegen, S. 163.

(1) Anwendbares Mitbestimmungsmodell

Das nach der gesetzlichen Auffangregelung anwendbare Mitbestimmungsmodell richtet sich nach § 23 Abs. 2 MgVG, der auf die Systeme der Mitbestimmung gem. § 2 Abs. 7 MgVG verweist[730]. Gem. § 23 Abs. 2 MgVG bestimmt grundsätzlich das BVG das für die Zielgesellschaft anwendbare Mitbestimmungsmodell, soweit mehr als eine Form der Mitbestimmung im Sinne des § 2 Abs. 7 MgVG bestand. Unterbleibt ein solcher Beschluss, ist das anwendbare Mitbestimmungsmodell von der Beteiligung einer inländischen Gesellschaft an der Verschmelzung und subsidiär von der Kopfzahl der in den beteiligten Gesellschaften beschäftigten Arbeitnehmer abhängig[731].

(2) Bestellung der Arbeitnehmervertreter (§ 25 MgVG)

Die Bestellung der Arbeitnehmervertretung im Aufsichts- oder Verwaltungsorgan bei Geltung der gesetzlichen Auffangregelung ist in § 25 MgVG geregelt. Gem. § 25 Abs. 1 MgVG verteilt zunächst das BVG die Zahl der Sitze im Aufsichts- oder Verwaltungsorgan auf die Mitgliedstaaten, in denen Mitglieder zu wählen oder zu bestellen sind. Die Verteilung richtet sich gem. § 25 Abs. 1 S. 2 MgVG nach dem jeweiligen Anteil der in den einzelnen Mitgliedstaaten beschäftigten Arbeitnehmer der aus der grenzüberschreitenden Verschmelzung hervorgehenden Gesellschaft, ihrer Tochtergesellschaften und Betriebe. Für den Fall, dass trotz dieser Regelung kein Arbeitnehmer aus dem Sitzstaat der Zielgesellschaft im Aufsichts- oder Verwaltungsorgan vertreten ist, bestimmt § 25 Abs. 1 S. 3 und 4 MgVG, dass der letzte zu verteilende Sitz dem Mitgliedstaat der Zielgesellschaft zugeordnet werden soll[732].

Die Bestellung der jeweiligen Arbeitnehmervertreter richtet sich nach § 25 Abs. 2 und 3 MgVG. Die auf das Inland entfallenden Arbeitnehmervertreter werden gem. § 25 Abs. 3 MgVG durch ein Wahlgremium ermittelt, das sich aus den Arbeitnehmervertretern der aus einer grenzüberschreitenden Verschmelzung hervorgehenden Gesellschaft, ihrer Tochtergesellschaften und Betriebe zusammensetzt. Alle übrigen Mitglieder des Aufsichts- oder Verwaltungsorgans werden grundsätzlich nach dem Recht der Mitgliedstaaten bestellt bzw. gewählt, dessen Arbeitnehmer sie repräsentieren, nur im Falle des Fehlens einschlägiger Wahlvorschriften übernimmt das BVG gem. § 25 Abs. 2 MgVG hilfsweise deren Bestellung[733].

In der Literatur wird die Frage aufgeworfen, ob die Bestellung der ausländischen Arbeitnehmervertreter durch das BVG unionsrechtskonform ist bzw. ob eine Bestellung durch den Europäischen Betriebsrat (*EBR*) in Betracht kommt[734]. Hintergrund hierfür ist der Unterschied zum SEBG, nach dessen § 36 Abs. 2 der SE-Betriebsrat

730 Vgl. zum Inhalt der Regelung näher o., E.I.

731 *Lunk/Hinrichs*, NZA 2007, 773 (779).

732 Vgl. auch *Lunk/Hinrichs*, NZA 2007, 773 (780).

733 Vgl. auch *Schubert*, ZIP 2009, 791 (793).

734 *Heuschmid*, AuR 2006, 184 (189), zur Verschmelzungsrichtlinie; *Schubert*, ZIP 2009, 791 (793 ff.).

als permanentes Gremium die Bestellung der ausländischen Arbeitnehmervertreter hilfsweise übernimmt. Zwar sei der EBR funktional das dem SE-Betriebsrat vergleichbare Organ, dennoch sei das BVG das geeignete Gremium, das sachnach und in praktikabler sowie unionsrechtskonformer Weise die Bestellung der ausländischen Arbeitnehmervertreter übernehmen könne[735]. Denn ob ein EBR überhaupt errichtet werde, stehe im Rahmen einer grenzüberschreitenden Verschmelzung nicht fest, zudem stünden die zwingenden Regelungen des EBRG entgegen, die den EBR auf die Unterrichtung und Anhörung der Arbeitnehmer in grenzüberschreitenden Angelegenheiten festlegen[736]. Vereinzelt wird in der Literatur darüber hinaus diskutiert, ob BVG und Wahlgremium auch für die spätere Bestellung der Arbeitnehmervertreter bzw. nach Ablauf von deren Amtszeit oder im Falle ihrer Abberufung weiterhin zuständig und damit erneut zu errichten sind[737]. Grund dafür ist, dass die Amtszeit dieser Gremien jeweils mit Erfüllung der ihnen übertragenen Aufgaben endet und sie deshalb bei einer erneuten Bestellung der Arbeitnehmervertreter nicht mehr bestehen[738]. Nach herrschender Meinung in der Literatur sind diese Gremien indes auch für jede nachfolgende Wahl der Arbeitnehmervertreter erneut zu bilden[739].

(3) Möglichkeit der Begrenzung des Anteils der Arbeitnehmervertreter im Verwaltungsorgan

Sind bei einer grenzüberschreitenden Verschmelzung die aufnehmende und die übertragende Gesellschaft dualistisch strukturiert, wird das jeweilige Mitbestimmungsmodell übertragen, soweit im Rahmen der Verhandlungen nicht eine andere Lösung beschlossen wird[740]. Ist dagegen die aufnehmende Gesellschaft monistisch und die übertragende Gesellschaft dualistisch strukturiert[741], würde die Rolle der Arbeitnehmervertreter bei einer Übertragung des Mitbestimmungsmodells qualitativ ausgeweitet[742]. Denn diese sind in einem monistischen System nicht mehr nur Mitglieder des Überwachungsorgans, sondern auch solche des eigentlichen Geschäftsleitungsorgans, dessen Kompetenzen die Unternehmensplanung in einem viel größeren Maße berühren, als es im dualistischen System der Fall ist[743]. Dies führt

---

735 *Schubert*, ZIP 2009, 791 (793 ff.).

736 Wie vor.

737 *Müller-Bonanni/Müntefering*, NJW 2009, 2347 (2353) erwähnen die Problematik nur am Rande; *Schubert*, ZIP 2009, 791 ff. setzt sich ausführlich mit diesem Problem auseinander.

738 *Schubert*, ZIP 2009, 791 ff.

739 *Müller-Bonanni/Müntefering*, NJW 2009, 2347 (2353); *Schubert*, ZIP 2009, 791 ff.

740 *Wiesner*, DB 2005, 91 (93).

741 Vgl. zu den Unterschieden zwischen monistischem und dualistischem System o., B.I.5.

742 MünchKommAktG/*Jacobs*, Bd. 7, § 35 SEBG, Rn. 18.

743 *Braun*, S. 127; *Gruber/Weller*, NZG 2003, 297 (299); *Güntzel*, S. 364; *Kisker*, RdA 2006, 206 (210); *Lange*, Die Mitbestimmung bei einer deutsch-britischen Europäischen Aktiengesellschaft, S. 81; *Teichmann*, Der Konzern 2007, 89 (92); vgl. o., B.I.

insbesondere bei der Gründung einer monistisch strukturierten SE zu Problemen. Denn das SEBG sieht in § 35 Abs. 1 vor, dass die Regelungen zur Mitbestimmung unter bestimmten Voraussetzungen erhalten bleiben, ohne dabei zwischen monistischem und dualistischem System zu unterscheiden. Deshalb wird in der Literatur die Frage diskutiert, ob die paritätische Besetzung des Verwaltungsrates einer monistischen SE verfassungskonform ist[744].

Vor diesem Hintergrund sieht Art. 16 Abs. 4 lit. c der Verschmelzungsrichtlinie vor, dass die an der Verschmelzung beteiligten Gesellschaften bei Geltung der gesetzlichen Auffanglösung den Anteil der Arbeitnehmervertreter im *Verwaltungsorgan* der aus der grenzüberschreitenden Verschmelzung hervorgehenden Gesellschaft begrenzen können. Die Norm sieht darüber hinaus vor, dass die Begrenzung in keinem Fall dazu führen darf, dass die Arbeitnehmervertretung im Verwaltungsorgan weniger als ein Drittel beträgt, soweit das Verwaltungs- oder Aufsichtsorgan einer der beteiligten Gesellschaften zu mindestens einem Drittel aus Arbeitnehmervertretern bestand. Weiterhin kann die Begrenzung nur erfolgen, wenn bereits Verhandlungen aufgenommen worden waren; d.h., dass die Möglichkeit der Begrenzung nicht besteht, wenn die Unternehmensleitungen ohne Aufnahme von Verhandlungen gem. § 23 Abs. 1 S. 1 Nr. 3 MgVG die Anwendung der gesetzlichen Auffangregelung beschließen[745]. Dies soll das Interesse der Arbeitgeberseite an der Aufnahme von Verhandlungen bestärken[746]. Da Art. 16 Abs. 4 lit. c der Verschmelzungsrichtlinie auf die Situation einer monistisch verfassten Zielgesellschaft zugeschnitten ist[747], ist sie insbesondere für Staaten von Interesse, in denen das monistische System vorherrscht. Sie hat aufgrund des geltenden dualistischen Systems für das deutsche Recht keine Bedeutung und wurde im MgVG nicht umgesetzt[748].

---

744 *Pro Verfassungskonformität: Güntzel,* S. 365 ff.; *Köklü,* S. 209 ff.; *Köstler,* ZGR 2003, 800 (804 f.); wohl auch *Lange,* Die Mitbestimmung bei einer deutsch-britischen Europäischen Aktiengesellschaft, S. 82 ff; Nagel/Freis/Kleinsorge/*Nagel,* Beteiligung der Arbeitnehmer im Unternehmen auf der Grundlage des europäischen Rechts, § 35 SEBG, Rn. 7; *Niklas,* NZA 2004, 1200 (1204); *contra Verfassungskonformität:* MünchKommAktG/*Jacobs,* Bd. 7, § 35 SEBG, Rn. 18; *Roth,* ZfA 2004, 431 (452 ff.); auch *Gruber/Weller,* NZG 2003, 297 (299 f.) melden verfassungsrechtliche Bedenken an.

745 *Güntzel,* S. 509.

746 *Behrens,* S. 223.

747 *Fuchs/Marhold,* Europäisches Arbeitsrecht, S. 351, Fußnote 1037; *Louven/Dettmeier/Pöschke/Weng,* BB-Special 3, 2006, 1 (15) gehen davon aus, dass der Wortlaut der Vorschrift einer Ausweitung des Begrenzungsrechts auf den Aufsichtsrat im dualistischen System entgegensteht.

748 *Heuschmid,* AuR 2006, 184 (188); *Schubert,* RdA 2007, 9 (15); *Teichmann,* Der Konzern 2007, 89 (93); *Henssler* in: Müller-Graf/Teichmann, Europäisches Gesellschaftsrecht auf neuen Wegen, S. 147.

Die Auswirkungen des Art. 16 Abs. 4 lit. c der Verschmelzungsrichtlinie werden durch das folgende Beispiel verdeutlicht[749]: Eine deutsche, paritätisch mitbestimmte Gesellschaft fusioniert mit einer schwedischen Gesellschaft (in Schweden gilt das monistische System[750]). Das deutsche Unternehmen beschäftigte vor der Verschmelzung mindestens ein Drittel aller Arbeitnehmer. Im Falle des Scheiterns der Verhandlungen und der Anwendung der gesetzlichen Auffangregelung würde sich das höchste in den beteiligten Gesellschaften vorhandene Mitbestimmungssystem durchsetzen, mithin das deutsche. Eigentlich wäre damit das Leitungsorgan der aus der Verschmelzung hervorgehenden Gesellschaft zur Hälfte mit Arbeitnehmervertretern zu besetzen. Soweit die Gesellschaft ihren Sitz in Deutschland hat, ist dies auch der Fall. Liegt der Sitz der Gesellschaft aber in Schweden und macht das schwedische Recht von der Möglichkeit der Begrenzung der Anzahl der Arbeitnehmervertreter gem. Art. 16 Abs. 4 lit. c der Verschmelzungsrichtlinie Gebrauch, dann gilt für das fusionierte Unternehmen die Drittelparität.

Dieser Umstand könnte für fusionswillige Unternehmen zu der Überlegung führen, bei dem Zusammenschluss mit einem dem monistischen System unterliegenden Unternehmen den Unternehmenssitz ins Ausland zu verlegen[751]. Zwar resultiert daraus die Möglichkeit, die Mitbestimmung zu reduzieren. Mit der Verschmelzung auf eine ausländische Gesellschaft geht aber der Verlust der eigenen Identität einher[752]. Ob Unternehmen diese Variante daher zur Reduzierung der Mitbestimmung nutzen, wird die Praxis zeigen. Die Regelung kann jedoch dazu beitragen, dass deutsche Gesellschaften als Fusionspartner für monistische strukturierte Gesellschaften nicht als völlig unattraktiv angesehen werden[753].

4. Verzicht auf Verhandlungen (§ 23 Abs. 1 S. 1 Nr. 3 MgVG)

§ 23 Abs. 1 S. 1 Nr. 3 MgVG, der Art. 16 Abs. 4 lit. a der Verschmelzungsrichtlinie umsetzt, eröffnet den Leitungen der an der grenzüberschreitenden Verschmelzung beteiligten Gesellschaften die Möglichkeit, auf ein Verhandlungsverfahren zu verzichten und unmittelbar für die Anwendung der gesetzlichen Auffangregelung zu optieren. Durch diese Norm sollte die Möglichkeit geschaffen werden, grenzüberschreitende

749 *Heuschmid*, AuR 2006, 184 (188); *Hexel*, Magazin Mitbestimmung, Ausgabe 1+2/2005.

750 *Teichmann*, Der Konzern 2007, 89 (93); s. auch Vergleich des deutschen mit dem schwedischen System, abrufbar unter http://www.boeckler.de/75.htm.

751 *Bormann/Böttcher*, NZG 2011, 411 (414); *Teichmann*, Der Konzern 2007, 89 (93); so auch *Henssler* in: Müller-Graf/Teichmann, Europäisches Gesellschaftsrecht auf neuen Wegen, S. 148.

752 *Kisker*, RdA 2006, 206 (210); *Wiesner*, DB 2005, 91 (93).

753 *Kisker*, RdA 2006, 206 (210); *Louven/Dettmeier/Pöschke/Weng*, BB-Special 3, 2006, 1 (15).

Verschmelzungen ohne langwierige Verhandlungen durchzuführen[754]. Gegenüber der SE erweitert diese Norm den Gestaltungsspielraum für Unternehmen, da ihnen die Bildung des BVG sowie die Durchführung des auf bis zu 12 Monate verlängerbaren Verhandlungsverfahrens erspart bleiben[755].

a) Erforderlichkeit der Bildung eines BVG

Dem BVG kommen auch im Falle der Anwendung der gesetzlichen Auffangregelung Rechte bzw. Aufgaben zu. So obliegt ihm beispielsweise gem. § 23 Abs. 2 MgVG die Entscheidung darüber, welche Form der Mitbestimmung in der aus der grenzüberschreitenden Gesellschaft hervorgehenden Gesellschaft zur Anwendung gelangen soll, wenn vorher mehr als eine Form der Mitbestimmung bestand. Hinzu kommt das Recht, hilfsweise die weiteren Mitglieder des BVG zu bestellen (vgl. § 25 Abs. 2 MgVG). Aus diesem Grund stellt sich die Frage, ob im Falle des Verzichts der Leitungen auf die Durchführung eines Verhandlungsverfahrens die Bildung eines BVG erforderlich ist.

Vereinzelt wird aus der Aufgabenzuweisung des BVG im Falle des Eingreifens der gesetzlichen Auffanglösung der Schluss gezogen, dass ein BVG auch in den Fällen des Verzichts der Unternehmensleitungen auf das Verhandlungsverfahren gebildet werden müsse[756]. Nach einer differenzierenden Ansicht kann die Bildung des BVG unterbleiben, wenn sich seine Aufgabe auf die Sitzverteilung nach § 25 Abs. 1 MgVG beschränkt[757]. Da die Zuweisung der zu verteilenden Sitze gem. § 25 Abs. 1 MgVG nach objektiven Kriterien vorgenommen werden könne, sei die Bildung eines BVG in diesem Fall entbehrlich[758]. Der im Zusammenhang mit der Bildung eines BVG anfallende Zeit- und Kostenaufwand sei nur sachgerecht, wenn das BVG die Aufgaben nach §§ 23 Abs. 2, 25 Abs. 2 MgVG ausübe[759]. Nach einer dritten Auffassung ist die Bildung eines BVG in den Fällen des Beschlusses der Leitungsorgane über die Nichtaufnahme der Verhandlungen nicht erforderlich[760]. Zur Begründung dieser Auffassung wird angeführt, das § 23 Abs. 1 S. 1 Nr. 3 MgVG zugrunde liegende Ziel der Erleichterung grenzüberschreitender Verschmelzungen sei zumindest teilweise

754 *Brandes*, ZIP 2008, 2193 (2197); HWK/*Hohenstatt/Dzida*, MgVG, Rn. 20; *Kisker*, RdA 2006, 206 (211); *Müller-Bonanni/Müntefering*, NJW 2009, 2347 (2352).
755 *Seibt* in: Willemsen/Hohenstatt/Schweibert/Seibt, F 166.
756 *Schubert*, RdA 2007, 9 (14); *dies.*, ZIP 2009, 791.
757 *Müller-Bonanni/Müntefering*, NJW 2009, 2347 (2352); *dies.*, BB 2009, 1699 (1701).
758 Wie vor.
759 *Müller-Bonanni/Müntefering*, NJW 2009, 2347 (2352).
760 *Bauckhage-Hoffer/Rupietta*, EWS 2012, 417 (420 f.); *Behrens*, S. 224 f.; *Brandes*, ZIP 2008, 2193 (2197 f.); *Güntzel*, S. 508 (ohne Argumente); *Habersack*, ZHR 171 (2007), 613 (624); *Krause/Janko*, BB 2007, 2194 (2197); *Morgenroth/Salzmann*, NZA-RR 2013, 449 (451); Sagasser/Bula/Brünger/*Gutkès*, Umwandlungen, § 13, Rn. 343; *Teichmann*, Der Konzern 2007, 89 (92); die drei letztgenannten Autoren begründen ihre Auffassung nicht.

nicht erreichbar, wenn auch bei einem Verzicht der Leitungen auf die Durchführung von Verhandlungen ein BVG gebildet werden müsse[761]. Weder für die Sitzverteilung im Aufsichtsrat noch für die Wahl ausländischer Aufsichtsratsmitglieder gem. § 25 Abs. 1 u. 2 MgVG werde das BVG benötigt[762]. Die Sitzverteilung im Aufsichtsrat erfolge streng nach mathematischen Regeln, und es sei nicht verhältnismäßig, ein BVG lediglich für die Lösung einer Mathematikaufgabe zu konstituieren[763]. Zudem sei die Ersetzungsbefugnis des BVG in § 25 Abs. 2 MgVG praktisch ohne Bedeutung, da mittlerweile nahezu alle EU- und EWR-Staaten die SE-Richtlinie in nationales Recht umgesetzt hätten und damit die in den jeweiligen Staaten geltenden Regeln analog herangezogen werden könnten[764]. Zudem werde aus § 6 Abs. 1 S. 2 MgVG deutlich, dass die Bildung des BVG nur dazu diene, in Verhandlungen mit den Leitungen zu treten, so dass das Gesetz die Bildung eines BVG nicht in Fällen vorsehe, in denen keine Verhandlungen erfolgten[765].

Auch im Rahmen der vorstehenden Argumentation sind vorrangig die Vorgaben der Verschmelzungsrichtlinie zu beachten[766]. Für den Standpunkt der letztgenannten Auffassung sprechen insbesondere Sinn und Zweck der Verschmelzungsrichtlinie. Zum einen dient es der Erleichterung grenzüberschreitender Verschmelzungen, wenn im Falle eines entsprechenden Beschlusses der Leitungen der an der Verschmelzung beteiligten Gesellschaften kein BVG gebildet wird. Zum anderen ist nicht ersichtlich, dass die Bildung eines BVG in diesem Fall der Sicherung bestehender Mitbestimmungsrechte dient. Insbesondere ist die Bildung eines BVG auch nicht erforderlich, um die Anwendbarkeit der Form der Mitbestimmung i.S.v. § 23 Abs. 2 MgVG zu bestimmen. Die Vorschrift sieht ausdrücklich ein Verfahren vor, das zur Anwendung gelangt, wenn ein Beschluss des BVG nicht vorliegt. So macht § 23 Abs. 2 S. 2 und 3 MgVG das anwendbare Mitbestimmungsmodell von der Beteiligung einer inländischen Gesellschaft an der Verschmelzung und subsidiär von der Kopfzahl der in den beteiligten Gesellschaften beschäftigten Arbeitnehmer abhängig. Demnach kann das anwendbare Mitbestimmungsmodell subsidiär nach objektiven Kriterien beurteilt werden, so dass ein Beschluss des BVG auch in diesem Fall nicht erforderlich ist[767]. Damit bleibt keine Konstellation bestehen, die zwingend die Bildung eines BVG voraussetzt. Demnach ist die Bildung eines BVG bei einem Beschluss der Leitungen der an der Verschmelzung beteiligten Gesellschaften gem. § 23 Abs. 1 S. 1 Nr. 3 MgVG nicht erforderlich.

---

761 *Brandes,* ZIP 2008, 2193 (2197).
762 *Brandes,* ZIP 2008, 2193 (2198).
763 Wie vor.
764 Wie vor.
765 *Behrens,* S. 224.
766 Vgl. o., D.IV.; so auch *Bauckhage-Hoffer/Rupietta,* EWS 2012, 417 (420 f.).
767 Ebenso *Habersack* in: Ulmer/Habersack/Henssler, Mitbestimmungsrecht, § 23 MgVG, Rn. 1.

b) Erforderliches Quorum (§ 23 Abs. 1 S. 2 MgVG)

§ 23 Abs. 1 S. 2 MgVG bestimmt, dass die dort genannten Voraussetzungen für die Anwendung der gesetzlichen Auffanglösung auch im Falle des Verzichts der Unternehmensleitungen auf ein Verhandlungsverfahren vorliegen müssen. Die Anwendung der gesetzlichen Auffangregelung hängt also nach dem Wortlaut der Norm davon ab, ob das erforderliche Quorum von mindestens einem Drittel der Gesamtzahl der Arbeitnehmer erfüllt ist (Nr. 1) oder – bei Nichtvorliegen dieser Voraussetzung – das BVG die gesetzliche Auffanglösung durch Beschluss für anwendbar erklärt (Nr. 2).

In der Literatur werden Zweifel an der Rechtfertigung dieser Einschränkungen im Falle eines Beschlusses der Leitungen über die Nichtaufnahme von Verhandlungen gem. § 23 Abs. 1 S. 1 Nr. 3 MgVG geäußert und eine teleologische Reduktion des § 23 Abs. 1 S. 2 MgVG für diesen Fall gefordert[768]. Dem aus der SE-Richtlinie übernommenen Quorum liege der Gedanke zugrunde, dass die Gründungsgesellschaften im Falle des Scheiterns von Verhandlungen *„zwangsweise"*, d.h. kraft Gesetzes, die gesetzliche Auffanglösung nur akzeptieren müssen, wenn ein bestimmter Anteil der Arbeitnehmer zuvor einer Form der Mitbestimmung unterlag[769]. Verzichteten die Leitungen der an einer grenzüberschreitenden Verschmelzung beteiligten Gesellschaften auf die Aufnahme von Verhandlungen und entschieden sich damit freiwillig für die Auffanglösung, greife dieser Grundgedanke gerade nicht[770]. Zudem laufe das Erfordernis eines Beschlusses des BVG gem. § 23 Abs. 1 S. 2 Nr. 2 MgVG dem Zweck des § 23 Abs. 1 S. 1 Nr. 3 MgVG zuwider, wonach den verschmelzungsbeteiligten Unternehmen die Möglichkeit eröffnet werden sollte, eine Verschmelzung zügig und ohne langwierige Verhandlungen durchzuführen. Hinzu komme, dass ein Beschluss des BVG im vorliegenden Fall rein deklaratorische Wirkung habe[771]. Bei einer SE-Gründung wirke ein entsprechender Beschluss konstitutiv,

---

768 *Brandes,* ZIP 2008, 2193 (2197) geht sogar von einer Unionsrechtswidrigkeit des Quorums aus; *Habersack* in: Ulmer/Habersack/Henssler, Mitbestimmungsrecht, § 23 MgVG, Rn. 5; MünchKommAktG/*Jacobs*, Bd. 7, Vorbem. vor § 1 SEBG, Rn. 45; *Morgenroth/Salzmann,* NZA-RR 2013, 449 (451); *Müller-Bonanni/Müntefering,* BB 2009, 1699 (1701, Fußnote 26); *dies.*, NJW 2009, 2347 (2352) stellen nur die Erforderlichkeit eines Beschlusses des BVG nach § 23 Abs. 1 S. 2 Nr. 2 MgVG in Frage, nicht aber das Quorum des § 23 Abs. 1 S. 2 Nr. 1 MgVG; *Nikoleyczik/Führ,* DStR 2010, 1743 (1749); Sagasser/Bula/Brünger/*Gutkès,* Umwandlungen, § 13, Rn. 342; a.A. (ohne Diskussion des Problems) *Lunk/Hinrichs,* NZA 2007, 773 (779); Nagel/Freis/Kleinsorge/*Nagel,* Beteiligung der Arbeitnehmer im Unternehmen auf der Grundlage des europäischen Rechts, § 23 MgVG, Rn. 5.

769 S.o., E.II.3.a.1.

770 *Brandes,* ZIP 2008, 2193 (2197).

771 *Müller-Bonanni/Müntefering,* NJW 2009, 2347 (2352); *Nikoleyczik/Führ,* DStR 2010, 1743 (1749).

sei also Voraussetzung für die unternehmerische Mitbestimmung[772]. Dasselbe gelte, wenn die Verhandlungsfrist ergebnislos ablaufe und weniger als ein Drittel der Arbeitnehmer einer Form der Mitbestimmung unterlagen bzw. das BVG keinen Beschluss nach § 18 MgVG gefasst habe (§ 23 Abs. 1 Nr. 2 MgVG). Ein Beschluss des BVG sei in diesen Fällen erforderlich, um überhaupt eine Mitbestimmung herbeizuführen[773]. In der in Rede stehenden Konstellation hätten die Leitungsorgane der an der Verschmelzung beteiligten Gesellschaften aber ausdrücklich beschlossen, dass die Auffangregelung Anwendung finden soll. § 23 Abs. 1 S. 2 MgVG müsse vor diesem Hintergrund teleologisch reduziert werden, so dass das Quorum bzw. der Beschluss des BVG nur im Falle des § 23 Abs. 1 S. 1 Nr. 2 MgVG erforderlich seien, nicht dagegen, wenn die Unternehmensleitungen auf Verhandlungen über die Arbeitnehmermitbestimmung verzichteten[774].

Für eine teleologische Reduktion des § 23 Abs. 1 S. 2 MgVG sprechen insbesondere Sinn und Zweck der Verschmelzungsrichtlinie. So ist es zum einen nicht mit der angestrebten Erleichterung grenzüberschreitender Verschmelzungen vereinbar, die Unternehmensleitungen im Falle ihres freiwilligen Entschlusses für die gesetzliche Auffanglösung an die Voraussetzungen des § 23 Abs. 1 S. 2 MgVG zu binden. Zum anderen ist die Anwendbarkeit des § 23 Abs. 1 S. 2 MgVG auch nicht zum Schutz bestehender Mitbestimmungsrechte geboten. Denn sind die Voraussetzungen des § 23 Abs. 1 S. 2 MgVG nicht erfüllt, kommt nicht die gesetzliche Auffangregelung zur Anwendung, sondern das Sitzstaatprinzip. Die Anwendbarkeit der einschränkenden Voraussetzungen wäre aber nur dann zum Schutz bestehender Mitbestimmungsrechte erforderlich, wenn die Auffangregelung *per se* ein geringeres Schutzniveau vorsähe als das Sitzstaatprinzip. Dies ist indes nicht in jeder Konstellation der Fall. Verschmilzt etwa eine deutsche Gesellschaft auf eine ausländische Gesellschaft, deren Sitzrecht keine Mitbestimmung vorsieht, dient die Auffangregelung dem Schutz bestehender Mitbestimmungsrechte, da sich mit ihr das deutsche Mitbestimmungsniveau durchsetzt. Selbst wenn aber die deutsche Gesellschaft die aufnehmende Gesellschaft ist, sieht die Auffangregelung nicht zwingend ein geringeres Schutzniveau vor als das Sitzstaatprinzip. Denn die statische Weitergeltung des einmal implementierten Mitbestimmungsniveaus verhindert zwar eine Vergrößerung des Aufsichtsrates im Falle des Anwachsens der Arbeitnehmerzahl, sie führt aber auch dazu, dass selbst bei Unterschreiten der relevanten Schwellenwerte die Mitbestimmung bestehen bleibt[775]. Vor diesem Hintergrund bezeichnen Arbeitnehmervertreter die Heraufsetzung des Schwellenwertes für das Eingreifen

772 Vgl. hierzu Frodermann/Jannott/*Kienast*, Handbuch der Europäischen Aktiengesellschaft, 13, Rn. 312 ff.; *Heuschmid*, AuR 2006, 184 (190); *Koberski*, FS Wissmann, 474 (483).

773 A.A. die hM in der Literatur, vgl. o., E.II.3.a.2.

774 *Brandes*, ZIP 2008, 2193 (2197); *Müller-Bonanni/Müntefering*, NJW 2009, 2347 (2352).

775 S.o., E.II.3.b.

der gesetzlichen Auffanglösung im Vergleich mit der SE als eine Schwächung der Arbeitnehmerbeteiligung in deutschen Unternehmen[776].

Die vorstehenden Argumente gelten nicht nur bei einem Beschluss nach § 23 Abs. 1 S. 1 Nr. 3 MgVG, sondern auch, wenn eine Vereinbarung innerhalb des vorgesehenen Zeitraums nicht zustande gekommen ist und das BVG keinen Beschluss nach § 18 MgVG gefasst hat (§ 23 Abs. 1 S. 1 Nr. 2 MgVG). In diesem Fall sind die Einschränkungen des § 23 Abs. 1 S. 2 MgVG aber zumindest aus Unternehmenssicht geboten, da die Unternehmensleitungen die „zwangsweise" Geltung der gesetzlichen Auffangregelung im Falle des Scheiterns der Verhandlungen nur unter bestimmten Voraussetzungen akzeptieren müssen[777].

Insbesondere im Hinblick auf Sinn und Zweck der Verschmelzungsrichtlinie muss § 23 Abs. 1 S. 2 MgVG damit teleologisch reduziert werden, so dass die dort geregelten einschränkenden Voraussetzungen im Falle des § 23 Abs. 1 S. 1 Nr. 3 MgVG keine Anwendung finden.

c) Verhältnis zum Beschluss durch das BVG gem. § 18 MgVG

§ 18 MgVG, der Art. 3 Abs. 6 der SE-Richtlinie, Art. 16 Abs. 3 lit. e der Verschmelzungsrichtlinie umsetzt, sieht vor, dass das BVG beschließen kann, keine Verhandlungen aufzunehmen oder bereits aufgenommene Verhandlungen abzubrechen. § 18 MgVG bildet damit ein Pendant zu der Möglichkeit der Unternehmensleitungen, nach § 23 Abs. 1 S. 1 Nr. 3 MgVG auf die Aufnahme von Verhandlungen zu verzichten[778]. Die Rechtsfolgen der beiden Optierungsrechte sind jedoch unterschiedlich. Während nach § 18 S. 3 MgVG das Sitzstaatprinzip Anwendung findet, ist im Falle eines Verzichts der Unternehmensleitungen auf die Aufnahme von Verhandlungen die gesetzliche Auffangregelung maßgeblich. Die SE bleibt im entsprechenden Fall dagegen mitbestimmungsfrei (vgl. § 16 SEBG)[779].

Das nachfolgende Beispiel verdeutlicht, dass das BVG durch einen Beschluss nach § 18 MgVG die Größe des Aufsichtsrates beeinflussen kann[780]: Wird eine ausländische Kapitalgesellschaft auf eine deutsche, dem MitbestG unterliegende AG mit mehr als 20.000 Arbeitnehmern verschmolzen, könnten die Gesellschaften die Größe des Aufsichtsrats grundsätzlich im Zuge der Verschmelzung verkleinern. Dies ist im Wege der Verhandlungslösung möglich, denn gem. § 5 MgVG finden die deutschen Mitbestimmungsgesetze auf die aus der Verschmelzung hervorgehende Gesellschaft keine Anwendung. Durch einen Beschluss zur Nichtaufnahme bzw. zum Abbruch der Verhandlungen könnte das BVG indes die Geltung des deutschen MitbestG für die aus der grenzüberschreitenden Verschmelzung hervorgegangene Gesellschaft

---

776 Vgl. *Hexel,* Magazin Mitbestimmung, Ausgabe 1+2/2005.

777 Vgl. die o.g. Argumente von *Brandes,* ZIP 2008, 2193 (2197).

778 *Habersack,* ZHR 171 (2007), 613 (624).

779 *Lange,* Die Mitbestimmung bei einer deutsch-britischen Europäischen Aktiengesellschaft, S. 66; MünchKommAktG/*Jacobs,* Bd. 7, § 16 SEBG, Rn. 4.

780 *Müller-Bonanni/Müntefering,* BB 2009, 1699 (1701 f.); *dies.,* NJW 2009, 2347 (2351).

herbeiführen, weil im Falle eines entsprechenden Beschlusses das Sitzstaatprinzip zur Anwendung gelangt. Auf diese Weise könnte das BVG also sicherstellen, dass die bisherige Größe des Aufsichtsrates beibehalten wird[781]. Dies wird häufig nicht im Interesse der beteiligten Unternehmen liegen und bildet damit einen entscheidenden Nachteil gegenüber einer SE-Gründung[782]. Nach der herrschenden Auffassung in der Literatur läuft ein Beschluss des BVG i.S.d. § 18 MgVG ins Leere, wenn die Unternehmensleitungen zuvor einen Beschluss gem. § 23 Abs. 1 S. 1 Nr. 3 MgVG gefasst haben, denn ein Beschluss nach § 23 Abs. 1 S. 1 Nr. 3 MgVG schließt einen Beschluss nach § 18 MgVG aus[783]. Dies ergebe sich zum einen daraus, dass das Fehlen eines Beschlusses i.S.d. § 18 S. 1 MgVG nur vorausgesetzt werde, wenn keine Vereinbarung getroffen wird (§ 23 Abs. 1 S. 1 Nr. 2 MgVG), nicht aber für den Fall des Verzichts der Leitungen der beteiligten Gesellschaften gem. § 23 Abs. 1 S. 1 Nr. 3 MgVG[784]. Zudem werde dies durch die systematische Stellung der Regelungen in der Richtlinie verdeutlicht, worin der Verzicht der Unternehmensleitungen vor dem Verzicht durch das BVG geregelt ist (vgl. Art. 16 Abs. 4 lit. a), b) Verschmelzungsrichtlinie)[785]. Die Unternehmensleitungen können demnach einen Beschluss des BVG nach § 18 MgVG verhindern, indem sie unmittelbar gem. § 23 Abs. 1 S. 1 Nr. 3 MgVG für die Anwendung der gesetzlichen Auffanglösung optieren. Im Anschluss an einen derartigen Beschluss der Unternehmensleitungen können zwar weiterhin im Wege freiwilliger Verhandlungen individuelle Mitbestimmungssysteme ausgehandelt werden[786]. Es besteht jedoch das Risiko, dass die Arbeitnehmer der beteiligten Gesellschaften in einer derartigen Konstellation nicht mehr bereit sind, von der einmal für anwendbar erklärten gesetzlichen Auffanglösung zu Gunsten einer individuell ausgehandelten Vereinbarung abzuweichen[787]. Dabei werden die beteiligten Unternehmensleitungen vielfach ein Interesse an der Aushandlung einer individuellen Vereinbarung haben. Denn die Durchführung von Verhandlungen bietet den Verhandlungspartnern die Möglichkeit, anstelle der gesetzlich vorgegebenen Auffanglösung ohne Gestaltungsmöglichkeit eine Form der Mitbestimmung zu vereinbaren, die für das Unternehmen individuell ausgestaltet ist und von der sowohl die Anteilseigner als auch die Arbeitnehmer profitieren können[788]. Diese Gesichtspunkte können die Zeit- und Kostenintensität der Verhandlungslösung im Einzelfall überwiegen.

---

781 *Müller-Bonanni/Müntefering,* BB 2009, 1699 (1702).

782 Wie vor.

783 *Bauckhage-Hoffer/Rupietta,* EWS 2012, 417 (419); *Brandes,* ZIP 2008, 2193 (2197); *Habersack* in: Ulmer/Habersack/Henssler, Mitbestimmungsrecht, § 23 MgVG, Rn. 4; *Müller-Bonanni/Müntefering,* BB 2009, 1699 (1702); *dies.,* NJW 2009, 2347 (2351); Sagasser/Bula/Brünger/*Gutkès,* Umwandlungen, § 13, Rn. 341.

784 *Müller-Bonanni/Müntefering,* BB 2009, 1699 (1702); *dies.,* NJW 2009, 2347 (2351 f.).

785 *Brandes,* ZIP 2008, 2193 (2197).

786 *Müller-Bonanni/Müntefering,* BB 2009, 1699 (1702).

787 *Müller-Bonanni/Müntefering,* BB 2009, 1699 (1702); *dies.,* NJW 2009, 2347 (2352).

788 Vgl. *Bauckhage-Hoffer/Rupietta,* EWS 2012, 417 (419); *Seibt* in: Willemsen/Hohenstatt/Schweibert/Seibt, F 167.

III. Umgehungsschutz bei nachfolgenden Verschmelzungen

Der Richtliniengeber hat sowohl in der SE-Richtlinie als auch in der Verschmelzungsrichtlinie Regelungen vorgesehen, die verhindern sollen, dass Gesellschaften durch weitere Umstrukturierungen die unionsrechtlich verordnete Mitbestimmung umgehen. Dabei bestehen jedoch Unterschiede zwischen den von der SE-Richtlinie und der Verschmelzungsrichtlinie vorgegebenen Sicherungsvorkehrungen.

1. Sicherungsvorkehrungen bei der SE

Der Richtliniengeber hat in Art. 11 der SE-Richtlinie vorgesehen, dass die Mitgliedstaaten geeignete Maßnahmen treffen, um zu verhindern, dass eine SE dazu missbraucht wird, Arbeitnehmern Beteiligungsrechte zu entziehen oder vorzuenthalten. Der deutsche Gesetzgeber hat diese Vorgaben in § 18 Abs. 3 SEBG umgesetzt. Demnach ist im Falle struktureller Änderungen der SE, die geeignet sind, Beteiligungsrechte der Arbeitnehmer zu mindern[789], grundsätzlich das Verhandlungsverfahren erneut einzuleiten. Sofern keine Einigung erzielt wird, sind §§ 34 ff. SEBG (Mitbestimmung kraft Gesetzes) anzuwenden. Werden innerhalb eines Jahres nach Gründung der SE strukturelle Änderungen vorgenommen, ohne dass das vorbezeichnete Verfahren nach § 18 Abs. 3 SEBG durchgeführt wird, so wird gem. § 43 S. 2 SEBG vermutet, dass ein Missbrauch vorliegt. Denn eine SE darf gem. § 43 S. 1 SEBG nicht dazu missbraucht werden, den Arbeitnehmern Beteiligungsrechte vorzuenthalten oder zu entziehen. § 45 Abs. 1 Nr. 2 SEBG ahndet einen entsprechenden Missbrauch mit Freiheitsstrafe bis zu zwei Jahren oder mit Geldstrafe.

2. Sicherungsvorkehrungen bei grenzüberschreitenden Verschmelzungen

Dagegen sieht die Verschmelzungsrichtlinie in Art. 16 Abs. 7 nur einen Schutzmechanismus für den Fall vor, dass die aus der Verschmelzung hervorgegangene Gesellschaft in einem Zeitraum von drei Jahren nach Wirksamwerden der grenzüberschreitenden Verschmelzung an einer innerstaatlichen Verschmelzung beteiligt ist. Die Vorschrift ordnet für diesen Fall eine analoge Anwendung des Art. 16 Abs. 1 – 6 der Verschmelzungsrichtlinie und damit die Geltung der Verhandlungs- und Auffangregelung an[790]. Eine mit Art. 11 der SE-Richtlinie vergleichbare Regelung enthält die Verschmelzungsrichtlinie dagegen nicht. Dementsprechend zieht ein Verstoß gegen Art. 16 Abs. 7 der Verschmelzungsrichtlinie keine Konsequenzen nach sich[791].

---

789 Zum Begriff der *„strukturellen Änderungen“* s. HWK/*Hohenstatt/Dzida*, SEBG, Rn. 32.

790 Vgl. *Habersack*, ZHR 171 (2007), 613 (637); *Louven/Dettmeier/Pöschke/Weng*, BB-Special 3, 2006, 1 (15); *Schubert*, RdA 2007, 9 (16).

791 *Habersack*, ZHR 171 (2007), 613 (636).

Die Verschmelzungsrichtlinie enthält damit im Gegensatz zum SEBG keinen materiellen Schutz gegen Missbrauch, sondern nur einen formellen Schutz für einen bestimmten Zeitraum[792].

Der deutsche Gesetzgeber hat die Vorgaben der Verschmelzungsrichtlinie in § 30 MgVG umgesetzt. Die Vorschrift sieht vor, dass im Falle innerstaatlicher Verschmelzungen, die auf eine grenzüberschreitende Verschmelzung folgen, grundsätzlich die Mitbestimmungsregelungen des Sitzstaates Anwendung finden. Etwas anderes gilt, soweit das Mitbestimmungsrecht des Sitzstaates einen geringeren als den in der hervorgegangenen Gesellschaft bestehenden Mitbestimmungsumfang gem. § 5 Nr. 2 MgVG[793] vorsieht. Für diesen Fall bestimmt § 30 S. 2 MgVG für eine Dauer von drei Jahren die Weitergeltung der Mitbestimmungsregelungen, die in der hervorgegangenen Gesellschaft gelten.

Ausweislich der Gesetzesbegründung dient die in § 30 MgVG vorgesehene Regelung über die Fortgeltung des bestehenden Mitbestimmungsniveaus der Rechtssicherheit und soll vermeiden, dass Gesellschaften gesetzlich verpflichtet werden, eigenständig für die Sicherung der Mitbestimmungsrechte – z.B. im Wege eines Verhandlungsverfahrens – zu sorgen[794].

3. Vereinbarkeit des § 30 MgVG mit den Vorgaben der Verschmelzungsrichtlinie

Angesichts der Abweichungen des § 30 MgVG von den Vorgaben der Verschmelzungsrichtlinie stellt sich die Frage, ob § 30 MgVG unionsrechtskonform ist.

Einige Autoren sprechen sich für eine Unionsrechtskonformität des § 30 MgVG aus[795]. Zur Begründung ihrer Auffassung führen sie an, Ziel des Gesetzgebers sei die Schaffung einer praktikablen Lösung[796]. Eine praktikable Lösung werde jedoch nicht geschaffen, wenn das Gesetz für den Fall nachfolgender innerstaatlicher Verschmelzungen Verhandlungen vorsehe, weil eine Gesellschaft dann infolge mehrerer nachfolgender innerstaatlicher Verschmelzungen innerhalb von drei Jahren mehreren unterschiedlichen Mitbestimmungsregelungen unterliegen könne, was weder dem

792 *Teichmann,* Der Konzern 2007, 89 (97).

793 Gem. § 5 Nr. 2 MgVG gelangen die Regelungsmechanismen des MgVG zur Anwendung, wenn das für die aus einer grenzüberschreitenden Verschmelzung hervorgehende Gesellschaft maßgebende innerstaatliche Recht nicht mindestens den gleichen Umfang an Mitbestimmung der Arbeitnehmer vorsieht, wie er in den jeweiligen an der Verschmelzung beteiligten Gesellschaften bestand („*Vorher-Nachher-Vergleich*"), s.o., E.I.4.

794 Begr. RegE, BR-Drucks. 540/06, S. 64.

795 *Frenzel,* S. 305 ff.; *Nagel,* NZG 2007, 57 (59); Nagel/Freis/Kleinsorge/*Kleinsorge,* Beteiligung der Arbeitnehmer im Unternehmen auf der Grundlage des europäischen Rechts, Einf. MgVG, Rn. 42, § 30 MgVG, Rn. 10 ff.

796 Nagel/Freis/Kleinsorge/*Kleinsorge,* Beteiligung der Arbeitnehmer im Unternehmen auf der Grundlage des europäischen Rechts, § 30 MgVG, Rn. 10.

Unternehmens- noch dem Arbeitnehmerinteresse entspreche[797]. Zudem habe der deutsche Gesetzgeber mit § 30 MgVG die Möglichkeit geschaffen, ein höheres Mitbestimmungsniveau als das in der Gesellschaft bestehende zu implementieren[798]. Dies entspreche dem Zweck des Art. 16 Abs. 7 der Verschmelzungsrichtlinie, zugunsten der Arbeitnehmer die unternehmerische Mitbestimmung für die Dauer von drei Jahren zu erhalten[799]. Darüber hinaus seien Verhandlungen im Falle nachfolgender innerstaatlicher Verschmelzungen nicht sachgerecht, weil das Verhandlungsergebnis nur noch für drei Jahre gelten würde[800]. Es bleibe den Beteiligten unbenommen, für die Zeit danach eine neue Mitbestimmungsvereinbarung auszuhandeln, soweit dies mit dem jeweiligen nationalen Recht vereinbar sei[801].

Andere Stimmen in der Literatur votieren gegen die Unionsrechtskonformität des § 30 MgVG[802].

a) Stellungnahme

Zunächst ist – wie auch im Rahmen des § 17 Abs. 3 MgVG[803] – zu erörtern, ob Art. 16 Abs. 7 der Verschmelzungsrichtlinie einen Handlungsspielraum für die Mitgliedstaaten vorsieht, so dass die Abweichungen durch den deutschen Gesetzgeber anhand der Vorgaben der Niederlassungsfreiheit zu prüfen wären.

Art. 16 Abs. 7 der Verschmelzungsrichtlinie schreibt den Mitgliedstaaten alternativlos die entsprechende Anwendung der Vorschriften des Art. 16 vor. Zwar könnte aus der Formulierung „ [...] *so ist diese Gesellschaft verpflichtet, Maßnahmen zu ergreifen, um sicherzustellen, dass* [...]" auf einen gewissen Spielraum der *Mitgliedstaaten* geschlossen werden. Diese Formulierung bezieht sich jedoch auf die aus der grenzüberschreitenden Verschmelzung hervorgegangene Gesellschaft[804]. Nur dieser räumt Art. 16 Abs. 7 der Verschmelzungsrichtlinie einen gewissen Spielraum ein, nicht jedoch den Mitgliedstaaten. Die in der Richtlinienbestimmung enthaltene Formulierung ist mithin missverständlich. Ein Umsetzungsspielraum ergibt sich auch nicht aus dem 13. Erwägungsgrund der Verschmelzungsrichtlinie. Wie bereits erörtert, kann ein Handlungsspielraum im Einzelfall nur bestehen, soweit die Verschmelzungsrichtlinie die Vorschriften der SE-Richtlinie für entsprechend

797 Wie vor.

798 *Frenzel,* S. 306 f.

799 Wie vor.

800 *Nagel,* NZG 2007, 57 (59).

801 Wie vor.

802 *Habersack,* ZHR 171 (2007), 613 (637 ff.); *Habersack* in: Ulmer/Habersack/Henssler, Mitbestimmungsrecht, § 30 MgVG, Rn. 3 f.; *Kleinhenz,* S. 336 ff.; *Lutter/Bayer/ Schmidt,* Europäisches Unternehmens- und Kapitalmarktrecht, § 23, Rn. 152 halten die Richtlinienkonformität für „äußerst zweifelhaft"; *Schubert,* RdA 2007, 9 (16).

803 S.o., E.II.2.a.2.

804 Ähnlich Nagel/Freis/Kleinsorge/*Kleinsorge,* Beteiligung der Arbeitnehmer im Unternehmen auf der Grundlage des europäischen Rechts, Einf. MgVG, Rn. 21.

anwendbar erklärt. Art. 16 Abs. 7 der Verschmelzungsrichtlinie enthält jedoch eine von den Vorgaben der SE-Richtlinie unabhängige Regelung. Art. 16 Abs. 7 der Verschmelzungsrichtlinie enthält für die Mitgliedstaaten keinen Handlungsspielraum und ist damit abschließend.

Demnach ist die Unionsrechtmäßigkeit des § 30 MgVG allein anhand der Vorgaben des Art. 16 Abs. 7 der Verschmelzungsrichtlinie zu prüfen[805].

Der Wortlaut des § 30 MgVG weicht in eindeutiger Weise von den Vorgaben der Verschmelzungsrichtlinie ab. Auch in systematischer Hinsicht entspricht § 30 MgVG nicht den Vorgaben der Verschmelzungsrichtlinie. Art. 16 Abs. 7 der Verschmelzungsrichtlinie setzt voraus, dass für die aus der grenzüberschreitenden Verschmelzung hervorgegangene Gesellschaft ein System der Arbeitnehmermitbestimmung gilt. Die Rechtsfolgen des § 30 MgVG kommen dagegen in ausnahmslos jedem Fall einer nachfolgenden innerstaatlichen Verschmelzung zur Anwendung. Der Tatbestand ist also zu weit gefasst durch die fehlende Beschränkung auf solche Konstellationen, in denen in der aus der grenzüberschreitenden Verschmelzung hervorgegangenen Gesellschaft ein System der Arbeitnehmermitbestimmung galt. Die Drei-Jahres-Frist dient mit Blick auf Sinn und Zweck der Verschmelzungsrichtlinie der Sicherung bestehender Mitbestimmungsrechte. Mit diesem Zweck sind Schutzmaßnahmen im Falle nachfolgender innerstaatlicher Verschmelzungen jedoch überhaupt nur vereinbar, wenn in der aus der grenzüberschreitenden Verschmelzung hervorgegangenen Gesellschaft ein System der Arbeitnehmermitbestimmung besteht. Damit ist der gesamte Sinn der von Art. 16 Abs. 7 der Verschmelzungsrichtlinie vorgesehenen Drei-Jahres-Frist hinfällig.

Auch die Beschränkung auf den bestehenden Umfang an Mitbestimmung im Sinne des § 5 Nr. 2 MgVG, die § 30 S. 2 MgVG vorsieht, bleibt hinter den Vorgaben der Verschmelzungsrichtlinie zurück. Wegen der Diskriminierung ausländischer Arbeitnehmer in der deutschen Unternehmensmitbestimmung[806] wäre insbesondere ein Verweis auf den Mitbestimmungsumfang im Sinne des § 5 Nr. 3 MgVG erforderlich[807]. Dies sieht die Verschmelzungsrichtlinie durch den in Art. 16 Abs. 7 enthaltenen Verweis auf den gesamten Art. 16 auch vor. Sind ausländischen Arbeitnehmern durch die grenzüberschreitende Verschmelzung im Wege einer Vereinbarung oder in Anwendung der gesetzlichen Auffangregelung Mitbestimmungsrechte eingeräumt worden, so werden diese Rechte durch § 30 MgVG mangels eines Verweises auf § 5 Nr. 3 MgVG nicht für den Fall nachfolgender innerstaatlicher Verschmelzungen geschützt. § 30 S. 2 MgVG schreibt damit für den Fall nachfolgender innerstaatlicher Verschmelzungen im Unterschied zu Art. 16 Abs. 7 der Verschmelzungsrichtlinie anstelle eines qualitativen nur einen quantitativen Vergleich der Anteile der Arbeitnehmervertreter im Aufsichtsrat vor. Die Verschmelzungsrichtlinie lässt für diese Differenzierung keinen Raum. Ziel der Richtlinie ist der Schutz bestehender

805 Vgl. o., D.IV.

806 S.o., B.II.6.

807 Im Einzelnen *Schubert*, RdA 2007, 9 (16).

Mitbestimmungsrechte[808]. Mit dem Sinn und Zweck der Verschmelzungsrichtlinie ist es daher nur vereinbar, innerhalb des vorgesehenen Zeitraums den Schutz der bestehenden Mitbestimmungsrechte in der aus der grenzüberschreitenden Verschmelzung hervorgegangenen Gesellschaft vollumfänglich, d.h. sowohl quantitativ als auch qualitativ, zu sichern.

Wenn die Vertreter der Gegenauffassung argumentieren, im Falle von Verhandlungen könne es zu der Situation kommen, dass eine Gesellschaft durch mehrere nachfolgende Verschmelzungen innerhalb weniger Jahre mehreren unterschiedlichen Mitbestimmungssystemen unterliege[809], verkennen sie, dass die an der innerstaatlichen Verschmelzung beteiligten Gesellschaften jederzeit für die gesetzliche Auffangregelung optieren können. Da die gesetzliche Auffangregelung im Grundsatz dazu führt, dass sich das höchste bestehende Mitbestimmungssystem durchsetzt[810], entspricht sie im Wesentlichen der Rechtsfolge des § 30 MgVG[811]. Damit stünde es also den an einer nachfolgenden innerstaatlichen Verschmelzung beteiligten Gesellschaften in Anwendung der unionsrechtlichen Vorgaben frei, durch die Wahl der gesetzlichen Auffangregelung eine dem § 30 MgVG vergleichbare Rechtsfolge zu wählen. Folglich käme es in Anwendung der unionsrechtlich vorgegebenen Verhandlungslösung nicht zwingend zu der Situation, dass mehrere nachfolgende innerstaatliche Verschmelzungen zu immer unterschiedlichen Mitbestimmungsregelungen führen. Art. 16 Abs. 7 der Verschmelzungsrichtlinie eröffnet den beteiligten Gesellschaften lediglich die *Möglichkeit,* Verhandlungen durchzuführen. Eben diese *Möglichkeit* zur Durchführung von Verhandlungen nimmt der deutsche Gesetzgeber den beteiligten Gesellschaften jedoch durch die starre Regelung des § 30 MgVG[812]. Die einseitige Rechtsfolge des § 30 MgVG lässt den beteiligten Gesellschaften nicht die Wahlfreiheit zwischen der Durchführung von Verhandlungen und der Anwendung des Sitzstaatprinzips bzw. der Fortgeltung des bestehenden Mitbestimmungssystems.

Darüber hinaus bewirkt der Wegfall der Möglichkeit, die Arbeitnehmerbeteiligung durch Verhandlungen zu beschränken, dass die Mitbestimmung in der Regel intensiviert wird[813]. Dies wirft die Frage auf, ob eine solche Intensivierung der Mitbestimmungsrechte mit den Zielen der Verschmelzungsrichtlinie vereinbar ist[814]. Auf den ersten Blick scheint dies der Fall zu sein, weil damit ein stärkerer Schutz der Arbeitnehmerrechte einhergeht und weil die Verschmelzungsrichtlinie gera-

---

808 S.o., D.II.1.

809 Nagel/Freis/Kleinsorge/*Kleinsorge*, Beteiligung der Arbeitnehmer im Unternehmen auf der Grundlage des europäischen Rechts, § 30 MgVG, Rn. 10.

810 S.o., E.II.3.b.

811 S. Nagel/Freis/Kleinsorge/*Kleinsorge*, Beteiligung der Arbeitnehmer im Unternehmen auf der Grundlage des europäischen Rechts, § 30 MgVG, Rn. 10.

812 In diesem Sinne auch *Habersack*, ZHR 171 (2007), 613 (637 f.); *Schubert*, RdA 2007, 9 (16).

813 *Frenzel*, S. 306 f.; *Schubert*, RdA 2007, 9 (16).

814 *Schubert*, RdA 2007, 9 (16).

de die Wahrung bestehender Mitbestimmungsrechte bezweckt[815]. Die Verschmelzungsrichtlinie dient aber gleichzeitig der Erleichterung grenzüberschreitender Verschmelzungen. Bei der Umsetzung der Richtlinie sind beide Ziele miteinander in Einklang zu bringen. Die durch den deutschen Gesetzgeber herbeigeführte einseitige Lösung zu Gunsten der Arbeitnehmerbeteiligung widerspricht indes dem in der Verschmelzungsrichtlinie verankerten Ausgleich von gesellschafts- und arbeitsrechtlichen Zielen sowie dem Hauptziel der Richtlinie, grenzüberschreitende Verschmelzungen zu erleichtern[816].

Nach alledem ist § 30 MgVG nicht mit den Vorgaben von Art. 16 Abs. 7 der Verschmelzungsrichtlinie vereinbar.

b) Richtlinienkonforme Auslegung und –rechtsfortbildung des § 30 MgVG

In einem weiteren Schritt ist nun zu prüfen, ob § 30 MgVG richtlinienkonform ausgelegt werden kann[817]. Im deutschen Rechtsraum wird terminologisch zwischen der Auslegung einer Norm i.e.S. und der sog. Rechtsfortbildung getrennt. Die Auslegung einer Norm findet im deutschen Rechtsraum nach vorherrschender Meinung ihre Grenze im möglichen Wortsinn eines Gesetzestextes[818]. Dagegen bezeichnet die sog. Rechtsfortbildung eine den Wortlaut überschreitende Interpretation einer Norm[819].

(1) Grundsätze der richtlinienkonformen Auslegung

Im Lichte der Rechtsprechung des EuGH, wonach die richtlinienkonforme Auslegung den Verträgen immanent ist und darauf abzielt, die volle Wirksamkeit des Unionsrechts zu gewährleisten[820], haben die deutschen Gerichte Methotik und Grenzen der richtlinienkonformen Auslegung fortwährend präzisiert. Während der BGH noch im Jahr 2003 den Wortlaut als klare Grenze der richtlinienkonformen Auslegung statuierte[821], hat er in seiner „*Quelle*"-Entscheidung[822] aus dem Jahr 2008 erstmals die Zulässigkeit der richtlinienkonformen Rechtsfortbildung auch auf unionsrechtlicher Ebene anerkannt. In der Folge hat das BAG in zwei Entscheidungen aus dem Jahr 2009 klargestellt, dass der EuGH hinsichtlich des Begriffs der ‚Auslegung' *„nicht von der im deutschen Rechtskreis – abweichend von den Rechts-*

---

815 S.o., D.II.1.
816 *Schubert*, RdA 2007, 9 (16).
817 S. zur richtlinienkonformen Auslegung im Einzelnen o., D.IV.3.
818 S. nur *Canaris,* FS Bydlinski, S. 47 (81 f.).
819 *Canaris,* FS Bydlinski, S. 47 (81 f.); *Gebauer* in: Gebauer/Wiedmann, Zivilrecht unter europäischem Einfluss, Kap. 4, Rn. 38.
820 S. nur EuGH v. 5.10.2004, Rs. C-397/01, Slg. 2004, I-8835, Rn. 114 („*Pfeiffer u.a.*"); s. näher o., D.IV.3.
821 BGH v. 14.10.2003, XI ZR 134/02, NJW 2004, 154 (155 f.).
822 BGHZ 179, 27.

ordnungen anderer Mitgliedstaaten – üblichen Unterscheidung zwischen Auslegung im engeren Sinne und Rechtsfortbildung" ausgehe[823]. Demnach sei die Grenze der richtlinienkonformen Auslegung nicht als Bindung an den Wortlaut, sondern *funktionell* zu verstehen. Nach diesem funktionellen Verständnis ist eine richterliche Rechtsfindung unzulässig, d.h. *contra legem*, wenn sie „*eine eindeutige Entscheidung des Gesetzgebers auf Grund eigener rechtspolitischer Vorstellungen ändern will und damit – nach deutschem Verfassungsrecht – die Bindung der Gerichte an Recht und Gesetz (Art. 20 Abs. 3 GG) sowie das Gewaltenteilungsprinzip (Art. 20 Abs. 2 S. 2 GG) verletzt*"[824]. Innerhalb dieser Grenzen kann das nationale Recht damit richtlinienkonform fortgebildet werden. Nach deutschem Verfassungsrecht ist die „*contra legem*"-Grenze bei der Auslegung von Gesetzestexten jedenfalls dann überschritten, wenn sie „*den klaren Wortlaut des Gesetzes hintanstellt, keinen Widerhall im Gesetz findet und vom Gesetzgeber nicht ausdrücklich oder – bei Vorliegen einer erkennbar planwidrigen Gesetzeslücke – stillschweigend gebilligt wird*"[825]. Gibt es also Anhaltspunkte dafür, dass der nationale Gesetzgeber bewusst von den unionsrechtlichen Vorgaben abgewichen ist, steht dies einer richtlinienkonformen Rechtsfortbildung des Gesetzes entgegen[826].

Ausgehend von dem unterschiedlichen Verständnis des Begriffs der ‚Auslegung' in den europäische Rechtsordnungen umfasst der unionsrechtliche Begriff der richtlinienkonformen Auslegung damit die Pflicht der deutschen Judikative sowohl zur richtlinienkonformen Auslegung als auch zur richtlinienkonformen Rechtsfortbildung nationaler Normen[827].

(2) Übertragung der Grundsätze auf die richtlinienkonforme Auslegung des § 30 MgVG

Der Wortlaut von § 30 MgVG ist mit dem Verweis auf § 4 MgVG bzw. der Anordnung der Fortgeltung der bestehenden Mitbestimmungsregelungen eindeutig und klar und steht damit einer Auslegung der Norm i.e.S. entgegen. Zwar regelt § 22 Abs. 2 MgVG, dass auch vor strukturellen Änderungen der aus der grenzüberschreitenden Verschmelzung hervorgegangenen Gesellschaft Verhandlungen aufgenommen werden *sollen*. Damit könnte § 30 MgVG i.V.m. § 22 Abs. 2 MgVG im Wege der Auslegung i.e.S. eine Pflicht zur Aufnahme von Verhandlungen im Falle nachfolgender innerstaatlicher Verschmelzungen entnommen werden. Auch einer solchen Auslegung i.e.S. steht aber der klare Wortlaut der Vorschriften des MgVG

823 BAG v. 24.3.2009, 9 AZR 983/07, NZA 2009, 538 (544).
824 BAG v. 24.3.2009, 9 AZR 983/07, NZA 2009, 538 (544); BAG v. 17.11.2009, 9 AZR 844/08, NZA 2010, 1020 (1023).
825 S. nur BVerfGE 118, 212 (243); in diesem Sinne auch BAG v. 24.3.2009, 9 AZR 983/07, NZA 2009, 538 (544).
826 *Herresthal*, EuZW 2007, 396 (400).
827 *Canaris*, FS Bydlinski, S. 47 (81 f.); *Herresthal*, EuZW 2007, 396 (397 m.w.N.); *Tonikidis*, JA 2013, 598 (603).

entgegen. So geht aus den Grundsätzen des deutschen Zivilrechts hervor, dass eine „Soll"-Regelung in der Regel weniger gravierende Rechtsfolgen nach sich zieht als eine „Muss"-Vorschrift und deshalb bei der Formulierung von Gesetzestexten „mit Umsicht" zu verwenden ist[828]. Damit kann der Wortlaut von § 22 Abs. 2 MgVG i.V.m. § 30 MgVG nicht so ausgelegt werden, dass Gesellschaften zur Aufnahme von Neuverhandlungen bei nachfolgenden innerstaatlichen Verschmelzungen verpflichtet sind[829].

Weiter ist jedoch zu prüfen, ob § 30 MgVG richtlinienkonform fortgebildet werden kann. Die richtlinienkonforme Rechtsfortbildung einer Norm setzt voraus, dass sich das Gesetz als lückenhaft im Sinne einer planwidrigen Unvollständigkeit erweist[830]. Die Voraussetzungen, unter denen eine solche Regelungslücke anzunehmen ist, sind umstritten. Zentral ist die Frage, ob für den Lückenbegriff nur das nationale Recht herangezogen wird oder die Gesamtrechtsordnung und damit auch die Richtlinie. Im letzteren Fall wäre eine planwidrige Lücke bereits dann anzunehmen, wenn das nationale Recht nicht mit der Richtlinie im Einklang steht[831]. Unstreitig findet die richtlinienkonforme Rechtsfortbildung aber auch unter Zugrundelegung eines weiten Lückenverständnisses ihre Grenze in einer Rechtsfindung „*contra legem*"[832]. Der deutsche Gesetzgeber hat im Gesetzgebungsverfahren betont, § 30 MgVG solle vermeiden, Gesellschaften eigenverantwortlich zur Sicherung der Mitbestimmungrechte z.B. im Wege eines Verhandlungsverfahrens zu verpflichten[833]. Er weist in demselben Zusammenhang darauf hin, dass Art. 16 Abs. 7 der Verschmelzungsrichtlinie eine entsprechende Anwendung der Richtlinienvorschriften vorsieht[834]. Damit ist davon auszugehen, dass der deutsche Gesetzgeber in Kenntnis der Richtlinienvorgaben und zur Erreichung eines von ihm selbst geschaffenen Zweckes mit § 30 MgVG bewusst eine Regelung geschaffen hat, die von den Vorgaben der Verschmelzungsrichtlinie abweicht. Für dieses Verständnis spricht auch die Soll-Vorschrift des § 22 Abs. 2 MgVG, wonach die Beteiligten ausweislich der Gesetzesbegründung lediglich dazu *aufgefordert* werden, Regelungen zu

---

828 S. nur Handbuch der Rechtsförmlichkeit, Bundesanzeiger v. 22.10.2008, Nr. 160a, Rn. 84, im Internet abrufbar unter http://www.bmj.de/SharedDocs/Downloads/DE/pdfs/Handbuch_der_Rechtsfoermlichkeit.pdf?__blob=publicationFile; s. auch *Teichmann,* Der Konzern 2007, 89 (93) m.w.N.

829 Vgl. *Ege/Grzimek/Schwarzfischer,* DB 2011, 1205 (1211); *Morgenroth/Salzmann,* NZA-RR 2013, 449 (451); *Teichmann,* Der Konzern 2007, 89 (93) m.w.N.

830 BGHZ 179, 27.

831 *Gebauer* in: Gebauer/Wiedmann, Zivilrecht unter europäischem Einfluss, Kap. 4, Rn. 42.

832 EuGH v. 16.6.2005, Rs. C-105/03, Slg. 2005, I-5285, Rn. 47 („*Pupino*"); so auch BGHZ 179, 27.

833 Begr. RegE, BT-Drucks. 16/2922, S. 29; BR-Drucks. 540/06, S. 64; vgl. o., E.III.2.

834 Begr. RegE, BR-Drucks. 540/06, S. 63.

treffen, wie bei späteren strukturellen Änderungen verfahren werden soll[835]. Selbst unter Zugrundelegung eines weiten Lückenbegriffes kann § 30 MgVG demnach nicht richtlinienkonform fortgebildet werden. Dies entspräche einer unzulässigen Rechtsfortbildung „*contra legem*".

IV. Rechtsfolgen der Richtlinienwidrigkeit des § 30 MgVG

Nach alledem stellt sich die Frage, welche Konsequenzen sich aus dem Verstoß des § 30 MgVG gegen die Vorgaben der Verschmelzungsrichtlinie ergeben. So ist insbesondere zu überlegen, ob die Verschmelzungsrichtlinie unmittelbar anwendbar ist bzw. ob § 30 MgVG infolge des Anwendungsvorrangs des Unionsrechts unangewendet bleiben muss.

1. Unmittelbare Anwendbarkeit der Bestimmungen der Verschmelzungsrichtlinie?

Da Richtlinien die Mitgliedstaaten zur Umsetzung in das nationale Recht verpflichten (Art. 288 Abs. 3 AEUV), entfalten grundsätzlich nicht sie selbst, sondern erst das jeweilige nationale Umsetzungsgesetz Rechtswirkungen für den Einzelnen[836]. Nur in Ausnahmefällen können Richtlinienbestimmungen unmittelbar zur Anwendung gelangen, und zwar soweit sie nicht, nicht fristgemäß oder nicht vollständig in das nationale Recht umgesetzt worden sind und soweit sie hinreichend genau und inhaltlich unbedingt sind[837]. Eine unmittelbare Wirkung von Richtlinien im Verhältnis zwischen Privatpersonen (sog. horizontale Direktwirkung) lehnt der EuGH jedoch in ständiger Rechtsprechung ab[838]. Zur Begründung verweist er insbesondere auf den Wortlaut des Art. 288 Abs. 3 AEUV sowie auf die systematisch begründeten Unterschiede zwischen Richtlinien und Verordnungen und betont, dass die Europäische Union Verpflichtungen mit unmittelbarer Wirkung zu Lasten der Bürger nur im Wege des Erlasses von Verordnungen anordnen könne[839]. Hinzu kommt, dass der Einzelne in Anbetracht der Grundsätze der Rechtssicherheit und des Vertrauensschutzes darauf vertrauen können muss, dass ihm erst durch das jeweilige mitgliedstaatliche Umsetzungsgesetz Rechtspflichten gegenüber anderen Privaten auferlegt werden und nicht bereits durch die Richtlinie[840]. Die Rechtsprechung des EuGH hat zur Folge, dass ein nationales Gesetz, das gegen Richtlinienbestimmungen

835 Begr. RegE, BR-Drucks. 540/06, S. 57; s. auch *Teichmann*, Der Konzern 2007, 89 (93) m.w.N.

836 Vgl. o., D.II.1.

837 Vgl. EuGH v. 4.12.1974, Rs. 41/74, Slg. 1974, 1337, Rn. 12 („*van Duyn*"); *König* in: Schulze/Zuleeg/Kadelbach, Europarecht, § 2, Rn. 58 f.

838 S. nur EuGH v. 14.7.1994, Rs. C-91/92, Slg. 1994, I-3325, Rn. 20 ff. („*Faccini Dori*"); *König* in: Schulze/Zuleeg/Kadelbach, Europarecht, § 2, Rn. 66.

839 EuGH v. 14.7.1994, Rs. C-91/92, Slg. 1994, I-3325, Rn. 24 („*Faccini Dori*").

840 *König* in: Schulze/Zuleeg/Kadelbach, Europarecht, § 2, Rn. 66.

verstößt, zwischen Privatpersonen untereinander weiterhin Anwendung findet[841]. Die Richtlinienbestimmungen sind in diesem Verhältnis nicht unmittelbar anwendbar.

Die Rechtsprechung des EuGH zur fehlenden horizontalen Direktwirkung von Richtlinien wurde im Schrifttum vielfach kritisiert[842]. Die Befürworter einer horizontalen Direktwirkung von Richtlinien stützten ihre Auffassung insbesondere auf die nachfolgenden Argumente[843]. Die Position des Einzelnen solle nicht auf unbestimmte Zeit in das Belieben eines säumigen Mitgliedstaates gestellt werden. Darüber hinaus gebiete es das Diskriminierungsverbot, Rechtssubjekte gleichen Regelungen zu unterwerfen, unabhängig davon, ob sie vergleichbare rechtliche Beziehungen mit einer dem Staat zuzurechnenden Einrichtung oder einem Privaten unterhielten. Es zähle gerade zu den Zielen des Instituts Richtlinie, dass nach Ablauf der Umsetzungsfrist vergleichbare Bedingungen in den einzelnen Mitgliedstaaten vorherrschen, so dass die fehlende unmittelbare Direktwirkung die Richtlinien ihres „effet utile" beraube. Eine horizontale Direktwirkung von Richtlinien führe nicht zu Abgrenzungsschwierigkeiten zum Institut der Verordnung, da Richtlinien nur bei Vorliegen bestimmter Voraussetzungen unmittelbar zur Anwendung gelangten[844].

Vor diesem Hintergrund ist die Verschmelzungsrichtlinie im Falle nachfolgender innerstaatlicher Verschmelzungen von Gesellschaften des Privatrechts[845] nicht unmittelbar anwendbar.

2. Unanwendbarkeit des § 30 MgVG?

Es ist weiterhin zu erörtern, ob § 30 MgVG infolge eines Verstoßes gegen unmittelbar anwendbares Unionsrecht unangewendet bleiben muss. Diese Frage ist für die Gestaltung der Mitbestimmung von zentraler Bedeutung. Sollte das Unionsrecht die Unanwendbarkeit der Norm vorgeben, so stellt sich insbesondere die Frage, welche Rechtsfolge in diesem Fall zum Tragen kommt.

---

841 Vgl. statt vieler GA *Saggio*, SchlA v. 16.12.1999, Rs. C-240/98, Slg. 2000, 4941, Rn. 36 („*Océano/Quintero*"); *Bleckmann*, Europarecht, Rn. 1082 ff. (insbes. Rn. 1085) m.w.N.

842 S. zum Meinungsstand *König* in: Schulze/Zuleeg/Kadelbach, Europarecht, § 2, Rn. 65; *Mörsdorf*, EuR 2009, 219 (221 f.) m.w.N.

843 S. ausführlich statt vieler GA *Lenz*, SchlA v. 9.2.1994, Rs. C-91/92, Slg. 1994, I-3325, Rn. 48 ff. („*Faccini Dori*"); *Müller-Graff*, NJW 1993, 13 (20 f.).

844 Der Streit um die horizontale Direktwirkung von Richtlinien soll hier nicht entschieden werden, da es den Rahmen dieser Arbeit sprengen würde.

845 Laut EuGH gehören zu den Rechtssubjekten, denen die unmittelbar anwendbaren Bestimmungen einer Richtlinie entgegengehalten werden können, z.B. Einrichtungen, die unabhängig von ihrer Rechtsform kraft staatlichen Rechtsakts unter staatlicher Aufsicht eine Dienstleistung im öffentlichen Interesse zu erbringen haben und die hierzu mit besonderen Rechten ausgestattet sind, welche über das hinausgehen, was für die Beziehungen zwischen Privatpersonen gilt, s. EuGH v. 12.7.1990, Rs. C-188/89, Slg. 1990, I-03313, Rn. 20 („*Foster u.a.*").

Grundsätzlich ist das Unionsrecht vorrangig vor nationalem Recht[846]. Dies hat zur Folge, dass eine mit Unionsrecht unvereinbare Norm zwar nicht nichtig ist, jedoch nicht angewandt werden darf, soweit das Unionsrecht selbst unmittelbare Wirkung verlangt[847]. Der unionsrechtliche Anwendungsvorrang kommt zum Tragen, soweit die betreffenden Normen des Unionsrechts und des nationalen Rechts wirksam sind, die unionsrechtliche Norm innerstaatlich unmittelbar anwendbar ist und ein Konflikt zwischen Unionsrecht und nationalem Recht besteht[848]. Der Anwendungsvorrang findet grundsätzlich auch im Verhältnis zwischen Privatpersonen Anwendung[849].

Wie bereits erörtert, ist die Verschmelzungsrichtlinie bei Verschmelzungen von Gesellschaften des Privatrechts nicht unmittelbar anwendbar. Der Verstoß gegen die Verschmelzungsrichtlinie führt damit nicht zur Unanwendbarkeit des § 30 MgVG. § 30 MgVG wäre jedoch unanwendbar, soweit neben dem Verstoß der Norm gegen die Verschmelzungsrichtlinie auch ein Verstoß gegen die Niederlassungsfreiheit angenommen würde. Denn die Grundfreiheiten können auch Privatpersonen unmittelbar binden[850], so dass § 30 MgVG im Falle eines Verstoßes gegen die Niederlassungsfreiheit unangewendet bleiben müsste. Damit ist zunächst zu untersuchen, ob ein Verstoß des § 30 MgVG gegen die Niederlassungsfreiheit überhaupt angenommen werden kann.

a) Verstoß des § 30 MgVG gegen die Niederlassungsfreiheit?

Vorrangig ergibt sich die Frage, ob der Verstoß des § 30 MgVG gegen die Verschmelzungsrichtlinie zugleich einen Verstoß gegen die Niederlassungsfreiheit darstellt. Diese Überlegung resultiert daraus, dass die Verschmelzungsrichtlinie der Verwirklichung der Niederlassungsfreiheit dient und im Zusammenhang mit der Rechtsprechung des EuGH steht[851]. So stellt sich die Frage, ob ein Verstoß einer nationalen Norm gegen eine Richtlinie, durch die eine Grundfreiheit verwirklicht wird bzw. die eine Grundfreiheit konkretisiert, per se immer auch gleichzeitig ein Verstoß gegen die der Richtlinie zugrundeliegende Grundfreiheit ist. In diesem Fall müsste die nationale Vorschrift aufgrund des Anwendungsvorrangs des primären Unionsrechts unangewendet bleiben. Dies setzt jedoch voraus, dass die Annahme

---

846 S.o., D.IV.1.

847 S. nur EuGH v. 15.7.1964, Rs. 6/64, Slg. 1964, 1141 („*Costa/E.N.E.L.*“); EuGH v. 9.3.1978, Rs. 106/77, Slg. 1978, 629 („*Simmenthal II*“); EuGH v. 7.2.1991, Rs. C-184/89, Slg. 1991, I-297, Rn. 19 ff. („*Nimz*“); vgl. statt vieler auch *Ehlers* in: Schulze/Zuleeg/Kadelbach, Europarecht, § 11, Rn. 39; *Polzin*, JuS 2012, 1.

848 *Frenz*, Handbuch Europarecht, Bd. 5, Rn. 141; *Jarass/Beljin*, NVwZ 2004, 1 (3) m.w.N.; s. auch *v. Danwitz*, JZ 2007, 697 (702).

849 *Ehlers* in: Schulze/Zuleeg/Kadelbach, Europarecht, § 11, Rn. 46.

850 Vgl. nur EuGH v. 12.12.1974, Rs. 36/74, Slg. 1974, 1405, Rn. 16 ff. („*Walrave und Koch*“); EuGH v. 6.6.2000, Rs. C-281/98, Slg. 2000, 4139, Rn. 34 ff. („*Angonese*“).

851 Vgl. o., D.II.1.

eines solchen Verstoßes nicht wegen des grundsätzlichen Anwendungsvorrangs des Sekundärrechts[852] gesperrt ist. Diese Frage ist unter Heranziehung der Dogmatik und Rechtsprechung des EuGH im Bereich der Grundfreiheiten sowie in anderen Bereichen des Unionsrechts zu erörtern.

(1) Verhältnis von Grundfreiheiten und sekundärem Unionsrecht

Rechtsprechung und Literatur sind sich einig, dass im Bereich vollständig harmonisierten Sekundärrechts das primäre Unionsrecht grundsätzlich nicht als Prüfungsmaßstab für nationale Rechtsakte herangezogen werden kann[853]. Soweit ersichtlich, hat sich der EuGH bisher jedoch noch nicht mit der Frage auseinandergesetzt, ob ein Verstoß einer nationalen Norm gegen die dieser Norm zugrunde liegende Richtlinie gleichzeitig einen Verstoß gegen die Grundfreiheiten darstellt[854]. Der Gerichtshof hat die Grundfreiheiten bislang lediglich als Prüfungsmaßstab herangezogen, soweit mitgliedstaatliche Regelungen vorlagen, die über in einer Richtlinie vorgesehene *Mindeststandards* hinausgingen[855]. Die vorstehend aufgeworfene Frage kann demnach nur im Wege einer Analyse der bisherigen Rechtsprechung des EuGH sowie der Dogmatik im Bereich der Grundfreiheiten beantwortet werden.

Im Folgenden werden zunächst einige ausgewählte Entscheidungen des EuGH analysiert.

(a) „Inspire Art“

In der Entscheidung *Inspire Art*[856] hat sich der EuGH unter anderem mit dem Verhältnis eines nationalen Umsetzungsgesetzes zu primär- und sekundärrechtlichen Vorgaben beschäftigt. Konkret ging es um Vorschriften des niederländischen Gesetzes über formal ausländische Gesellschaften (*WFBV*). Einige dieser Vorschriften fielen in den Anwendungsbereich der Elften Richtlinie 89/666/EWG über die Offenlegung von Zweigniederlassungen (*Elfte Richtlinie*). Die Elfte Richtlinie wurde auf der Grundlage von Art. 44 Abs. 2 lit. g EG a.F. (Art. 50 Abs. 2 lit. g AEUV) erlassen[857] und dient damit der Verwirklichung der Niederlassungsfreiheit[858]. Der EuGH stellte eingangs fest, dass solche Bestimmungen des WFBV, die die Elfte Richtlinie

---

852 S. dazu ausführlich o., D.IV.1.

853 S.o., D.IV.1.

854 Vgl. auch *Giesberts/Eickelberg*, EuZW 2005, 231 (232) zur Frage des Vorliegens eines subjektiv öffentlichen Rechts.

855 Vgl. z.B. EuGH v. 25.3.2004, Rs. C-71/02, Slg. 2004, I-3025, Rn. 33 f. („*Karner*“) zur Warenverkehrsfreiheit; zur Diskussion im Schrifttum bzgl. des Verhältnisses von Mindeststandardklausel und Grundfreiheiten s. statt vieler *Heiderhoff*, Europäisches Privatrecht, S. 32 m.w.N.

856 EuGH v. 30.9.2003, Rs. C-167/01, Slg. 2003, I-10155 („*Inspire Art*“), s. ausführlich zum Inhalt der Entscheidung bereits o., C.IV.4.

857 EuGH v. 30.9.2003, Rs. C-167/01, Slg. 2003, I-10155, Rn. 67 („*Inspire Art*“).

858 S.o., D.IV.1.b.

umsetzen, deren Vereinbarkeit mit der Elften Richtlinie jedoch nicht in Frage gestellt worden ist, nicht als Behinderung der Niederlassungsfreiheit angesehen werden können[859]. Es ginge jedoch zu weit, dieser Formulierung eine Bedeutung in dem Sinne zuzusprechen, dass nationale Bestimmungen, die eine Richtlinie umsetzen, generell nicht als Beschränkung der zugrundeliegenden Grundfreiheit angesehen werden können. Der Gerichtshof wollte vielmehr zum Ausdruck bringen, dass die Vorgaben der Elften Richtlinie mit der Niederlassungsfreiheit im Einklang stehen und dass deshalb die sie korrekt umsetzenden Normen des WFBV unionsrechtskonform sind[860].

Der Gerichtshof stellte weiterhin fest, dass die Elfte Richtlinie abschließend ist und die Mitgliedstaaten damit keine weitergehenden Offenlegungsmaßnahmen treffen können[861]. Soweit durch das WFBV weitergehende Offenlegungsmaßnahmen vorgesehen waren, nahm der Gerichtshof daher einen Verstoß gegen die Elfte Richtlinie an[862]. In seinen weiteren Ausführungen wies der EuGH darauf hin, dass die vorbezeichneten Vorschriften des WFBV nicht gerechtfertigt werden können[863]. Der Gerichtshof beurteilte die Rechtmäßigkeit der Vorschriften des WFBV damit ausschließlich an der Elften Richtlinie und ließ die Frage eines Verstoßes gegen die Niederlassungsfreiheit der Vorschriften, die gegen die Elfte Richtlinie verstießen, unbeantwortet[864].

Eine ähnliche Konstellation lag der Entscheidung des Gerichtshofes in der Rechtssache *Vanacker*[865] zugrunde. Auch in dieser Entscheidung erklärte der EuGH nationale Vorschriften als mit einer Richtlinie unvereinbar und wies darauf hin, dass wegen der abschließenden Harmonisierung der sekundärrechtlichen Regelung *„alle nationalen Maßnahmen in diesem Bereich anhand dieser Richtlinie und nicht anhand der Artikel 30 bis 36 EWG-Vertrag zu beurteilen sind*[866]." Einen Verstoß gegen die Vorschriften des ehemaligen EWG-Vertrages prüfte der Gerichtshof nicht.

(b) „Kommission/Deutschland" (Urteil v. 14. April 2005)

Der Entscheidung des EuGH in der Rechtssache *Kommission/Deutschland* vom 14. April 2005[867] lag die Richtlinie 96/71 EG des Europäischen Parlaments und des Rates vom 16. Dezember 1996 über die Entsendung von Arbeitnehmern im Rahmen der Erbringung von Dienstleistungen (*Entsenderichtlinie*) zugrunde. Die Entsenderichtlinie bezweckt unter anderem, für die entsandten Arbeitnehmer

---

859 EuGH v. 30.9.2003, Rs. C-167/01, Slg. 2003, I-10155, Rn. 58 („*Inspire Art*").
860 So auch *Leible/Hoffmann,* EuZW 2003, 677 (678).
861 EuGH v. 30.9.2003, Rs. C-167/01, Slg. 2003, I-10155, Rn. 65 ff. („*Inspire Art*").
862 EuGH v. 30.9.2003, Rs. C-167/01, Slg. 2003, I-10155, Rn. 72 („*Inspire Art*").
863 EuGH v. 30.9.2003, Rs. C-167/01, Slg. 2003, I-10155, Rn. 106 („*Inspire Art*").
864 So auch *Leible/Hoffmann,* EuZW 2003, 677 (678).
865 EuGH v. 12.10.1993, Rs. C-37/92, Slg. 1993, I-4947 („*Vanacker*").
866 EuGH v. 12.10.1993, Rs. C-37/92, Slg. 1993, I-4947, Rn. 9 („*Vanacker*").
867 EuGH v. 14.4.2005, Rs. C-341/02, Slg. 2005, I-02733 („*Kommission/Deutschland*").

sicherzustellen, dass für die Zeit der Entsendung bei den Arbeits- und Beschäftigungsbedingungen für die in der Richtlinie aufgeführten Aspekte (z.B. Mindestlohn) die Regeln des Aufnahmemitgliedstaates über den Mindestschutz angewandt werden[868]. In Deutschland galt zu diesem Zeitpunkt das Arbeitnehmer-Entsendegesetz (*AEntG*) in der Fassung vom 26. Februar 1996. §1 Abs. 1 AEntG a.F. erstreckte die Geltung bestimmter allgemeinverbindlicher Tarifverträge auf Arbeitgeber mit Sitz im Ausland und auf die von ihnen nach Deutschland entsandten Arbeitnehmer. Zu diesen Tarifverträgen gehörte auch der Tarifvertrag zur Regelung eines Mindestlohns im Baugewerbe. Streitig war im vorliegenden Fall, ob die deutsche Methode zur Berechnung des Mindestlohnes unionsrechtskonform war. In Deutschland wurden gem. einem von der ehemaligen Bundesanstalt für Arbeit herausgegebenen Merkblatt zum Arbeitnehmer-Entsendegesetz für Arbeitgeber mit Sitz im Ausland vom Arbeitgeber gezahlte Zulagen oder Zuschläge (abgesehen vom Bauzuschlag) nicht als Bestandteile des Mindestlohnes berücksichtigt. Es war unstreitig, dass die deutsche Methode zur Berechnung des Mindestlohnes nicht den Vorgaben der Entsenderichtlinie entsprach. Der EuGH kam deshalb zu dem Ergebnis, dass die deutsche Methode zur Berechnung des Mindestlohnes gegen die Vorgaben der Entsenderichtlinie verstoße, und führte sodann aus: „*Da eine Vertragsverletzung auf der Grundlage der Richtlinie 96/71/EG festgestellt worden ist, braucht die Klage nicht im Hinblick auf Art. 49 EG geprüft zu werden*“[869].

Auch in der vorliegenden Entscheidung ließ der EuGH damit die Frage eines Verstoßes der deutschen Methode zur Berechnung des Mindestlohnes gegen die der Entsenderichtlinie zugrunde liegende Dienstleistungsfreiheit offen. Da es sich um

---

868 So sieht Art. 3 Abs. 1 der Richtlinie 96/71 EG folgende Regelung vor: „*Die Mitgliedstaaten sorgen dafür, dass unabhängig von dem auf das jeweilige Arbeitsverhältnis anwendbaren Recht die in Art. 1 Abs. 1 genannten Unternehmen den in ihr Hoheitsgebiet entsandten Arbeitnehmern bezüglich der nachstehenden Aspekte die Arbeits- und Beschäftigungsbedingungen garantieren, die in dem Mitgliedstaat, in dessen Hoheitsgebiet die Arbeitsleistung erbracht wird, durch Rechts- oder Verwaltungsvorschriften und/oder durch für allgemein verbindlich erklärte Tarifverträge oder Schiedssprüche im Sinne des Abs. 8, sofern sie die im Anhang genannten Tätigkeiten betreffen, festgelegt sind: a) Höchstarbeitszeiten und Mindestruhezeiten; b) bezahlter Mindestjahresurlaub; c) Mindestlohnsätze einschließlich der Überstundensätze; dies gilt nicht für die zusätzlichen betrieblichen Altersversorgungssysteme; d) Bedingungen für die Überlassung von Arbeitskräften, insbesondere durch Leiharbeitsunternehmen; e) Sicherheit, Gesundheitsschutz und Hygiene am Arbeitsplatz; f) Schutzmaßnahmen im Zusammenhang mit den Arbeits- und Beschäftigungsbedingungen von Schwangeren und Wöchnerinnen, Kindern und Jugendlichen; g) Gleichbehandlung von Männern und Frauen sowie andere Nichtdiskriminierungsbestimmungen. Zum Zweck dieser Richtlinie wird der in Unterabsatz 1 Buchstabe c) genannte Begriff der Mindestlohnsätze durch die Rechtsvorschriften und/oder Praktiken des Mitgliedstaats bestimmt, in dessen Hoheitsgebiet der Arbeitnehmer entsandt wird.*“

869 EuGH v. 14.4.2005, Rs. C-341/02, Slg. 2005, I-02733, Rn. 41 f. („*Kommission/Deutschland*“).

ein Vertragsverletzungsverfahren handelte, musste der EuGH zu dieser Frage auch nicht Stellung beziehen. Denn ein Verstoß gegen Unionsrecht lag bereits durch den Verstoß der deutschen Methode zur Berechnung des Mindestlohnes gegen die Entsenderichtlinie vor. Einer weitergehenden Überprüfung des AEntG an der Dienstleistungsfreiheit bedurfte es damit nicht.

Generalanwalt *Mengozzi* zog aus den Ausführungen des EuGH die Schlussfolgerung, dass *„eine mit der Richtlinie 96/71 unvereinbare Maßnahme* [...] *nämlich erst recht gegen Art. 49 EG verstoßen* [wird], *da diese Richtlinie darauf abzielt, in ihrem spezifischen Anwendungsbereich den Inhalt des genannten Artikels umzusetzen*“[870]. Den Ausführungen des EuGH eine solche Bedeutung zuzusprechen, ginge jedoch zu weit. Der EuGH hat lediglich festgestellt, dass es einer Überprüfung des AEntG an der Dienstleistungsfreiheit nicht mehr *bedurfte*. Damit ist er aber nicht darauf eingegangen, ob er im Falle der Heranziehung der Dienstleistungsfreiheit deren Anwendungsbereich überhaupt als eröffnet angesehen hätte.

(c) „Laval“

In der Entscheidung des EuGH in der Rechtssache *Laval* aus dem Jahr 2007[871] ging es um die Entsendung lettischer Arbeitnehmer nach Schweden zur Ausführung von Bauarbeiten durch die lettische Gesellschaft Laval. Die Bauarbeiten wurden von einer Gesellschaft schwedischen Rechts ausgeführt, deren Kapital zu 100% von Laval gehalten wurde. Auch in diesem Rechtsstreit ging es zentral um die Entsenderichtlinie. Die Entsenderichtlinie war zum Zeitpunkt der Entscheidung in das schwedische Recht umgesetzt worden. Im schwedischen Recht gab es allerdings keine Regelungen über Mindestlöhne, vielmehr oblag die Festsetzung der Arbeitnehmervergütungen den Sozialpartnern im Wege von Kollektivverhandlungen. Auch Tarifverträge enthielten in aller Regel keine Bestimmungen über Mindestlöhne. Die schwedische Baugewerkschaft wollte die lettische Gesellschaft Laval auf der Grundlage einer schwedischen Vorschrift zwingen, einem bestimmten Bautarifvertrag beizutreten, der für einige der von der Entsenderichtlinie geregelten Aspekte günstigere Arbeits- und Beschäftigungsbedingungen enthielt als die schwedischen Gesetze. Der Bautarifvertrag enthielt darüber hinaus Regelungen zu Aspekten, die nicht Gegenstand der Entsenderichtlinie waren, wie etwa finanzielle Verpflichtungen gegenüber der schwedischen Gewerkschaft. Regelungen über Mindestlöhne enthielt der Bautarifvertrag nicht. Nachdem eine Einigung zwischen lettischer Gesellschaft und schwedischer Gewerkschaft nicht erzielt werden konnte, leitete die schwedische Gewerkschaft eine kollektive Maßnahme in Form einer Baustellenblockade ein, in deren Folge die die Bauarbeiten ausführende schwedische Gesellschaft insolvent wurde. Die lettische Gesellschaft Laval erhob Klage, in der es insbesondere um die Rechtmäßigkeit der Baustellenblockade und um Schadensersatz ging. Der EuGH hatte unter anderem über die Frage zu entscheiden, ob es der Dienstleistungsfreiheit

870 GA *Mengozzi*, SchlA v. 23.5.2007, Rs. C-341/05, Slg. 2007, I-11767, Rn. 149 („*Laval*“).
871 EuGH v. 18.12.2007, Rs. C-341/05, Slg. 2007, I-11767 („*Laval*“).

sowie der Entsenderichtlinie zuwiderläuft, wenn eine Gewerkschaft einen ausländischen Dienstleister mit Niederlassung in einem anderen Mitgliedstaat zwingt, mit ihr über die den entsandten Arbeitnehmern zu zahlenden Lohnsätze zu verhandeln.

Der EuGH stellte zunächst klar, dass die Entsenderichtlinie eine Koordinierung, nicht aber eine Harmonisierung der Gesetze der Mitgliedstaaten bezwecke. Das bedeute, dass der *Inhalt* der in der Entsenderichtlinie enthaltenen zwingenden Bestimmungen über ein Mindestmaß an Schutz von den Mitgliedstaaten im Rahmen des Unionsrechts frei bestimmt werden könne[872]. Der EuGH verwies darauf, dass Art. 3 Abs. 1 Unterabs. 1 lit. c der Entsenderichtlinie sich nur auf Mindestlöhne beziehe. Deshalb könne diese Richtlinienbestimmung nicht herangezogen werden, um die Frage zu beantworten, ob eine Gewerkschaft einen ausländischen Dienstleister zu Verhandlungen über Löhne zwingen kann, die nicht nach einer von der Entsenderichtlinie vorgesehenen Art und Weise bestimmt werden. Der EuGH prüfte die Rechtmäßigkeit der kollektiven Maßnahme stattdessen am Maßstab der Dienstleistungsfreiheit im Hinblick darauf, ob ein ausländischer Dienstleister gezwungen werden kann, Verhandlungen über die den entsandten Arbeitnehmern zu zahlenden Löhne aufzunehmen[873]. Der EuGH verwies weiterhin in Bezug auf in dem Bautarifvertrag enthaltene Aspekte, die nicht in der Entsenderichtlinie geregelt waren, sinngemäß darauf, dass diese schon gar nicht in den Anwendungsbereich der Entsenderichtlinie fielen, und prüfte diese Aspekte ebenfalls am Maßstab der Dienstleistungsfreiheit[874]. Der Gerichtshof ging also davon aus, dass die Entsenderichtlinie enger sei als die Dienstleistungsfreiheit, d.h. letztlich nicht deren Anwendungsbereich erschöpfe[875] und die zu prüfenden Aspekte gar nicht unter die Richtlinienvorgaben zu fassen seien bzw. über den Anwendungsbereich der Entsenderichtlinie hinausgingen[876]. Der EuGH musste sich in dieser Entscheidung jedoch nicht mit der Frage auseinandersetzen, welche Rechtsfolge der Verstoß gegen primäres Unionsrecht auf der Ebene der nationalen Gesetzgebung nach sich zieht, weil Gegenstand der Prüfung eine kollektive Maßnahme und nicht ein nationales Umsetzungsgesetz war.

---

872 EuGH v. 18.12.2007, Rs. C-341/05, Slg. 2007, I-11767, Rn. 58 ff. („*Laval*").

873 EuGH v. 18.12.2007, Rs. C-341/05, Slg. 2007, I-11767, Rn. 70 ff.; 85 („*Laval*").

874 EuGH v. 18.12.2007, Rs. C-341/05, Slg. 2007, I-11767, Rn. 83 ff. („*Laval*"); zu einer Prüfung des Art. 12 EG sah sich der EuGH nicht veranlasst, weil das in Art. 12 EG enthaltene allgemeine Verbot der Diskriminierung aus Gründen der Staatsangehörigkeit in Bezug auf den freien Dienstleistungsverkehr durch Art. 49 EG verwirklicht und konkretisiert werde, s. EuGH v. 18.12.2007, Rs. C-341/05, Slg. 2007, I-11767, Rn. 54 f. („*Laval*").

875 GA *Mengozzi,* SchlA v. 23.5.2007, Rs. C-341/05, Slg. 2007, I-11767, Rn. 147 („*Laval*") spricht vom „*minimalistischen Ansatz*" der Richtlinie.

876 S. auch GA *Mengozzi,* SchlA v. 23.5.2007, Rs. C-341/05, Slg. 2007, I-11767, Rn. 153, 207 ff. („*Laval*").

(d) Zwischenergebnis

Die vorstehend erläuterten Entscheidungen des EuGH verdeutlichen, dass der Gerichtshof sich im Bereich der Grundfreiheiten bisher nicht explizit dazu geäußert hat, ob in einem Verstoß einer nationalen Maßnahme gegen sekundäres Unionsrecht auch ein Verstoß gegen primäres Unionsrecht, insbesondere gegen die Grundfreiheiten, gesehen werden kann. Bevor die Thematik einer abschließenden Bewertung unterzogen werden kann, ist zu untersuchen, ob der EuGH in anderen Bereichen des primären Unionsrechts zu dieser Problematik Stellung bezogen hat.

(2) Verhältnis von allgemeinen Rechtsgrundsätzen und sekundärem Unionsrecht

Zu dem Verhältnis zwischen allgemeinen Rechtsgrundsätzen und sekundärem Unionsrecht hat sich der EuGH in den Rechtssachen *Mangold*[877] und *Kücükdeveci*[878] geäußert. Der Gerichtshof hat in beiden Entscheidungen neben einem Verstoß gegen Richtlinienvorgaben auch einen Verstoß gegen primäres Unionsrecht geprüft und sodann die Unanwendbarkeit der entgegenstehenden nationalen Gesetze angenommen. In beiden Entscheidungen ging es auf primärrechtlicher Ebene jedoch nicht um Grundfreiheiten, sondern um allgemeine Rechtsgrundsätze des Primärrechts. Insbesondere im Nachgang zu der *Mangold*-Entscheidung wurde in der Literatur diskutiert, ob der EuGH sich von seiner Rechtsprechung zur fehlenden horizontalen Direktwirkung von Richtlinien in Privatrechtsverhältnissen abgewandt habe.

(a) Entscheidungen des EuGH in den Rechtssachen „Mangold“ und „Kücükdeveci“

Der *Mangold*-Entscheidung des EuGH aus dem Jahr 2005[879] lag die deutsche Regelung des § 14 Abs. 3 S. 4 a.F. i.V.m. S. 1 TzBfG in der Fassung vom 23. Dezember 2002 zugrunde, wonach Arbeitsverträge mit Arbeitnehmern, die das 52. Lebensjahr vollendet hatten, ohne sachlichen Grund befristet werden durften. Geklagt hatte der 56 Jahre alte Arbeitnehmer Mangold. Das Arbeitsgericht München legte dem EuGH unter anderem die Frage vor, ob § 14 Abs. 3 S. 4 a.F. i.V.m. S. 1 TzBfG mit Art. 6 der Richtlinie 2000/78/EG vom 27. November 2000 zur Festlegung eines allgemeinen Rahmens für die Verwirklichung der Gleichbehandlung in Beschäftigung und Beruf vereinbar sei. Art. 6 der Richtlinie gibt den Mitgliedstaaten die Möglichkeit vorzusehen, dass Ungleichbehandlungen wegen des Alters unter bestimmten Voraussetzungen keine Diskriminierung darstellen. Dies ist z.B. der Fall, wenn sie die berufliche Eingliederung älterer Arbeitnehmer fördern oder ihren Schutz sicherstellen sollen. Die Richtlinie war zum Entscheidungszeitpunkt noch nicht in deutsches Recht umgesetzt worden, da die Umsetzungsfrist für Deutschland erst am 2. Dezember 2006

877 EuGH v. 22.11.2005, Rs. C-144/04, Slg. 2005, I-09981 („*Mangold*“).
878 EuGH v. 19.1.2010, Rs. C-555/07, Slg. 2010, I-365 („*Kücükdeveci*“).
879 EuGH v. 22.11.2005, Rs. C-144/04, Slg. 2005, I-09981 („*Mangold*“).

ablief. Der EuGH stellte zunächst klar, dass die Richtlinie 2000/78/EG die Schaffung eines allgemeinen Rahmens zur Bekämpfung der Diskriminierung in Beschäftigung und Beruf unter anderem wegen des Alters bezwecke. § 14 Abs. 3 S. 4 a.F. i.V.m. S. 1 TzBfG begründe eine unmittelbar auf dem Alter beruhende Ungleichbehandlung. Die Vorschrift könne nicht nach Art. 6 der Richtlinie 2000/78/EG gerechtfertigt werden, weil sie über das zur Erreichung des Ziels Erforderliche hinausgehe, indem sie ausschließlich auf das Alter eines Arbeitnehmers abstelle. Die Brisanz der Entscheidung lag darin, dass der EuGH einen Verstoß gegen das Verbot der Diskriminierung wegen des Alters annahm. Dieser *„allgemeine Grundsatz des Gemeinschaftsrechts"* sei nicht in der Richtlinie 2000/78/EG verankert, sondern werde durch sie nur konkretisiert[880]. Der EuGH verwies sodann auf den Anwendungsvorrang des Unionsrechts und betonte, dass es dem nationalen Gericht obliege, die volle Wirksamkeit des allgemeinen Verbots der Diskriminierung wegen des Alters zu gewährleisten, indem es jede entgegenstehende Vorschrift des nationalen Rechts unangewendet lasse[881].

Ähnlich begründete der EuGH auch in der Entscheidung *Kücükdeveci* aus dem Jahr 2010[882] die Unanwendbarkeit eines nationalen Gesetzes. Dieser Entscheidung lag § 622 Abs. 2 S. 2 BGB zugrunde, wonach der Arbeitgeber bei der Berechnung von Kündigungsfristen Beschäftigungszeiten des Arbeitnehmers vor dessen 25. Lebensjahr unberücksichtigt lassen konnte. Für die Klägerin, Frau Kücükdeveci, hatte diese Regelung zur Folge, dass ihr trotz einer Beschäftigungszeit von ca. zehn Jahren nur eine Kündigungsfrist von einem Monat statt von vier Monaten zugebilligt wurde. Das vorlegende Gericht warf die Frage auf, ob die Regelung anhand des Primärrechts wie in dem Urteil *Mangold* oder anhand der Richtlinie 2000/78/EG zu beurteilen sei. Im Unterschied zu der Entscheidung in der Rechtssache *Mangold* war die Frist zur Umsetzung der Richtlinie 2000/78/EG mittlerweile abgelaufen. Der EuGH betonte mit Verweis auf *Mangold* zunächst, dass die Richtlinie 2000/78/EG nur die Schaffung eines allgemeinen Rahmens zur Bekämpfung verschiedener Formen der Diskriminierung, unter anderem wegen des Alters, bezwecke, der Grundsatz der Gleichbehandlung in Beschäftigung und Beruf aber nicht in der Richtlinie selbst verankert sei. Da § 622 Abs. 2 S. 2 BGB Bestimmungen über Entlassungsbedingungen aufstelle, sei die Norm *„auf der Grundlage des jede Diskriminierung wegen des Alters verbietenden allgemeinen Grundsatzes des Unionsrechts, wie er in der Richtlinie 2000/78 EG konkretisiert ist"*, zu prüfen[883]. Wegen seiner Klarheit und Eindeutigkeit könne § 622 Abs. 2 S. 2 BGB nicht richtlinienkonform ausgelegt werden[884]. Der

---

880 EuGH v. 22.11.2005, Rs. C-144/04, Slg. 2005, I-09981, Rn. 74 f. („*Mangold*").

881 EuGH v. 22.11.2005, Rs. C-144/04, Slg. 2005, I-09981, Rn. 77 f. („*Mangold*"); der EuGH setzte sich in der Entscheidung außerdem mit den Vorwirkungen der Richtlinie 2000/78 EG auseinander, weil die Umsetzungsfrist in Deutschland noch nicht abgelaufen war.

882 EuGH v. 19.1.2010, Rs. C-555/07, Slg. 2010, I-365 („*Kücükdeveci*").

883 EuGH v. 19.1.2010, Rs. C-555/07, Slg. 2010, I-365, Rn. 26 f. („*Kücükdeveci*").

884 EuGH v. 19.1.2010, Rs. C-555/07, Slg. 2010, I-365, Rn. 49 („*Kücükdeveci*").

EuGH verwies wie in der *Mangold*-Entscheidung darauf, dass es dem nationalen Gericht obliege, die Vorschrift gegebenenfalls unangewendet zu lassen[885].

(b) Reaktionen im Schrifttum

Das *Mangold*-Urteil des EuGH hatte eine große Reaktion im Schrifttum zur Folge. Einige Autoren folgerten, der EuGH habe sich von seiner Rechtsprechung zur fehlenden unmittelbaren Anwendbarkeit von Richtlinienbestimmungen in Privatrechtsverhältnissen abgewandt[886]. Nach der wohl herrschenden Meinung ist dies jedoch nicht der Fall, vielmehr habe der EuGH den Anwendungsvorrang allein mit einem Verstoß der nationalen Norm gegen einen primärrechtlichen Grundsatz begründet[887].

Im Folgenden werden zwei Diskussionsansätze aus dem Schrifttum näher erörtert.

V. Danwitz[888] weist am Beispiel der *Mangold*-Entscheidung darauf hin, dass sich in der bisherigen Rechtsprechung noch nicht die Frage gestellt habe, ob eine innerstaatliche Regelung, die unter einem spezifischen Gesichtspunkt in den Anwendungsbereich des Unionsrechts fällt, zugleich dem Zugriff der allgemeinen Grundsätze des Unionsrechts in umfassender Weise unterliegt. Laut *v. Danwitz* ist die Anwendbarkeit allgemeiner Rechtsgrundsätze im Anwendungsbereich von Richtlinien konkret nach dem jeweiligen Gegenstand und den Zielen einer unionsrechtlichen Regelung sowie dem Schutzzweck der fraglichen Bestimmung, die das mitgliedstaatliche Recht dem Unionsrecht unterstellt, auszurichten. Die Anwendbarkeit allgemeiner Rechtsgrundsätze sei auf Zielsetzungen zu beschränken, die von einer unionsrechtlichen Regelung erfasst würden, in deren Anwendungsbereich das innerstaatliche Recht falle. Auch sei eine Differenzierung zwischen Freiheits- und Gleichheitsgewährleistungen bedenkenswert[889].

Mörsdorf[890] wirft in seiner Analyse der *Mangold*-Entscheidung die Frage auf, ob der durch den EuGH in *Mangold* praktizierte Rückgriff auf einen primärrechtlichen Grundsatz in Teilbereichen des Unionsrechts zu einer faktischen unmittelbaren Anwendbarkeit von Richtlinien führe, die die bisherige Rechtsprechung des EuGH zur fehlenden unmittelbaren Anwendbarkeit von Richtlinien zwischen Privaten ins Leere laufen lassen könnte. *Mörsdorf* unterscheidet diesbezüglich zwei Konstellationen, die er danach differenziert, ob das Regelungsziel der Richtlinie und der primärrechtliche Grundsatz identisch sind. Sei eine solche Identität von Richtlinie und primärrechtlichem Grundsatz *nicht* gegeben, komme der Richtlinie einzig

885 EuGH v. 19.1.2010, Rs. C-555/07, Slg. 2010, I-365, Rn. 51 ff. („*Kücükdeveci*“).
886 S. Nachweise bei *Streinz/Herrmann,* RdA 2007, 165 f.
887 S. u.a. *König* in: Schulze/Zuleeg/Kadelbach, Europarecht, § 2, Rn. 66; *v. Oettingen/Rabenschlag,* ZEuS 2006, 363 (377 f.); *Streinz/Herrmann,* RdA 2007, 165 (168 f.).
888 *V. Danwitz,* JZ 2007, 697 (705).
889 Wie vor.
890 *Mörsdorf,* EuR 2009, 219 (235 f.).

die Funktion zu, den Anwendungsbereich des Unionsrechts für die Kontrolle des nationalen Rechts auf seine Vereinbarkeit mit primärrechtlichen Grundätzen zu eröffnen. Da die Richtlinie in dieser Konstellation nicht gleichzeitig den primärrechtlichen Grundsatz verwirkliche, könne die Nichtanwendbarkeit von nationalem Recht wegen Unvereinbarkeit mit dem primärrechtlichen Grundsatz nicht in Konflikt mit der fehlenden horizontalen Direktwirkung von Richtlinien geraten[891]. Die andere Konstellation, die der *Mangold*-Entscheidung zugrunde liege, zeichne sich dadurch aus, dass der in Bezug genommene primärrechtliche Grundsatz gleichzeitig durch die Richtlinie konkretisiert werde. Eine solche Richtlinie diene nicht mehr nur der Eröffnung des Anwendungsbereiches des Unionsrechts, sondern diene der Schaffung eines sekundärrechtlichen Rahmens zur Verwirklichung des primärrechtlichen Grundsatzes. Der primärrechtliche Grundsatz könne – im Sinne eines Gleichlaufes bzw. einer *„Symbiose"* – lediglich im Anwendungsbereich der Richtlinie Wirksamkeit entfalten und die Richtlinie partizipiere zumindest indirekt an der unmittelbaren Anwendbarkeit des primärrechtlichen Grundsatzes. Dies führe zu einer „Verstärkung" der Richtlinie und letztlich zu ihrer faktischen unmittelbaren Anwendbarkeit[892].

(3) Dogmatische Schlussfolgerungen

In Bezug auf die Frage, ob im Bereich der Grundfreiheiten ein Verstoß gegen eine Richtlinie gleichzeitig ein Verstoß gegen die der Richtlinie zugrunde liegende Grundfreiheit ist, fehlt es an einer klaren Positionierung des Gerichtshofes und der Literatur[893]. Dass diese Frage nicht einfach zu beantworten ist, zeigt sich in *von Danwitz*' Ansatz, der Kriterien für die Heranziehung primären Unionsrechts im Anwendungsbereich allgemeiner Rechtsgrundsätze entwickelt.

Dient eine Richtlinie wie im vorliegenden Fall der Verwirklichung einer Grundfreiheit, so erscheint es auf den ersten Blick nicht nur naheliegend, sondern geradezu denklogisch zwingend, in einem Verstoß gegen die Richtlinie gleichzeitig bzw. erst recht einen Verstoß gegen die Grundfreiheit zu erblicken[894]. Denn die Grundfreiheit wohnt der Richtlinie geradezu inne. So sind Niederlassungsfreiheit und Verschmelzungsrichtlinie gleichgerichtet und vielfach sogar deckungsgleich, was zu einer *„schwierigen Gemengelage"* zwischen beiden Rechtsinstituten führt[895]. Soweit nun die Literatur aus der grundsätzlichen Gebundenheit des Unionsgesetzgebers an die Grundfreiheiten schlussfolgert, dass die Primärrechtswidrigkeit eines

891 *Mörsdorf*, EuR 2009, 219 (236).
892 *Mörsdorf*, EuR 2009, 219 (237 f.).
893 Vgl.o., D.IV.1.
894 So auch *Forsthoff*, DStR 2006, 613 (618) in Bezug auf das Verhältnis von Verschmelzungsrichtlinie und Niederlassungsfreiheit vor Umsetzung der Verschmelzungsrichtlinie; vgl. auch GA *Mengozzi*, SchlA v. 23.5.2007, Rs. C-341/05, Slg. 2007, I-11767, Rn. 149 (*„Laval"*).
895 Vgl. *Forsthoff*, DStR 2006, 613 (618).

Sekundärrechtsaktes zugleich die Primärrechtswidrigkeit einer auf diesen gestützen nationalen Maßnahme nach sich ziehe[896], könnte ebenso die Sekundärrechtswidrigkeit einer nationalen Maßnahme zwangsläufig deren Primärrechtswidrigkeit zur Folge haben. Für diesen Umkehrschluss spricht auch die Tatsache, dass ein richtlinienkonformes Umsetzungsgesetz keinen Verstoß gegen die der Richtlinie zugrunde liegende Grundfreiheit darstellen kann, soweit die Richtlinie ihrerseits mit den Vorgaben der Grundfreiheit im Einklang steht[897]. Hinzu kommt ein Wertungswiderspruch mit Blick auf die Rechtsfolge: Lägen keine harmonisierenden Richtlinien vor, wären die Grundfreiheiten Prüfungsmaßstab für die nationale Norm. Im Falle eines Verstoßes des nationalen Gesetzes gegen eine Grundfreiheit bliebe die nationale Norm in Folge des Anwendungsvorrangs des primären Unionsrechts unangewendet. Die Normierung abschließend harmonisierender Richtlinien würde indes dazu führen, dass diese ausschließlicher Prüfungsmaßstab für das nationale Recht sind und eine dem Sekundärrecht widersprechende nationale Norm in Privatrechtsverhältnissen weiterhin Anwendung fände[898].

Es erscheint jedoch ebenso plausibel, einen Verstoß gegen die einer Richtlinie zugrundeliegende Grundfreiheit jedenfalls im Falle einer abschließenden Harmonisierung durch das Sekundärrecht abzulehnen. Denn wenn in einem solchen Fall bereits der Tatbestand der Grundfreiheiten nicht eröffnet ist[899], gelangt das Regime der Niederlassungsfreiheit erst gar nicht zur Anwendung, so dass auch kein Verstoß gegen diese gegeben sein kann[900]. Für diese Sichtweise spricht auch, dass sich die vorstehend aufgeführten erst-Recht- bzw. Umkehrschlüsse, woraus ein Verstoß gegen die einer Richtlinie zugrundeliegende Grundfreiheit entnommen werden kann, nur schwer dogmatisch begründen lassen. So ist die Annahme, dass eine nationale Maßnahme, die im Einklang mit seinerseits unionsrechtskonformem Sekundärrecht steht, nicht gegen die Grundfreiheiten verstoßen kann, lediglich die Konsequenz der durchzuführenden zweischrittigen Prüfung[901]. Gleiches gilt für die Annahme, dass die Primärrechtswidrigkeit eines Sekundärrechtsaktes zugleich die Primärrechtswidrigkeit einer auf diesen gestützten Maßnahme nach sich zieht. Darin kommt lediglich zum Ausdruck, dass sekundäres Unionsrecht im Einklang mit primärem Unionsrecht stehen muss. Ist dies nicht der Fall, bildet das sekundäre Recht schon keine unionsrechtskonforme Grundlage für den Erlass nationaler Vorschriften. Die

---

896 Vgl. *Forsthoff,* IStR 2006, 698 (701); *Streinz/Leible* in: Schlachter/Ohler, DLRL, Einl., Rn. 92.

897 Vgl.o., D.IV.1.

898 Vgl. zu diesem Wertungswiderspruch *Giesberts/Eickelberg,* EuZW 2005, 231 (233) in Bezug auf die Frage des Vorliegens eines subjektiv öffentlichen Rechts.

899 Vgl.o., D.IV.1.

900 Vgl. hierzu *Giesberts/Eickelberg,* EuZW 2005, 231 (232 ff.) in Bezug auf die Frage des Vorliegens eines subjektiv öffentlichen Rechts.

901 Das bedeutet, dass sowohl die Vereinbarkeit nationalen Rechts mit Sekundärrecht als auch die Vereinbarkeit des Sekundärrechts mit primärem Unionsrecht, hier den Grundfreiheiten, geprüft wird, vgl.o., D.IV.1.

Konstellation ist indes anders gelagert, soweit sekundäres Unionsrecht – wie vorliegend – mit den Grundfreiheiten vereinbar ist und die Unionsrechtswidrigkeit lediglich im Verhältnis des nationalen Umsetzungsgesetzes zum sekundären Recht besteht. Aus den oben erläuterten erst-Recht- bzw. Umkehrschlüssen kann damit kein Rückschluss auf die Anwendbarkeit des Regimes der Grundfreiheiten für den Fall der Sekundärrechtswidrigkeit eines nationalen Umsetzungsgesetzes gezogen werden.

Auch lässt sich die Rechtsprechung des EuGH in den Rechtssachen *Mangold* und *Kücükdeveci* nicht auf das Verhältnis von Sekundärrecht und Grundfreiheiten übertragen. Denn diesen Entscheidungen lag der allgemeine unionsrechtliche Grundsatz des Verbots der Diskriminierung wegen des Alters zugrunde. Dieser Grundsatz ist nur durch die Richtlinie 2000/78/EG „lebensfähig", d.h. der Grundsatz entfaltet erst durch diese Richtlinie Wirkung und findet offenbar nach Ansicht des EuGH im Anwendungsbereich der Richtlinie auch seine Grenzen[902]. Die Grundfreiheiten werden dagegen als sog. Sonderregelungen[903] in der Regel nur in einem engen Anwendungsbereich durch eine Richtlinie konkretisiert und entfalten damit auch über den Anwendungsbereich einer Richtlinie hinaus Wirkung[904]. Grundfreiheiten sind also auch außerhalb des Anwendungsbereichs einer sie konkretisierenden Richtlinie „lebensfähig". Dies verdeutlicht z.B. das Verhältnis von Entsenderichtlinie und Dienstleistungsfreiheit, das der *Laval*-Entscheidung zugrunde lag. Die Verknüpfung zwischen Grundfreiheit und einer diese konkretisierenden Richtlinie ist also eine andere als die zwischen Richtlinie und allgemeinem Rechtsgrundsatz. Vor diesem Hintergrund können die vom Gerichtshof in den Rechtssachen *Mangold* und Kücükdeveci aufgestellten Grundsätze nicht auf das Verhältnis zwischen einer Grundfreiheit und einer diese konkretisierenden Richtlinie übertragen werden. Dies erklärt, weshalb der EuGH z.B. in den vorstehend dargestellten Entscheidungen *Inspire Art* und *Kommission/Deutschland* nicht einmal hilfsweise die Grundfreiheiten als Prüfungsmaßstab herangezogen hat.

---

902 So hat der EuGH in der Rechtssache *Navas* entschieden, dass das allgemeine Diskriminierungsverbot in Beschäftigung und Beruf nicht dazu führe, dass die Richtlinie 2000/78 EG um von ihr nicht erfasste Diskriminierungsgründe (im vorliegenden Fall Krankheit) erweitert werde. Der sachliche Anwendungsbereich der Richtlinie war damit schon nicht eröffnet. Indem der EuGH die zugrunde liegende Konstellation gerade nicht auf ihre Vereinbarkeit mit dem allgemeinen Diskriminierungsverbot prüfte, hat er verdeutlicht, dass ein primärrechtlicher Rechtsgrundsatz, der erst durch eine Richtlinie Wirkung entfaltet, seine eigenen Grenzen auch im Anwendungsbereich der Richtlinie findet, eine Überprüfung anhand dieses Grundsatzes also nur im Anwendungsbereich der Richtlinie erfolgen kann; s. EuGH v. 11.7.2006, Rs. C-13/05, Slg. 2006, I-6467 („*Chacon Navas*"); wie hier auch *Sagan*, EuZW 2007, 765 (766); s. zur Urteilsanalyse *Mörsdorf*, EuR 2009, 219 (238 f.).

903 Vgl. zur Verschmelzungsrichtlinie *Bayer/Schmidt*, ZIP 2006, 210 (212).

904 S. nur *Spahlinger/Wegen*, NZG 2006, 721 (725 f.) zur Verschmelzungsrichtlinie.

Für die hier vertretene Auffassung spricht auch ein Blick auf die Rechtsfolgen. Erfolgte im Falle des Verstoßes eines nationalen Umsetzungsgesetzes gegen Richtlinienvorgaben auch eine Prüfung des nationalen Umsetzungsgesetzes am Maßstab der Grundfreiheiten und fände die Richtlinie dadurch faktisch unmittelbare Anwendung, so könnte dies in Konflikt geraten mit der fehlenden horizontalen Direktwirkung von Richtlinien. Denn würde gleichzeitig ein Verstoß der nationalen Norm gegen die Grundfreiheit angenommen, müsste die nationale Norm unangewandt bleiben. Infolge des Anwendungsvorrangs des Unionsrechts fände die Grundfreiheit, die auch Privatpersonen unmittelbar binden kann[905], unmittelbar Anwendung. Da die Richtlinie in einem solchen Fall in der Regel jedoch viel konkretere Vorgaben enthält als die Grundfreiheit, würde der Rückgriff auf die Grundfreiheit und deren unmittelbare Anwendbarkeit – ganz im Sinne *Mörsdorfs*[906] – die Gefahr einer *faktischen* direkten Anwendung der Richtlinienbestimmungen auch und insbeondere in Privatrechtsverhältnissen mit sich bringen[907].

Zwar entfaltet die Grundfreiheit – anders als in der von *Mörsdorf* skizzierten zweiten Konstellation – nicht lediglich im Anwendungsbereich einer Richtlinie Wirkung. Sind Richtlinie und Grundfreiheit jedoch gleichgerichtet bzw. weitgehend deckungsgleich, ist anzunehmen, dass die Vorgaben der Richtlinie für die Auslegung der Grundfreiheit herangezogen würden und damit faktisch Anwendung fänden. Dies würde zu einer horizontalen Direktwirkung der Richtlinie „durch die Hintertür" führen und würde in Konflikt mit dem durch den EuGH konstatierten Verbot der horizontalen Direktwirkung von Richtlinienbestimmungen geraten. Damit drohte die bisherige Rechtsprechung des Gerichtshofes zu dieser Frage ins Leere zu laufen[908]. Zudem gibt es mit der richtlinienkonformen Auslegung und -rechtsfortbildung bereits Rechtsinstitute, die den Richtlinienvorgaben im Rahmen der nationalen Umsetzungsgesetze weitestgehend zur Wirksamkeit verhelfen. Diesen Rechtsinstituten kommt wegen der fehlenden horizontalen Direktwirkung von Richtlinien vor allem im Privatrecht große Bedeutung zu[909].

Nach alledem kann im Bereich abschließend harmonisierten Sekundärrechts kein Verstoß nationalen Rechts gegen die einer Richtlinie zugrunde liegende

---

905 Vgl. o., E.IV.2.

906 Vgl.o., E.IV.2.a.2.b.

907 Vgl. auch *Forsthoff*, DStR 2006, 613 (618) in Bezug auf das Verhältnis von Verschmelzungsrichtlinie und Niederlassungsfreiheit vor Umsetzung der Verschmelzungsrichtlinie: „[...] *Dieser schwierigen Gemengelage wird am ehesten gerecht, dass sich die Regeln der Richtlinie grundsätzlich auch gegenüber entgegenstehenden Bestimmungen des Umwandlungsgesetzes durchsetzen können, also gleichsam als ‚Trittbrettfahrer' über die unmittelbare Wirkung der Niederlassungsfreiheit das deutsche Recht überlagern können.*"; vgl. auch *Kleinhenz*, S. 191.

908 So auch mit Bezug zur *Mangold*-Entscheidung des EuGH *Mörsdorf*, EuR 2009, 219 (235 f.).

909 *Gebauer* in: Gebauer/Wiedmann, Zivilrecht unter europäischem Einfluss, Kap. 4, Rn. 17.

Grundfreiheit angenommen werden. Nur durch die hier vertretene strikte Handhabung kann ein Konflikt mit der fehlenden horizontalen Direktwirkung von Richtlinien vermieden werden.

(4) Zwischenergebnis

§ 30 MgVG verstößt gegen die Verschmelzungsrichtlinie. Da Art. 16 Abs. 7 der Verschmelzungsrichtlinie den Mitgliedstaaten keinen Umsetzungsspielraum belässt, kann nach den hier aufgestellten Grundsätzen bei der Prüfung der Vorgaben des § 30 MgVG jedoch nicht auf die Niederlassungsfreiheit zurückgegriffen werden. Das bedeutet, dass es bei einem Verstoß der Vorschrift gegen die Vorgaben der Verschmelzungsrichtlinie bleibt. Damit bleibt es im Verhältnis zwischen Privaten – und damit zwischen Gesellschaften – grundsätzlich bei der Anwendbarkeit des § 30 MgVG, da die Verschmelzungsrichtlinie wegen der fehlenden horizontalen Direktwirkung von Richtlinien in diesem Verhältnis nicht unmittelbar zur Anwendung gelangt. Der oben aufgeworfene Wertungswiderspruch, wonach die Nichtanwendbarkeit einer Norm von der Existenz abschließend harmonisierender Richtlinien abhängt, ist zum Schutz des Rechtsinstituts der Richtlinie hinzunehmen.

b) Negative Ausschlusswirkung der Verschmelzungsrichtlinie?

Diesem Widerspruch könnte abgeholfen werden, wenn der Verschmelzungsrichtlinie auch in Fällen, in denen ihr keine unmittelbare Wirkung zukommt, jedenfalls eine sog. negative Ausschlusswirkung zugesprochen würde. In diesem Fall führte bereits der Verstoß des § 30 MgVG gegen die *Verschmelzungsrichtlinie* zur Unanwendbarkeit der Norm, nicht dagegen zu einer unmittelbaren Anwendbarkeit der Bestimmungen der Verschmelzungsrichtlinie.

In der Literatur wird die These vertreten, dass Richtlinien auch dann, wenn sie nicht unmittelbar anwendbar sind, der Effekt zukomme, die Anwendung entgegenstehenden nationalen Rechts auszuschließen (sog. „*legal review*" bzw. „*effet d'exclusion*")[910]. Für eine negative Ausschlusswirkung von Richtlinien, die nicht unmittelbar anwendbar sind, wird insbesondere der Grundsatz vom Vorrang des Unionsrechts angeführt. Wenn grundsätzlich sowohl primäres als auch sekundäres Unionsrecht dem nationalen Recht vorgehe, so müsse im Sinne eines umfassenden Geltungsvorrangs auch einer Richtlinie widersprechendes nationales Recht

---

910 S. statt aller GA *Saggio,* SchlA v. 16.12.1999, Rs. C-240/98, Slg. 2000, 4941, Rn. 30 ff. („*Océano/Quintero*"); GA Léger, SchlA v. 11.1.2000, Rs. C-287/98, Slg. 2000, 6917, Rn. 52 ff. („*Linster*"); GA *Mengozzi,* SchlA v. 15.2.2007, Rs. C-335/05, Slg. 2007, 4307, Rn. 53 („Řízení Letového Provozu"); *Bach,* JZ 1990, 1108 (1112 f.); *Langenfeld,* DÖV 1992, 955 (962 ff.); *Lenaerts,* Cah. dr. europ. 1991, 3 (38, Fußnote 120); *Nicolaysen,* EuR 1984, 380 (391 f.); *Prechal,* Directives, S. 121 f.; *Steindorff,* FS Everling, 1455 (1460 ff.); *Timmermans,* CMLRev. 1979, 533 (544 ff.).

unangewendet bleiben, selbst wenn diese nicht unmittelbar anwendbar sei[911]. Nur auf diese Weise könne eine einheitliche Anwendung der unionsrechtlichen Regelungen sichergestellt werden[912]. Andernfalls wäre ein nationales Gericht gezwungen, eine evident richtlinienwidrige Norm weiter anzuwenden[913].

Diese Auffassung wird in der Literatur vielfach kritisiert[914]. Gegen die vorstehend beschriebene negative Ausschlusswirkung von Richtlinien spricht insbesondere, dass in einer solchen Konstellation schon keine Kollision zwischen nationalem Recht und Unionsrecht vorliegt, weil eine Kollision stets die direkte Anwendbarkeit des Unionsrechts voraussetzt[915]. Hinzu kommt, dass die Theorie des *effet d'exclusion* infolge der Nichtanwendung nationalen Rechts zu Rechtslücken im nationalen Recht führt und damit Rechtssicherheit und Rechtsklarheit erheblich beeinträchtigt[916]. Auch der EuGH hat einer negativen Ausschlusswirkung von Richtlinien eine klare Absage erteilt. So führte er in der Rechtssache *Arcaro*[917] aus,

> „[...] *dass das Gemeinschaftsrecht keinen Mechanismus enthält, der es dem nationalen Gericht erlaubt, von einer Vorschrift einer nicht umgesetzten Richtlinie abweichende nationale Vorschriften zu eliminieren, wenn diese Richtlinienvorschrift nicht vor dem nationalen Gericht in Anspruch genommen werden kann.*"[918].

---

911 In diesem Sinne GA *Saggio,* SchlA v. 16.12.1999, Rs. C-240/98, Slg. 2000, 4941, Rn. 30 („*Océano/Quintero*"); *Langenfeld,* DÖV 1992, 955 (963); *Prechal,* Directives, S. 121 f.; *Timmermans,* CMLRev. 1979, 533 (550).

912 GA *Saggio,* SchlA v. 16.12.1999, Rs. C-240/98, Slg. 2000, 4941, Rn. 30 („*Océano/Quintero*").

913 Vgl. hierzu GA *Saggio,* SchlA v. 16.12.1999, Rs. C-240/98, Slg. 2000, 4941, Rn. 36 („*Océano/Quintero*").

914 S. nur *Buchberger,* ÖJZ 2001, 441 (442 ff.); *v. Danwitz,* JZ 2007, 697 (702 f.); *Ders.* in: Dauses, Hdb. EU-WirtschaftsR, Teil B.II., Rn. 53; *Klein,* FS Everling, 641 (648 ff.); *Scherzberg,* Jura 1993, 225 (229 f.); Streinz/*Schroeder,* EUV/AEUV, Art. 288 AEUV, Rn. 124 m.w.N.

915 Vgl. *Bleckmann,* Europarecht, Rn. 1083 ff. m.w.N.; *Buchberger,* ÖJZ 2001, 441 (445 f.); *v. Danwitz,* JZ 2007, 697 (702 f.); *Scherzberg,* Jura 1993, 225 (229); vgl. hierzu auch die folgenden Ausführungen von *Canaris,* FS Bydlinski, S. 47 (53): „*Innerhalb der pyramidenförmigen Hierarchie, welche dem Modell des Stufenbaus zugrunde liegt, befindet sich die Richtlinie nun nicht einfach auf einer ‚Stufe' oder in einem ‚Stockwerk' oberhalb der Normen des nationalen Rechts, sondern – um im Bilde zu bleiben – gewissermaßen in einem anderen Teil des Doppelgebäudes, das aus dem Gemeinschaftsrecht zum einen und der jeweiligen nationalen Rechtsordnung zum anderen besteht. Aus diesem Teil kann die Richtlinie nicht einfach in den anderen Teil hinüberwirken, weil es insoweit an einer gemeinsamen pyramidalen Hierarchie fehlt.*".

916 *Buchberger,* ÖJZ 2001, 441 (445 f.); *v. Danwitz,* JZ 2007, 697 (702 f.); *Scherzberg,* Jura 1993, 225 (229).

917 EuGH v. 26.9.1996, Rs. C-168/95, Slg. 1996, I-4705 („*Arcaro*").

918 EuGH v. 26.9.1996, Rs. C-168/95, Slg. 1996, I-4705, Rn. 39 f., 43 („*Arcaro*").

Entgegen der vereinzelt in der Literatur vertretenen Auffassung können auch anderen Entscheidungen des Gerichtshofes keine Anhaltspunkte für eine negative Ausschlusswirkung von nicht unmittelbar anwendbaren Richtlinien entnommen werden[919].

Zwar bieten die Befürworter des *effet d'exclusion* Lösungen für die Ausfüllung der durch eine negative Ausschlusswirkung herbeigeführten Regelungslücken an. So wird etwa vorgeschlagen, Rechtsbestimmungen analog anzuwenden, bzw. auf allgemeine Rechtsgrundsätze des nationalen Rechts zurückzugreifen[920] oder aber eine Nichtanwendungspflicht nur anzunehmen, soweit eine Lösung ohne Weiteres auf der Grundlage des bereits bestehenden (richtlinienkonformen) nationalen Rechts herbeigeführt werden könne[921]. Abgesehen davon, dass die aufgezeigten Lösungsvorschläge weitere Fragen offen lassen[922], droht auch insoweit ein Konflikt mit dem Grundsatz der fehlenden horizontalen Direktwirkung von Richtlinien[923]. Denn wird eine nationale Norm infolge einer negativen Ausschlusswirkung der Richtlinie nicht angewandt, könnte eine *faktische* unmittelbare Anwendbarkeit der Richtlinienbestimmungen nicht vollständig ausgeschlossen werden. Wenn nämlich die Rechtslücke, die durch die Nichtanwendbarkeit nationalen Rechts entstünde, „richtlinienkonform" auf der Grundlage bereits bestehenden nationalen Rechts geschlossen würde, so bedeutete dies nichts anderes als die *faktische* Anwendbarkeit der Richtlinienbestimmungen. Diese Rechtsfolge wird am Beispiel der hypothetischen Unanwendbarkeit des § 30 MgVG veranschaulicht: Wäre § 30 MgVG infolge seiner Richtlinienwidrigkeit unanwendbar, so gelangten wegen des Vorliegens eines Privatrechtsverhältnisses die Bestimmungen der Verschmelzungsrichtlinie nicht unmittelbar zur Anwendung[924]. Damit wäre der Fall einer nachfolgenden innerstaatlichen Verschmelzung nicht geregelt. Gesellschaften könnten folglich unmittelbar nach der grenzüberschreitenden Verschmelzung erneut innerstaatlich verschmelzen und auf diese Weise die Mitbestimmungsfreiheit der hervorgegangenen Gesellschaft herbeiführen. Dieses Ergebnis widerspricht jedoch evident den Schutzzwecken der Verschmelzungsrichtlinie. Die Rechtslücke müsste demnach durch die analoge Anwendung bestehenden nationalen Rechts gefüllt werden. Es erscheint naheliegend, in diesem Fall die §§ 4 ff. MgVG heranzuziehen. Dies würde im Regelfall zu einer Verhandlungspflicht der Gesellschaften bei nachfolgenden

---

919 Zu einer ausführlichen Entscheidungsanalyse s. GA *Saggio,* SchlA v. 16.12.1999, Rs. C-240/98, Slg. 2000, 4941, Rn. 31 ff. („*Océano/Quintero*") und die Replik von *Buchberger,* ÖJZ 2001, 441 (442 ff.); s. auch *Beljin,* EuR 2002, 351 (366); Streinz/*Schroeder,* EUV/AEUV, Art. 288 AEUV, Rn. 124 m.w.N.; *Timmermans,* CMLRev. 1979, 533 (544 ff.).

920 GA *Saggio,* SchlA v. 16.12.1999, Rs. C-240/98, Slg. 2000, 4941, Rn. 39 („*Océano/Quintero*").

921 *Langenfeld,* DÖV 1992, 955 (963).

922 S. dazu *Buchberger,* ÖJZ 2001, 441 (446).

923 So auch *Buchberger,* ÖJZ 2001, 441 (445 f.).

924 Näher o., E.IV.1.

innerstaatlichen Verschmelzungen führen[925]. Diese Rechtsfolge entspräche damit weitestgehend den Vorgaben des Art. 16 Abs. 7 der Verschmelzungsrichtlinie. Faktisch kämen demnach die Bestimmungen der Verschmelzungsrichtlinie unmittelbar zur Anwendung. Dies verstößt jedoch evident gegen den Grundsatz des Verbots der horizontalen Direktwirkung von Grundfreiheiten in Privatrechtsverhältnissen. Nach alledem ist die These des *„effet d'exclusion"* abzulehnen.

c) Ergebnis

Damit kann nach der hier vertretenen Auffassung bei der Prüfung von § 30 MgVG anhand unionsrechtlicher Vorgaben weder ein Verstoß gegen die Niederlassungsfreiheit angenommen werden, noch kommt der Verschmelzungsrichtlinie eine negative Ausschlusswirkung zu. Vielmehr bleibt es im Verhältnis zwischen Privaten – und damit zwischen Gesellschaften – bei der Anwendbarkeit des § 30 MgVG, da die Verschmelzungsrichtlinie wegen der fehlenden horizontalen Direktwirkung von Richtlinien in diesem Verhältnis nicht unmittelbar zur Anwendung gelangt.

Zwar ist dieses Ergebnis unbefriedigend. Im Hinblick auf Rechtssicherheit und Rechtsklarheit müssen jedoch die hier vertretenen strikten Grundsätze für einen Rückgriff auf die Grundfreiheiten und für die Wirkung von nicht unmittelbar anwendbaren Richtlinien eingehalten werden. Damit sind unbefriedigende Ergebnisse und Wertungswidersprüche hinzunehmen. Mit Blick auf das Wesen der Richtlinie, die nur Mitgliedstaaten, nicht aber Einzelne zu ihrer Beachtung verpflichtet, ergeben sich denknotwendig Konflikte in Situationen, in denen nationale Gesetze Richtlinienvorgaben widersprechen. Bei dem Versuch, diese Konflikte durch rechtsunsichere Konstellationen zu umgehen, würde das Rechtsinstitut der Richtlinie obsolet und der Grundsatz der fehlenden horizontalen Direktwirkung von Richtlinien weiter aufgeweicht. Dies könnte zu einem viel tiefgreifenderen Eingriff in die Rechtsinstitute der Union führen, als es die Rechtsfolgen der fehlenden horizontalen Direktwirkung von Richtlinien vermögen.

3. Ausblick

Abhilfe könnte geschaffen werden, indem der EuGH Richtlinien auch in Privatrechtsverhältnissen unmittelbare Wirkung zuspricht. Der Gerichtshof sollte – statt zu versuchen, den von ihm selbst entwickelten Grundsatz der fehlenden horizontalen Direktwirkung von Richtlinien immer weiter auszuhöhlen – aus Gründen der Rechtssicherheit bei diesem Rechtsgrundsatz selbst ansetzen, d.h., soweit er dies für dogmatisch vertretbar erachtet, unter bestimmten Voraussetzungen Richtlinien eine unmittelbare Wirkung auch in Privatrechtsverhältnissen zusprechen. Erste Hinweise, dass er dies in Zukunft tun könnte, wird in der Literatur bisweilen in einem Beschluss aus dem Jahr 2011 gesehen[926]. Der Beschluss betraf die Auslegung

925 Zur Systematik der §§ 4 ff. MgVG vgl.o., E.I.
926 EuGH v. 24.3.2011, Rs. C-194/10, NZG 2011, 622.

von Art. 5 Abs. 1 der Richtlinie über die Ausübung bestimmter Rechte von Aktionären in börsennotierten Gesellschaften. Die Richtlinienbestimmung sah für die Hauptversammlung eine Einberufungsfrist von 21 Tagen vor. Der deutsche Gesetzgeber erließ eine Vorschrift, wonach die Einberufungsfrist lediglich einen Tag betragen konnte. Diese Vorschrift sollte mit Ablauf der Umsetzungsfrist der vorbezeichneten Richtlinie außer Kraft treten. Der EuGH hatte über die Frage zu befinden, ob Art. 5 Abs. 1 der vorbezeichneten Richtlinie der deutschen Regelung entgegenstehe wegen des unionsrechtlichen Verbots, Bestimmungen zu erlassen, die das von einer Richtlinie vorgeschriebene Ergebnis während der Frist für deren Umsetzung in Frage stellen könnten. Der EuGH ließ diese Frage offen, weil die Einberufungsfrist im konkreten Fall die von der Richtlinie vorgesehenen 21 Tage gewahrt hatte[927]. *Foerster*[928] schlussfolgert aus diesem Beschluss, der EuGH habe die Frage der horizontalen Direktwirkung von Richtlinien offen gelassen. Die Vorlagefrage impliziere eine unmittelbare Anwendbarkeit der Richtlinienbestimmung zwischen Aktionären und einer Gesellschaft und damit zwischen Privaten[929]. In konsequenter Anwendung des Verbots der unmittelbaren Wirkung von Richtlinien in Privatrechtsverhältnissen hätte der EuGH die Vorlagefrage dahingehend beantworten können, dass Richtlinienbestimmungen zwischen Privaten nicht unmittelbar anwendbar sind. *Foerster* hält es wegen der Vorgehensweise des EuGH nicht für ausgeschlossen, dass Richtlinien künftig unter bestimmten Voraussetzungen auch zwischen Privaten unmittelbar anwendbar sind[930].

4. Konsequenzen für die Mitbestimmung

Sowohl nach Art. 16 Abs. 7 der Verschmelzungsrichtlinie als auch nach § 30 MgVG ist nach Ablauf der dreijährigen Karenzzeit mangels entsprechender Regelungen, die einen Missbrauch ahnden[931], der Weg für eine Vermeidung der Mitbestimmung geebnet. § 30 MgVG sieht nicht einmal eine Verpflichtung zur Durchführung von erneuten Verhandlungen vor. Nach Ablauf von drei Jahren kann eine innerstaatliche Verschmelzung z.B. auf eine Personengesellschaft damit genutzt werden, um die völlige Mitbestimmungsfreiheit einer Gesellschaft herbeizuführen. Da sowohl die grenzüberschreitende als auch die nachfolgende innerstaatliche Verschmelzung jeweils mit leeren Gesellschaftshüllen vorgenommen werden können, kann die

927 EuGH v. 24.3.2011, Rs. C-194/10, NZG 2011, 622, Rn. 34 f.

928 *Foerster,* EuR 2012, 190 (193 f.).

929 *Foerster,* EuR 2012, 190 (191, Fn. 8) m.w.N. ist der Ansicht, dass die Gesellschaft jedenfalls bei Einberufung der Hauptversammlung Subjekt des Privatrechts ist.

930 *Foerster,* EuR 2012, 190 (195); diese Problematik soll an dieser Stelle nicht weiter erörtert werden; sie würde den Rahmen der Bearbeitung sprengen.

931 Vgl. *Ege/Grzimek/Schwarzfischer,* DB 2011, 1205 (1212); *Forsthoff,* DStR 2006, 613 (615 f.); *Morgenroth/Salzmann,* NZA-RR 2013, 449 (454 f.); *Teichmann,* Der Konzern 2007, 89 (97).

Mitbestimmungsfreiheit eines Unternehmens mit vergleichsweise geringem Aufwand herbeigeführt werden[932].

5. Verfassungsmäßigkeit des § 30 MgVG

In der Literatur wird über die bereits erörterte Problematik hinaus die Auffassung vertreten, § 30 MgVG sei nicht nur unionsrechts- sondern auch verfassungswidrig[933]. So vertritt *Habersack* die Auffassung, § 30 S. 2 MgVG sei neben dem Einwand der Unionsrechtswidrigkeit auch der Einwand der Verfassungswidrigkeit entgegen zu halten, da die Rechtsfolge des § 30 S. 2 MgVG mit der Mitbestimmungsfreiheit von Personengesellschaften kollidiere[934].

Diese Auffassung ist vor folgendem Hintergrund zu sehen: Im Falle einer nachfolgenden innerstaatlichen Verschmelzung auf eine Personengesellschaft würde die Maßgeblichkeit des Mitbestimmungsstatuts der aufnehmenden Gesellschaft im Sinne der §§ 30 S. 1, 4 MgVG zur Mitbestimmungsfreiheit der Gesellschaft führen, die aus der nachfolgenden innerstaatlichen Verschmelzung hervorgegangen ist, da Personengesellschaften nicht in den Anwendungsbereich der deutschen Mitbestimmungsgesetze fallen[935]. Damit gelangt in diesem Fall ausnahmsweise § 30 S. 2 MgVG zur Anwendung mit der Folge der Weitergeltung der in der hervorgegangenen Gesellschaft bestehenden Mitbestimmungsregelungen für eine Dauer von drei Jahren. Laut *Habersack* beruht die Mitbestimmungsfreiheit von Personengesellschaften auch auf verfassungsrechtlichen Erwägungen und Personengesellschaften würden durch § 30 S. 2 MgVG quasi zur Bildung eines Aufsichtsrates gezwungen[936].

Zwar ist *Habersack* zuzugeben, dass der Mitbestimmungsfreiheit von Personengesellschaften die Erwägung der Unvereinbarkeit von Mitbestimmung und persönlicher Haftung der Gesellschafter einer Personengesellschaft zugrunde liegt, weil Dritte im Wege der Mitbestimmung Einfluss auf unternehmerische Entscheidungen nehmen könnten, für die die Gesellschafter einer Personengesellschaft unbeschränkt haften müssten[937]. In diesem Zusammenhang hat auch das Bundesverfassungsgericht in seiner Entscheidung zur Verfassungsmäßigkeit des Mitbestimmungsgesetzes

932 S. *Forsthoff*, DStR 2006, 613 (614 ff.).
933 S. *Habersack*, ZHR 171 (2007), 613 (638 f.).
934 *Habersack*, ZHR 171 (2007), 613 (638 f.); so auch *Habersack* in: Ulmer/Habersack/Henssler, Mitbestimmungsrecht, § 30 MgVG, Rn. 3.
935 S.o., B.II.1.
936 *Habersack*, ZHR 171 (2007), 613 (638 f.).
937 Bericht der Sachverständigenkommission zur Auswertung der bisherigen Erfahrungen bei der Mitbestimmung, Januar 1970, BT-Drucks. VI/334, S. 116, Ziff. 48; vgl. auch *Martens*, ZGR 1979, 493 (502 ff.); *Raiser/Veil*, MitbestG und DrittelbG, § 1 MitbestG, Rn. 4 m.w.N.; vgl. bereits o., B.II.1.

auf die Haftungsunterschiede von Anteilseignern und persönlich haftenden Gesellschaftern hingewiesen[938].

Habersack verkennt indes den Vorrang der richtlinienkonformen Auslegung, wonach die Mitgliedstaaten gehalten sind, dem Unionsrecht die volle Wirksamkeit zu verleihen[939]. Bei zwei möglichen Auslegungen nationaler Vorschriften hat ein nationales Gericht derjenigen den Vorzug zu geben, die es ermöglicht, das in der Richtlinie vorgesehene Ziel zu erreichen[940]. Soweit also die Verschmelzungsrichtlinie vorgibt, dass der Schutz bestehender Mitbestimmungsrechte auch für den Fall nachfolgender innerstaatlicher Verschmelzungen auf eine Personengesellschaft gelten soll, stünde jedenfalls diese Rechtsfolge des § 30 S. 2 MgVG im Einklang mit den Vorgaben der Verschmelzungsrichtlinie. Die Verschmelzungsrichtlinie differenziert begrifflich zwischen ‚*Kapitalgesellschaften*' und ‚*Gesellschaften*'. So beschränkt sich der Anwendungsbereich der Verschmelzungsrichtlinie ausweislich ihres Art. 1 auf die grenzüberschreitende Verschmelzung von *Kapitalgesellschaften.* Der Begriff der Kapitalgesellschaften wird in Art. 2 der Verschmelzungsrichtlinie definiert. Auf die grenzüberschreitende Verschmelzung von Personengesellschaften ist die Verschmelzungsrichtlinie nicht anzuwenden[941]. Der Wortlaut von Art. 16 Abs. 7 der Verschmelzungsrichtlinie beschränkt den Schutz bestehender Mitbestimmungsrechte dagegen nicht auf nachfolgende innerstaatliche Verschmelzungen von *Kapitalgesellschaften,* sondern bezieht sich nur auf „*nachfolgende innerstaatliche Verschmelzungen*". Eine Beschränkung nachfolgender innerstaatlicher Verschmelzungen auf Kapitalgesellschaften ist ebensowenig den Sprachfassungen anderer Mitgliedstaaten zu entnehmen. So beziehen sich auch die englische und französische Sprachfassung von Art. 16 Abs. 7 nur auf „*subsequent domestic mergers*" bzw. „*fusions nationales ultérieures*", ohne eine Beschränkung auf Kapitalgesellschaften vorzunehmen. Demnach kann weder dem Wortlaut noch der Systematik der Verschmelzungsrichtlinie eine Beschränkung des Schutzes bestehender Mitbestimmungsrechte auf nachfolgende innerstaatliche Verschmelzungen von *Kapitalgesellschaften* entnommen werden. Die Verschmelzungsrichtlinie dient dem Schutz bestehender Mitbestimmungsrechte. Mit diesem Schutzzweck wäre eine Regelung, die Sicherungsmaßnahmen auf nachfolgende innerstaatliche Verschmelzungen nur von Kapitalgesellschaften beschränkte, nicht vereinbar, weil der Schutz bestehender Mitbestimmungsrechte auf diese Weise durch eine nachfolgende Verschmelzung auf eine Personengesellschaft leicht umgangen werden könnte. Damit gibt die Verschmelzungsrichtlinie vor, dass

---

938 BVerfGE 50, 290; das BVerfG führt unter anderem aus: „*Anders als der Unternehmer-Eigentümer vermag der Anteilseigner mit seinem Eigentum nur mittelbar zu wirken; die vermögensrechtliche Haftung für die wirtschaftlichen Folgen von Fehlentscheidungen ergreift ihn nicht als Person, sondern sie bezieht sich auf einen eingegrenzten Teil seiner Vermögenssphäre.*"

939 S. dazu o., D.IV.3.

940 S. statt vieler EuGH v. 10.4.1984, Rs. 14/83, Slg. 1984, 1891, Rn. 26 („*von Colson*").

941 Allg. Meinung, s. nur *Lutter/Bayer/Schmidt,* Europäisches Unternehmens- und Kapitalmarktrecht, § 23, Rn. 11 m.w.N.

der Schutz bestehender Mitbestimmungsrechte auch für den Fall nachfolgender innerstaatlicher Verschmelzungen auf eine Personengesellschaft gelten soll. Die Rechtsfolge des § 30 S. 2 MgVG steht deshalb im Einklang mit den Vorgaben der Verschmelzungsrichtlinie. Da die Verschmelzungsrichtlinie keine Vorkehrungen für den Fall der Implementierung eines Mitbestimmungssystems bei Personengesellschaften trifft, bleibt der Umgang mit dieser Situation den Mitgliedstaaten selbst überlassen.

Abgesehen von der vorrangig zu beachtenden richtlinienkonformen Auslegung ist *Habersack* zu entgegnen, dass ein Zwang zu einer innerstaatlichen Verschmelzung auf eine Personengesellschaft und demzufolge ein Zwang zur Bildung eines Aufsichtsrates nicht besteht. Darüber hinaus ist zu beachten, dass die Nichteinbeziehung der Personengesellschaften in die Unternehmensmitbestimmung im Schrifttum kontrovers diskutiert wird[942]. Auch der Gesetzentwurf zum Mitbestimmungsgesetz stellte klar, dass es zwar nicht beabsichtigt sei, das Unternehmensrecht schon im Zusammenhang mit der neuen Mitbestimmungsregelung umzugestalten, dass die Fortentwicklung des Gesellschaftsrechts hin zu einem „*modernen, den wirtschaftlichen und sozialen Entwicklungen unserer Zeit gerecht werdenden Unternehmensrecht*" aber als zu lösende Aufgabe anzusehen sei[943]. Auch das Bundesverfassungsgericht hat in seiner vorbezeichneten Entscheidung geäußert, Gegenstand seiner Prüfung sei nur die Verfassungsmäßigkeit der bestehenden Regelungen, wohingegen die Regelung offen gebliebener Fragen bzw. eine Verbesserung des Mitbestimmungsgesetzes dem Gesetzgeber obliege[944]. Der Entscheidung des Bundesverfassungsgerichts kann demnach zwar die Verfassungsmäßigkeit der Mitbestimmungsfreiheit von Personengesellschaften entnommen werden. Angesichts der kontroversen rechtspolitischen Beurteilung der Mitbestimmungsfreiheit von Personengesellschaften und der Ausführungen des Bundesverfassungsgerichts kann aber nicht der Umkehrschluss gezogen werden, dass eine Einbeziehung der Personengesellschaften in das Mitbestimmungsgesetz per se verfassungswidrig wäre. Abgesehen davon wäre vorrangig zu prüfen, ob § 30 MgVG verfassungskonform ausgelegt und ggfs. teleogogisch reduziert werden kann[945].

Nach diesen Erwägungen kann der Einwand der Verfassungswidrigkeit des § 30 MgVG nicht überzeugen[946]. Die Erstreckung des Schutzes auf eine nachfolgende innerstaatliche Verschmelzung auf eine Personengesellschaft ist jedenfalls mit den Vorgaben der Verschmelzungsrichtlinie vereinbar und daher vorrangig zu beachten.

Abgesehen davon kommt es wegen des grundsätzlichen Vorrangs des Unionsrechts auf die Verfassungsmäßigkeit des § 30 MgVG auch gar nicht mehr an. Das

942 Vgl. o., B.II.1.

943 BT-Drucks. 7/2172, S. 17.

944 BVerfGE 50, 290.

945 S. zur verfassungskonformen Auslegung Maunz/Schmidt-Bleibtreu/*Bethge*, BVerfGG, § 31, Rn. 261.

946 So auch Nagel/Freis/Kleinsorge/*Kleinsorge*, Beteiligung der Arbeitnehmer im Unternehmen auf der Grundlage des europäischen Rechts, § 30 MgVG, Fußnote 14.

BVerfG erkennt den Vorrang des Unionsrechts im Wesentlichen an. Seine Rechtsprechung hierzu entwickelte es in den folgenden Entscheidungen[947]: *Solange I*[948], *Vielleicht*[949], *Solange II*[950], *Maastricht*[951], *Bananenmarkt*[952] und *Lissabon*[953]. In seiner *Solange II*-Entscheidung stellte das BVerfG klar, dass es die Vereinbarkeit von Unionsrecht mit den deutschen Grundrechten solange nicht prüft, wie auf europäischer Ebene ein adäquater Grundrechtsschutz gewährleistet ist[954]. In Anbetracht der Tatsache, dass der Grundrechtsschutz auf europäischer Ebene durch den Vertrag von Lissabon[955] und die Grundrechte-Charta der Union[956] weiter verstärkt worden ist, wird ein inadäquater Grundrechtsschutz kaum mehr anzunehmen sein[957]. In Bezug auf die Vereinbarkeit sekundären Unionsrechts mit dem Grundgesetz führte das BVerfG in seinem *Bananenmarkt*-Beschluss aus, Verfassungsbeschwerden und Vorlagen von Gerichten, die eine Verletzung von Grundrechten durch sekundäres Unionsrecht geltend machten, seien nur zulässig, soweit im Einzelnen dargelegt werde, dass nach Ergehen der *Solange II*-Entscheidung der erforderliche Grundrechtsschutz auf Unionsebene nicht gewährleistet sei[958].

In den vorbezeichneten Entscheidungen hat sich das BVerfG explizit nur mit der Frage beschäftigt, ob Unionsrecht selbst auf seine Vereinbarkeit mit den Grundrechten überprüft werden darf, nicht aber die Frage geklärt, ob der Anwendungsvorrang des Unionsrechts auch bei der Auslegung nationaler Umsetzungsgesetze zu beachten ist. Da es sich bei Gesetzen, die Unionsrecht umsetzen, um nationales Recht handelt, stellt sich die Frage, ob im Rahmen der Prüfung der Unionsrechtskonformität eines nationalen Umsetzungsgesetzes dessen Verfassungsmäßigkeit geprüft werden darf. Dies scheint aufgrund des nationalen Rechtscharakters von Umsetzungsgesetzen auf den ersten Blick naheliegend. Andererseits könnte auf diese Weise der Anwendungsvorrang des Unionsrechts unterwandert werden. Denn wenn schon das Unionsrecht nicht auf seine Verfassungsmäßigkeit geprüft werden

---

947 S. *Wiedmann* in: Gebauer/Wiedmann, Zivilrecht unter europäischem Einfluss, Kap. 2, Rn. 47 m.w.N.

948 BVerfGE 37, 271.

949 BVerfGE 52, 187.

950 BVerfGE 73, 339.

951 BVerfGE 89, 155.

952 BVerfGE 102, 147.

953 BVerfGE 123, 267.

954 BVerfGE 73, 339.

955 Der „*Vertrag von Lissabon zur Änderung des Vertrags über die Europäische Union und des Vertrags zur Gründung der Europäischen Gemeinschaft*“ ist seit dem 1.12.2009 in Kraft. Er stellt die fünfte Reform der Europäischen Union bzw. der Gemeinschaften dar.

956 Die Charta der Grundrechte der Europäischen Union hat mit dem Inkrafttreten des Reformvertrags von Lissabon am 1.12.2009 volle Rechtsverbindlichkeit erlangt.

957 *Polzin,* JuS 2012, 1 (2 f.).

958 BVerfGE 102, 147.

darf, muss dies erst Recht für nationales Recht gelten, das Unionsrecht umsetzt. So ist letztlich davon auszugehen, dass die Prüfung der Unionsrechtskonformität eines Gesetzes in der Gesamtabwägung eine Vorrangstellung genießt und ihre Schranke nicht in der Vereinbarkeit mit deutschem Verfassungsrecht findet[959]. Dies hat das BVerfG jedenfalls insoweit bestätigt, als innerstaatliche Umsetzungsgesetze nicht an den Grundrechten gemessen werden, soweit das Unionsrecht keinen Umsetzungsspielraum lässt, sondern zwingende Vorgaben macht[960]. Gewährt das Unionsrecht den Mitgliedstaaten dagegen einen Spielraum bei der Umsetzung, so muss eine Auslegungsvariante gewählt werden, die sowohl dem Unions- als auch dem nationalen Verfassungsrecht gerecht wird[961].

§ 30 MgVG enthält zwingende Vorgaben und damit keinen Umsetzungsspielraum für die Mitgliedstaaten[962]. Damit ist die Vorschrift nach der Rechtsprechung des BVerfG nicht mehr an den Grundrechten zu messen. Der Einwand der Verfassungswidrigkeit der Norm ist vor diesem Hintergrund nicht haltbar.

---

959 So auch *Canaris,* FS Bydlinski, S. 47 (79 f.); *Gebauer* in: Gebauer/Wiedmann, Zivilrecht unter europäischem Einfluss, Kap. 4, Rn. 34; *Stettner* in: Dauses, Hdb. EU-WirtschaftsR, Teil A.IV., Rn. 42 m.w.N.; kritisch *di Fabio,* NJW 1990, 947.

960 BVerfGE 118, 79–111.

961 *Stettner* in: Dauses, Hdb. EU-WirtschaftsR, A.IV., Rn. 42 m.w.N.

962 S.o., E.III.3.

F. Fazit

I. Gestaltungsoptionen durch das MgVG: Ergebnisse

Durch die Anwendung des MgVG wird in der Regel ein eigenständiges europäisches Mitbestimmungskonzept in der aus der grenzüberschreitenden Verschmelzung hervorgegangenen Gesellschaft implementiert. Zwar sieht das Gesetz das Eingreifen des europäischen Mitbestimmungskonzeptes nur als Ausnahme vor, soweit das Sitzstaatprinzip gem. § 4 MgVG nicht zur Anwendung gelangt. Faktisch verkehrt sich dieses Regel-Ausnahme-Verhältnis jedoch in sein Gegenteil, weil regelmäßig eine der Voraussetzungen des § 5 MgVG gegeben ist und damit das europäische Mitbestimmungskonzept zur Anwendung gelangt. Nur im Ausnahmefall kommt es zur Anwendung des Sitzstaatprinzips und damit zur Geltung der deutschen Mitbestimmungsgesetze. Dies hat u.a. zur Folge, dass die Regelungen des MgVG keine unmittelbaren Auswirkungen auf die „traditionellen" Mitbestimmungsgestaltungsoptionen haben. Vielmehr erweitern sie für Unternehmen die Möglichkeiten, die Unternehmensmitbestimmung zu verhindern oder zumindest deren Umfang zu verringern. Durch das Gesetz werden damit zusätzliche Gestaltungsoptionen geschaffen.

1. Vorteile des europäischen Mitbestimmungskonzeptes

Das europäische Mitbestimmungskonzept bietet für Unternehmen insbesondere die Gelegenheit, das im Zuge einer grenzüberschreitenden Verschmelzung implementierte Mitbestimmungsniveau festzuschreiben bzw. „einzufrieren". Eine spätere Überschreitung gesetzlich vorgesehener Schwellenwerte in Bezug auf das Mitbestimmungsniveau hat damit keine Auswirkungen mehr. Auf der anderen Seite hat ein Unterschreiten der Schwellenwerte aber auch nicht zur Folge, dass die einmal implementierte Mitbestimmung entfällt.

Insbesondere die Verhandlungslösung bietet darüber hinaus die Möglichkeit, eine individuelle mitbestimmungsrechtliche Lösung für die aus der grenzüberschreitenden Verschmelzung hervorgegangene Gesellschaft zu vereinbaren. So kann z.B. die Reichweite des Fortbestandes der vereinbarten Mitbestimmung individuell ausgehandelt werden, etwa durch die Festlegung der Laufzeit der Vereinbarung oder die Pflicht zur Vornahme von Neuverhandlungen[963].

Die Vorteile der Verhandlungslösung aus Unternehmenssicht werden am Beispiel der Verschmelzung der Konzernobergesellschaft Münchener Rückversicherungsgesellschaft AG (*Münchener Rück*) und deren italienischer Tochtergesellschaft[964]

963 Vgl. *Ege/Grzimek/Schwarzfischer*, DB 2011, 1205 (1211 i.V.m. 1207).

964 Vgl. Präambel des Verschmelzungsplanes für die Verschmelzung zwischen der Münchener Rückversicherungsgesellschaft AG und der Münchener Rück Italia

Münchener Rück Italia S.p.A. aus dem Jahr 2009 deutlich. Bei dieser Verschmelzung wurde das MgVG zum ersten Mal auf ein deutsches Unternehmen angewandt[965]. Dabei kam die Verhandlungslösung zur Anwendung. Bei der Münchener Rück waren zu diesem Zeitpunkt mehr als 3.400 Mitarbeiter beschäftigt, bei der Münchener Rück Italia dagegen nur 114[966]. Vor der Verschmelzung bestand bei der Münchener Rück ein 20-köpfiger, paritätisch besetzter Aufsichtsrat, während es bei der Münchener Rück Italia kein System der unternehmerischen Mitbestimmung gab, da eine solche im italienischen Recht nicht vorgesehen ist[967]. Dem Konzern ging es mit der Verschmelzung zum einen um die aufsichtsbehördliche Kontrolle auch seiner italienischen Tochter und zum anderen darum, zu verhindern, dass sich die anstehende Integration des Versicherungsunternehmens Ergo bei der Wahl der Aufsichtsratsvertreter auch im Kontrollgremium widerspiegelte, da Ergo zwar den größten Teil der Mitarbeiter im Gesamtkonzern beschäftigte, die Rückversicherung aber für den Großteil des Umsatzes, Gewinnes und Risikos verantwortlich war[968]. Die Münchener Rück und die Münchener Rück Italia schlossen eine detaillierte Vereinbarung zur Arbeitnehmermitbestimmung, die u.a. vorsieht, dass in der verschmolzenen Gesellschaft mindestens 30% der Arbeitnehmervertreter im Aufsichtsrat aus dem Unternehmensbereich Rückversicherung stammen[969]. Zudem werden die Arbeitnehmervertreter im Aufsichtsrat nicht mehr unmittelbar gewählt, sondern durch eine Konferenz, zu die die Interessenvertretungen der europäischen Töchter Delegierte entsenden[970]. Diese Konstellation wäre ohne eine Vereinbarung über die Mitbestimmung nach den gesetzlichen Regelungen nicht ohne weiteres möglich gewesen. Für die an der Verschmelzung beteiligten Unternehmen war es in diesem Fall wichtiger, einen eigenen Wahlmodus für die Aufsichtsräte der Arbeitnehmervertreter festzulegen, als gänzlich auf die Unternehmensmitbestimmung zu verzichten.

Abgesehen davon kann die grenzüberschreitende Verschmelzung zur Vermeidung von Konzernaufsichtsräten genutzt werden. Denn greift das europäische

---

S.p.A., im Internet abrufbar unter http://www.munichre.com/App_Pages/www/@Res/PDF/reinsurance/worldwide/Dokumente_de.pdf.

965 *Höhmann,* Magazin Mitbestimmung, Ausgabe 10/2011.

966 Vgl. § 3 des Verschmelzungsplanes für die Verschmelzung zwischen der Münchener Rückversicherungsgesellschaft AG und der Münchener Rück Italia S.p.A., im Internet abrufbar unter http://www.munichre.com/App_Pages/www/@Res/PDF/reinsurance/worldwide/Dokumente_de.pdf.

967 Vgl. § 3 des Verschmelzungsplanes für die Verschmelzung zwischen der Münchener Rückversicherungsgesellschaft AG und der Münchener Rück Italia S.p.A., im Internet abrufbar unter http://www.munichre.com/App_Pages/www/@Res/PDF/reinsurance/worldwide/Dokumente_de.pdf .

968 *Höhmann,* Magazin Mitbestimmung, Ausgabe 10/2011.

969 Wie vor.

970 Wie vor.

Mitbestimmungskonzept, findet die Konzernzurechnung nach § 5 Abs. 1 u. 3 MitbestG keine Anwendung[971].

Eine weitere Gestaltungsoption ergibt sich durch die Möglichkeit, nach Ablauf der dreijährigen Karenzzeit gem. Art. 16 Abs. 7 der Verschmelzungsrichtlinie bzw. § 30 MgVG eine innerstaatliche Verschmelzung zu nutzen, um die Mitbestimmung insgesamt zu vermeiden. Das nachfolgende Beispiel verdeutlicht, wie das europäische Mitbestimmungskonzept schrittweise zum vollständigen Abbau von Mitbestimmung genutzt werden kann[972]: Die in Deutschland ansässige A-GmbH beschäftigt 9.900 Arbeitnehmer. Der paritätisch besetzte Aufsichtsrat der A-GmbH besteht aus 12 Mitgliedern. Die Gesellschaft rechnet damit, dass die Belegschaft auf mehr als 10.000 Arbeitnehmer anwachsen wird. Mit dieser Schwelle ginge eine Erhöhung der Anzahl der Aufsichtsratsmitglieder auf insgesamt 16 einher (vgl. § 7 Abs. 1 Nr. 2 MitbestG). Um dies zu vermeiden, verschmilzt die A-GmbH auf ihre britische Schwestergesellschaft, die B Ltd. Gem. Art. 16 Abs. 2, 1. Alt. der Verschmelzungsrichtlinie gelangt das europäische Mitbestimmungskonzept – in Form des in Umsetzung von Art. 16 der Verschmelzungsrichtlinie erlassenen nationalen Rechts – zur Anwendung. Damit können die beteiligten Gesellschaften im Wege der Verhandlungs- oder Auffanglösung das vorhandene Mitbestimmungsniveau festschreiben und eine Erhöhung der Anzahl der Aufsichtsratsmiglieder vermeiden. Verschmilzt die nunmehr europäisch mitbestimmte B Ltd. nach einem Zeitraum von drei Jahren auf eine nicht mitbestimmte Gesellschaft britischen Rechts, unterliegt die ursprünglich dem deutschen MitbestG unterfallende A-GmbH keinerlei Unternehmensmitbestimmung mehr.

2. Einschränkungen für die Arbeitgeberseite

Der Gestaltungsspielraum für die Arbeitgeberseite ist indes geringer als nach den vorstehenden Ausführungen vermutet werden könnte.

Zum einen ist der Verhandlungsspielraum der Anteilseignerseite eher begrenzt. Denn scheitern die Verhandlungen, greift die gesetzliche Auffangregelung, wonach sich das höchste in den beteiligten Gesellschaften bestehende Mitbestimmungsniveau durchsetzt. Vor diesem Hintergrund wird im Wege der Verhandlungslösung kaum ein Absenken des Mitbestimmungsniveaus zu erreichen sein[973].

Zu bedenken ist weiterhin, dass zwar das bestehende Mitbestimmungsniveau eingefroren werden kann, in der Regel jedoch nicht die Mitbestimmungs*freiheit* einer Gesellschaft. Denn sind an der grenzüberschreitenden Verschmelzung ausschließlich mitbestimmungsfreie Gesellschaften beteiligt, gelangt nicht das europäische Mitbestimmungskonzept, sondern das Sitzstaatprinzip zur Anwendung und damit die Mitbestimmungsgesetze des jeweiligen Mitgliedstaates. Nur wenn

971 *Bauckhage-Hoffer/Rupietta*, EWS 2012, 417 (422); *Nikoleyczik/Führ*, DStR 2010, 1743 (1746 f.).

972 Vgl. hierzu *Morgenroth/Salzmann*, NZA-RR 2013, 449 (454 f.).

973 *Ege/Grzimek/Schwarzfischer*, DB 2011, 1205 (1210).

der Aufnahmestaat keine Unternehmensmitbestimmung kennt, kommt ggfs. die dauerhafte Mitbestimmungsfreiheit einer Gesellschaft in Betracht.

Der vergleichsweise geringe Spielraum für die Arbeitgeberseite liegt jedoch insbesondere darin begründet, dass dem BVG nach dem europäischen Mitbestimmungskonzept eine zentrale Stellung zukommt. So kann es gem. § 18 MgVG entweder von vornherein entscheiden, keine Verhandlungen aufzunehmen oder den Abbruch der Verhandlungen beschließen. In beiden Fällen kommt das Sitzstaatprinzip zur Anwendung. Des Weiteren kann das BVG die Verhandlungen bewusst scheitern lassen[974]. Nach § 23 Abs. 1 Nr. 2 MgVG wird dann die gesetzliche Auffangregelung implementiert. Damit kann das BVG die Geltung der gesetzlichen Auffangregelung erzwingen und die Arbeitgeberseite so unter Verhandlungsdruck setzen[975]. Zwar können die Unternehmensleitungen einem Beschluss des BVG zur Nichtaufnahme oder zum Abbruch von Verhandlungen durch einen Verzicht auf die Aufnahme von Verhandlungen zuvorkommen, weil in diesem Fall ein Beschluss des BVG nach § 18 MgVG nicht mehr ergehen kann. Die Unternehmensleitungen sähen sich dann jedoch den inhaltlichen Vorgaben der gesetzlichen Auffanglösung ausgesetzt, ohne im Wege einer individuellen Vereinbarung Einfluss auf die Gestaltung der Mitbestimmung nehmen zu können. Für einen derartigen Beschluss der Unternehmensleitungen müssen stets die Voraussetzungen des § 23 Abs. 1 S. 2 Nr. 1 MgVG vorliegen, d.h. die Mitbestimmung muss mindestens ein Drittel der Arbeitnehmer betreffen. Das BVG ist dagegen nicht an diese Vorgaben gebunden, wenn es die Verhandlungen mit der Arbeitgeberseite scheitern lässt und damit die Mitbestimmung nach der gesetzlichen Auffanglösung herbeiführt. Die Arbeitgeberseite ist daher gut beraten, auf die Durchführung von Verhandlungen nur zu verzichten, soweit die gesetzliche Auffanglösung die Interessen der sich verschmelzenden Gesellschaften angemessen abbildet[976].

II. Abschließende Stellungnahme

Der EuGH hat durch seine Rechtsprechung zur Niederlassungsfreiheit von Gesellschaften die grenzüberschreitenden Entwicklungen auf europäischer Ebene maßgeblich vorangetrieben. So hat er durch zahlreiche Entscheidungen viel für die internationale Mobilität von Gesellschaften getan. Daraus haben sich Möglichkeiten für Unternehmen eröffnet, mittels grenzüberschreitender Umstrukturierungen ein anderes als das jeweilige nationale Mitbestimmungssystem zu implementieren. So kann etwa die Gründung einer Gesellschaft in einem anderen Mitgliedstaat und die anschließende Verlegung des Verwaltungssitzes nach Deutschland genutzt werden,

974 *Bauckhage-Hoffer/Rupietta*, EWS 2012, 417 (419).

975 *Bauckhage-Hoffer/Rupietta*, EWS 2012, 417 (419); *Ege/Grzimek/Schwarzfischer*, DB 2011, 1205 (1210).

976 *Bauckhage-Hoffer/Rupietta*, EWS 2012, 417 (419); *Müller-Bonanni/Müntefering*, BB 2009, 1699 (1702).

um die deutsche Unternehmensmitbestimmung zu vermeiden. Diese Möglichkeit bietet die Verlegung des Verwaltungssitzes einer deutschen Gesellschaft in einen anderen Mitgliedstaat dagegen nicht.

Auch eine grenzüberschreitende Verschmelzung nach der Verschmelzungsrichtlinie bzw. nach dem MgVG bietet für Unternehmen Mitbestimmungsgestaltungsoptionen. Bei der Auslegung der Regelungen des MgVG hat sich jedoch zunächst gezeigt, dass das Zusammenspiel von Niederlassungsfreiheit, Verschmelzungsrichtlinie und MgVG eine zentrale Rolle für den Inhalt und damit auch die Auswirkungen der jeweiligen Norm spielt. Im Bereich vollständig harmonisierten Sekundärrechts besteht ein Anwendungsvorrang des Sekundärrechts, der einen Rückgriff auf die zugrundeliegenden Grundfreiheiten beschränkt. Da das MgVG in Umsetzung der Verschmelzungsrichtlinie ergangen ist, die der Verwirklichung der Niederlassungsfreiheit dient, erfolgt faktisch eine Auslegung der komplexen Vorgaben der Verschmelzungsrichtlinie. Damit haben insbesondere die Ziele der Verschmelzungsrichtlinie – die Erleichterung grenzüberschreitender Verschmelzungen sowie die Sicherung bestehender Mitbestimmungsrechte – einen maßgeblichen Einfluss auf die Gestaltungsoptionen, die sich durch die jeweiligen Regelungen des MgVG ergeben.

Gestaltungsoptionen ergeben sich etwa im Zusammenhang mit der Regelung des § 30 MgVG, die für einen Zeitraum von drei Jahren einen Bestandsschutz im Falle innerstaatlicher Verschmelzungen der hervorgegangenen Gesellschaft vorsieht. Die Auslegung des § 30 MgVG anhand der Vorgaben der Verschmelzungsrichtlinie hat ergeben, dass die Norm richtlinienwidrig ist. Wegen der fehlenden horizontalen Direktwirkung von Richtlinienbestimmungen in Privatrechtsverhältnissen gelangt die Norm jedoch bei der Verschmelzung von Gesellschaften des Privatrechts weiterhin zur Anwendung. Ein Verstoß gegen die Niederlassungsfreiheit, der die Unanwendbarkeit des § 30 MgVG zur Folge hätte, kann nach hier vertretener Auffassung wegen des Anwendungsvorrangs des Sekundärrechts nicht angenommen werden. Ebensowenig entfaltet die Verschmelzungsrichtlinie eine negative Ausschlusswirkung. Es obliegt damit dem EuGH, derartige unbefriedigende Ergebnisse zu vermeiden, indem er an dem Rechtsinstitut der unmittelbaren Wirkung von Richtlinienbestimmungen selbst ansetzt und diese – soweit er dies für dogmatisch vertretbar erachtet – unter bestimmten Voraussetzungen auch in Privatrechtsverhältnissen für anwendbar erklärt. Solange er dies jedoch nicht tut, bleibt es nach hier vertretener Auffassung in bestimmten Konstellationen bei der Anwendbarkeit richtlinienwidriger nationaler Normen.

Insgesamt ist festzuhalten, dass Verschmelzungsrichtlinie und MgVG der Arbeitgeberseite zwar durchaus Optionen zur Gestaltung der Unternehmensmitbestimmung an die Hand geben. So kann die grenzüberschreitende Verschmelzung etwa dazu genutzt werden, das bestehende Mitbestimmungsniveau zu konservieren, soweit das europäische Mitbestimmungskonzept zur Anwendung gelangt. Darüber hinaus besteht nach Ablauf der dreijährigen Karenzzeit die Möglichkeit, der Mitbestimmung insgesamt zu entgehen. Eine grenzüberschreitende Verschmelzung eignet sich ebenfalls zur Vermeidung von Konzernaufsichtsräten. Wegen der stark ausgestalteten Rechte des BVG und der hohen Vorgaben der gesetzlichen Auffanglösung sind die Gestaltungsoptionen für die Arbeitgeberseite indes begrenzt und nicht so groß, wie es auf den ersten Blick scheint.

III. Ausblick

Betreffend grenzüberschreitende Umstrukturierungen ist auf europäischer Ebene insbesondere durch die Rechtsprechung des EuGH vieles in Bewegung. Es ist zu erwarten, dass der EuGH im Anschluss an seine *Vale*-Entscheidung weitere Möglichkeiten für Unternehmen eröffnen wird, auf europäischer Ebene zu fusionieren. In diesem Zusammenhang werden sich immer vielfältigere Mitbestimmungsgestaltungsoptionen entwickeln, die nach und nach dazu führen könnten, dass die Implementierung des deutschen Mitbestimmungsrechts auf vielfältige Arten und Weisen vermieden werden kann.

Vor diesem Hintergrund stellt sich insbesondere die Frage, ob das deutsche Mitbestimmungsrecht mit seiner starken Arbeitnehmerrepräsentation und der Diskriminierung im Ausland ansässiger Arbeitnehmer noch sach- und zeitgemäß ist. Es bleibt daher abzuwarten, ob und ggfs. wie der deutsche Gesetzgeber auf die zu erwartenden weiteren Entwicklungen auf europäischer Ebene reagieren wird.

Literaturverzeichnis

Arens, Wolfgang/Düwell, Franz Josef/Wichert, Joachim (Hrsg.): Handbuch Umstrukturierung und Arbeitsrecht, 2. Aufl., Bonn 2013 (zitiert: *Bearbeiter* in: Arens/Düwell/Wichert, Umstrukturierung, §, Rn.).

Audretsch, Claudia: Die grenzüberschreitende Verschmelzung von Personengesellschaften. Regelungsvorschläge unter Berücksichtigung der Interessen der Gesellschafter, Gläubiger und Arbeitnehmer, Berlin 2008 (zitiert: *Audretsch*, S.).

Axer, Georg: Der Europäische Gerichtshof auf dem Weg zur „doppelten Kohärenz". Eine Zukunft der Hinzurechnungsbesteuerung nach dem Cadbury Schweppes-Urteil, in: IStR 2007, S. 162–169.

Bach, Albrecht: Direkte Wirkungen von EG-Richtlinien, in: JZ 1990, S. 1108–1116.

Bartenbach, Kurt/Eisenbeis, Ernst: Deutsche Unternehmensmitbestimmung und Auslandsbezug, in: Festschrift zum 25-jährigen Bestehen / Arbeitsgemeinschaft Arbeitsrecht im Deutschen Anwaltverein, Bonn 2006, S. 741–757 (zitiert: *Bartenbach/Eisenbeis*, FS 25 Jahre DAV, S.).

Bartsch, Johannes Michael: Mitbestimmung und Niederlassungsfreiheit, Berlin, Passau 2006 (zitiert: *Bartsch*, S.).

Bauckhage-Hoffer, Florian/Rupietta, Dirk: Implementierung von Mitbestimmungssystemen bei grenzüberschreitenden Verschmelzungen, in: EWS 2012, S. 417–423.

Baumbach, Adolf (Begr.): Handelsgesetzbuch, 36. Aufl., München 2014 (zitiert: Baumbach/Hopt/*Bearbeiter*, Handelsgesetzbuch, §, Rn.).

Baumbach, Adolf (Begr.)/*Hueck, Alfred*: GmbHG, 20. Aufl., München 2013 (zitiert: Baumbach/Hueck/*Bearbeiter*, GmbHG, §, Rn.).

Baums, Theodor/Ulmer, Peter (Hrsg.): Unternehmens-Mitbestimmung der Arbeitnehmer im Recht der EU-Mitgliedstaaten, Heidelberg 2004 (zitiert: *Verfasser* in: Baums/Ulmer, Unternehmens-Mitbestimmung, S.).

Bayer, Walter: Die EuGH-Entscheidung ‚Inspire Art' und die deutsche GmbH im Wettbewerb der europäischen Rechtsordnungen, in: BB 2003, S. 2357–2366.

Bayer, Walter/Schmidt, Jessica: Das Vale-Urteil des EuGH: Die endgültige Bestätigung der Niederlassungsfreiheit als „Formwechselfreiheit", in: ZIP 2012, S. 1481–1492.

– Grenzüberschreitende Sitzverlegung und grenzüberschreitende Restrukturierungen nach MoMiG, Cartesio und Trabrennbahn. Europäischer Rahmen, deutsche lex lata und rechtspolitische Desiderata, in: ZHR 2009, S. 735–774.

– Der Schutz der grenzüberschreitenden Verschmelzung durch die Niederlassungsfreiheit, in: ZIP 2006, S. 210–213.

Behme, Caspar: Der grenzüberschreitende Formwechsel von Gesellschaften nach Cartesio und Vale, in: NZG 2012, S. 936–939.

Behme, Caspar/Nohlen, Nicolas: Anmerkung zu EuGH, Urteil vom 16.12.2008 („Cartesio"), in: BB 2009, S. 13–14.

Behrens, Frithjof Olaf: Die grenzüberschreitende Verschmelzung nach der Richtlinie 2005/56/EG (Verschmelzungsrichtlinie), Göttingen 2007 (zitiert: *Behrens*, S.).

Beljin, Saša: Die Zusammenhänge zwischen dem Vorrang, den Instituten der innerstaatlichen Beachtlichkeit und der Durchführung des Gemeinschaftsrechts, in: EuR 2002, S. 351–376.

Blanquet, Francoise: Das Statut der Europäischen Aktiengesellschaft (Societas Europaea „SE"). Ein Gemeinschaftsinstrument für die grenzübergreifende Zusammenarbeit im Dienste der Unternehmen, in: ZGR 2002, S. 20–65.

Bleckmann, Albert: Europarecht. Das Recht der Europäischen Union und der Europäischen Gemeinschaften, 6. Aufl., Köln, München u.a. 1997 (zitert: *Bleckmann*, Europarecht, Rn.).

Bock, Mathias: Mitbestimmung und Niederlassungsfreiheit – Folgen der Einführung der Societas Europaea für die Vereinbarkeit paritätischer Unternehmensmitbestimmung mit Europäischem Recht, Berlin 2008 (zitiert: *Bock*, S.).

Bormann, Jens/Böttcher, Leif: Vermeidungsstrategien bei der unternehmerischen Mitbestimmung in der SPE auf der Grundlage des ungarischen Kompromissvorschlags, in: NZG 2011, S. 411–415.

Böttcher, Leif/Kraft, Julia: Grenzüberschreitender Formwechsel und tatsächliche Sitzverlegung – Die Entscheidung VALE des EuGH, in: NJW 2012, S. 2701–2704.

Brandes, Stephan: Mitbestimmungsvermeidung mittels grenzüberschreitender Verschmelzung, in: ZIP 2008, S. 2193–2199.

Braun, Silvia: Die Sicherung der Unternehmensmitbestimmung im Lichte des europäischen Rechts, Baden-Baden 2005 (zitiert: *Braun*, S.).

Brors, Tobias: Das System der Arbeitnehmer-Beteiligungs-Richtlinien, Baden-Baden 2005 (zitiert: *Brors*, S.).

Buchberger, Dieter: Die Entscheidung des EuGH in der Rs „Océano/Quintero" – der effet d'exclusion von Richtlinien, in: ÖJZ 2001, S. 441–446.

Bungert, Hartwin: Konsequenzen der Centros-Entscheidung des EuGH für die Sitzanknüpfung des deutschen internationalen Gesellschaftsrechts, in: DB 1999, S. 1841–1844.

Calliess, Christian/Ruffert, Matthias (Hrsg.): EUV, AEUV. Das Verfassungsrecht der Europäischen Union mit Europäischer Grundrechtecharta, 4. Aufl., München 2011 (zitiert: Calliess/Ruffert/*Bearbeiter*, EUV/AEUV, Art., Rn.).

Campos Nave, José A.: Steuerliche Aspekte der Sitzverlegung von Kapitalgesellschaften in das europäische Ausland, in: BB 2005, S. 2660–2664.

Canaris, Claus-Wilhelm: Die richtlinienkonforme Auslegung und Rechtsfortbildung im System der juristischen Methodenlehre, in: Im Dienste der Gerechtigkeit,

Festschrift für Franz Bydlinski, Wien 2002, S. 47–103 (zitiert: *Canaris*, FS Bydlinski, S.).

Danwitz, Thomas von: Rechtswirkungen von Richtlinien in der neueren Rechtsprechung des EuGH , in: JZ 2007, S. 697–706.

Däubler, Wolfgang/Heuschmid, Johannes: Cartesio und MoMiG – Sitzverlagerung ins Ausland und Unternehmensmitbestimmung, in: NZG 2009, S. 493–496.

Dauses, Manfred A. (Hrsg.): Handbuch des EU-Wirtschaftsrechts, München, Losebl. (Stand:September 2015) (zitiert: *Verfasser* in: Dauses, Hdb. EU-WirtschaftsR, Kapitelnr., Rn.).

Di Fabio, Udo: Richtlinienkonformität als ranghöchstes Normauslegungsprinzip? Überlegungen zum Einfluß des indirekten Gemeinschaftsrechts auf die nationale Rechtsordnung, in: NJW 1990, S. 947–954.

Drinhausen, Florian/Keinath, Astrid: Mitbestimmung bei grenzüberschreitender Verschmelzung mitbestimmungsfreier Gesellschaften, in: AG 2010, S. 398–403.

– Die grenzüberschreitende Verschmelzung inländischer Gesellschaften nach Erlass der Richtlinie zur grenzüberschreitenden Verschmelzung von Kapitalgesellschaften in Europa, in: RiW 2006, S. 81–87.

Duden, Konrad: Zur Methode der Entwicklung des Gesellschaftsrechts zum „Unternehmensrecht“, in: Gesellschaftsrecht und Unternehmensrecht. Festschrift für Wolfgang Schilling zum 65. Geburtstag am 5. Juni 1973, Berlin etc. 1973, S. 309–331 (zitiert: *Duden*, FS Schilling 1973, S.).

Düwell, Franz Josef (Hrsg.): Betriebsverfassungsgesetz Handkommentar, 4. Aufl., Baden-Baden 2014 (zitiert: Düwell/*Verfasser*, §, Rn.).

Dvořák, Tomáš/Bohata, Petr: Die Verschmelzungsrichtlinie für Kapitalgesellschaften aus verschiedenen Mitgliedstaaten und ihre Umsetzung in Tschechien, in: WiRO 2008, S. 107–112.

Ebenroth, Carsten Thomas/Eyles, Uwe: Die innereuropäische Verlegung des Gesellschaftssitzes als Ausfluß der Niederlassungsfreiheit? (Teil II), in: DB 1989, S. 413–417.

Ebke, Werner F.: Überseering: „Die wahre Liberalität ist Anerkennung“, in: JZ 2003, S. 927–933.

Eckert, Georg: Sitzverlegung von Gesellschaften nach der Cartesio-Entscheidung des EuGH, in: GesRZ 2009, S. 139–154.

Edenfeld, Stefan: Recht der Arbeitnehmermitbestimmung. Betriebsverfassung, Personalvertretungsrecht, Unternehmensmitbestimmung, 2. Aufl., Heidelberg 2005 (zitiert: *Edenfeld*, Recht der Arbeitnehmermitbestimmung, Rn.).

Ege, Andreas/Grzimek, Philipp/Schwarzfischer, Benjamin: Der Zementierungseffekt bei der Mitbestimmung bei Gründung einer SE und grenzüberschreitender Verschmelzung, in: DB 2011, S. 1205–1212.

Ehlers, Dirk (Hrsg.): Europäische Grundrechte und Grundfreiheiten, 4. Aufl., Berlin 2015 (zitiert: *Bearbeiter* in: Ehlers, Europäische Grundrechte und Grundfreiheiten, §, Rn.).

Eidenmüller, Horst (Hrsg.): Ausländische Kapitalgesellschaften im deutschen Recht, München 2004 (zitiert: Eidenmüller/*Bearbeiter*, Ausländische Kapitalgesellschaften im deutschen Recht, §, Rn.).

Eidenmüller, Horst/Rehm, Gebhard M.: ECLR – Niederlassungsfreiheit versus Schutz des inländischen Rechtsverkehrs: Konturen des Europäischen Internationalen Gesellschaftsrechts. Zugleich eine Besprechung der Entscheidung Inspire Art, in: ZGR 2004, S. 159–188.

Everling, Ulrich/Roth, Wulf-Henning (Hrsg.): Mindestharmonisierung im Europäischen Binnenmarkt. Referate des 7. Bonner Europa-Symposions vom 27. April 1996, Baden-Baden 1997 (zitiert: *Bearbeiter* in: Everling/Roth, Mindestharmonisierung, S.).

Fitting, Karl/Wlotzke, Otfried/Wißmann, Hellmut (Begr.): Mitbestimmungsrecht, Kommentar, 4. Aufl., München 2011 (zitiert: WWKK/*Bearbeiter*, Mitbestimmungsrecht, §, Rn.).

Fleischer, Holger/Goette, Wulf (Hrsg.): Münchener Kommentar zum Gesetz betreffend die Gesellschaften mit beschränkter Haftung – GmbHG, 2. Aufl., Bd. 1 – §§ 1–34, München 2015 (zitiert: MünchKommGmbHG/*Bearbeiter*, §, Rn.).

Foerster, Max: Anmerkung zum Beschluss des EuGH vom 24. März 2011, Rs. C-194/10 (Abt), in: EuR 2012, S. 190–199.

Forsthoff, Ulrich: Die eigenständige Bedeutung des sekundären Gemeinschaftsrechts, in: IStR 2006, S. 698–701.

- EuGH versus Europäischer Gesetzgeber – oder Freiheiten über alles? Urteil in der Rs. C-471/04, Keller Holding vom 23.2.2006, in: IStR 2006, S. 222–224.
- Internationale Verschmelzungsrichtlinie: Verhältnis zur Niederlassungsfreiheit und Vorwirkung; Handlungszwang für Mitbestimmungsreform, in: DStR 2006, S. 613–618.
- EuGH fördert Vielfalt im Gesellschaftsrecht, in: DB 2002, S. 2471–2477.
- Rechts- und Parteifähigkeit ausländischer Gesellschaften mit Verwaltungssitz in Deutschland? Die Sitztheorie vor dem EuGH. Anmerkung zu dem Vorlagebeschluss des BGH vom 30.3.2000 – VII ZR 370/98, in: DB 2000, S. 1109–1114.

Franzen, Martin: Niederlassungsfreiheit, internationales Gesellschaftsrecht und Unternehmensmitbestimmung, in: RdA 2004, S. 257–263.

- Privatrechtsangleichung durch die Europäische Gemeinschaft, Berlin 1999 (zitiert: *Franzen*, S.).

Frenz, Walter: Handbuch Europarecht,

Bd. 1 – Europäische Grundfreiheiten, 2. Auflage, Berlin, Heidelberg 2012,

Bd. 5 – Wirkungen und Rechtsschutz, Berlin, Heidelberg, 2010,

Bd. 6 – Institutionen und Politiken, Berlin, Heidelberg 2011

(zitiert: *Frenz*, Handbuch Europarecht, Band, Rn.).

Frenzel, Ralf: Grenzüberschreitende Verschmelzung von Kapitalgesellschaften. Zur Umsetzung der Zehnten Gesellschaftsrechtlichen Richtlinie in deutsches Recht, Hamburg 2008 (zitiert: *Frenzel*, S.).

Frobenius, Tilmann: „Cartesio": Partielle Wegzugsfreiheit für Gesellschaften in Europa, in: DStR 2009, S. 487–492.

Frodermann, Jürgen/Jannott, Dirk (Hrsg.): Handbuch der Europäischen Aktiengesellschaft – Societas Europaea. Eine umfassende und detaillierte Darstellung für die Praxis unter Berücksichtigung sämtlicher Mitgliedstaaten der EU und des EWR, 2. Auflage, Heidelberg 2014 (zitiert: Frodermann/Jannott/*Verfasser*, Handbuch der Europäischen Aktiengesellschaft, Kapitelnr., Rn.).

Fuchs, Maximilian/Marhold, Franz: Europäisches Arbeitsrecht, 3. Aufl., Wien, New York 2010 (zitiert: *Fuchs/Marhold*, Europäisches Arbeitsrecht, S.).

Funk, Annika: Mitbestimmung in EU-Auslandsgesellschaften nach „Inspire Art", Baden-Baden, Münster 2007 (zitiert: *Funk*, S.).

Gäbelein, Wolfgang: Überlegungen zur Gestaltung eines europäischen Konzernrechts, in: Festschrift für Karlheinz Quack zum 65. Geburtstag am 3. Januar 1991, Berlin, New York 1991, S. 211–227 (zitiert: *Gäbelein*, FS Quack, S.).

Gebauer, Martin/Wiedmann, Thomas (Hrsg.): Zivilrecht unter europaïschen Einfluss. Die richtlinienkonforme Auslegung des BGB und anderer Gesetze: Kommentierung der wichtigsten EU-Verordnungen, 2. Aufl., Stuttgart 2010 (zitiert: *Bearbeiter* in: Gebauer/Wiedmann, Zivilrecht unter europaïschen Einfluss, Kap., Rn.).

Geyrhalter, Volker/Weber, Thomas: Transnationale Verschmelzungen – im Spannungsfeld zwischen SEVIC Systems und der Verschmelzungsrichtlinie, in: DStR 2006, S. 146–151.

Giesberts, Ludger/Eickelberg, Jan: Rechtliche Grundlage einer Verletzung subjektivöffentlicher Rechte beim EG-Staatshaftungsanspruch im Bereich des harmonisierten Sekundärrechts, in: EuZW 2005, S. 231–235.

Goette, Wulf/Habersack, Mathias/Kalss, Susanne (Hrsg.): Münchener Kommentar zum Aktiengesetz,

Bd. 2 – §§ 76–117 AktG, MitbestG, DrittelbG, 4. Auflage, München 2014,

Bd. 7 – Europäisches Aktienrecht, 3. Auflage, München 2012

(zitiert: MünchKommAktG/*Bearbeiter*, Band, §, Rn.).

Gotha, Ute R.: Grenzen und Auslegung autonom harmonisierten Wirtschaftsprivatrechts, Baden-Baden 2006 (zitiert: *Gotha*, S.).

Götze, Cornelius/Winzer, Thomas/Arnold, Christian: Unternehmerische Mitbestimmung – Gestaltungsoptionen und Vermeidungsstrategien, in: ZIP 2009, S. 245–254.

Grabitz, Eberhard (Begr.)/*Hilf, Meinhard/Nettesheim, Martin* (Hrsg.): Das Recht der Europäischen Union, München, Losebl. (Stand: Mai 2013) (zitiert: *Bearbeiter* in: Grabitz/Hilf/Nettesheim, EUV/AEUV, Art., Rn.).

Grobys, Marcel: SE-Betriebsrat und Mitbestimmung in der Europäischen Gesellschaft, in: NZA 2005, S. 84–91.

– Das geplante Umsetzungsgesetz zur Beteiligung von Arbeitnehmern in der Europäischen Aktiengesellschaft, in: NZA 2004, S. 779–781.

Grobys, Marcel/Panzer, Andrea: Stichwortkommentar Arbeitsrecht, Alphabethische Gesamtdarstellung, Individualarbeitsrecht – Kollektives Arbeitsrecht – Prozessrecht, 2. Auflage, Baden-Baden 2014 (zitiert: *Bearbeiter* in Grobys/Panzer, SWK-ArbR, Stichwort, Rn.).

Groeben, Hans von der/Schwarze, Jürgen (Hrsg.): Europäisches Unionsrecht, Vertrag über die Europäische Union – Vertrag über die Arbeitsweise der Europäischen Union – Charta der Grundrechte der Europäischen Union, 7. Aufl., Baden-Baden 2015,

Bd. 1 – Art. 1 bis 55 EUV – Art. 1 bis 54 GRC – Art. 1 bis 66 AEUV,

Bd. 2 – Art. 67 bis 105 AEUV

(zitiert: *Bearbeiter* in: von der Groeben/Schwarze, EUV/AEUV, Band, Art., Rn.).

Gruber, Johannes/Weller, Marc-Philippe: Societas Europaea: Mitbestimmung ohne Aufsichtsrat? Ideen für die Leitungsverfassung der monistischen Europäischen Aktiengesellschaft in Deutschland, in: NZG 2003, S. 297–301.

Güntzel, Volker: Die Richtlinie über die Arbeitnehmerbeteiligung in der Europäischen Aktiengesellschaft (SE) und ihre Umsetzung in das deutsche Recht, Frankfurt am Main, New York 2006 (zitiert: *Güntzel*, S.).

Habersack, Mathias: Reformbedarf im deutschen Mitbestimmungsrecht, in: Beilage zu ZIP 48/2009, S. 1–5.

– Grundsatzfragen der Mitbestimmung in SE und SCE sowie bei grenzüberschreitender Verschmelzung, in: ZHR 171 (2007), S. 613–643.

Habersack, Mathias/Verse, Dirk A.: Europäisches Gesellschaftsrecht. Einführung für Studium und Praxis, 4. Aufl., München 2011 (zitiert: *Habersack/Verse*, Europäisches Gesellschaftsrecht, §, Rn.).

Hahn, Hartmut: Bemerkungen zum EuGH-Urteil „Cadbury Schweppes“, in: IStR 2006, S. 667–670.

Hanau, Peter/Wackerbarth, Ulrich: Unternehmensmitbestimmung und Koalitionsfreiheit. Interessenkonflikte von Gewerkschaftsvertretern im Aufsichtsrat: Forschungsbericht, Baden-Baden 2004 (zitiert: *Hanau/Wackerbarth*, Unternehmensmitbestimmung und Koalitionsfreiheit, S.).

Handelsrechtsausschuss des Deutschen Anwaltvereins: Stellungnahme zum Regierungsentwurf eines Zweiten Gesetzes zur Änderung des Umwandlungsgesetzes, in: NZG 2006, S. 737–744.

Heiderhoff, Bettina: Europäisches Privatrecht, 3. Aufl., München 2012 (zitiert: *Heiderhoff*, Europäisches Privatrecht, S.).

Hellwig, Hans-Jürgen/Behme, Caspar: Gemeinschaftsrechtliche Probleme der deutschen Unternehmensmitbestimmung, in: AG 2009, S. 261–278.

Henssler, Martin: Bewegung in der deutschen Unternehmensmitbestimmung – Reformdruck durch Internationalisierung der Wirtschaft, in: RdA 2005, S. 330–337.

– Mitbestimmung als Verhandlungsgegenstand grenzüberschreitender Strategien, in: *Müller-Graff, Peter-Christian/Teichmann, Christoph*, Europäisches Gesellschaftsrecht auf neuen Wegen, Baden-Baden 2010, S. 143 – 168 (zitiert: *Henssler* in: Müller-Graf/Teichmann, Europäisches Gesellschaftsrecht auf neuen Wegen, S.).

– Mitbestimmungsrechtliche Konsequenzen einer Sitzverlegung innerhalb der Europäischen Union. Inspirationen durch „Inspire Art", in: Gedächtnisschrift für Meinhard Heinze, München 2005, S. 333–355 (zitiert: *Henssler*, Gedächtnisschrift Heinze, S.). *Henssler, Martin/Willemsen, Heinz-Josef/Kalb, Heinz-Jürgen* (Hrsg.): Arbeitsrecht Kommentar, 6. Aufl., Köln 2014 (zitiert: HWK/*Bearbeiter*, §, Rn.).

Henssler, Martin/Braun, Axel (Hrsg.): Arbeitsrecht in Europa, 3. Aufl., Köln 2011 (zitiert: Henssler/Braun/*Bearbeiter*, Arbeitsrecht in Europa, Land, Rn.).

Henssler, Martin/Strohn, Lutz (Hrsg.): Kommentar zum Gesellschaftsrecht, 2. Aufl., München 2014 (zitiert: Henssler/Strohn/*Bearbeiter*, Kommentar zum Gesellschaftsrecht, §, Rn.).

Herresthal, Carsten: Voraussetzungen und Grenzen der gemeinschaftsrechtskonformen Rechtsfortbildung, in: EuZW 2007, S. 396–400.

Heuschmid, Johannes: Mitentscheidung durch Arbeitnehmer – ein europäisches Grundrecht? Die Wirkung der Grundrechte als Korrektiv der Grundfreiheiten dargestellt am Beispiel der Beteiligung der Arbeitnehmer im Unternehmen, Baden-Baden 2009 (zitiert: *Heuschmid*, S.).

– Unternehmensmitbestimmung nach der Richtlinie zur grenzüberschreitenden Verschmelzung von Kapitalgesellschaften, in: AuR 2006, S. 184–192.

Hexel, Dietmar: Brüsseler Kompromiss. Welche Auswirkungen hat der Beschluss des Europäischen Rates für Wettbewerbsfähigkeit zur Fusionsrichtlinie auf die Mitbestimmung in deutschen Unternehmen?, in: Magazin Mitbestimmung, Ausgabe 1+2/2005.

Heyde, Christiane von der: Die Beteiligung der Arbeitnehmer in der Societas Europaea (SE), Hamburg, Frankfurt (Oder) 2007 (zitiert: *Heyde*, S.).

Hirte, Heribert: Die „Große GmbH-Reform" – Ein Überblick über das Gesetz zur Modernisierung des GmbH-Rechts und zur Bekämpfung von Missbräuchen (MoMiG), in: NZG 2008, S. 761–766.

Hirte, Heribert/Bücker, Thomas (Hrsg.): Grenzüberschreitende Gesellschaften. Ein Praxishandbuch, 2. Aufl., Köln 2006 (zitiert: *Bearbeiter* in: Hirte/Bücker, Grenzüberschreitende Gesellschaften, §, Rn.).

Höhmann, Ingmar: Fusion mit Hintertür, in: Magazin Mitbestimmung, Ausgabe 10/2011.

Hüffer, Uwe: Aktiengesetz, 11. Aufl., München 2014 (zitiert: *Hüffer*, AktG, §, Rn.).

Jarass, Hans D.: Elemente einer Dogmatik der Grundfreiheiten II, in: EuR 2000, S. 705–723.

Jarass, Hans D./Beljin, Saša: Die Bedeutung von Vorrang und Durchführung des EG-Rechts für die nationale Rechtsetzung und Rechtsanwendung, in: NVwZ 2004, S. 1–11.

Joost, Detlev: Mitbestimmung in der kapitalistischen Kommanditgesellschaft auf Aktien, in: ZGR 1998, S. 334–351.

Junker, Abbo: Unternehmensmitbestimmung in Deutschland. Anpassungsbedarf durch internationale und europäische Entwicklungen, in: ZfA 2005, S. 1–44.

Kallmeyer, Harald: Die Beteiligung der Arbeitnehmer in einer Europäischen Gesellschaft, in: ZIP 2004, S. 1442–1445.

Kallmeyer, Harald/Kappes, Stephan: Grenzüberschreitende Verschmelzungen und Spaltungen nach SEVIC Systems und der EU-Verschmelzungsrichtlinie, in: AG 2006, S. 224–238.

Kappes, Stephan: Zulässigkeit grenzüberschreitender Verschmelzungen, in: NZG 2006, S. 101–103.

Kindler, Peter: Der reale Niederlassungsbegriff nach dem VALE-Urteil des EuGH, in: EuZW 2012, S. 888–893.

- Ende der Diskussion über die so genannte Wegzugsfreiheit. Besprechung von EuGH, Urt. v. 16.12.2008 – C-210/06, NZG 2009, 61 – Cartesio, in: NZG 2009, S. 130–132.
- Auf dem Weg zur Europäischen Briefkastengesellschaft? Die „Überseering"-Entscheidung des EuGH und das internationale Privatrecht, in: NJW 2003, S. 1073–1079.
- „Inspire Art" – Aus Luxemburg nichts Neues zum Internationalen Gesellschaftsrecht, in: NZG 2003, S. 1086–1090.
- Niederlassung für Scheinauslandsgesellschaften? – Die „Centros"-Entscheidung des EuGH und das internationale Privatrecht, in: NJW 1999, S. 1993–2000.

Kingreen, Thorsten: Die Struktur der Grundfreiheiten des Europäischen Gemeinschaftsrechts, Berlin 1999 (zitiert: *Kingreen*, S.).

Kirchner, Hildebert/Pannier, Dietrich: Abkürzungsverzeichnis der Rechtssprache, 7. Aufl., Berlin 2013.

Kisker, Olaf: Unternehmensmitbestimmung bei Auslandsgesellschaften mit Verwaltungssitz in Deutschland, Köln 2007 (zitiert: *Kisker*, S.).

– Unternehmerische Mitbestimmung in der Europäischen Gesellschaft, der Europäischen Genossenschaft und bei grenzüberschreitender Verschmelzung im Vergleich, in: RdA 2006, S. 206–212.

Klein, Eckart: Objektive Wirkungen von Richtlinien, in: Festschrift für Ulrich Everling, Baden-Baden 1995, Bd. 1, S. 641–650 (zitiert: *Klein*, FS Everling, S.).

Kleinert, Jens/Probst, Peter: Erneute klare Absage an Wegzugsbeschränkungen durch EuGH und Kommission, in: NJW 2004, S. 2425–2428.

Kleinhenz, Holger: Die grenzüberschreitende Verschmelzung unter Beteiligung deutscher Unternehmen nach Umsetzung der Richtlinie 2005–56-EG, Taunusstein 2008 (zitiert: *Kleinhenz*, S.).

Kleinsorge, Georg: Mitbestimmung bei grenzüberschreitender Verschmelzung von Kapitalgesellschaften. Rechtslage nach Umsetzung der Verschmelzungsrichtlinie, in: NWB 2007, S. 1877–1882.

Klinke, Ulrich: Europäisches Unternehmensrecht und EuGH. Die Rechtsprechung in den Jahren 1991–1992, in: ZGR 1993, S. 1–40.

Kluge, Norbert/Heuschmid, Johannes: Political state of play concerning the Tenth Company Law Directive on cross-border mergers. The 'or' remains an 'or' (and has not been changed into an 'and'), but the '500' and the '33% or 1/3' are still there, in: Transfer 2005, S. 295–299.

Knof, Béla/Mock, Sebastian: Das MoMiG und die Auslandsinsolvenz haftungsbeschränkter Gesellschaften. Herausforderung oder Sisyphismus des modernen Gesetzgebers?, in: GmbHR 2007, S. 852–858.

Koberski, Wolfgang: Fusionsrichtlinie und Arbeitnehmerbeteiligung, in: Arbeitsrecht im sozialen Dialog, Festschrift für Hellmut Wissmann zum 65. Geburtstag, S. 474–488 (zitiert: *Koberski*, FS Wissmann, S.).

Koch, Raphael: Anerkennung der Wegzugsfreiheit „ANTE PORTAS“, in: Fachdienst Mergers & Acquisitions 2008, 260995 (zitiert: *Koch*, FD-MA 2008, 260995).

Koenig, Christian/Meurer, Friederike/Engelmann, Christina: Das EuGH-Urteil „Deutscher Apothekerverband/Doc Morris“, in: EWS 2004, S. 65–72.

Köklü, Alper: Die Beteiligung der Arbeitnehmer und die Corporate Governance in der Europäischen Aktiengesellschaft („Societas Europaea“) mit Sitz in Deutschland. Rechtliche und ökonomische Analyse der deutschen Umsetzungsgesetze, Kassel 2006 (zitiert: *Köklü*, S.).

König, David/Bormann, Jens: „Genuine Link“ und freie Rechtsformwahl im Binnenmarkt. Trendwende bei der Anerkennung von „Scheinauslandsgesellschaften“ durch die VALE-Entscheidung des EuGH?, in: NZG 2012, S. 1241–1244.

Körner, Andreas: Europarecht und Wegzugsbesteuerung – das EuGH-Urteil „de Lasteyrie du Saillant“, in: IStR 2004, S. 424–432.

Korte, Stefan: Was bleibt vom herkömmlichen Verständnis der Dienstleistungsfreiheit? Zur Überlagerung der Art. 49 f. EG durch die Art. 16 ff. der Dienstleistungsrichtlinie, in: EWS 2007, S. 246–255.

Köster, Anna-Elisabeth: Unternehmensmitbestimmung in EG-Auslandsgesellschaften mit Verwaltungssitz in Deutschland, Düsseldorf 2007 (zitiert: *Köster*, S.).

Köstler, Roland: Die Mitbestimmung in der SE, in: ZGR 2003, S. 800–809.

Krause, Nils/Janko, Markus: Grenzüberschreitende Verschmelzung und Arbeitnehmermitbestimmung, in: BB 2007, S. 2194–2197.

Krause, Rüdiger: Gesetzentwurf zum SE-Umsetzungsgesetz – das Problem der Mitbestimmung, in: BB 2004, Editorial zu Heft 31.

Lange, Klaus: Die Mitbestimmung bei der europäischen Aktiengesellschaft, Bremen, Hamburg 2006 (zitiert: *Lange*, Die Mitbestimmung bei der europäischen Aktiengesellschaft, S.).

Lange, Tobias: Die Mitbestimmung bei einer deutsch-britischen Europäischen Aktiengesellschaft, Bremen, Hamburg 2006 (zitiert: *Lange*, Die Mitbestimmung bei einer deutsch-britischen Europäischen Aktiengesellschaft, S.).

Langenbucher, Katja (Hrsg.): Europäisches Privat- und Wirtschaftsrecht, 3. Aufl., Baden-Baden 2013 (zitiert: *Autor* in: Langenbucher, Europäisches Privat- und Wirtschaftsrecht, §, Rn.).

Langenfeld, Christine: Zur Direktwirkung von EG-Richtlinien, in: DÖV 1992, S. 955–965.

Latzel, Clemens: Gleichheit in der Unternehmensmitbestimmung, München 2010 (zitiert: *Latzel*, Rn.).

Leible, Stefan: Anmerkung zu EuGH, Urteil vom 9.3.1999 („Centros"), in: NZG 1999, S. 300–302.

Leible, Stefan/Hoffmann, Jochen: Cartesio – fortgeltende Sitztheorie, grenzüberschreitender Formwechsel und Verbot materiellrechtlicher Wegzugsbeschränkungen, in: BB 2009, S. 58–63.

– Wie inspiriert ist „Inspire Art"?, in: EuZW 2003, S. 677–683.

Lemor, Florian: Auswirkungen der Dienstleistungsrichtlinie auf ausgesuchte reglementierte Berufe, in: EuZW 2007, S. 135–139.

Lenaerts, Koen: L'égalité de traitement en droit communautaire. Un principe unique aux apparences multiples, in: Cahiers de droit européen 1991, S. 3–41 (zitiert: *Lenaerts*, Cah. dr. europ. 1991, S.).

Lippert, André: Die begrenzte Anerkennung – der EuGH sichert seine Kompetenz – Zugleich ein Beitrag zur Diskussion um gegenseitige Anerkennung und Herkunftslandprinzip. Anmerkung zum Urteil in der Rs. C-330/03 (Colegio de Ingenieros de Caminos, Canales y Puertos/Administración del Estrado), EuZW 2006, 315, in: EuR 2007, S. 631–642.

Louven, Christoph/Dettmeier, Michael/Pöschke, Moritz/Weng, Andreas: Optionen grenzüberschreitender Verschmelzungen innerhalb der EU – gesellschafts- und steuerrechtliche Grundlagen, in: BB 2006, S. 1–16.

Lubitz, Robert: Sicherung und Modernisierung der Unternehmensmitbestimmung, München 2005 (zitiert: *Lubitz*, S.).

Lüdicke, Jürgen/Hummel, Lars: Zum Primat des primären Gemeinschaftsrechts, in: IStR 2006, S. 694–698.

Lunk, Stefan/Hinrichs, Lars: Die Mitbestimmung der Arbeitnehmer bei grenzüberschreitenden Verschmelzungen nach dem MgVG, in: NZA 2007, S. 773–780.

Lutter, Marcus: ‚Überseering' und die Folgen, in: BB 2003, S. 7–10.

– Mitbestimmungsprobleme im internationalen Konzern, in: Festschrift für Konrad Zweigert zum siebzigsten Geburtstag, Tübingen 1981, S. 251–274. (zitiert: *Lutter*, FS Zweigert, S.).

Lutter, Marcus/Bayer, Walter/Schmidt, Jessica: Europäisches Unternehmens- und Kapitalmarktrecht. Grundlagen, Stand und Entwicklung nebst Texten und Materialien, 5. Aufl., Berlin u.a. 2012 (zitiert: *Lutter/Bayer/Schmidt*, Europäisches Unternehmens- und Kapitalmarktrecht; §, Rn.).

Lutter, Marcus/Hommelhoff, Peter (Hrsg.): SE-Kommentar, 2. Auflage, Köln 2015 (zitiert: Lutter/Hommelhoff/*Bearbeiter*, SE-Kommentar, §, Rn.).

Manz, Gerhard/Mayer, Barbara/Schröder, Albert (Hrsg.): Europäische Aktiengesellschaft SE, 2. Aufl., Baden-Baden 2010 (zitiert: Manz/Mayer/Schröder/*Bearbeiter*, Europäische Aktiengesellschaft SE, §, Rn.).

Martens, Klaus-Peter: Das Bundesverfassungsgericht und das Gesellschaftsrecht, in: ZGR 1979, S. 493–523.

Maul, Silja/Schmidt, Claudia: Inspire Art – Quo vadis Sitztheorie?, in: BB 2003, S. 2297–2300.

Maunz, Theodor (Begr.)/*Schmidt-Bleibtreu, Bruno*: Bundesverfassungsgerichtsgesetz, Kommentar, München, Losebl. (Stand: August 2015) (zitiert: Maunz/Schmidt-Bleibtreu/*Verfasser*, BVerfGG, §, Rn.).

Meilicke, Wienand: Anmerkung zu EuGH, Urteil vom 16.12.2008 („Cartesio"), in: GmbHR 2009, S. 92–94.

– EuGH kippt Sitztheorie: Zulässige Errichtung der Zweigniederlassung einer Gesellschaft, die in einem anderen EU-Mitgliedstaat ihren Satzungssitz hat, dort aber keine Geschäftstätigkeit entfaltet. Keine missbräuchliche Ausnutzung des Niederlassungsrechts – Umgehung des nationalen Rechts grundsätzlich zulässig, in: DB 1999, S. 627–628.

– Zur Vereinbarkeit der Sitztheorie mit der Europäischen Menschenrechtskonvention und anderem höherrangigem Recht, in: Beilage zu BB 31/1995, S. 1–19.

Meilicke, Wienand/Rabback, Dieter: Die EuGH-Entscheidung in der Rechtssache Sevic und die Folgen für das deutsche Umwandlungsrecht nach Handels- und Steuerrecht, in: GmbHR 2006, S. 123–127.

Messenzehl, Eric/Schwarzfischer, Benjamin: EuGH: Sitzverlegung einer Gesellschaft innerhalb der EU unter Wechsel der Rechtsform. Anmerkung zu EuGH, Urteil vom 12.7.2012 – C-378/10, in: BB 2012, S. 2072–2073.

Michalski, Lutz (Hrsg.): Kommentar zum Gesetz betreffend die Gesellschaften mit beschränkter Haftung (GmbH-Gesetz), 2. Aufl., Bd. 1 – Systematische Darstellungen, §§ 1–34 GmbHG, München 2010 (zitiert: Michalski/*Bearbeiter*, GmbHG, §, Rn.).

Morgenroth, Sascha/Salzmann, Jörg: Grenzüberschreitende Umwandlungen in der EU und unternehmerische Mitbestimmung, in: NZA-RR 2013, S. 449–456.

Mörsdorf, Oliver: Beschränkung der Mobilität von EU-Gesellschaften im Binnenmarkt – eine Zwischenbilanz, in: EuZW 2009, S. 97–102.

– Unmittelbare Anwendung von EG-Richtlinien zwischen Privaten in der Rechtsprechung des EuGH, in: EuR 2009, S. 219–241.

Mucciarelli, Federico M.: Company ‘Emigration’ and EC Freedom of Establishment: Daily Mail Revisited, in: European Business Organization Law Review 2008 (9), S. 267–303 (zitiert: *Mucciarelli*, EBOR 2008, 267–303.).

Müller-Bonanni, Thomas: Unternehmensmitbestimmung nach „Überseering“ und „Inspire Art“, in: GmbHR 2003, S. 1235–1239.

Müller-Bonanni, Thomas/Müntefering, Michael: Arbeitnehmerbeteiligung bei SE-Gründung und grenzüberschreitender Verschmelzung im Vergleich, in: BB 2009, S. 1699–1703.

– Grenzüberschreitende Verschmelzung ohne Arbeitnehmerbeteiligung? Praxisfragen zum Anwendungsbereich und Beteiligungsverfahren des MgVG, in: NJW 2009, S. 2347–2353.

Müller-Glöge, Rudi/Preis, Ulrich/Schmidt, Ingrid (Hrsg.): Erfurter Kommentar zum Arbeitsrecht, 16. Aufl., München 2016 (zitiert: ErfK/*Bearbeiter*, §, Rn.).

Müller-Graff, Peter-Christian: Europäisches Gemeinschaftsrecht und Privatrecht. Das Privatrecht in der europäischen Integration, in: NJW 1993, S. 13–23.*Nagel, Bernhard*: Das Gesetz über die Mitbestimmung der Arbeitnehmer bei grenzüberschreitenden Verschmelzungen (MgVG), in: NZG 2007, S. 57–59.

– Die Richtlinie zur grenzüberschreitenden Verschmelzung, in: NZG 2006, S. 97–101.

Nagel, Bernhard/Freis, Gerhild/Kleinsorge, Georg: Beteiligung der Arbeitnehmer im Unternehmen auf der Grundlage des europäischen Rechts, 2. Aufl., Berlin(2009) (zitiert: Nagel/Freis/Kleinsorge/*Bearbeiter*, Beteiligung der Arbeitnehmer im Unternehmen auf der Grundlage des europäischen Rechts, §, Rn.).

Nicolaysen, Gert: Richtlinienwirkung und Gleichbehandlung von Männern und Frauen beim Zugang zum Beruf. Besprechung der EuGH-Urteile vom 10.4.1984 – Rs. 14/83 und Rs. 79/83, in: EuR 1984, S. 380–392.

Niemeier, Wilhelm: Die „Mini-GmbH“ (UG) trotz Marktwende bei der Limited?, in: ZIP 2007, S. 1794–1801.

– GmbH und Limited im Markt der Unternehmensrechtsträger, in: ZIP 2006, S. 2237–2250.

Nienerza, Michael: Unternehmerische Mitbestimmung in grenzüberschreitenden Konzernen, Köln 2005 (zitiert: *Nienerza*, S.).

Niklas, Thomas: Beteiligung der Arbeitnehmer in der Europäischen Gesellschaft (SE) – Umsetzung in Deutschland, in: NZA 2004, S. 1200–1206.

Nikoleyczik, Tobias/Führ, Thorsten: Mitbestimmungsgestaltung im grenzüberschreitenden Konzern unter besonderer Berücksichtigung der SE und grenzüberschreitender Verschmelzungen, in: DStR 2010, S. 1743–1750.

Oechsler, Jürgen: Die Richtlinie 2005/56/EG über die Verschmelzung von Kapitalgesellschaften aus verschiedenen Mitgliedstaaten, in: NZG 2006, S. 161–166.

– Die Zulässigkeit grenzüberschreitender Verschmelzungen – die Sevic-Entscheidung des EuGH, in: NJW 2006, S. 812–814.

Oettingen, Anna von/Rabenschlag, David: Europäische Richtlinien und allgemeiner Gleichheitssatz im innerstaatlichen Recht – Anmerkungen anlässlich des Mangold-Urteils des EuGH, in: ZEuS 2006, S. 363–380.

Oexle, Anno: Das Verhältnis von EG-Abfallverbringungsverordnung und EG-Vertrag nach der Entscheidung DaimlerChrysler, in: AbfallR 2003, S. 284–289.

Paefgen, Walter G.: „Cartesio“: Niederlassungsfreiheit minderer Güte. Zum Urteil des EuGH vom 16.12.2008 („Cartesio“) = WM 2009, 223 ff., in: WM 2009, S. 529–536.

Polzin, Monika: Das Rangverhältnis von Verfassungs- und Unionsrecht nach der neuesten Rechtsprechung des BVerfG, in: JuS 2012, S. 1–6.

Prechal, Sacha: Directives in European Community law. A study of directives and their enforcement in national courts, Oxford, New York 1995 (zitiert: *Prechal*, Directives, S.).

Pulte, Peter: Betriebsgröße und Arbeitsrecht, in: BB 2005, S. 549–558.

Raiser, Thomas/Veil, Rüdiger: Mitbestimmungsgesetz und Drittelbeteiligungsgesetz, 5. Aufl., Berlin 2009 (zitiert: *Raiser/Veil*, MitbestG und DrittelbG, §, Rn.).

Rieble, Volker: Schutz vor paritätischer Unternehmensmitbestimmung, in: BB 2006, S. 2018–2023.

– (Hrsg.): Zukunft der Unternehmensmitbestimmung, 1. ZAAR-Kongress, München 2004 (zitiert: *Verfasser* in: Rieble, Zukunft der Unternehmensmitbestimmung, §, Rn.).

Riesenhuber, Karl (Hrsg.): Europäische Methodenlehre. Handbuch für Ausbildung und Praxis, 3. Aufl. Berlin, New York 2015 (zitiert: *Bearbeiter* in: Riesenhuber, Handbuch, §, Rn.).

Roth, Günter: Die Bedeutung von Cadbury-Schweppes für die Centros-Judikatur des EuGH, in: EuZW 2010, S. 607–611.

Roth, Markus: Die unternehmerische Mitbestimmung in der monistischen SE, in: ZfA 2004, S. 431–461.

Roth, Wulf-Henning: Internationales Gesellschaftsrecht nach Überseering, in: IPrax 2003, S. 117–127.

– „Centros“: Viel Lärm um Nichts? Besprechung der Entscheidung EuGH EuZW 1999, 216 – Centros Ltd../. Erhvervs- og Selskabsstyrelsen, in: ZGR 2000, S. 311–338.

Säcker, Franz Jürgen/Rixecker, Roland (Hrsg.): Münchener Kommentar zum Bürgerlichen Gesetzbuch, Bd. 11 – Art. 15–248 EBGBG, IPR, Internat. Wirtschaftsrecht, 6. Aufl., München 2015 (zitiert: MünchKommBGB/*Bearbeiter*, Band, §, Rn.).

Sagan, Adam: Missbrauch der Europäischen Aktiengesellschaft, in: *Bieder, Marcus/ Hartmann, Felix* (Hrsg.), Individuelle Freiheit und kollektive Interessenwahrnehmung im deutschen und europäischen Arbeitsrecht, Assistententagung im Arbeitsrecht 2011 in Osnabrück, Tübingen 2012, S. 171–208 (zitiert: *Sagan* in: Bieder/Hartmann, S.).

– Arbeitsrecht als Gegenstand des Unionsrechts – das Europäische Arbeitsrecht, in: *Oetker, Hartmut* (Hrsg.), Europäisches Arbeits- und Sozialrecht, Heidelberg, Losebl. (Stand: Dezember 2015), B 1100, November 2012 (zitiert: *Sagan* in: Oetker/ Preis, EAS, Rn.).

– The Misuse of a European Company according to Article 11 of the Directive 2001/86/EC, in: EBLR 2010, S. 15–41.

– Anmerkung zu EuGH, Urteil vom 16.10.2007 – C-411/05, Félix Palacios de la Villa / Cortefiel Servicios SA, in: EuZW 2007, S. 765–767.

Sagasser, Bernd/Bula, Thomas/Brünger, Thomas R.: Umwandlungen, 4. Aufl., München 2010 (zitiert: Sagasser/Bula/Brünger/*Verfasser*, Umwandlungen, §, Rn.).

Sandrock, Otto: Centros: ein Etappensieg für die Überlagerungstheorie, in: BB 1999, S. 1337–1345.

Scherzberg, Arno: Die innerstaatlichen Wirkungen von EG-Richtlinien, in: Jura 1993, S. 225–232.

Schlachter, Monika/Ohler, Christoph (Hrsg.): Europäische Dienstleistungsrichtlinie. Handkommentar, Baden-Baden 2008 (zitiert: *Bearbeiter* in: Schlachter/Ohler, DLRL, Art., Rn.).

Schmidt, Claudia/Maul, Silja: Anmerkung zu EuGH, Urteil vom 13.12.2005 („Sevic“), in: BB 2006, S. 13–14.

Schmidtbleicher, Roland: Verwaltungssitzverlegung deutscher Kapitalgesellschaften in Europa: „Sevic" als Leitlinie für „Cartesio"?, in: BB 2007, S. 613–616.

Schön, Wolfgang: The Mobility of Companies in Europe and the Organizational Freedom of Company Founders, in: ECFR 2006, S. 122–146.

Schott, Tobias: Grenzüberschreitende Verschmelzung von Kapitalgesellschaften, Hamburg, Gießen 2009 (zitiert: *Schott*, S.).

Schubert, Claudia: Die Bestellung der Arbeitnehmervertreter im Aufsichts- und Verwaltungsorgan bei grenzüberschreitenden Verschmelzungen. Insbesondere zur Übertragbarkeit ihrer Bestellung auf den Europäischen Betriebsrat, in: ZIP 2009, S. 791–799.

– Die Mitbestimmung der Arbeitnehmer bei grenzüberschreitender Verschmelzung, in: RdA 2007, S. 9–17.

Schulze, Reiner/Zuleeg, Manfred/Kadelbach, Stefan (Hrsg.): Europarecht. Handbuch für die deutsche Rechtspraxis, 2. Aufl., Baden-Baden 2010 (zitiert: *Bearbeiter* in: Schulze/Zuleeg/Kadelbach, Europarecht, §, Rn.).

Schwarz, Günter Christian: Europäisches Gesellschaftsrecht. Ein Handbuch für Wissenschaft und Praxis, Baden-Baden 2000 (zitiert: *Schwarz*, Europäisches Gesellschaftsrecht, Rn.).

Sedemund, Jochim/Hausmann, Friedrich Ludwig: Niederlassungsfreiheit contra Sitztheorie – Abschied von Daily Mail?, in: BB 1999, S. 809–811.

Sethe, Rolf/Winzer, Katharina: Der Umzug von Gesellschaften in Europa nach dem Cartesio-Urteil, in: WM 2009, S. 536–540.

Spahlinger, Andreas/Wegen, Gerhard: Deutsche Gesellschaften in grenzüberschreitenden Umwandlungen nach „SEVIC" und der Verschmelzungsrichtlinie in der Praxis, in: NZG 2006, S. 721–728.

Spindler, Gerald/Stilz, Eberhard (Hrsg.): Kommentar zum Aktiengesetz, 3. Aufl., München 2015Bd. 1 – §§ 1 – 149Bd. 2 – §§ 150 – 410, IntGesR, SpruchG, SE-VO (zitiert: *Bearbeiter* in: Spindler/Stilz, AktG, Band, §, Rn.).

Staudinger, Julius von/Großfeld, Berhnhard: J. von Staudingers Kommentar zum Bürgerlichen Gesetzbuch – Einführungsgesetz zum Bürgerlichen Gesetzbuche/IPR – Internationales Gesellschaftsrecht, Berlin, Neubearb. 1998 (zitiert: *Staudinger/Großfeld* (1998), IntGesR, Rn.).

Steinberg, Marcus: Mitbestimmung in der Europäischen Aktiengesellschaft. Die Richtlinie 2001/86/EG zur Beteiligung der Arbeitnehmer in der SE, Köln 2005 (zitiert: *Steinberg*, S.).

Steindorff, Ernst: EG-Richtlinien und Illusionen, in: Festschrift für Ulrich Everling, Baden-Baden 1995, Bd. 2, S. 1455–1467 (zitiert: *Steindorff*, FS Everling, S.).

Stieb, Stephan: Anmerkung zu BayObLG München, Beschluss v. 11.2.2004, 3Z BR 175/03, in: GmbHR 2004, S. 492–494.

Streinz, Rudolf (Hrsg.): EUV/AEUV. Vertrag über die Europäische Union und Vertrag über die Arbeitsweise der Europäischen Union, 2. Aufl., München 2012 (zitiert: Streinz/*Bearbeiter*, EUV/AEUV, Art., Rn.).

Streinz, Rudolf/Herrmann, Christoph: Der Fall Mangold – eine „kopernikanische Wende im Europarecht"?, in: RdA 2007, S. 165–169.

Szydlo, Marek: Emigration of Companies under the EC Treaty: Some Thoughts on the Opinion of the Advocate General in the Cartesio Case, in: ERPL 2008, S. 973–994.

Teichmann, Christoph: Niederlassungsfreiheit, Wegzugsfreiheit/„Cartesio", in: EWiR 2008, S. 397–398.

– Mitbestimmung und grenzüberschreitende Verschmelzung, in: Der Konzern 2007, S. 89–98.

– Binnenmarktmobilität von Gesellschaften nach „Sevic", in: ZIP 2006, S. 355–363.

Thannisch, Rainald: Die Effizienz der Mitbestimmung in ökonomischer Betrachtung, in: AuR 2006, S. 81–86.

Thüsing, Gregor: Deutsche Unternehmensmitbestimmung und europäische Niederlassungsfreiheit. Eine Skizze nach Centros, Überseering und Inspire Art, in: ZIP 2004, S. 381–388.

Timmermans, C.W.A.: Directives: Their effect within the national legal systems, in: CMLRev 1979, S. 533–555.

Tonikidis, Stelios: Grundzüge der richtlinienkonformen Auslegung und Rechtsfortbilung, in: JA 2013, S. 598–604.

Triebel, Volker/Hase, Karl von: Wegzug und grenzüberschreitende Umwandlungen deutscher Gesellschaften nach ‚Überseering' und ‚Inspire Art', in: BB 2003, S. 2409–2417.

Ulmer, Peter/Habersack, Mathias/Henssler, Martin: Mitbestimmungsrecht, Kommentierung des MitbestG, des DrittelbG, des SEBG und des MgVG, 3. Auflage, München 2013 (zitiert: *Bearbeiter* in Ulmer/Habersack/Henssler, Mitbestimmungsrecht, §, Rn.).

Velten, Christian A.: Gewerkschaftsvertreter im Aufsichsrat. Eine verfassungsrechtliche, gesellschaftsrechtliche und arbeitsrechtliche Analyse, München 2010 (zitiert: *Velten*, S.).

Wandtke, Artur-Axel/Bullinger, Winfried (Hrsg.): Praxiskommentar zum Urheberrecht, 4. Aufl., München 2014 (zitiert: Wandtke/Bullinger/*Bearbeiter*, UrhR, §, Rn.).

Weller, Marc-Philippe: Zum identitätswahrenden Wegzug deutscher Gesellschaften, in: DStR 2004, S. 1218–1220.

Weyde, Daniel/Hafemann, Jens: Praxisrelevante gesellschaftsrechtliche und steuerrechtliche Aspekte bei grenzüberschreitenden Verschmelzungen, in: Festschrift für Wienand Meilicke, Baden-Baden 2010, S. 779–842 (zitiert: *Weyde/Hafemann*, FS Meilicke, S.).

Wiesner, Peter: Die grenzüberschreitende Verschmelzung und der neue Mitbestimmungskompromiss, in: DB 2005, S. 91–94.

Willemsen, Heinz Josef/Hohenstatt, Klaus-Stefan/Schweibert, Ulrike/Seibt, Christoph: Umstrukturierung und Übertragung von Unternehmen. Arbeitsrechtliches Handbuch, 4. Aufl., München 2011 (zitiert: *Bearbeiter* in: Willemsen/Hohenstatt/ Schweibert/Seibt, Kapitel, Rn.).

Winter, Michael: Grenzüberschreitenden Verschmelzungen – ein Update, in: GmbHR 2008, S. 532–537.

– Planung und Vorbereitung einer grenzüberschreitenden Verschmelzung. Gesellschafts-, steuer- und mitbestimmungsrechtliche Rahmenbedingungen, in: Der Konzern 2007, S. 24–34.

Wisskirchen, Gerlind/Bissels, Alexander/Dannhorn, Wolfgang: Vermeidung der unternehmerischen Mitbestimmung aus arbeitsrechtlicher Sicht. Strategien und Gestaltungshinweise, in: DB 2007, S. 2258–2263.

Wöhlert, Helge-Torsten/Degen, Stephan: Die neue Mobilität von Gesellschaften in Europa nach „Vale“ und „National Grid Indus“, in: GWR 2012, S. 432–435.

Zimmer, Daniel: Grenzüberschreitende Rechtspersönlichkeit, in: ZHR 2004, S. 355–368.

– Nach „Inspire Art“: Grenzenlose Gestaltungsfreiheit für deutsche Unternehmen?, in: NJW 2003, S. 3585–3592.

– Wie es Euch gefällt? Offene Fragen nach dem Überseering-Urteil des EuGH, in: BB 2003, S. 1–7.

– Internationales Gesellschaftsrecht. Das Kollisionsrecht der Gesellschaften und sein Verhältnis zum internationalen Kapitalmarktrecht und zum internationalen Unternehmensrecht, Heidelberg1996 (zitiert: *Zimmer*, Internationales Gesellschaftsrecht, S.).

Zimmer, Daniel/Naendrup, Christoph: Das Cartesio-Urteil des EuGH: Rück- oder Fortschritt für das internationale Gesellschaftsrecht?, in: NJW 2009, S. 545–550.

Zöllner, Wolfgang (Hrsg.): Kölner Kommentar zum Aktiengesetz, Bd. 2/2 – §§ 95–117 AktG, 3. Aufl., Köln 2013 (zitiert: *Verfasser* in: Kölner Kommentar zum AktG, §, Rn.).

www.ingramcontent.com/pod-product-compliance
Ingram Content Group UK Ltd.
Pitfield, Milton Keynes, MK11 3LW, UK
UKHW021904290926
8980IPUK00015B/1051

9 783631 671900